JN198704

分野別・争点別

ITビジネス
判例・事例ガイド

― システム開発・知財活用・データ利用 ―

IT Business
Case Studies
System Development/
Intellectual Property/
Data Use

伊藤雅浩
倉﨑伸一朗
世古修平

編著

第一法規

は　し　が　き

　私が弁護士登録したのは2008年12月で、翌2009年2月からITビジネスに関わる裁判例を簡単に紹介する記事を自身のブログに書き始めた。何本か溜まったところで、同年12月に「IT・システム判例メモ」という独立した別ブログに移した（現在のURLは https://itlaw.hatenablog.com/）。当初は誰が見ているのかもわからず、暗闇に向かってメモを放り投げるような感覚だったものの、平均すると1年当たり20-30件ほど書き続け、2024年12月24日現在、379件の裁判例を掲載している。今でも1日数百件ほどのアクセスがある。

　世の中の人に見てもらうというよりは、業務上必要に迫られて調査した事例や、業界内で話題になった事例を読んだ自分用のメモを、恥を覚悟で公開していたものである。このような場当たり的なセレクションで、重要判例を網羅しているわけでもなく、今となっては目も当てられないクオリティの記事もあるものの、自分用に作ったメモだけに、準備書面を起案するときや、セミナーの準備をするときなど、何度かこのブログを書いた自分に助けられた。

　冒頭から自分語りが長くなってしまったが、トラブルやサービスの適法性に関する相談を日常的に受ける弁護士や法務担当者にとっては、多くの事例に触れることが重要で、結果や対応方針の「当たり」をつける際には、こうした先例と、目の前の事案を比較検討することが欠かせない。例えば「仕事の完成」（請負契約）、「創作的表現」（著作物）や、「特定個人の識別」（個人情報）などの具体的な論点を想起していただければ、裁判所や、相手方や、依頼者・相談者を説得する際に、具体的事例が頭に入っているか、当該事案に近い先例の分析ができているかどうかが重要であることを理解いただけると思う。

　本書は、こうした事例に触れる際の最初のきっかけとなることを期待して執筆している。主にITビジネスに関わる事業者（システム開発業者、SaaS等のウェブサービス運営者のほか、ゲーム、スマートフォンアプリ提供者）や、その利用者がよく遭遇すると思われる論点にかかわる事例を簡潔にまとめ、論点ごとに整理したものである。第1章では「システム開発」に関する裁判例を、第2章では、著作権、商標などの「知的財産」に関する裁判例を取り上げてい

る。そして、第3章では、個人情報、プライバシーを中心としたウェブサービスに関わる事例を取り上げている。各事例は、事案と論点、判断部分の紹介と、執筆担当者から見た「ポイント」から構成されている。このポイントは、当該事例の特徴的な部分や、実務上の注意点のほか、裁判所や実務慣行に対する批判や疑問など、執筆者の自由な意見も含まれている。

　本書は、冒頭で述べたブログがきっかけとなって生まれたことは間違いない。しかし、単なるブログを焼き直し、再編集したものではない。私が第1章を担当したほか、執筆陣には、シティライツ法律事務所の同僚である倉﨑伸一朗（第2章担当）と、法律事務所 LEACT の世古修平（一部を除き第3章担当）の2名が加わり、事例の選定から行っていただいた。特に世古先生からは、個人情報保護法を中心とする規制法に関わる分野は、「裁判例」が少ないことから、行政庁の判断（処分、勧告など）や、不祥事が起きたときの第三者委員会の調査報告書や、マスコミによる報道や、企業によるプレスリリースなども事例に含めることをご提案いただいた。これによって、第3章は、ここ十数年の個人情報、プライバシーに関わる事件簿として、読み物としても興味深い構成になったのではないかと感じている。

　本書の執筆は、それぞれの領域の担当者が分担して行い、それを他の執筆者が批判的に読んで意見をするということを繰り返したものの、基本的には執筆者の個性を重視している。事例の選別、各事例に割り当てられた限られた紙幅の中で取り上げるべき論点や、「ポイント」などあらゆる場面で、執筆者の関心が透けてみえるのではないかと思われる。そのため、事案の評価については、異なる意見もあると思われるが、そうした議論が活発化すること自体が、本書の狙いであり、批判も含めた読者の意見を歓迎したい。そして、本書の記載では足りないと感じた読者には、ぜひとも判決文等の原文に当たっていただいたり、関連する事例も渉猟していただきたい。

　本書の執筆中に、中田裕康東京大学名誉教授・一橋大学名誉教授「判例研究のスタイルと役割」（NBL1274号（2024年）15頁）に接した。この論説は「判例研究を執筆することは容易ではない。判決を精読し、根気よく調査し、感覚を研ぎ澄まして考え抜き、自らがもっているものを総動員して評価しなければ

ならない。あるいは、長年の経験に基づく洞察によって判決に潜んでいる貴重な示唆を掘り当てる必要がある。読みの深さ・鋭さ、広い視野からの知見、新しい視角などを含む優れた判例研究は、今後とも読者に喜びをもたらすことだろう。」と結ばれている。この結びを読んで、私は背筋が伸びたものの、残念ながら本書は、目的が異なるという言い訳を抜きにしても、中田先生が述べられているような優れた判例研究の域には程遠いものである。しかし、各執筆者は少しでも読者の実務に役立つものを届けたいという気持ちで、各自のもっている知識、経験を総動員して執筆しており、IT ビジネスの法務に関わる方々に、本書がわずかでも役に立てればこれ以上の喜びはない。

最後に、本書の刊行に至るまで、わがままな執筆者らの要望に応えていただき、辛抱強くご支援いただいた第一法規株式会社の達川俊平氏、柴田真帆氏に厚くお礼申し上げる。

2024年12月

著者代表　伊藤　雅浩

凡　　例

1．裁判例の書誌事項の表示について

　裁判例には、原則として判例情報データベース「D1-Law.com 判例体系」(https://d1l-dh.d1-law.com/)の検索項目となる判例 ID を〔　　〕で記載した。

　例：最判平成 8・11・12民集50巻10号2673頁〔28011516〕

2．判決文等の引用について

　原則として原文どおりとしたが、読みやすくするため、原告・被告等の表記を当事者名等に置き換え、下線を追加したり、証拠番号の引用部分を省略するなど、論旨を損なわない限度において、表現を補い要約を行ったところがある。

　また、控訴審判決が、原審判決を引用し、一部を追加、変更している形式の場合、改めた後の文章を控訴審判決として記載しているところがある。

3．判例集及び継続的刊行物の略称について

　本書に引用される判例集及び継続的刊行物については、原則として以下の略称を用いている。

民集	最高裁判所民事判例集
判タ	判例タイムズ
判時	判例時報
金融商事	金融・商事判例

目　次

2 知財

6 運用 ― 官公庁対応

7 運用 ― ユーザ対応

8 サービス終了

1 システム

■1 はじめに

　第1章は、システム開発取引と、システム障害（特にセキュリティ事故）に関する紛争を取り上げる。

(1) システム開発取引

　システム開発取引は、技術や開発手法（クラウド、アジャイル、開発支援ツールなど）が進歩しても依然としてトラブルが頻発する取引類型である。

　その原因について様々な分析がなされているが、①仕様の確認がドキュメントで行われるが、発注者（ユーザ）は実際に動くソフトウェアを見ないと要望が反映されているのかどうか判断ができないこと、②①の結果として後になって仕様変更要望が出るなどの手戻りが生じること、③開発者（ベンダ）は技術、製品や開発手順には明るい一方で、システムの利用者の業務・業界には詳しくなく、ユーザはその逆であるといった情報の非対称性があること[1]、④③の結果としてユーザ・ベンダの共同作業としての色彩が強く、両者のコミュニケーションが重要であること、⑤契約書に重要な手続が定められていないか、契約に従った手続が履践されていないことなどが挙げられる[2]。

　法的にみれば、システム開発取引の多くは請負契約、準委任契約あるいはその複合的な契約に基づいて実施されている。そしてトラブル時に直面するのは、契約の成否、合意（権利義務）の内容、履行の有無、損害の範囲などといった典型的な民法上の争点であることがほとんどである。しかし、一見すると簡単そうな争点であっても、取引の実情（例えば契約締結に至るプロセスはどうなっているかなど）は、現場や業界からの情報収集が不可欠であるし、法的判断の相場観（例えば「システムの完成」と評価できるレベル感など）は類似事案をもとに慎重に判断することが求められるため、難度が高い紛争類型でもある。本章では、典型的な争点についていくつか裁判例を紹介しているが、事案が少しでも違えば判断が逆になることも珍しくないため、現実の紛争対応をす

1　このような情報の非対称性が相互にある状態を「二重の専門性」の問題だと指摘されることがある。

2　システム開発・運用に関する紛争が発生する原因として、松島淳也＝伊藤雅浩『新版　システム開発紛争ハンドブック　第2訂―発注から運用までの実務対応―』第一法規（2023年）、司法研修所編『民事訴訟における事実認定―契約分野別研究（製作及び開発に関する契約）』法曹会（2014年）などが参考になる。

る際には、取り上げた裁判例の原文に当たって詳細な事実関係を確認したり、類似する事案に調査を広げたりするなどしていただきたい[3]。

(2) システム障害・セキュリティ事故

システムは開発が終わってから、保守・改修を繰り返しながらも10年、20年と使用される。稼働中のシステムに障害や事故が起きると、開発中のトラブル以上にビジネスに深刻な影響が生じる。ランサムウェアによる被害を受けた自動車部品メーカーの影響で、自動車メーカー全体のサプライチェーンが一時的に停止してしまったという事案なども起きているように、稼働中のシステムに事故が起きると、その影響は、システムのオーナーである企業の内部にとどまらない深刻かつ重大なものになりやすい。

この種のシステム障害・セキュリティ事故も、法的には(1)と同様に民法上の典型的な論点が問題になることが多いが、システム開発紛争と比べると裁判例は多くない。

■ 2　本章で取り上げるケース

(1) 大規模事件

最初は、論点別ではなく、世間で報道されるような大規模な紛争事例を取り上げる。ここでいう大規模事件とは、原告の請求額が数十億円以上で、かつ、開発期間が数年にも及んでいる事案である。平成24年（2012年）にスルガ銀行と日本IBMのシステム開発紛争事件について東京地裁で判決が出されて以降（事例1-1-1はその控訴審）、比較的大規模なシステム開発紛争について判決が出されるようになってきている。その多くでは、開発作業が頓挫してしまったことについて、ベンダのプロジェクトマネジメント責任の有無が問われているが、それ以外にも多様な争点があることから、大規模な事案を最初にまとめて

3　システム開発紛争事例を多く取り上げるものとして、前掲松島＝伊藤のほか、松尾剛行＝西村友海『紛争解決のためのシステム開発法務』法律文化社（2022年）、一般財団法人ソフトウェア情報センター（SOFTIC）「判例で読み解くシステム開発紛争〜事案概要と研究会検討を踏まえた解説〜―令和6年3月―」（https://www.softic.or.jp/index.php/research/sysk）のほか、伊藤雅浩の個人ブログ「IT・システム判例メモ」の「【争点別】システム開発をめぐる紛争インデックス」（https://itlaw.hatenablog.com/entry/20291231/1336030928）がある。

紹介することとした。ベンダの責任が認められたもの（事例1-1-1、事例1-1-2、事例1-1-7）ばかりではなく、頓挫した原因がユーザにあるとされたもの（事例1-1-4、事例1-1-6）もある。また、ベンダの責任が認められつつも、ユーザの過失があるとして損害賠償額が減額されるもの（事例1-1-2、事例1-1-3など）もある。ユーザに責任があるとされた2つの事例（事例1-1-4、事例1-1-6）は、一審判決と控訴審判決の結論が逆になっているなど、この種の事例の判断は、予測可能性に乏しい。システム開発紛争以外での大規模紛争として、ジェイコム株誤発注事件控訴審判決（事例1-1-9）を取り上げている。本書で取り上げていない大規模紛争として、他に日東電工 vs フューチャー事件（東京高判平成30・3・28平成28年（ネ）3305号公刊物未登載〔28323552〕）がある。

(2) 契約締結段階

　論点別で最初に取り上げるのは契約の成否と、契約締結上の過失に関する事案である。ベンダとユーザがシステム開発取引の商談を開始し、ユーザとベンダの間で、実施することが事実上決まっても、契約書の取り交わしまでに時間を要し、納期に間に合わせるために先にベンダが作業に着手してしまうということがよくある。最終的な条件が合意に至らず、作業が中止されたという場合に、契約が成立しているのか、あるいは契約が成立しなかったことについて一方当事者（多くはユーザ）に信義則に反するところがなかったか（契約締結上の過失はなかったか）ということが問題となる事例を取り上げている。この種の類型では、初めて取引を開始するという場合のみならず、工程（フェーズ）ごとに段階的に契約を締結する取引（多段階契約）において、後続工程の条件が定まらないまま中止するというケースもある（事例1-2-5）。

(3) 契約の性質

　例えば、債務不履行の有無が問題となる際に、前提として、締結された契約が請負契約なのか、準委任契約なのかが問題となることが少なくない。契約の性質によってベンダが負っていた義務の内容が異なり得るからである。ここでは、請負か準委任かが問題となった事例を4件取り上げている（事例1-3-1〜事例1-3-4）。実務上、契約の種類が明記されていなかったり、そもそも契約書が作成されていないことなどから問題になっている。

そのほか、複数の契約のうち1件を債務不履行によって解除した際に、関連性のある契約をも解除できるかどうかが問題となった事例（事例1-3-5）や、多段階契約のメリットについて触れた事例（事例1-3-6）のように複数の契約の関係が問題となった事例も取り上げている。

(4) ベンダ・ユーザの義務の内容

システム開発作業はベンダとユーザの共同作業だとされつつも、契約書などに双方の役割、義務内容が細かく記載されることは少なく、遅延したり頓挫したりした場合の責任の所在が曖昧になりやすい。そのような中、事例1-4-1では、ベンダのプロジェクトマネジメント義務とユーザの協力義務について初めて言及し、その後も、ベンダはプロジェクトの進捗を阻害する要因を検出したり、代替案を示したり、製品の仕様を説明するといった法的責任をどこまで負うのかが問題となった事例が続いている（事例1-4-4、事例1-4-5など）。

その他にも、開発作業中になし崩し的に膨れ上がった作業について、追加報酬の請求ができるか（事例1-4-7）、納期の変更（延期）が合意されたか（事例1-4-6）などのように、当初の合意内容が変更されたか否かが問題となった事例を取り上げている。

(5) 完成・不具合

システム開発紛争の典型例は、ベンダが一応の完成品を納品したものの、ユーザが要望したものと違っていたり、多くの不具合が発生したりするなどと主張して、代金を支払わないというケースである。請負契約を前提とすると、仕事の完成の有無や、契約不適合責任（令和2年改正前の民法では瑕疵担保責任）の有無が問題となる。これらの論点が問題となった事例（事例1-5-1～事例1-5-5）のほか、「コンサルティング契約」という名称の契約において、本旨履行の有無が問題となった事例（事例1-5-6）も取り上げている。

(6) セキュリティ事故

不正アクセスによるクレジットカード情報の漏えいなど、個人情報が漏えいしたという事例において、当該個人情報を取り扱う事業者の責任が問題となった事例は、第3章にて取り上げている（事例3-7-1など）。ここでは、こうした

セキュリティ事故が起きた場合、あるいは事故以前に脆弱性が検出された場合において、当該システムを構築したベンダが、システムの利用者である企業から責任を追及された事案（事例1-6-1〜事例1-6-4）を中心に取り上げている。

1-1-1 スルガ銀行 vs 日本 IBM 事件控訴審

損害賠償・請負代金等反訴請求控訴事件

東京高判平成25・9・26金融商事1428号16頁〔28213054〕

□ 事案の概要

　原告（スルガ銀行。ユーザ）が、被告（日本 IBM。ベンダ）に対し、原告の銀行業務全般をカバーする新経営システム（本件システム）の開発業務を委託したところ、途中で頓挫したことから、被告の義務違反（不法行為又は債務不履行）を主張して約115億円の損害賠償を求めたのに対し（本訴）、被告から原告に対し、締結済みの個別契約の未払代金等として約125億円の支払を求めた（反訴）。

　本件システムの開発は、原被告間で包括的な構築に関する基本合意（本件基本合意①、本件基本合意②及び本件最終合意の３つのバージョン）のほか、多数の個別契約が締結され、これらの合意・契約に基づいて進行していたが、途中で中断することとなった。

　原審では、原告の本訴請求を、不法行為に基づく損害賠償請求として、約74億円（原告が被告に対して支払った額のほとんど）の支払を認め、反訴請求のすべてを棄却したため、被告が控訴した。

□ 争　点

・プロジェクト・マネジメント義務違反の有無（企画準備から本件基本合意①締結前の段階と、それ以降の段階に分けて論じられている）

□ 裁判所の判断

　裁判所は、企画・提案段階という、契約締結前段階におけるプロジェクト・マネジメント義務について、下記のように述べた。

> 企画・提案段階においては、プロジェクトの目標の設定、開発費用、開発スコープ及び開発期間の組立て・見込みなど、プロジェクト構想と実現可能性に関わる事項の大枠が定められ、また、それに従って、プロジェクト

に伴うリスクも決定づけられるから、企画・提案段階においてベンダに求められるプロジェクトの立案・リスク分析は、システム開発を遂行していくために欠かせないものである。そうすると、ベンダとしては、企画・提案段階においても、自ら提案するシステムの機能、ユーザーのニーズに対する充足度、システムの開発手法、受注後の開発体制等を検討・検証し、そこから想定されるリスクについて、ユーザーに説明する義務があるというべきである。このようなベンダの検証、説明等に関する義務は、契約締結に向けた交渉過程における信義則に基づく不法行為法上の義務として位置づけられ、IBM はベンダとしてかかる義務（この段階におけるプロジェクト・マネジメントに関する義務）を負うものといえる。

もっとも、この段階では、ベンダはユーザの業務内容等に精通しているとはいえず、ユーザはシステム開発技術等について精通していないという意味で、情報の非対称性、能力の非対称性が双方に存在するから、ベンダの説明責任とともに、ユーザにおいても自らリスク分析をすることが求められるとしたうえで、本件においては、IBM においては、この段階におけるプロジェクト・マネジメント義務違反はないとした。

続いて、契約締結後である要件定義以降の段階においては、ベンダは、下記のような義務を負うと述べている。判示部分が長いため、一部のみを引用する。

IBM は、前記各契約に基づき、本件システム開発を担うベンダとして、スルガに対し、本件システム開発過程において、適宜得られた情報を集約・分析して、ベンダとして通常求められる専門的知見を用いてシステム構築を進め、ユーザーであるスルガに必要な説明を行い、その了解を得ながら、適宜必要とされる修正、調整等を行いつつ、本件システム完成に向けた作業を行うこと（プロジェクト・マネジメント）を適切に行うべき義務を負うものというべきである。
（中略）ベンダとしては、そのような局面〔筆者注：当初の想定とは異なる状況が起きること〕に応じて、ユーザーのシステム開発に伴うメリット、リスク等を考慮し、適時適切に、開発状況の分析、開発計画の変更の要否とその内容、更には開発計画の中止の要否とその影響等についても説明す

ることが求められ、そのような説明義務を負うものというべきである。
（中略）IBM は、スルガと本件最終合意を締結し、本件システム開発を推
進する方針を選択する以上、スルガに対し、ベンダとしての知識・経験、
本件システムに関する状況の分析等に基づき、開発費用、開発スコープ及
び開発期間のいずれか、あるいはその全部を抜本的に見直す必要があるこ
とについて説明し、適切な見直しを行わなければ、本件システム開発を進
めることができないこと、その結果、従来の投入費用、更には今後の費用
が無駄になることがあることを具体的に説明し、ユーザーであるスルガの
適切な判断を促す義務があったというべきである。また、本件最終合意は、
前記のような局面において締結されたものであるから、IBM は、ベンダ
として、この段階以降の本件システム開発の推進を図り、開発進行上の危
機を回避するための適時適切な説明と提言をし、仮に回避し得ない場合に
は本件システム開発の中止をも提言する義務があったというべきである。

　このように述べたうえで、被告には、本件最終合意を締結する段階において、
プロジェクト・マネジメント義務違反があるとした（ただし、故意又は重過失
があったことについては否定した）。そして、本件最終合意を締結した後に原
告が支出した費用（約41億円）を損害だと認定した。

□ 本判例のポイント（実務上の指針となる点等）

　本裁判例は、東京地判平成16・3・10（事例1-4-1）に続いてプロジェクト・
マネジメント義務について大きく取り上げた事例であり、一審よりはベンダの
責任が軽くなったとはいえ、システム開発業界に大きな衝撃を与えた。その理
由としては、①契約締結前の提案段階においても、ベンダは提案するシステム
の機能、ユーザの要求の充足度、開発手法について、プロジェクト・マネジメ
ント義務としての説明義務を負うとされたことに加え、②システム開発進行上
の危機を回避するための説明と提言に加え、回避し得ない場合には中止をも提
言する義務があるとされたことだと考えられる。いずれもベンダに重い義務を
課すような印象を与えるものではあるが、本事案をもって、裁判所はベンダの
義務を重くとらえているという一面的な見方は正しくないように思える。
　すなわち、①については、裁判所が情報の非対称性が双方に存在すると述べ

ているように、提案段階ではベンダが把握できる情報には限りがあるから、把握し得た情報の限りで提案している限り義務違反にはならないということを明らかにしたものだといえる。逆にいえば、ユーザは、ベンダに適切な提案をしてもらうために、RFP 等を通じてしっかりと情報を提供すべきだということになる。また、ベンダとしては見積り・提案条件において、前提事実が異なる場合には、再見積り等が必要であるということをしっかりうたっておくべきであろう。

　また、②について、本裁判例以降は、「中止をも提言する義務」について述べられた事案は見当たらない。これは、裁判所がベンダの義務を重くし過ぎたために揺り戻しが来たというのではなく、本裁判例固有の事情があったとみるべきである。つまり、本件では、銀行の勘定系システムに、当時国内での導入事例がない Corebank を用いるというチャレンジングな案件であり、開発に困難を来す事態が想定されていたことから、本件基本合意書①には、「プロジェクトの大幅な延期や中止せざるを得ない状況が発生した場合、（中略）両者は真摯に協議の上、互いに誠意をもって損害賠償等の措置を含む適切な対応をするものとする。」（下線は筆者）という、通常の契約条項ではあまりみられない規定が置かれていた。すなわち、プロジェクトの途中で中止を検討しなければならない場合もあることが想定されていたからこそ、一定の場合にはベンダに中止を提言する義務が生じるとされたのである。ただし、基本合意書①の書きぶりからは、両者で協議することとなっているため、ベンダのみに中止提言義務を負わせるのは少々行き過ぎであるようにも思われる。

　いずれにせよ、プロジェクト・マネジメント義務の内容については、いくつかの裁判例で類似の言い回しが使われているが、個別具体的な事情によって義務の内容、程度は変わり得るものであり、翻って契約締結段階においても、どのような責任を負うべきか協議し、契約条項に落とし込むことが求められるといえる。

□ その他（原審情報等）

- 原審：東京地判平成24・3・29判タ1405号254頁〔28181043〕。双方上告、上告受理申立てを行ったが、いずれも上告棄却、上告受理申立不受理となった。
- 本稿で取り上げた論点のほか、紙幅の関係で取り上げられなかったが、本判

決には、議事録作成の意義、基本合意書／最終合意書の解釈、損害の範囲、責任限定条項の解釈など、多数の実務的な論点がある。これらの詳細については、松島淳也＝伊藤雅浩『新版　システム開発紛争ハンドブック　第2訂－発注から運用までの実務対応－』第一法規（2023年）の裁判例一覧等から該当箇所を確認していただきたい。

1-1-2 第一法規 vs CTC 事件控訴審

請負代金等本訴、損害賠償反訴請求控訴、同附帯控訴事件

東京高判平成26・1・15平成25年（ネ）3952号等公刊物未登載〔28220149〕

□ 事案の概要 ⋯⋯⋯⋯⋯⋯⋯⋯⋯⋯⋯⋯⋯⋯⋯⋯⋯⋯⋯⋯⋯⋯⋯⋯⋯⋯⋯⋯⋯⋯⋯⋯⋯⋯⋯

　本訴被告（第一法規。ユーザ。以下、「被告」という）は、本訴原告（CTC。ベンダ。以下、「原告」という）に対し、新システム（本件新基幹システム）の開発委託を目的として基本契約を締結し、要件定義、基本設計を終えて順次納品物が納入され、代金が支払われた。

　続いて、個別契約として、開発工程を対象とする個別契約が締結されたが、被告は、瑕疵担保責任を理由に個別契約を解除した。そこで、原告は、個別契約の代金のほか追加開発として行った業務の代金等合計約14億円を請求したのに対し（本訴）、被告は、多数の不具合・障害が発生したことを理由に、債務不履行又は瑕疵担保責任に基づく損害賠償として無駄となった費用等合計約14億円を請求した（反訴）。

　原審では、瑕疵担保責任に基づく契約解除は有効であるとし、被告が被った損害を4.6億円と認定しつつ、被告の過失を8割とし、さらに原告の本訴請求の一部を認めて相殺後の約2300万円を限度に反訴請求を認容した。

□ 争 点 ⋯⋯

・瑕疵担保責任に基づく解除の可否

　本件は、仕事の完成が争われたところ、原審・控訴審ともに、いわゆる最終工程論（東京地判平成22・12・28（事例1-5-1）参照）を用いて、シナリオテストを終えているとして完成を認めたが、瑕疵担保責任に基づき「契約をした目的を達することができない」（平成29年法律44号改正前民法635条[1]）として契約を解除できるといえるかどうかが争われた。

1　民法635条（請負人の担保責任）は、改正によって削除され、契約不適合責任に統合された。

□ 裁判所の判断

裁判所は、不具合があれば直ちに瑕疵があるとはいえないとしつつ、不具合が順次・多数発現する場合には瑕疵があると述べた（引用部分には原審の判示を含む）。

> 一般に、コンピュータソフトのプログラムには不具合・障害があり得るもので、完成、納入後に不具合・障害が一定程度発生した場合でも、その指摘を受けた後遅滞なく補修ができるならば、瑕疵とはいえない。しかし、その不具合・障害が軽微とは言い難いものがある上に、その数が多く、しかも順次発現してシステムの稼働に支障が生ずるような場合には、システムに欠陥（瑕疵）があるといわなければならない。

そのうえで、被告が検収不合格通知を出す前後を通じて、納品物に多数の不具合・障害が発生し、その中でも程度が「高」とされるものがあるなど、多数の瑕疵があると認定した。さらには、「契約をした目的を達することができない」かどうかについて、次のように述べた。

> 〔不具合の数は〕期間の経過により発現数は減少しているものの、本件新基幹システムの障害・不具合が順次発現していたことに照らせば、同日の時点において、本件新基幹システムに今後どの程度の障害・不具合が生じ、その補修にどの程度掛かるのかについて明らかであったことを認めるに足りる証拠はなく、被告及び原告は、同日の時点で、本件新基幹システムに、今後どの程度の障害・不具合が生じ、その補修にどの程度掛かるのかについて、その目途が立たない状態にあったものと認められるのである。
> （中略）以上判示の各点を総合すれば、被告が上記解除の意思表示をした同年6月16日の時点において、本件新基幹システムは、その瑕疵のために上記検収期間終了時において検収が終了せず、その時期が上記予定よりも大幅に遅れている上、被告の現行ホストコンピュータの保守期間が満了後もなお長期間を要する状態になっていたものと認められるのであり、本件ソフトウェア開発個別契約は、本件新基幹システムの瑕疵のために、社会

> 通念上、本件ソフトウェア開発個別契約をした目的を達することができな
> いものと認められる。

　さらに原告が、平成29年法律44号改正前民法636条[2]の解釈から、瑕疵の原因
がユーザにある場合には契約解除はできないと主張したことに対し、裁判所は、
多数の不具合や障害を発生させたのはベンダ（原告）であって、ユーザの行為
によって発生したとは認められないとした。

□ 本判例のポイント（実務上の指針となる点等）

　瑕疵担保責任（現・契約不適合責任）による解除が認められた事例は、処理
速度が著しく遅くて使用に堪えないような事例（東京地判平成14・4・22判タ
1127号161頁〔28082548〕、東京地判平成16・12・22判時1905号94頁〔28102255〕）
などがあったが、本件では特定の不具合の軽重を評価したのではなく、何度も
テスト、不具合修正を繰り返しても収束がみえず、旧システムの保守期限が切
れてしまう状況が、社会通念上、契約をした目的が達成できないものに当たる
と認めた。

　本件は、令和2年改正民法施行前の民法635条「契約をした目的を達するこ
とができない」の該当性が問題となった一方で、改正後は同条が削除され、契
約不適合責任に統合された。しかし、これによって契約不適合責任に基づく解
除の際には「契約をした目的を達することができない」の要件を考慮しなくて
もよくなったのではなく、民法541条ただし書における「債務の不履行がその
契約及び取引上の社会通念に照らして軽微であるときは、この限りでない」
（いわゆる軽微要件）に該当するか否かを判断するに当たって目的達成が考慮
されることになるため（筒井健夫＝村松秀樹編著『一問一答・民法（債権関
係）改正』商事法務（2018年）275頁）、実質的な解除の要件は変わらないと考
えられる。

　なお、原審では、ユーザ側の過失として8割が過失相殺されたのに対し、控
訴審では、過失の割合は4割だとされた。控訴審では、ユーザが多数の変更要

2　「前2条〔筆者注：634条及び635条〕の規定は、仕事の目的物の瑕疵が注文者の供した材料の性質
　又は注文者の与えた指図によって生じたときは、適用しない〔筆者注：瑕疵担保責任は生じない〕
　（後略）」との規定。

望を申し入れたことはユーザ側の過失であるとしつつも、ユーザは専門的知見を備えていない顧客であるのに対し、ベンダは専門業者であるから、契約の付随義務として、説明義務や変更要望を拒絶する義務、（ユーザが担当した）データ移行の不適切さについて指摘・指導すべき義務などがあるとし、ユーザの過失を原審ほど重視しなかった。近接する時期に出されたスルガ銀行 vs 日本 IBM 事件（東京高判平成25・9・26（事例1-1-1））と同様に、ベンダの専門家としての義務を重くみたものだといえる。

□ その他（原審情報等）

・原審：東京地判平成25・2・28判タ1416号234頁〔28211640〕

1-1-3 トクヤマ vs TIS 事件

損害賠償請求事件、同反訴請求事件

東京地判平成28・4・28判時2313号29頁〔29017585〕

□ 事案の概要

　原告（トクヤマ。ユーザ）が、被告（TIS。ベンダ）に対し、ドイツ SAP 社のパッケージソフトウェア（ERP パッケージ）を使用した新基幹系システム（本件システム）の開発業務を委託した。保守・運用を含む6段階のフェーズに分けて進むという多段階契約・ウォーターフォール型で開発が進められていったが、順次、最後のフェーズを除く5段階までは原告が検収し、被告に対して代金が支払われていった。

　保守・運用を除く最後のフェーズ（IMP フェーズ）では、被告がシステムテストを済ませた段階の本件システムの実績運用テストを行い、不具合があれば修正するといったことが予定されていたが、不具合が発生するなどして遅延した結果、当初の本番稼働を延期せざるを得なくなった。

　この段階になって、原告と被告の協議により、SAP の機能と原告実務との間に差があり、上流工程にまで立ち返らなければならないことなどが検討された。しかし、立て直しもうまくいかないまま、原告は、本件システムの開発を中止することを決定した。

　そこで、原告は、被告に対し、債務不履行に基づく損害賠償請求又は債務不履行解除に基づく原状回復請求として約18億円を請求した（なお、被告も反訴を提起しているが、割愛する）。

□ 争　点

1　本件システム開発に関する不完全履行の有無

　原告は、本件システムに多数の不具合ないし瑕疵が発生したのであるから、（個別の各契約の債務不履行を特定せずとも）本件システムに関する契約の不完全履行があると主張していた。

2　プロジェクト・マネジメント義務違反の有無

　判決文中には「プロジェクト・マネジメント義務」といった用語は使われて

いないが、原告は、各裁判例でプロジェクト・マネジメント義務だと主張されている義務と同種の義務の違反があったと主張していた。

□ 裁判所の判断

上記1の争点について、裁判所は、原告の主張を認めなかった。

確かに、本件システム開発に関して原告被告間に締結された各契約は、本件システムの構築に向けた1個のプロジェクトである本件プロジェクトを組成しているものであるとみることができる一面を有するが、他面では、それぞれが上記の各フェーズにおける独自の意義を持つ独立した1個の契約として独自の給付目的を有しているため、その解除原因としての債務不履行事由もそれぞれ別個に観念することができる。したがって、そのような各契約に係る個別の債務不履行事由をなおざりにした上で、単純にそれら契約がその組成要素として位置付けられる本件プロジェクトが頓挫したという一事のみで、これら各契約全体を解除しそれら契約の拘束力から一切解放されるという解除を認めることはできないというべきである。

（中略）〔各契約において解除原因は認められないとしたうえで〕被告は、検討フェーズからIMPフェーズに至るまでの全ての個別契約のサービス及び納入物に関して、原告から検収を受けるとともに代金の支払を滞りなく受けてきた。そうすると、被告には、上記各個別契約における主たる債務たる給付目的自体に関して債務不履行があったということはできない。また、本件システム開発に関して原告被告間に締結された各契約は、本件システムの構築に向けて有機的に総合されているものとみることができる点で、後述するような、本件プロジェクトを成功させるための協働関係に入った者としての付随的注意義務を、原告被告双方に、殊にシステム開発を専門とし知識と経験を有している被告に生じさせるということができるが、それら注意義務は飽くまで信義則に基づく付随的なものであるから、それを根拠として、上記各契約の拘束力を全て解消するような解除を認めることはできないと解するのが相当である。結局、本件においては、上記各契約の拘束力を解消させるべき解除原因を認めることはできない。

しかし 2 に関して、裁判所は次のように述べて（付随）義務違反があったことを認めた。

被告は、システム開発の専門業者として、原告に対し、本件提案書を提出し、ERP を活用して業務改革を早期に実現するためのアプローチ、組織、役割などについて体系化された被告独自の方法論、システムの企画から保守・運用までを 8 個のフェーズに分けたシステム開発工程、各フェーズの目的及び主要成果物などの説明、また、被告の業務改革プロジェクトの経験とノウハウを集約した化学産業向けシステム開発に適用する YCM テンプレートの説明、同テンプレートの想定業務プロセスに目標業務プロセスを合わせる形のシステム設計方法など説明をした上で、原告との間で本件基本契約を締結し、本件プロジェクトを遂行するための協働関係に入った者である。したがって、被告は、自らが有する専門的知識と経験に基づき、本件システム開発に係る契約の付随義務として、本件システム開発に向けて有機的に組成された各個別契約書や本件提案書において自らが提示した開発手順や開発手法、作業工程等に従って自らなすべき作業を進めるとともに、それにとどまらず、本件プロジェクトのような、パッケージソフトを使用した ERP システム構築プロジェクトを遂行しそれを成功させる過程においてあり得る隘路やその突破方法に関する情報及びノウハウを有すべき者として、常に本件プロジェクト全体の進捗状況を把握し、開発作業を阻害する要因の発見に努め、これに適切に対処すべき義務を負うものと解すべきである。そして、システム開発は開発業者と注文者とが協働して打合せを重ね注文者の意向を踏まえながら進めるべきものであるから、被告は、注文者である原告の本件システム開発へのかかわりなどについても、適切に配意し、パッケージソフトを使用した ERP システム構築プロジェクトについては初めての経験であって専門的知識を有しない原告において開発作業を阻害する要因が発生していることが窺われる場合には、そのような事態が本格化しないように予防し、本格化してしまった場合にはその対応策を積極的に提示する義務を負っていたというべきである。

　そして、具体的には、SAP の権限設定に関して、原告が要望する内容につ

いて、実現できるかどうかが隘路になることが予想されたのであるから、それを見極めるために被告は具体的に調査、確認する付随義務を負っていたにもかかわらず、これを怠ったと認定した。

その他にも、業務の変化によって生じる原告（ユーザ）への負荷について、検討が不十分であったことについて付随義務違反を認めたものの、他方でプログラムの不具合については、テスト段階で発生するのは不可避であり、対応もされていたということで、付随義務違反は認めなかった。

なお、こうして被告（ベンダ）の付随義務違反を認めつつ、原告の請求額のうち、3割が相当因果関係ある損害だとした（過失相殺がなされたわけではないことに注意）。

□ 本判例のポイント（実務上の指針となる点等）

本事例も、大型システム開発事案におけるプロジェクト・マネジメントに関する義務（以下、「PM義務」という）違反が問題となった事例の1つである。

PM義務の発生根拠や、その性質は必ずしも統一的な理解があるわけではないが、本裁判例では、ベンダが、システム開発の専門業者として自ら開発手法や製品を提案し、原告の属する化学業界向けテンプレートを説明して契約を締結したという背景事情に基づいて、契約の付随義務として、プロジェクトの阻害要因の発見に努め、課題については適切に対処すべき義務があるとした。さらには、この種のプロジェクトに不慣れなユーザ（原告）において阻害する要因が発生しているとうかがわれる場合には、それが本格化しないように予防し、本格化した場合には対応策をも提示する義務を負っているとした。

システム開発を請け負うベンダは、しばしば「ユーザが情報を出してくれない」「意思決定をしてくれない」といった不平不満を挙げる。そして、遅延や品質不良が生じた原因を、そうしたユーザの行動に求めることも少なくない。確かにユーザ側の行動に問題があるケースは少なくなく、程度によってはユーザの債務不履行（協力義務違反）を構成する場合もあるが、本裁判例のように、ベンダは専門業者であるから、ユーザの行動に対しても積極的に支援し、情報を抽出したり、意思決定の支援をも行っていく必要があるとされることも多いだろう。

特に、ERPパッケージの導入などの業務変革を伴うシステム導入の場合、

ユーザはシステム導入後の業務やシステムの姿をイメージすることができず、テスト段階において致命的な問題が顕在化することもある。ベンダとしては、そういった過去の経験を踏まえ、顕在化した課題への対応のみならず、潜在的なリスク（本裁判例では「隘路」といわれていた）をよくモニターし、その観察状況も記録しておくことが求められるだろう。

1-1-4 旭川医大 vs NTT 東事件控訴審

損害賠償請求控訴事件

札幌高判平成29・8・31判時2362号24頁〔28253189〕

□ 事案の概要

　原告（旭川医大。ユーザ）が、被告（NTT 東日本。ベンダ）に対し、病院情報管理システム（本件システム）の開発業務を委託したが、予定されていた時期までに完成しなかったとして、債務不履行に基づいて逸失利益等を含む約19億円の損害賠償を請求したのに対し（第1事件）、被告が原告に対し、被告に帰責性がないのに原告が不当に受領を拒絶するなどして完成義務を履行し得なくなったとして、約23億円の損害賠償請求をし（第2事件）、両事件が併合された。

　平成20年11月から仕様確定作業が行われていたが、ユーザから新たな追加要望が継続的に出されていたことから、平成21年7月7日に仕様凍結をするということが両者間で決定されたが（本件仕様凍結合意）、その後も仕様が確定しなかった。そして、当初の期限（平成22年1月3日）までにシステムが完成しなかったことから、原告が契約解除の意思表示をした。

　原審では、被告はベンダとして、原告からの開発要望に対して、スケジュールや処理能力を勘案し、原告に働きかけて開発要望を取り下げさせるなどの適切な対応をとって、開発の遅滞を回避すべきであったにもかかわらず、原告の追加開発要望に翻弄されて、プロジェクトの進捗を適切に管理しなかったとして、被告の債務不履行責任を認めていた。なお、原告にも協力義務違反があったとして、被告が賠償すべき損害額は、原告の責任割合である2割が減じられた。

□ 争　点

・被告のプロジェクト・マネジメント義務違反の有無と、原告の協力義務違反の有無

　プロジェクトが頓挫した原因が、原告・被告のいずれにあるのかが争われたが、特に本件仕様凍結合意の意味付けと、ユーザ（原告）が、その合意に反し

て仕様の追加・変更を求めたのかが問題となった。

□ 裁判所の判断

まず、裁判所は原告に協力義務違反があることを認めた。

システム開発はベンダである被告の努力のみによってなし得るものではなく、ユーザである原告の協力が必要不可欠であって、原告も、被告による本件システム開発に協力すべき義務を負う（中略）。そして、この協力義務は、本件契約上原告の責任とされていたもの（マスタの抽出作業など）を円滑に行うというような作為義務はもちろん、本件契約及び本件仕様凍結合意に反して大量の追加開発要望を出し、被告にその対応を強いることによって本件システム開発を妨害しないというような不作為義務も含まれているものというべきである。

しかるに、（中略）原告が本件契約及び本件仕様凍結合意に反して大量の追加開発要望を出し、被告がこれに対応せざるを得なかったことから、本件システム開発が遅延した。また、（中略）原告がマスタの抽出義務を負っていたにもかかわらず、これを懈怠し、原告の協力が得られないまま被告が代行せざるを得なくなったことも、本件プロジェクトが遅延した理由の一つになっている。

（中略）上記のとおり、原告には、本件契約上の協力義務違反（債務不履行）が認められる。

他方で、原審の判断とは逆に、被告のプロジェクト・マネジメントに関する責任は明確に否定した。

被告は、平成21年3月4日以降、専門部会等において、繰り返し、原告による追加開発要望の多くは仕様外のものであること、被告としては、これらの追加開発要望に対応するのは難しく、同年9月24日（本件原契約におけるリース開始日）に間に合わなくなることを説明した。（中略）そして、被告は、同年7月7日、一審原告による625項目の追加開発要望を受け入れる（本件追加開発合意）一方で、以後は、新たな機能の開発要望はもち

ろん、画面や帳票、操作性に関わるものも含め、一切の追加開発要望を出さないという合意（本件仕様凍結合意）を取り付けたものである。このように、被告は、プロジェクトマネジメント義務の履行として、追加開発要望に応じた場合は納期を守ることができないことを明らかにした上で、追加開発要望の拒否（本件仕様凍結合意）を含めた然るべき対応をしたものと認められる。

これを越えて、被告において、納期を守るためには更なる追加開発要望をしないよう注文者（原告）を説得したり、原告による不当な追加開発要望を毅然と拒否したりする義務があったということはできず、被告にプロジェクトマネジメント義務の違反があったとは認められない。

その結果、原審の判断とは逆に、被告からの請求（第2事件）の一部として約14億円の損害賠償請求を認めた。

□ 本判例のポイント（実務上の指針となる点等）  Point

本件以外にも、大規模なシステム開発紛争では、原審と控訴審の結論が逆になるケースがある[1]。本件のように事実認定が大きく変わっていないにもかかわらず、その評価が異なることもあり、こうした紛争は結果が予想しにくいことを思い知らされる。

仕様凍結合意をした後も、ユーザが要望を出し続けており、合意に反したのはユーザであるにもかかわらず、原審では、それに翻弄されてしまったベンダに債務不履行責任を認めており、この種の事案においてはベンダの責任が常に重くみられがちであるという印象を受けたが、控訴審では、仕様凍結合意を取り付けたことをもって「しかるべき対応をした」という評価に至っている。

プロジェクト・マネジメント義務が生じるのは、「専門事業者」であるベンダと「技術の素人」であるユーザとの間にある情報の非対称性があるためだといわれる。そのため、ベンダは、単に決められた仕様に沿ってプログラムをつくったりテストしたりすればよいのではなく、ユーザがプロジェクトの進捗を阻害しようとしてしまうことも当然に予想し、それを先回りして防いだりして、

---

1 東京高判令和3・4・21（事例1-1-6）

スケジュールどおりに完成するよう導くべき責任があるとされていた。しかし、この非対称性を前提に極論すれば、ユーザは全体の予算やスケジュールを考慮することなく、自分たちの要望を出し続けても、あとはベンダがうまい具合に調整してくれるはずで、それに失敗したらベンダが責任を負うということになってしまい、およそ公平妥当なビジネスが成り立たない。ベンダがこうしたリスクをヘッジしようとすると、どうしてもコストに跳ね返ってしまうことになるため、ユーザのためにもならない。

　本件控訴審判決は、こうした「行き過ぎたユーザの保護」に待ったをかけたという意味でも、バランスのとれた判断ではないかと考えられる。事案によって、どこまでやればベンダは義務を果たしたといえるかは異なるため、本件のように仕様凍結合意さえ取り付ければ責任を果たしたことになるというような単純化はできないが、1つの指標が示されたということができるだろう。

□ その他（原審情報等）

・第一審：旭川地判平成28・3・29判時2362号64頁〔28241256〕

1-1-5 マイグレーション失敗

損害賠償等、業務委託料返還等請求控訴事件

東京高判平成29・12・13判時2362号24頁〔28260265〕

□ 事案の概要

　原告（ベンダ）と、被告（ユーザ）との間で被告の業務システムの開発を行うことを目的として、基本契約が締結され、開発が進められていった。対象のシステムには、物流・販売の各システムがあったが、原告は、物流システムの開発を終え、被告は代金合計約16億円を支払い、物流システムの運用は開始された。

　もう一方の販売システムは、遅れて着手されたが、旧システム（本件旧システム）から、Java を利用した新システム（本件新システム）へのマイグレーション[1]という手法を用いられることとなっていた。

　販売システム関連の作業は、第 1 契約から第 8 契約と呼ばれる 8 つの契約に分けて推進されていたが、計画どおりに進捗せず、被告が外部機関に委託した調査結果も踏まえて作業の停止を求め、プロジェクトが中断された。

　そこで、原告は、被告に対し、第 2 契約から第 4 契約に基づく代金の支払がないとして、契約を解除し、解除に伴う損害賠償請求等として、約 4 億円を請求したのに対し（甲事件）、被告は、原告の債務は履行不能であったと主張し、解除に基づく代金返還請求、債務不履行に基づく損害賠償として約11.3億円を請求した（乙事件）。

　原審では、平成21年11月30日時点において、原告が平成22年 3 月末日までに第 1 契約に係るマイグレーション作業を完成させることはできず、社会通念上履行不能にあったとし、原告の請求（甲事件）を一部の追加機能分の請求を除いてすべて退け、他方で被告の請求（乙事件）については、履行不能となった第 1 契約の解除に伴う既払金の返還のほか、密接関連性がある第 8 契約の解除も認めて既払金の返還等、合計で約 8 億円の請求を認容した。

1　旧型のホストコンピュータ等で稼働するシステム（レガシーなどとも呼ばれる）から、新型のコンピュータへの移行を行うことをいう。一般には、旧システムの機能、仕様などを維持して、新しいコンピュータ基盤に移すことを指す場合が多い。類似の用語としてモダナイゼーションなどもある。

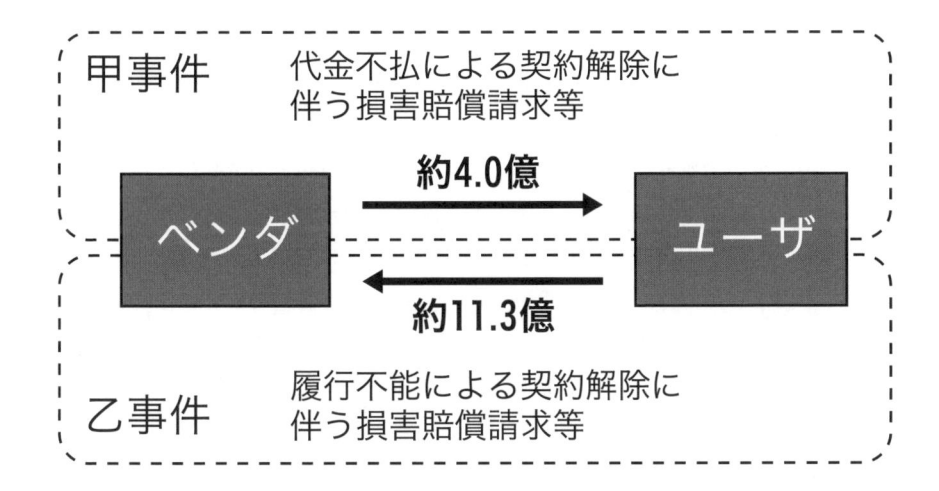

□ 争 点 ……………………………………………………………………………

・ある個別契約の履行不能を理由として、当該個別契約のみならず、関連する他の個別契約も解除をすることができるか

　本件では、原告（ベンダ）が、第2契約等の代金不払を理由に第1契約を解除したが、この解除の有効性が問題となったことに加え（甲事件）、被告（ユーザ）も、第1契約の債務不履行を理由に他の個別契約の解除を主張しており（乙事件）、複合型契約の解除の範囲が双方の事件において問題となっていた。

□ 裁判所の判断

　裁判所は次のように述べて、密接な関連性を有する他の個別契約についても解除できると述べた（原審判決より引用）。

> 原告と被告は、本件新システムの開発業務に関し、個別業務ごとに個別契約を締結することを前提に、その基本的取引条件を定めた本件基本契約を締結した上で、その個別契約として第1〜第4契約を締結したものであるところ、本件基本契約においては、本件解除条項2号により、正当な理由なく、期限内にその義務を履行する見込みがなくなったときには、本件基本契約若しくは個別契約の全部又は一部を解除することができるものとさ

れている。本件解除条項は、その規定上、解除の対象とされる個別契約について特段の制約を設けているものではなく、少なくとも当該個別契約と密接な関連性を有する他の契約について上記の解除事由が発生し、当該個別契約についてもその本旨を実現することができないという関係にあると認められるときは、既に当該個別契約に基づく債務が履行済みであったとしても、当該個別契約を解除することができるものと解すべきである。そして、当事者の一方が本件解除条項により本件基本契約若しくは個別契約の全部又は一部を解除し得るという場合には、当該当事者は、いきなり契約の全部又は一部について解除権を行使することのほか、信義則上、解除権を行使することなく、解除事由が消失するまで当該契約に基づく自らの相手方当事者に対する債務の履行を拒むこともできるものと解するのが相当である。

なお、ここでいう本件解除条項とは、下記のような条項であった。

相手方に次の各号のいずれかに該当する事由が生じたときは、相手方に対する書面による通知をもって、本件基本契約若しくは個別契約の全部又は一部を解除することができる。

上記判示部分では、解除ができることのほか、解除権を行使せず、履行を拒絶することもできると述べている。

そのうえで、具体的に問題となったのは、被告による第1契約の解除に伴って、第8契約も解除ができるかどうかであった。

	内容	締結日	金額
第1契約	販売システムの開発のためのマイグレーション作業	平成20年9月26日	約4.82億円
第8契約	販売システムの開発のための要件定義作業（第3回まで納品済、支払済）	平成20年9月29日	約2.63億円

> 第8契約は、cシステム〔筆者注：販売システム〕の開発について、bシステム〔筆者注：物流システム〕と異なり、マイグレーションの手法を用いて行うことを前提とし、そのための要件定義作業を行うものとして、マイグレーション作業に係る第1契約と時期を同じくして締結されたものであると認められ、第1契約と密接な関連性を有し、第1契約に基づくマイグレーションの成果物、あるいは、それを基にして完成される販売システム（c）が存在しなければ、無駄に終わり、その本旨を実現することができないという関係にあるものというべきである（なお、第8契約に係る作業の中にマイグレーション以外のものに転用し得る汎用性のある作業が一部存在したとしても、そのことから上記認定の関係が否定されるものではない。）。
> したがって、平成23年4月1日当時、第8契約に基づく原告の債務が既に履行されていたとしても、被告は、本件解除条項2号に基づき、第1契約に基づく原告の債務の履行不能を理由に第8契約を解除すること（被告解除）ができたものというべきである。

　上記のように述べて、第8契約が上流工程である要件定義で、履行済みであったとしても、開発作業を対象とする第1契約の不履行を理由に解除できるとし、第8契約に基づいて支払われた代金全額の返還を認めた。

□ 本判例のポイント（実務上の指針となる点等）

　システム開発取引では、1つのシステムの開発を目的として、多数の個別契約が締結されるが、本件の争点のように、債務不履行がない契約についての解除が可能かどうかが争われることがある。この論点は、最判平成8・11・12民集50巻10号2673頁〔28011516〕（いわゆるリゾートマンション事件）を援用して主張されることがあり、東京高判令和4・10・5（事例1-1-8）では、平成8年最判を援用して多段階契約における契約の解除を認めたが、本件の判決では、特に平成8年最判を援用することなく、契約の文言に基づいて、密接な関連性を有する契約の解除を認めている。

　本件における解除条項は、「（解除事由を満たす場合には）本件基本契約若し

くは個別契約の全部又は一部を解除することができる」というごく一般的な条項であったが、裁判所はこれを解除の対象となる個別契約を特に制限していない、という解釈をしつつ、「密接な関連性を有する」という一応の限定を設けている。しかし、1つのシステムの開発を目指した複数の個別契約は、原則として密接な関連性を有すると考えられるため、このような抽象的な要件のみでは予測可能性を欠き、実務の混乱をもたらすことが懸念される。

また、本文中では取り上げていないが、本件では、本件旧システムの延命費用や保守費用相当額の一部について、相当因果関係ある損害だと認められている。この種のシステム開発が頓挫する事案において、特に旧システムに係る費用など、関連する費用がどこまで損害賠償の範囲として認められるかが争点となりやすい。

□ その他（原審情報等） ···

- 原審：東京地判平成28・10・31平成23年（ワ）10498号等公刊物未登載〔28244397〕
- 複合型契約の解除については、令和2年に施行された改正民法の検討過程において、前掲平成8年最判を踏まえて新たな規定を設けるかどうかが検討された（「民法（債権関係）部会資料34 民法（債権関係）の改正に関する論点の検討(6)」41頁、「民法（債権関係）の改正に関する中間試案」18頁）。しかし、改正要綱の段階では改正の対象からは外されている。

1-1-6 野村 HD vs 日本 IBM 事件控訴審

損害賠償請求本訴、報酬等請求反訴控訴事件

東京高判令和 3 ・ 4 ・21判タ1491号20頁〔28292856〕

□ 事案の概要 ⋯⋯⋯⋯⋯⋯⋯⋯⋯⋯⋯⋯⋯⋯⋯⋯⋯⋯⋯⋯⋯⋯⋯⋯⋯⋯

　原告ら（野村ホールディングス及び野村証券。ユーザ）が、被告（日本 IBM。ベンダ）に対し、コンピュータシステム（本件システム）の開発業務支援等の委託をすることを目的として、いわゆる多段階契約の方式で複数の契約（本件個別契約）を締結していたところ、目標とされていた時期にシステムの稼働を開始することはリスクがあると判断され、開発プロジェクトは中断された。

　原告は、被告に対し、本件各個別契約に債務不履行があったなどとして、総額約36億円の損害賠償を求めたのに対し（本訴）、被告は、原告に対し、未払報酬や契約外の作業を実施した報酬等、約5.6億円の支払を請求した。

　原審では、本訴について被告の責に帰すべき事由によって本件個別契約のうち 3 つが履行不能になったとして当該契約の契約代金合計額相当の約16億円の損害賠償が認められた一方で、反訴請求が退けられた。

□ 争　点 ⋯⋯⋯⋯⋯⋯⋯⋯⋯⋯⋯⋯⋯⋯⋯⋯⋯⋯⋯⋯⋯⋯⋯⋯⋯⋯⋯⋯⋯⋯

1　システムの完成義務の有無

　原告は、被告が本件システムを予定していた時期（平成25年 1 月 4 日）までに完成する義務を負っていたと主張していたが、いわゆる多段階契約で個々の契約において完成する義務が明記されていない中で、そのような義務を被告が負っていたかどうかが問題となった。

2　品質不良、信頼関係崩壊等を理由とする履行不能の有無

　原告は、品質不良等を理由に、本件各個別契約は全部履行不能になったと主張していた。

□ 裁判所の判断

　裁判所は、平成25年 1 月 4 日に稼働させることがビジネス上の目標で、双方が目標達成に向けて努力を続けていたことを認めたうえで、次のように述べた。

しかしながら、ビジネス上の目標が重要であるからといって、ビジネス上の目標がそのまま契約上の債務として合意されるとは限らない。ビジネス上の目標をそのまま契約上の債務とすることに合意した後に、目標の実現が予定日より遅れたり、目標の実現が不可能になったりした場合には、履行遅滞や履行不能による損害賠償の問題が生じてしまう。そこで、目標の実現可能性やその確実さの度合い、逆に予定日に遅れるリスクや実現不能となるリスクの度合いに応じて、様々な対応をとることになる。ビジネス上の最終目標の実現に無視できないリスクがある場合には、ビジネス上の最終目標の実現を契約上の債務としないことも、リスク回避の一つの方法である。ビジネス上の最終目標の実現を契約上の債務とする場合においても、債務不履行のペナルティを合理的な内容のものに制限（縮減）することも、リスク低減の一つの方法である。ビジネス上の最終目標が実現できなかった場合のリスク分担に関する定めについて協議がされた結果、合意に至らなかった場合には、契約の締結に至らず、他の契約相手を探すか、ビジネス上の目標の実現を断念することになる。

(3)　前記認定事実によれば、最初の個別契約（平成22年11月12日頃締結の本件個別契約1）の締結前にIBMが野村HDらに示した同年10月29日付け提案書（甲7）には、最終的なプロジェクトの遂行を約束するものではなく、フェーズごとに分けて別途見積の上IBM所定の契約書を使用して契約する旨が明記されていた。

（中略）他方、本件各個別契約の契約書には、本件システムを完成して稼働させることや、その履行期限を平成25年1月4日とすることは、IBMの債務の内容としては記載されたことはない。

(4)　準委任契約についてみると、（中略）〔筆者注：契約書〕の表題は「IBM支援サービス契約書」であり、IBMの債務の内容として「情報システム開発（野村HDの責任において完成）に関する支援サービスとして、運用準備支援、テスト準備支援、テスト実施支援、データ移行準備及び実施の支援等を行い、（中略）〔サービス終了日又はサービス期間終了日〕のいずれか早い日にサービスの提供を終了する準委任契約（仕事の完成を目的とした請負契約ではない）」と記載され、IBMの受領する報酬として

（中略）〔前記認定の確定料金額（消費税別）〕が記載されている。（中略）
⑸　以上によれば、本件システムを最終的に完成させることや、本件システムを平成25年1月4日に STAR のサブシステムの一つとして STAR と同時に稼働開始させることが、契約当事者双方のビジネス上の目標であったという事実は認定できるものの、これらが契約上の IBM の債務として合意されたという事実を認定するには、無理がある。

　信頼関係が破壊された等の主張については、以下のとおり、むしろ原告の担当者側の問題であると述べた。信頼関係を破壊するに至るか否かを説示するには、長大な事実認定部分を引用しなければならないが、ここでは、結論部分を引用する。

本件システムが前記の時点において改善を要する点を多数抱えていたことは前記認定のとおりであるが、双方にその原因があり、特に下流工程の基本設計フェーズに入った後も、さらには当初はテスト期間と想定されていた平成24年に入ってからも CR（変更要求）を繰り返して、工数の著しい増大と T 社の作業の手戻りと遅れを繰り返し誘発し、T 社からプログラム製作作業の十分な時間的余裕を奪った野村証券側に、より大きな原因があることが、明らかである。そうすると、仮に百歩譲って前記の時点で履行不能であると評価することが可能であるとしても、その帰責事由の多くは野村 HD らの側に多々あるのであって、IBM の帰責事由と評価することは困難であるというほかはない。

ウ　平成24年11月2日の時点において当事者間の信頼関係が崩壊していたことを認めるに足りる証拠はない。野村 HD らが、一方的に IBM を嫌忌していたにとどまる。（中略）STAR 及び本件システム以外の STAR のサブシステムがビジネス上の目標を達成して予定通り平成25年1月に稼働開始したことからすれば、ビジネス上の目標不達成となった唯一のシステムである本件システム（SMAFW）の担当者らが、野村グループの中で非難の目にさらされていたことは容易に推認することができ、社内説明用のスケープゴートとして、IBM を必要以上に悪者扱いして、ビジネスパートナーとして信頼するに値しないと社内説明していた可能性は、高いものと

みられる。

その結果、原審の判断が覆り、反訴請求の一部が認められ、本訴請求が棄却された。

□ 本判例のポイント（実務上の指針となる点等）

　本件も、札幌高判平成29・8・31（事例1-1-4）と同様に、大規模なシステム開発紛争で原審と控訴審の結論が逆になった事例である。そこは事実認定によるところが大きいが、本件では、ベンダに対して高圧的な態度をとったうえに、プロジェクトに非協力的な姿勢だったユーザの担当者が大きくクローズアップされており、プロジェクトの重要ポジションに不適切なメンバーを配置することのリスクが顕在化した事例だといえるだろう。

　大規模システム開発取引では、ほとんどのケースで工程ごとの多段階契約が締結されているが、個々の個別契約では、システムの稼働時期などは書かれていないことが大多数である一方、現場では、当然、稼働時期を念頭に作業が進められる。本件では、この現場で認識されている稼働時期が、法的にはどのような位置付けになるのかが示されたことが注目される。

　裁判所は、ビジネス上の目標が重要であることは当然としつつ、それが常に債権債務になるとは限らず、それが互いのリスク回避の方法であるとして、常識的な判断を示したものと考えられる。ただし、多段階契約であれば、ベンダが常にシステムの稼働時期についてコミットしなくてよいという意味ではなく、稼働時期や予算などのプロジェクト全体の制約をどのように定めるかは当事者の合意次第だといえるだろうし、そうしたビジネス上の目標から大きく逸脱しそうな場合には、プロジェクト・マネジメント責任の一環として、それを適時適切に説明したりするような義務が生じる場面もあり得る。

□ その他（原審情報等）　…………………………………………

・原審：東京地判平成31・3・20平成25年（ワ）31378号等公刊物未登載〔28272232〕

1-1-7 文化シヤッター vs 日本 IBM 事件控訴審

損害賠償、報酬等反訴請求控訴事件

東京高判令和 6・5・16令和 4 年（ネ）3424号公刊物未登載〔28322080〕

□ 事案の概要 ……………………………………………………………

　原告（文化シヤッター。ユーザ）が、被告（日本 IBM。ベンダ）に対し、原告の社内で用いるシステムの開発業務（本件業務）を委託したところ、UAT（ユーザ受入れテスト）の途中で開発が中止され、そのまま再開することなく頓挫したため、原告は、被告の責に帰すべき事由による履行不能又は不完全履行を理由に委託契約を解除し、約28億円の損害賠償を請求した（本訴）。これに対し、被告は原告（ユーザ）が負うべきプロジェクト・マネジメント（PM）義務に違反したことは不法行為に該当するなどと主張して約12億円の損害賠償を請求した（反訴）。

　本件は、セールスフォース・ドット・コム社が提供するクラウド型プラットフォーム（PaaS）を使ってユーザ向けのアプリケーションを開発して動作させるという形態で開発することが予定されていた。

　原審では、被告（ベンダ）の責任を認め、原告（ユーザ）の請求の大半を損害だと認定しつつ、原告の過失割合である15％相当額を減額し、約19.8億円の損害賠償を認定した。

□ 争　点 …………………………………………………………………

・ベンダ・ユーザそれぞれの PM 義務の内容及びその違反の有無

□ 裁判所の判断

　原審では、PM 義務に関して、それぞれ以下のように述べた。

> 被告は、その開発手法を誤り、かつ、適時適切な修正、調整を通じてシステム完成に向けたプロジェクト・マネジメントを適切に行うべき義務に違反するという本件業務の不完全履行によって上記のような状態を招来したものといわざるを得ず、そうである以上、本件解除までに原告に生じさせ

た損害を賠償すべき義務があることは明らかである。

これに対し、ユーザ側のPM義務違反については、次のように述べて否定した。

原告の側にも、仕様の確定が遅れた（中略）とか、仕様変更要求を適時に被告に伝えなかった（中略）等の問題があったことは事実である。しかしながら、UATの時点以降に原告が要望した仕様変更を考慮しないとしても本件システムは稼働する合理的な見込みがなかったものと解される上、上記⑴のような本件の経緯からみて、原告による仕様の確定が適時適切に行われていたからといって、それだけで本件システムの肥大化による本件制約等の顕在化を防ぐことができたとは考え難いことなどからすれば、原告側の上記問題を過失相殺の局面で考慮することがあり得るのは格別、原告にプロジェクト・マネジメント義務違反があったとまでいうことはできないものというべきである。

控訴審でも同様に、ベンダの責任を認めたうえで、ユーザの過失割合については低いとして、一審では15%としていたところ、本判決では10%に減らし、結果的に約20億円を認容した（過失割合を修正したことにより、責任限定条項が定める上限額に達したため、一部が削られた）。

一審本訴原告による仕様確定の遅れは二次要件定義フェーズから度々生じており、それによって設計・開発の遅れが発生していたこと、要件定義フェーズ等における画面や帳票等のレイアウト等にこだわりが強い一審本訴原告が、仕様がいったん確定した後もその変更を求める事態がしばしば生じていたこと、かかる度重なる仕様変更要求の結果、スケジュールの縛り（中略）もあって一審本訴被告の開発時間が圧縮され、そのプロジェクト・マネジメントを困難にした側面があることは否定できない。そして、こうした背景から数多くの不備が生じることとなり、その対応もあってますます開発時間が不足するといった悪循環（中略）に陥っていったと認められるから、一審本訴原告の仕様検討の遅れが、長期間のプロジェクトの

過程においてはごく一般的に生じる程度の軽微なものにすぎないとか、「サービスイン時期に影響するほどまでのものではなかった」などとは認められないのであって、本件においては、公平の見地から、一審本訴原告の損害賠償請求につき一定の過失相殺を認めるべきである。他方、一審本訴原告の仕様検討の遅れの原因の一端が、一審本訴被告の不十分なプロジェクト・マネジメントや（中略）、一審本訴被告が設計・開発フェーズの過程で「動く画面」によって画面遷移等をコアメンバーらに具体的に示して仕様を確定することが当初の想定よりかなり少なく、仕様の詳細がイメージしづらかったことにあったことは否定できない。このことに、一審本訴被告がシステム開発に関する豊富な知識・経験（一審本訴原告との間には格段の差異があったことが明らかである。）を有するベンダであり、本件で使用する SF〔筆者注：セールスフォース〕の特徴や制限等についてもユーザに対し十分な説明をすべき立場にあったこと等の事情にも照らせば、一審本訴原告の過失の程度はさほど大きいものとみることはできない。

これらの事情その他本件に表れた一切の事情を併せ考慮すれば、一審本訴原告の被った損害のうち、一審本訴被告に帰責すべき部分は90％をもって相当と認める。

□ 本判例のポイント（実務上の指針となる点等）

2010年代に入ると、セールスフォースが提供する営業向けクラウドサービスは広く利用されていたが、同社が提供する PaaS を利用してスクラッチ[1]で大規模な基幹業務システムを開発するという実績は多くなく、チャレンジングな開発だったと思われる。また、本件の記録によると、PaaS の場合、完全なスクラッチ開発と違って、インフラ面での制限が多々あった。そのため、IT の専門家であるはずのベンダ（被告）が開発に苦戦し、費用が拡大し、作業が遅滞した。ベンダとしては、技術の進歩や競争優位の確保のために新たなソリューションの導入は避けられないが、いざ失敗した場合には、本件のような

---

[1] 既存のパッケージソフトを利用した開発に対し、1からプログラムを書いていく開発手法をいう。

PM責任を問われやすくなるということは留意しておきたい（本判決でも、システム開発に関する知識、経験は、ユーザと比較すると「格段の差異があった」と述べられて過失割合が変更されている）。そこで、実績不十分なソリューションを採用する場合には、早めの軌道修正が可能なようにベンダ自身が定期的なモニターや、中止・撤退を現場メンバーに提言できるような体制を整えるなどの対策が必要となるだろう。

□ その他（原審情報等）

・原審：東京地判令和4・6・17平成29年(ワ)39859号等公刊物未登載〔28301789〕。本件では、被告の内部で行われた解決策の協議の過程で作成された文書及び結果が記載された文書一式について、文書提出命令の申立てが行われ、その一部について提出を認める決定が出されている（抗告審：東京高決令和3・12・14令和3年（ラ）706号公刊物未登載〔28301792〕、原決定：東京地決令和3・2・24平成31年（モ）595号公刊物未登載〔28301790〕）。

1-1-8 **Z会 vs 日立ソリューションズ事件控訴審**

原状回復等請求控訴事件

東京高判令和4・10・5 令和4年（ネ）2390号公刊物未登載〔28311477〕

□ 事案の概要 ………………………………………………………………………

　原告（Z会。ユーザ）が、被告（日立ソリューションズ。ベンダ）に対し、原告の基幹業務システム（本件システム）の開発業務を委託したところ、本番稼働直後の重大な障害により本件システムの利用を中止し、障害が修補されることなく頓挫した。そのため、原告は、被告との間で締結された本件システムの開発に関するすべての個別契約（要件定義などの上流工程からテスト工程、さらには仕様追加／変更、移行など、合計38個）のすべてを解除し、既払金約20億円の返還のほか、損害賠償を求めた。

　原被告間では「基本契約」は締結されておらず、形式的にはすべて独立した契約として締結されており、各契約には、賠償額は料金相当額を上限とするという、いわゆる責任制限条項が付されていた。

□ 争　点 ………………………………………………………………………………

・解除できる契約の範囲

　債務不履行の有無も争いになったが、ここでは割愛する。原告は、最判平成8・11・12民集50巻10号2673頁〔28011516〕[1]を援用し、債務不履行があった開発・テストを目的とする請負契約の解除だけでなく、密接に関連する他の個別契約すべてが解除できると主張していた。

□ 裁判所の判断

> 確かに、原告と被告との間で締結された本件各個別契約は、いずれも原告
> の新たな基幹システム（本件システム）を構築して稼働させることに向け

1　リゾートマンションの売買契約と、スポーツクラブ会員権契約が、同じ当事者同士で同時に締結された場合において、後者の契約の要素であるプールの完成の遅延を理由に、民法541条に基づいて前者（売買契約）の解除もできるとされた事例。判決文中では、平成8年判決と定義されている。

られた1つのプロジェクトのうちの一過程であるという側面を有しており、本件個別契約7の債務不履行があったことによって、原告が本件システムを稼働して業務を行うことが困難な状況になっているという意味では（中略）、上記プロジェクトが全体としてはその目的を達成するに至らなかったということができる。しかし、他方において、原告及び被告は、本件システムを構築して稼働させるまでに必要となる作業を各工程に分けて、一工程を終えると次の工程に進むといった具合に段階的に本件システムの構築に向けた作業を進めるウォーターフォール型と呼ばれる手法を採用し、工程ごとに細分化した形式で本件各個別契約を締結したものである。このような契約形態がとられるのは、一般にコンピュータシステムの構築に向けた作業が進められる過程で当初予定されていなかった種々の問題が一定程度不可避的に発生し得ることなどを見据えて、必要に応じて次の工程の作業内容の見直しや変更も検討しながら作業を進めることを可能にするという当事者双方にとってのリスクマネジメントの機会を確保するという意味合いがあり、本件システムの構築についても、当事者双方が、各工程で行うべき作業の範囲をその都度検討した上で、それぞれ独自の債務の目的・内容を設定して本件各個別契約を締結したものと解される。（中略）
以上の点を踏まえると、本件各個別契約のうち本件個別契約7について被告に債務不履行があったことを理由に、原告がその他の本件各個別契約の全体を解除し、全ての契約の拘束力から解放される結果を認めるのは、本件各個別契約を締結した契約当事者の意識に適合した解釈とはいい難く、それぞれの契約に設定された独自の給付ないし債務の目的に照らし、本件個別契約7のそれと密接関連性が認められ、当該他の個別契約のみの実現を強制することが相当でないといえる場合に限って解除が認められるというべきである。平成8年判決は、一方の契約のみの実現を強制することが契約当事者の意識に適合せず、相当でないと認められる場合に、一方の契約の債務不履行を理由に他方の契約の解除を認めたものと解されることから、上記のような考え方が平成8年判決の趣旨に反するものではない。

　　上記の規範のもとで、債務不履行があった本件個別契約7と、残りの個別契約の関係を検討し、後続のテスト工程の契約や、開発対象となるシステムの仕

様変更・改修を内容とする契約等、10個の契約の解除を認め、原状回復請求として既払金の返還を認めつつ、残りの契約（上流工程の契約や、データ移行など）については解除を認めなかった。

□ 本判例のポイント（実務上の指針となる点等）

　システム開発取引では本件のように多数の契約が段階的に締結されるという契約形態がとられているが（多段階契約）、これらの契約の関係について問題となることが多い。過去にも平成8年判決を援用してユーザが複数の契約の解除を主張した事案はあるが、明示的に事案が異なるとして否定した事例（東京地判平成31・3・20（事例1-1-6の原審））がある一方で、比較的平成8年判決に事例が近い東京地判平成28・11・30（事例1-3-5）や、本件と事例が近い東京高判平成29・12・13（事例1-1-5）では他の契約の解除を認めている。ただし、本件のような工程ごとに契約を締結する事案（あえていうなら直列型）において解除を認める事案は多くない（前掲事例1-1-5は直列型での解除を認めている）。本件では、契約が細分化され、かつ、責任制限条項があることで、開発が頓挫したときのユーザの救済が限定されるという事情の下で、平成8年判決の解釈を広げたかのように思える。

　いまだシステム開発取引における平成8年判決の射程は明らかではないが、実務的には、基本契約等において、個々の契約の解除が及ぶ範囲や、他の契約の解除の可否などを定めておくことで予測可能性を高めるものと思われる。

□ その他（原審情報等）

　本件は、原審（東京地判令和4・2・24平成29年（ワ）39366号公刊物未登載〔28311476〕）の結論を維持しており、この争点に関する判断は原審判決を引用している。

1-1-9 ジェイコム株誤発注事件

損害賠償請求控訴、同附帯控訴、原状回復を命じる裁判の申立事件

東京高判平成25・7・24判タ1394号93頁〔28212554〕

□ 事案の概要

　みずほ証券（原告、控訴人）が、証券取引所（被告、被控訴人）に、新規上場直後の株式銘柄（ジェイコム株）を「61万円1株」で売り注文を出すところ、誤って「1円61万株」で注文を出し、その後に取消注文をしたが、被告のシステムの不具合があり、取消しができないまま多数の売り注文が約定したことによって多額の損害が生じたとして、被告に対し、約415億円の損害賠償を求めた。

　なお、原告に適用される被告の取引参加者規程15条には、

> 当取引所は、取引参加者が業務上当取引所の市場の施設の利用に関して損害を受けることがあっても、当取引所に故意又は重過失が認められる場合を除き、これを賠償する責めに任じない。

という免責規定（本件免責規定）があった。

　原審では、人的な対応も含めた市場システム全体の提供において、売買停止措置をとるべき時期が遅れたことについて重過失があったとして、請求の一部を認めた。

□ 争　点

・被告の債務不履行の有無と免責規定の適用の有無

　取引参加者契約によって、具体的に被告がどのような債務を負うかが問題となったが、ここでは「適切に取消処理ができる市場システムを提供する債務」の有無を取り上げる。さらに、取消注文がシステムのバグによって動作しなかったことについて免責規定が適用されるかどうかが問題となった。

□ 裁判所の判断

　適切に取消処理ができる市場システムを提供する債務の有無について次のよ

うに述べた。

> 取引参加者契約に基づき提供すべき本件売買システムは、機械反応の処理
> により注文を取り消すことができるものでなければならないから、被告は、
> 取消処理ができるコンピュータ・システムを提供する債務（狭義のシステ
> ム提供義務）を負うと解される。これは基本的債務である。そして、信義
> 則上、基本的債務のほかに被告においてコンピュータ・システム以外に
> フェールセーフ措置を講じるなど適切に取消処理ができる市場システムを
> 提供する債務（義務）を負うと解することが相当である。これは、付随的
> 債務（義務）である。

　信義則上、付随的債務として、システムの提供に加えたフェールセーフ措置[1]を講じる等の債務も負うと述べたが、裁判所は、上記引用箇所に続けて、具体的にどのようなルールを設定するかは、被告において専門的見地から一定の裁量に委ねられ、著しい裁量の逸脱等がなければ債務不履行にはならないと述べた。

　続いて、「重過失」の意義について次のように述べた。

> 今日において過失は主観的要件である故意とは異なり、主観的な心理状態
> ではなく、客観的な注意義務違反と捉えることが裁判実務上一般的になっ
> ている。そして、注意義務違反は、結果の予見可能性及び回避可能性が前
> 提になるところ、著しい注意義務違反（重過失）というためには、結果の
> 予見が可能であり、かつ、容易であること、結果の回避が可能であり、か
> つ、容易であることが要件となるものと解される。このように重過失を著
> しい注意義務違反と解する立場は、結果の予見が可能であり、かつ、容易
> であることを要件とする限りにおいて、判例における重過失の理解とも整
> 合するものと考えられる。そうすると、重過失については、以上のような
> 要件を前提にした著しい注意義務違反と解するのが相当である。

　売買システムのバグによって取消注文が動作しなかった点は、債務不履行に

1　システムの誤作動があっても安全に動作・停止することができるようにする仕組みをいう。

当たるものの、それが重過失に当たるかどうか（免責規定が適用されるか）が問題となった。この点は、技術的な観点から、双方当事者から複数の専門家意見書が提出され、意見が分かれることとなったが、裁判所は、以下のように述べたうえで、結果予見が容易で、結果回避が容易であるとはいえず、重過失があったと評価できないとした。

> 不具合の原因は本件バグにあるところ（当事者間に争いがない。）、被控訴人に重過失ありと評価するためには、本件バグの作込みの回避容易性[2]又は本件バグの発見・修正の容易性が認められることが必要となる。もっとも、現在においては本件バグの存在と本件不具合の発生条件が明らかになっているところ、その結果から本件バグの作込みの回避容易性等について議論する（いわゆる後知恵の）弊に陥ることがないように判断することが要請される。

バグがあったことについては、重過失があったとまではいえず、本件免責規定によって被告が免責されることとなった。しかし、原告が取消注文を出した後、被告が、もっと早く売買停止措置をとることが可能だったところ、裁量を逸脱してそれを実施しなかったことについては不法行為に当たり、かつ、重過失があったとして売買停止措置をとるべき時刻以降に生じた損害（約150億円）から、原告の担当者がシステムから出された警告表示を無視して売り注文を出したという点が過失相殺事由に当たるとして3割を減じ、約105億円を損害として認定した。

□ 本判例のポイント（実務上の指針となる点等）

本件は、証券取引所における取引システムのバグや、売買停止措置の要否等が問題となった特殊な事案であるが、問題となった免責規定は、一般的な業務委託契約等にもみられるような故意・重過失の場合を除いて適用されるものであり、「重過失とは何か」「バグが重過失となる場合」が問題となった事例として、一般のシステム開発・障害の紛争にも示唆を与えるものである。

2　バグが混入しないようにプログラムを開発することが容易だったかということを示すものと思われる。

重過失の意義については、失火責任法に関する判断として古くから用いられていた「通常人に要求される程度の相当な注意をしないでも、わずかの注意さえすれば、たやすく違法有害な結果を予見することができた場合であるのに、漫然これを見すごしたような、ほとんど故意に近い著しい注意欠如の状態」（最判昭和32・7・9民集11巻7号1203頁〔27002789〕）を敷衍し、結果予見可能・容易かつ、結果回避可能・容易であることだとしたが、現実の事案の当てはめにおいて、容易性を主張立証することは簡単ではない。

　特に本件の場合、システムにバグがあったことについては争いがなく、深刻な損害が生じた事案ではあるが、システムが稼働してから5年以上にわたって類似の不具合が生じることはなく、また、複数の条件が重なることによって発生する特殊な不具合であったということがバグの発見の容易性という評価を障害する間接事実であったと認定されている。バグや、セキュリティの脆弱性などは、ひとたび発見されれば、それを修正することは容易であることから、結果回避容易性は認められやすい一方で、テスト・診断をしても容易に検出できないものである場合には、結果予見容易性が否定される場合があるといえるだろう。

□ その他（原審情報等）

- ・原審：東京地判平成21・12・4判タ1322号149頁〔28153817〕
- ・上告審（最決平成27・9・3平成25年(オ)1869号等公刊物未掲載〔28264540〕）では、双方当事者からの上告、上告受理申立てがいずれも棄却・不受理となった。
- ・重過失の意義等については、松島淳也＝伊藤雅浩『新版　システム開発紛争ハンドブック　第2訂－発注から運用までの実務対応－』第一法規（2023年）252頁等も参照。

1 システム −2 契約締結段階

1-2-1 契約の成否①

損害賠償請求本訴、未収開発費用等請求反訴事件

名古屋地判平成16・1・28判タ1194号198頁〔28091105〕

□ 事案の概要

　自治体である原告（ユーザ）が、行政事務のシステム化のために、被告ら（A及びB。ベンダ）に対して、システムの開発・納入を依頼した。システム全体のうち、統合 OA システムと財務会計システムはパッケージソフトをカスタマイズせずに導入されたが、税関連システムについてパッケージソフトのカスタマイズの範囲が膨らみ、費用面で折り合いがつかなかったことなどから、原告は税関連システムの導入を断念した。

　本件は、原告が、システム全体の導入を目的とする契約（本件基本契約）が存すると主張し、システム全体が稼働するに至らなかったことについて、当該契約の債務不履行に当たるとして、被告らに対して約2億3000万円の損害賠償を求めた事案である（被告Bからは反訴が提起されているが割愛する）。

□ 争　点

・システム全体を開発し、稼働させるという請負契約（本件基本契約）の成否（主たる争点は債務不履行の有無ではあるが、本稿では、契約成否についてのみ取り扱う）

□ 裁判所の判断

> 本件総合システムの導入に際して締結されるような、業務用コンピューターソフトの作成やカスタマイズを目的とする請負契約は、業者とユーザー間の仕様確認等の交渉を経て、業者から仕様書及び見積書などが提示され、これをユーザーが承認して発注することにより相互の債権債務の内容が確定したところで成立するに至るのが通常であると考えられる。前記に認定したところによると、本件において、被告らが、本件提案書を作成するに当たり原告の業務内容等につき原告と打合せをするなどして十分に

検討した事実は認められず、また、原告においても、被告らから本件提案書等を受領してから被告Bに採用通知を送付するまでの間、被告らの提案するシステムを導入するにあたり、パッケージソフトのカスタマイズを要するか否か、カスタマイズを要するとしてどのような内容、程度のものが必要となるか、これに要する費用がどの程度となるか等につき、具体的に検討した事実は認められず、これらの点について検討し、確定させるのは、専ら、その後の仕様確認等の交渉を経てされることが予定されていたものであることが推認される。

原告は、本件提案書等の提出をもって、被告らによる契約の申込みである旨主張するが、本件提案書は、上述のとおり、被告らにおいて原告の業務内容等を十分に検討した上で作成されたものとは認められない上、その内容は必ずしも具体的でなく、原告らの要望に即した形で被告ら及びその提供するシステム等の概要及び長所を紹介したものとの域を出ないともいい得る。また、原告は、被告Bに対する本件採用通知の送付をもって、契約の申込みに対する承諾である旨主張するが、上記のとおり、本件提案書の内容は必ずしも具体的ではないのであるから、何について承諾をしたといえるのかが明確でなく、むしろ、本件採用通知の送付は、今後本件総合システムの導入を委託する業者として交渉していく相手方を被告Bに決定したことを意味するに止まるものと解するのが相当である。以上によると、本件においては、原告と被告Bとの間で、個別のシステム又はプログラム等につき、仕様確認等の交渉を経て、カスタマイズの有無、カスタマイズの範囲及び費用等につき合意がされた時点で、契約として成立することが予定されていたものというべきである。

　以上のように述べ、本件基本契約は成立しておらず、これを前提とする原告の主張はすべて退けられた。なお、原被告間での契約が一切成立していないという判断をしたものではなく、あくまで、システム全体を導入するという1つの請負契約の存在が問題となったものである。

□ 本判例のポイント（実務上の指針となる点等）　👆 Point

　システム開発取引では、最も重要な要素である金額を決めるために、仕様の

確認・調整を行う必要があり、契約の成立タイミングが遅れることがしばしばある。本件も、契約書の取り交わしがないまま、金額（工数）への影響が大きいカスタマイズの範囲を決めるための作業に時間がかかったまま、最後まで折り合えなかったという事案であり、システム開発分野における典型的な紛争類型の１つである[1]。

　もっとも、裁判所が示した規範である「相互の債権債務の内容が確定したところで成立する」というのは、一般論としては妥当であるとしても、債権債務の内容を確定するための前提段階である仕様確定作業（要件定義作業）の取扱いはどのようにすればよいかが悩ましい。実務では一定規模以上の開発では、全体の範囲を画定するためのフェーズを別途切り出して段階的に契約を締結する（多段階契約）[2]ことが行われているため、前のフェーズのアウトプットによって次のフェーズの作業内容（ベンダの債務の内容）を確定しやすい。

1　契約の成否が争われることについての詳細は、松島淳也＝伊藤雅浩『新版　システム開発紛争ハンドブック　第２訂―発注から運用までの実務対応―』第一法規（2023年）56頁以下。
2　多段階契約についての詳細は、松島＝伊藤・前掲39頁以下。

1-2-2 契約の成否と契約締結上の過失①

損害賠償請求控訴事件

東京高判平成17・9・7 平成17年（ネ）2433号公刊物未登載〔28322858〕

□ 事案の概要 ・・

　被告（ユーザ）が顧客管理システムの開発の提案・見積りを依頼し、原告（ベンダ）がこれに対して見積り等を提示して、一定期間の作業を行ったが、最終的に提案が断られたため、原告は、主位的には、請負契約（本件請負契約）が成立したことを前提に、民法641条に基づく解除による損害賠償を請求し、予備的には、被告において契約準備段階における注意義務違反があったとして損害賠償請求を行ったという事案である。

　本件では、以下のやりとりがあった。

7月2日	要望を記載したリストが原告に交付され、同日にデモを実施した
7月3日	原告より「ざっくり4000万円くらいと想定」というメール
7月8日	被告より提示額が大きく違っていないという前提条件付で、原告に依頼したいというメール
同日	被告より「契約締結に関する覚書を締結しましょうか」というメール
7月11日	原被告のメンバーによるキックオフミーティング、SA（要件定義工程に相当）レビュー会議が開催され、議事録に押印
7月18日	原被告のメンバーによる定例会議が開催され「SA工程完了」と書かれた議事録あり

　しかし、原告が提示した見積りが800万円ほど増額したことに被告が納得せず、稟議が通らなかった旨を通知した。

　原審は、契約の成立及び契約交渉段階における信義則違反のいずれも否定し、請求が棄却された。

□ 争　点 ・・

1　請負契約の成否

2　契約交渉段階における信義則違反の有無

□ 裁判所の判断

　裁判所は、契約の成立を否定した。特にキックオフミーティングや SA 工程について次のように述べている。

> 『キックオフミーティング議事録』や『SA レビュー議事録』（中略）の各『Z 殿承認者』欄にはいずれも被控訴人の担当者 D の押印がされているものの、被控訴人の責任者が出席していないことに照らすと、このような名称の会議が開催され、それに被控訴人側の担当者が出席し、議事録に押印したことをもって、直ちに被控訴人側で契約締結に応じたといえないことはもとより、これをもって契約成立を裏付ける事情であるということもできない。
>
> （中略）
>
> 〔筆者注：成果物が提出されたことについて〕このような成果物が存在するだけでは、他の裏付けなしには合意の存在の立証はできないものであるところ、これらの成果物は、本件契約の合意がされたこと自体を証するものでないことはもとより、上記のとおり、本件においては上記合意を認めるに足りる証拠はなく、（中略）本件システムの開発に入ること等の確認をすることなく、いずれ被控訴人側から正式に受注がされるとの見通しの下で、自らの判断で、いわゆる『見切り発車』の形で、被控訴人との間の合意の成立を待つことなく、自社内での開発作業を進めていった形跡があること等に照らし、上記成果物の存在をもって上記契約の成立を裏付けるものということはできない。

　また、契約交渉段階における信義則違反についても否定した（原審の判断を含む。また、改行位置は筆者修正）。

> 〈1〉　被控訴人が控訴人を含む 3 名からの提案を比較して契約締結の判断をすることが前提となっていたこと、
>
> 〈2〉　被控訴人の担当者が控訴人に発注すると明確な発言をしていたとは

認められないこと、

〈3〉　本件メールは、一定の条件を満たせば控訴人に発注する旨のものであるが、当該条件が満たされるまでは契約締結を留保するという趣旨に理解されるものであること、

〈4〉　同月11日の打合せについて、被控訴人との間で、控訴人が有償の作業に入る節目となるような特別の位置付けが与えられていたとは認められないこと、

〈5〉　上記〈1〉ないし〈4〉によれば、控訴人においても、被控訴人との間で本件システム開発についての合意が成立していないことは認識し得たこと、

〈6〉　同日以降の作業は控訴人の主導の下に行われ、被控訴人の担当者において有償となる作業を要請したような形跡がなく、また、控訴人からも被控訴人に対して同日以降は有償の作業に入る旨を明確には説明していないこと、

〈7〉　被控訴人が控訴人提示の見積額の上昇に納得できずその提案を断ったなどの経緯について、不当というべき事情もうかがわれないこと、

〈8〉　控訴人において、提示した見積額の上昇につき被控訴人の社内の稟議が通らなかったなどとして、その提案を拒否されたところ、〔筆者注：急きょ値下げをして〕いわゆる弱腰の態度に出ていること

などの諸点に照らせば、被控訴人が控訴人との契約締結の交渉過程において信義則上の注意義務に違反する行為を行ったとは認められ〔ない〕

□　**本判例のポイント**（実務上の指針となる点等）　 Point

　本件も、システム開発取引における契約の成否が問題となった事例であるが、その中でも、提案・見積り段階からなし崩し的に作業に着手し、最終的に条件が折り合わなかったというケースである。短い期間とはいえ、「SA 工程」と呼ばれる実作業が行われていたものの、契約の成立を否定した。

　裁判所は、ベンダが有償の作業に入るという説明をしていないこと、「キックオフミーティング」の位置付けについても不明確であることなどを指摘したうえに、成果物があることが「見切り発車」であると評価した。これらの認定

は、ややベンダに厳しいのではないかという印象があるかもしれないが、個別性の強い取引において、どこからが有償の作業なのかはユーザから認識することは難しいことを考えると、この点についてベンダから丁寧に説明することが求められるといえるだろう。

　この種の事案では、契約の成立が否定された場合の予備的主張として契約締結上の過失を前提とする損害賠償請求がなされることが少なくない。この主張の成否についても、どのような説明を行っていたかが重要な判断要素となるだろう。ただし、見積後の提案が拒否されたことを踏まえて値下げしたとの事情が、「弱腰の態度」とされ、注意義務違反を否定する事情とされた点については、現場の実情に反する印象を受ける。

□ その他（原審情報等）

・原審：東京地判平成17・3・28平成15年（ワ）2334号公刊物未登載〔28322856〕

1-2-3 契約の成否②

損害賠償請求事件

東京地判平成19・1・31平成15年（ワ）8853号公刊物未登載〔28322862〕

□ **事案の概要** ………………………………………………………………………

　開発ベンダである原告と、ユーザである被告が、クレジットシステムの開発に関する基本契約と守秘義務契約を締結したが、個別契約書の取り交わしがなされていない段階で、原告が要件定義作業を行っていたところ、被告が作業中止を求めたため、原告から既作業分として、735万円の支払を請求したという事案である。この間、原告からは、合計8回の見積りの提示が行われていたほか、打合せも多数回実施されていた。

　原告は、主位的には、クレジットシステムの開発に関する請負契約（本件請負契約）が成立したことを前提に、解除に基づく損害賠償を請求し、予備的には、要件定義に関する準委任契約（本件準委任契約）が成立していることを前提に、報酬の支払を求めた。

　なお、締結済みの基本契約書には、「この契約、この契約にもとづく個別契約、およびこれらにもとづくその他の契約の締結ならびに変更は、甲（被告）乙（原告）を代表、若しくは代理する権限を有する者によって記名捺印された書面によってのみなし得る。」という規定があった。

□ **争　点** ………………………………………………………………………………

・本件請負契約、本件準委任契約の成否

□ **裁判所の判断**

　本件請負契約の成否については、契約上の手続が行われていないとして成立を否定した。

　原告と被告の間で、本件基本契約の定める個別契約に係る注文書及び注文請書並びにこれに類する書面は交付されておらず、原告から、被告あてに、見積書が8回にわたり提出されたものの、最終の8回目の見積書の見積額

１億円についても、被告からは、その見積額で契約金額を確定させる旨の回答がなく、原被告間で個別契約の契約金額の合意もできていなかったものであって、その後、被告からは、すべての作業をストップするようにとの要請があり、結局、原告に対する発注を行わない旨の通知があったものである。

以上によれば、本件基本契約に基づく個別契約としての本件請負契約が原被告間で成立したものとは到底認めることができない。

他方で、準委任契約については、口頭で成立したと認めた。

　原告の実作業担当者は、Ｈ部長やＣ部長の発言を受けて、３か月以上にわたって、被告の担当者と要件定義作業や概要設計作業に関しての打合せを重ねて、これら実作業を行っていったものであって、Ｃ部長の発言があった平成14年10月21日の時点で、原告と被告の間で、被告のクレジットシステム開発の要件定義書及び概要設計書の作成のための作業を行うことを内容とする本件準委任契約が口頭により成立したものと認めるのが相当である。

なお、前記認定のとおり、本件基本契約第１Ｄ条は、本件基本契約に基づく個別契約のみならず、本件基本契約に基づくその他の契約の締結についても書面によってのみなし得ると規定しているが、本件基本契約締結後に、Ｃ部長から、本件基本契約も締結したので、本格的に作業に入ってもらいたいとの指示があり、その指示を受けて、原告の担当者は、３か月以上にわたって、現実に被告本社に赴いた上で、要件定義書及び概要設計書の作成のための作業を行ってきたのであるから、Ｃ部長の発言によって、本件基本契約第１Ｄ条は本件準委任契約に適用されるものでないことが原被告間で了解されたものと認めるのが相当である。

□ 本判例のポイント（実務上の指針となる点等）

　本件も、システム開発取引における重要論点である契約の成否が問題となった事例であるが、本件は、基本契約の成立には争いがないところ、それに基づ

く個別契約が成立するか、あるいは基本契約に基づく個別契約とは別個の契約が成立するかが争われた。

　基本契約書には、「個別契約の成立には書面の取り交わしを要する」旨の典型的な条項があったところ、本件ではそのような手続がないことを理由に個別契約の成立が否定された。これで契約の成立に関する議論は終わってしまうようにみえるところだが、本件は、ユーザから具体的に作業に着手するよう指示が出されたことや、実施済みの作業（要件定義書及び概要設計書の作成）に従事した者は、請負契約のための見積作業を行った者とは別であったことなどの特別の事情があったことにより、基本契約に基づく個別契約とは別個の契約の成立を認めた。

　もっとも、このような結論は、固有の事情に基づく救済的なものだったと感じられる。実務上は、口頭の合意を頼りにするのではなく、文書の取り交わし等の契約上の手続を確実に履践するようにしておきたい。

□ その他（原審情報等）

　本件と同様に、基本契約に基づく手続が履践されていないが諸般の事情から別個の追加的な契約の成立を認めた事例として、東京高判平成29・12・13（事例1-1-5）があるが、当該裁判例も、ベンダが主張した範囲の一部について契約の成立が認められたにすぎない。

1-2-4 契約の成否と契約締結上の過失②

損害賠償請求事件

東京地判平成29・1・13平成26年（ワ）14718号公刊物未登載〔29038201〕

□ 事案の概要 ……………………………………………………………

　被告（ユーザ）が、原告（ベンダ）に対し、スマートフォンアプリの要件定義と開発作業を依頼したが、途中で作業を中止したため、原告が、主位的には、請負契約（本件請負契約）が成立したことを前提に、民法641条に基づく解除による損害賠償を請求し、予備的には、被告において契約準備段階における信義則上の注意義務違反があったとして損害賠償請求又は商法512条に基づく報酬請求を行った。

　本件では、契約書は取り交わされていなかったものの、ミーティングが行われたり、被告から原告に対してAWSの環境が提供されたり、原告がその環境上で成果物の一部の開発を行ったり、被告から原告に対してBacklog[1]のアカウントの使用などが認められていた。

□ 争　点 ……………………………………………………………………

1　請負契約の成否
2　契約交渉段階における信義則違反の有無

□ 裁判所の判断

　裁判所は、契約の成立を否定した。

> 　本件ミーティング〔筆者注：原告が開発に関する見積りを提示した翌日に行われた会議〕においては「開発対象のご相談」が議題内容とされ、原告が追加提案書において提案した開発対象を、被告及びA〔筆者注：アプリのエンドユーザ〕に対して改めて提案ないし相談したことが認められるものの、これに対する被告及びAの認識を明確に示す議事録の記載がないことからすれば、被告が原告の提案を受け入れたとは認められず、原告と被

1　プロジェクト管理、タスク管理目的でよく使用されているツール。

告との間で開発作業についての契約が成立したと認めることはできない。原告は、Ａが開発作業に要した費用を負担する姿勢であると被告が伝えてきたことや、被告がキャンセル費用を提示してきたことを、開発契約が成立したといえる根拠として主張する。しかしながら、これらの事情は、被告又はＡにおいて、原告が契約締結に先行して開発作業を行っていたことを認識していたことを示すものであるとはいえても、開発作業についての契約が成立したことを示すものとは直ちにはいえない。

他方で、契約交渉段階における信義則違反があったことを認めた。

AWSサーバーへの接続情報の提供及びBacklogのアカウントの設定等は、いずれも原告が開発作業を行うための環境を整備するものであり、実際にも、これにより開発作業を行うことが可能になったのであるから、原告に対し、開発作業についても発注を受けることができるとの強い期待を抱かせる行為であるとともに、被告が、原告において開発作業に入ることを認識しながら、これを事実上黙認していたことを示すものというべきである。また、本件ミーティング後における被告の前記対応も、原告が本件アプリ開発を受注することを前提とする行動であるか、又は開発作業に入った後に検討すべき事項についての指示を行うものであり、原告に対し、開発作業についての受注を受けることができるとの強い期待を抱かせるものということができる。

そのうえで、裁判所は、原告の期待に基づいて開発行為に着手したことによって生じた損害を賠償すべき信義則上の義務を負うとしたうえで、開発作業に従事した期間の人件費相当額等（約1.5か月の作業として約140万円）を認容しつつも、賠償の範囲は信頼利益に限られるから逸失利益については含まれないとして退けた。

□ 本判例のポイント（実務上の指針となる点等）　👆 Point

本件は、東京高判平成17・9・7（事例1-2-2）と類似する点が多いが、異なる点として、先行する要件定義フェーズの契約が成立していて、かつ、開発

フェーズについても基本契約が締結されていたという点が挙げられる。結論としては開発フェーズの契約の成立を認めなかったが、AWSやBacklogなどの環境提供をしていたことは、契約締結を前提とする行動だったことや、被告が提示した一部の成果物に原告が指示を与えていたことなどの事情から、契約締結段階の過失を認めた。

　もっとも、単に有償となるべき作業に着手していただけで発注者（ユーザ）の責任が認められるというものではなく、契約に至らなかった理由が、一方的にユーザ側にあったということも注目すべきで、本件でも、被告側（正確にはエンドユーザA）の意向により中止されたという事情があったからこそ、被告の責任が認められたといえる。逆にいえば、段取りや品質が悪いといったようなベンダ側の事情によって中止された場合にはユーザの責任を問うことは難しい。

　なお、契約締結上の過失による損害賠償責任の範囲は、一般には信頼利益に限られるとされるが、交渉が破綻した段階によっては履行利益も賠償範囲に含まれるという見解も有力である（本件では逸失利益を賠償の範囲から除いたことから、履行利益を含まないという立場だと考えられる）。

□ その他（原審情報等）

　契約締結上の過失に関する損害賠償の範囲については、加藤新太郎編『判例Check　契約締結上の過失』新日本法規出版（2004年）〔遠藤浩太郎〕326頁。

1-2-5 契約の成否（多段階契約）

損害賠償請求控訴、同附帯控訴事件

東京高判平成27・5・21判時2279号21頁〔28240652〕

□ 事案の概要 ……………………………………………………………………

　本件は、いわゆる多段階契約の形式にてフェーズ単位で個別契約を締結して作業を進めていたところ、被告（ユーザ）が、新フェーズ3（開発業務）の作業を発注することを約束し、又は原告（ベンダ）に対して発注されるという期待を生じさせたにもかかわらず、発注しなかったとして、原告が、債務不履行又は不法行為に基づいて約1700万円の損害賠償請求を行ったという事案である。

　原審では、発注する約束は認めていないものの、

> 基本契約と個別契約とを切り分けて締結している本件システム再構築に係る発注方式（多段階契約方式）の下では、次工程の個別契約を締結することが当然に約束されているものではないが、発注者である被告において、請負人である原告に対し、次工程の個別契約が締結されるものとの正当な期待を生じさせた場合には、信義則に照らし、被告はその期待を侵害したことについて不法行為上の損害賠償義務を免れないものと解される。

と述べて、一部（いわゆる信頼利益）の損害として180万円が発生したことを認めつつ、原告にも過失があるとして4割を減じたため、双方が控訴した。

□ 争　点 ……………………………………………………………………

・いわゆる契約締結上の過失の有無

　被告（発注者）は、原告（受託者）に対し、新フェーズ3以降の個別契約が締結されるという正当な期待を生じさせたか。

□ 裁判所の判断

　裁判所は、多段階契約方式の場合、全工程の個別契約の締結は当然に約束されたものではないと述べた。

> そもそも、控訴人と被控訴人との間で締結された本件基本契約においては、本件システム再構築の請負業務は多段階契約方式で行われるものであり、フェーズ毎の個別契約の締結をまって、業務の範囲、納期、納入物の明細、代金支払条件等が定まるものとされていたのであるから、本件基本契約の締結によって、本件システム再構築の全工程の個別契約の締結までもが当然に約束されたものではなかったものである。

そのうえで、

- T社（被告の発注元）、原告及び被告の三者で協議を重ねる中で、たびたびフェーズ3以降の工程の発注は約束されたものではないというT社の意向が、しばしば原告や被告に伝えられていたこと
- フェーズ2の交渉において、フェーズ2の代金額の交渉の調整がつかなければ、契約自体をキャンセルせざるを得ないことを告げられていたこと

の事実などから、被告が原告に対して新フェーズ3の発注を確約したことを示す証拠はなく、関係者でやりとりされたメールは、被告が原告に対して新フェーズ3を発注すると誤信させるような内容ではなく、原告にそのような期待を抱かせるものともいえないから開発作業の対価を回収できるという期待は「単なる期待感にすぎず、法的保護に値するものということはできない」として、原審で一部認容していた部分も退けた。

□ 本判例のポイント（実務上の指針となる点等）

　本件も、契約の成否や、契約交渉段階における信義則違反が問題となった事例である。特に、多段階契約方式で進められた際に、後続の工程の契約が締結されるという期待がどの程度保護されるかが問題となっており、実務的にも関心が高いと思われる。

　本件では、交渉の過程で「次フェーズに回してくれ」といわれて減額をした部分について、次フェーズの契約が締結されなかったために、原審ではその減額相当分が法的保護の対象になるとしたが、控訴審では、その部分についても法的保護に値する正当な期待であったともいえない、として否定された。

　実務的には、後で調整するという契約書の外でのお約束が取り交わされるこ

とは多いし、すべての合意を適切な書面で残すということはあまりにも柔軟性を欠き、現実的ではない。しかし、その約束が反故にされた場合は、現実に履行を求めることは極めて困難であるといわざるを得ないので、約束をする側としては、それが履行されないというリスクを十分に認識しておくべきことになる。

この種の事例では、ベンダが発注への期待を抱いて契約の成否や信義則違反を主張するケースがほとんどであるが、逆のケースもあり得るだろう。すなわち、多段階契約方式で進められていたところ、ベンダが途中で撤退する意向を示したり、条件の合意に至らなかったりして、プロジェクトが頓挫したという場合において、ユーザからベンダの誠実交渉義務違反が主張されることもあり得る。

その場合でも、多段階契約方式を採用している以上、ベンダにも契約を締結しない自由があることから、原則としてベンダは後続工程の契約を締結する義務はない。多段階契約方式には、契約締結の自由という観点からは、お互いに途中で止められる自由があるという面と、相手方に離脱されてしまうという面があることに留意しておく必要がある。

□ その他（原審情報等）

・原審：東京地判平成26・11・20判時2279号26頁〔28240653〕

1–2–6 契約締結上の過失

損害賠償請求控訴事件

東京高判平成21・5・27平成20年（ネ）5384号公刊物未登載〔28322981〕

□ 事案の概要

　被告（被控訴人。ユーザ）がコンピュータシステムの刷新等の提案・見積りを依頼し、原告（控訴人。ベンダ）と商談を進めてきたが、結果的に、契約を締結しないことを通知したため、原告が、主位的には、契約が成立していることを前提に民法641条に基づく解除による損害賠償を請求し、予備的には、仮に契約が成立していないとしても被告において契約準備段階における注意義務違反があったとして損害賠償請求を行ったという事案である。なお、原審は、原告の請求をいずれも棄却したため、原告が控訴した。

　本件では、以下のやりとりがあった（年は略）。

2月3日	被告担当者Cは、システム開発依頼に関する問い合わせメールを送った。 その後、原告と被告との間では、対面での打合せを含む何度かのやりとりが行われ、見積が提示されたりした。 このころ、被告は、原告以外にも並行して2社とシステム開発の交渉をしていた。
3月15日	Cは、原告の代表取締役であるAに対し、電話で、「契約締結に向けて上層部の感触は悪くない」と伝え、契約書の案文の作成を依頼した。
3月23日ころ	Aが契約を結ぶのが遅れると、納期の方もずれ込むという話をしたところ、Cは「契約の方は間違いないから何とかしてほしい」と回答した。加えて、Cは、「納期が遅れては困るので作業を進めてほしい」旨を伝えた。
4月10日	Cは、「現在最終的な決裁の承認待ちの状態です」と伝え、同月18日に契約が締結される段取りで進められていた。 また、被告はこのころ、社内でエンジニアを採用して内製することも同時に検討しており、フリーランスのエンジニアDに内定を出していたが、Dからの回答を得ていなかった。しかし、3月末ころにDは入社を決意し、4月13日付けで正式採用となった。

| 4月13日 | Cは、Aに対し、状況が大きく変化したことを理由に、白紙に戻したい旨を伝えたが、原告において既に8人日相当の作業が進められていた。 |

□ 争 点 ....

・契約交渉段階における信義則違反の有無（請負契約の成否の争点もあったが、本稿では割愛する）

□ 裁判所の判断

　裁判所は、前記で挙げたような事実関係を前提に、被告（被控訴人）の注意義務違反（信義則違反）を認めた。

> 　4月初めの時点で見ると、被控訴人は、むしろ自社でシステム開発をする方向に動いており、控訴人との契約締結が確実なものなどとは到底いえないものであったにもかかわらず、被控訴人担当者は、控訴人をして契約締結が確実なものと誤信させる言動をし、かつ、納期を守るためには4月初めから作業を開始する必要があるため控訴人が4月初めころから作業に入ることを十分認識しながらそれをそのままにしていた、ないしはむしろそれを求めるかのごとき言動をしていたのである。このような被控訴人の行動は、契約締結に向けて交渉をしていた者としての信義に違反するものといわなければばらない〔編注：原文ママ〕。控訴人が、被控訴人のこのような言動の結果、4月6日ころから作業に入ったことは無理からぬものといえる。契約準備段階における信義則上の注意義務として、被控訴人は、少なくとも控訴人が作業に入ることが予想される4月初めの時点において、控訴人に対し、社内の状況等から契約成立が確実とはいえないことを告げ、控訴人が納期を守るためあらかじめ作業に入るようなことをさせないようにする注意義務を負っていたというべきである。しかし、被控訴人は、この注意義務を尽くさなかったのである

　その結果、控訴人の工数である8人日相当の費用を損害だと認定し、被告（被控訴人）による過失相殺の主張も認めなかった。

　原審では、「被告の上層部の決裁が得られておらず、正式に契約が締結される前に作業を開始するのは、原告のリスクにおいて行うべきものである」として、被告の責任を認めなかったが、一転して控訴審では責任を認めた。もっとも、控訴審では、被告において内製をするためのエンジニアの採用が進められていたという原審では認定されていなかった事実が認定されており、契約成立の見込みがないにもかかわらず作業をさせていたことが明らかとなったため、結論が変わったと思われる。

　このように、契約締結の可能性がほぼないにもかかわらず、契約締結日の調整を行うなど、契約締結が確実なものであると誤信させる行為は、契約締結上の過失が認められる典型例であると考えられる。契約締結上の過失が認められるケースでも、契約成立を信じた側の当事者（多くの場合はベンダ）の落ち度が認められて過失相殺が行われることが多いが、本件では原告（ベンダ）の落ち度がなかったことに照らし、過失相殺も行われていないことが特徴として挙げられる。

□ **その他**（原審情報等） ···

・原審：東京地判平成20・9・30平成19年（ワ）30830号公刊物未登載〔28322980〕

1 システム –3 契約の性質

1-3-1 請負・準委任①

業務委託料請求事件

東京地判平成24・3・14平成23年（ワ）690号公刊物未登載〔28322982〕

□ 事案の概要

不動産業者である被告（ユーザ）から賃貸保証管理システムの設計・開発業務を受託した原告（ベンダ）が、①調査要員1名が移行計画の立案等を行うことを内容とする「システム移行調査契約」に基づく業務委託料と、②レンタルサーバ費用を含むサーバ管理等を行う「保守管理契約」に基づく業務委託料の合計約850万円が支払われていないとして、被告に対して業務委託料の支払を請求した。なお、①及び②の契約に先立つシステム移行開発契約に基づく代金は支払われている。

□ 争 点

1　移行調査契約の法的性質
2　保守管理契約の法的性質

被告は、前記①及び②の契約は、いずれも請負契約であって、仕事が未完成、引渡し未了であると争っていた。これに対し、原告は、いずれも準委任契約であって、履行が完了していると主張していた。

□ 裁判所の判断

裁判所は、移行調査契約に関し、次のように述べて準委任契約であるとした。

> 本件システム移行調査契約の法的性格を検討するに、①前記事実経過のとおり、同契約は、原告が、被告旧システムを開発したＺ社から直接情報提供を受けにくいことも考慮し、被告旧本店に原告から調査要員1名を派遣し、被告旧システム・被告業務の分析、移行計画の立案、要件定義書の作成など本件システム移行開発契約に必要な調査業務を行うために締結したものであり、それ自体は本件新システム開発のための手段と認められる。②業務委託個別契約書上も就業人員、就業時間、作業場所、委託期限の延

長等が規定され、委託料が月額で定められていることなどに照らしても、本件システム移行調査契約は、仕事の完成・引渡し自体を目的とする請負契約ではなく、本件システム移行開発契約のために必要な作業として、原告の派遣する技術者が社内業務分析、移行計画立案等の各種調査事務を行い、これに対して本件システム移行開発契約自体とは別に被告が委託料を支払う準委任契約と解される。

そして、裁判所は原告による債務の履行を認めた。

続いて、保守管理契約に関し、次のように述べて同じく準委任契約であるとした。

本件保守管理契約の法的性格を検討するに、業務委託個別契約書の文言上も、契約期間中の①サーバーの死活監視、②電源 ON/OFF 対応、③障害発生時の IP アドレス切替対応、④ホームページ保守という日常的な保守管理業務に対して毎月委託料を支払うものであり、仕事の完成・引渡しを観念し難いことに照らしても、準委任契約であると認められる。

裁判所は、原告が債務を実施したとしつつも、途中での解約を認め、期間に応じた割合的な報酬の限度で原告の請求を認めた。

□ 本判例のポイント（実務上の指針となる点等）

本件は、請負か準委任かという契約の性質が争点となった事例である。被告（ユーザ）は、請求を否定するために、請負契約であって仕事の完成・引渡しがないと主張していたが、問題となった契約はいずれも準委任契約であるとされた。

本事案の判示部分から、契約の性質を決める要素を挙げるとすれば、①業務の性質（調査・分析など、完成が観念しにくい継続的業務か否か）、②業務の時間・期間・場所等の定め、③報酬の定め方（月額報酬等）などがある。特に、民法が請負の場合には目的物の引渡し（民法（以下、法令名省略）633条本文）又は約した役務を終えたとき（同条ただし書、624条1項）をもって報酬を請求できるとしているのに対し、準委任の場合は委任事務の履行後のほか（648

条2項本文）、期間をもって報酬を定めることを想定している（同条ただし書、624条2項）ことからすると、①や③が重要になってくると思われる。

　なお、IT業界においては、上記の②に関連して業務時間・場所等を細かに定めたSES（システム・エンジニアリング・サービス）契約が用いられることが多く、これらは準委任契約に分類されるものと考えられるが、委託者と受託者のエンジニアとの間に指揮命令関係があると認められるような場合には偽装請負[1]となってしまう可能性があることに注意しておきたい。

1　形式的には請負・準委任・業務委託等の体裁をとりつつも、実態として委託者の指揮命令を受けて労働に従事させるものをいい、労働者派遣法違反あるいは職業安定法違反であると評価される。

1–3–2 請負・準委任②

業務委託報酬請求事件

東京地判平成28・4・20平成25年（ワ）11770号公刊物未登載〔29017212〕

□ 事案の概要 ………………………………………………………

　被告は、原告との間で、無線 LAN 機器用ソフトウェア（本件ソフトウェア）の開発を委託する契約（本件契約）を締結した（代金7900万円）。その後、仕様の追加・変更や、試験の実施、不具合対応等によって工数が増加したとして、原告が被告に対して追加報酬の見積りを数度にわたって提示したが、被告がこれに応じなかったため、追加報酬代金約6000万円を請求した。

□ 争　点 ………………………………………………………………

1　本件契約の法的性質
2　追加請求の可否

　原告は、本件契約は準委任契約であって、作業量に応じて報酬が支払われると主張していた。また、仮に請負契約であるとしても、見積時点の仕様が変更された場合には、追加作業量に相当する報酬が発生すると主張していた。

□ 裁判所の判断

　裁判所は、次のように述べて本件契約は請負契約であるとした。

> 　原告は、本件契約は、作業量に応じた報酬を支払う準委任契約であると主張する。しかし、本件契約書や原告が提出した見積書には、単価や工数が記載されておらず、上記見積書（甲9）には「無線 LAN ルータ開発　一式」と記載され、本件契約に係る作業期間中も、原告から被告に対し、作業時間の報告等もされていないことからすると、単に作業量によって報酬を決める準委任契約であるとは認められない。本件契約においては、報酬の支払が、成果物の検査合格（検収）という成果物の完成後とされ、原告は成果物に関する瑕疵担保責任を負うこと、原告が本件ソフトウェア開発により作成した成果物の著作権を有し、被告による業務委託料の完済によ

り、同著作権が被告に移転するものと定められ、まず原告が本件ソフトウェア開発における成果物の所有権を取得するとされていること等からすると、本件契約は、被告から受託された本件ソフトウェア開発における業務の完成を目的とする請負契約であったものと認めるのが相当である。

ただし、請負契約であっても、基本設計書に記載した範囲に含まれない作業が発生した場合には追加報酬請求ができるとした。

もっとも、被告自身が、平成23年10月以降、追加の報酬を求めていた原告に対し、見積明細を提示するよう求めたことが認められ、これは、被告自身、本件契約の範囲外の作業か否かを検討した上で、追加報酬を支払うか否かを決める方針を示していたこと、総合試験の対応工数が増加していた際に、ａ社担当者が原告から契約範疇外であると言われたらどうするかと被告担当者に聞き、被告担当者は、原告と話をする旨述べていること等からすると、本件契約は、本件見積りを行った平成23年７月７日時点で、本件開発計画書及び同年６月６日に納品された基本設計書（以下「本件基本設計書」という。）に記載された範囲の業務の完成を請け負ったものであって、同時点以降、ａ社又は被告が、上記範囲を超えて仕様の追加・変更があった場合には、本件見積りの範囲外であり、本件見積りの範囲外の作業については、その作業量に対応する相当な報酬を追加で支払う旨の黙示の合意があったと認めるのが相当である。

具体的には、基本設計書を提出した後に、SDK[1]が使えないということが判明したために作業が増加したが、本件では発注者である被告が当該 SDK による開発経験も多く、内容を熟知していたことから、設計・開発作業が増加した部分のほか、SDK の不具合によって結合試験の工数が増加した部分についても報酬を請求できるとした。

ただし、原告が請求していた部分のうち、不具合修正に関わる工数は本件契約の範囲内の作業であるとして報酬の請求を認めなかった。

1　Software Development Kit（ソフトウェア開発キット）。ソフトウェアの開発のために必要なツール、ライブラリ、ドキュメント等の一式をいう。

　見積時点の想定工数より多くの工数を投下したことによって赤字になってしまったベンダが、発注者に対して追加費用の請求をする際の法律構成は、新たな合意（契約）が成立したことによる報酬請求、商法512条に基づく報酬請求など、いくつか考えられる。本件における原告は、締結された契約は準委任契約であって、追加工数分は請求できると主張したが、裁判所は、契約書の規定に瑕疵担保責任や、検収を以って代金が支払われることなどが定められていたことから、請負契約であると認定したが、この判断には違和感がない。

　他方で、請負契約であるとしても、発注者である被告から提示されたSDKが使えないことがわかって、新たに設計・開発しなければならなくなったという事情から、仕事の範囲が契約当初とは変更されたとして、その差分に相当する工数相当額の請求が認められた（ただし、原告が主張するような見積工数と実績工数との差のうちの一部にとどまる）。

　ただし、本件では被告（発注者）からSDKを提示されていたという事案であるため、開発者が自ら選定したツール等が使えなかったことによって増加した工数が請求できるものではないことに注意しておきたい。

　なお、本件は、下請法が適用される取引だったことから、同法2条の2第2項を適用し、14.6％の遅延損害金が認定されている。令和2年の民法改正によって、商事法定利率が廃止されたうえ、遅延損害金割合は当面の間3％となったが、下請法適用取引については従前どおりなので注意しておきたい。

1–3–3 請負・準委任③

債務不存在確認等請求事件（本訴）、損害賠償請求事件（反訴）

東京地判令和 2 ・12・22令和元年（ワ）21149号等公刊物未登載〔29063031〕

□ 事案の概要

　原告（個人事業主）は、業務委託基本契約を締結して、被告のソフトウェア開発を受託していた（本件ソフトウェア開発契約）。他方で、被告は原告に対し、原告が個人で運営する事業に関する経営の助言等を行うコンサルティングを提供していた（本件コンサルティング契約）。その後、原被告間の関係が悪化し、原告は被告に対して、契約終了の申入れを行った。

　被告は、契約終了の意思表示の有効性を争うとともに、本件コンサルティング契約に基づく報酬の支払を求めた。これを受けて、原告は被告に対し、報酬支払債務とソフトウェア開発債務の不存在を求めるとともに、提供した役務の対価等に相当する額の不当利得返還請求を求め（本訴）、被告は、本件コンサルティング契約に基づく報酬の請求又は民法651条 2 項に基づく損害賠償請求を行った（反訴）。

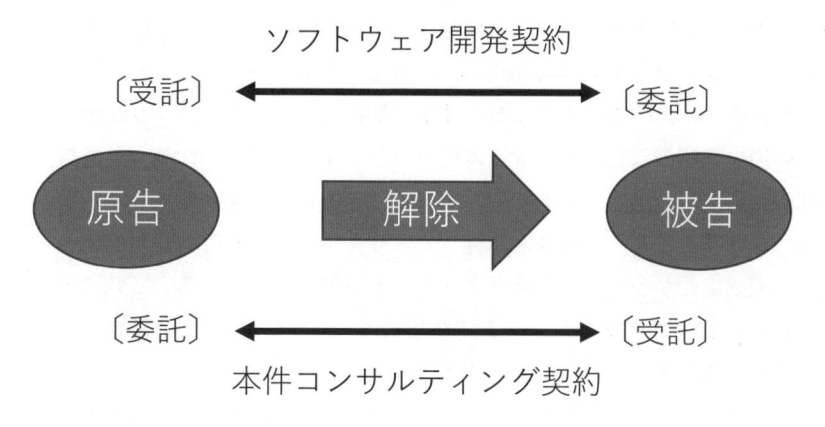

□ 争　点

　原告は、本件コンサルティング契約、本件ソフトウェア開発契約はいずれも準委任契約であって、任意解除権は制限されないと主張していたのに対し、被

告はこれを争っていた。

□ 裁判所の判断

本件コンサルティング業務は、法律行為ではない事務にほかならず、よって、本件コンサルティング契約は、改正前民法656条所定の準委任契約とみることができる。

本件ソフトウェア開発業務については、①被告の意向により、銀行の融資担当者に見せることを想定して見栄えをよくするために、要件定義、基本設計、詳細設計、開発、テスト実施という通常のシステム開発の手順をあえて踏まずに、完成品の仕様を決めることなく、要件定義も行わないまま、まず原告が一応のものを製作してその仕掛品に対して適宜被告から修正の要望を受け、その都度同要望を製作過程に反映させていくという方法が採用されたこと（中略）、②原告は、同方法に従い、被告代表者から送られたメールや資料を読解してその趣旨に沿うような実装等を自ら考え、作業を進めていったが、被告代表者の意図を理解できないこともあったこと（中略）、③完成品の仕様が決められていないために、原告において作業の早い段階から進め方に苦慮していたこと（中略）が認められる。これらの事実によれば、本件ソフトウェア開発契約においては、最終的に開発を遂げるべきソフトウェアの内容が具体的に確定していなかったものということができる。また、上記のとおり、原被告間において、本件コンサルティング契約の報酬のうち20万円は、本件ソフトウェア開発契約に基づく原告の被告に対する労務の提供をもって支払に代える旨の合意が成立したものと認められるところ、これは、本件ソフトウェア開発業務の対価が開発の進捗や完成度にかかわらず毎月発生することを前提としている。これらの点に鑑みると、本件ソフトウェア開発契約も、改正前民法656条所定の準委任契約に該当すると解すべきである。

　このように述べて、原告からの解約申入れは、民法651条1項に定める解除として有効だとし、解除を申し入れた後に支払ったコンサルティング料や、ソフトウェア開発業務に基づく役務提供は不当利得に当たるとした。

　本件も、請負か準委任かという契約の性質が争点となった事例である。原告から（債務不履行以外を理由とする）解除の申入れをしていたことから、民法651条の適用可否が問題となり、契約の性質が争われることとなった。本件コンサルティング契約が、経営の助言等を提供することに対して月額の報酬を支払うものであったことから、準委任契約となることはほぼ争いがないと思われるところ、本件ソフトウェア開発契約の場合は、一般的にはソフトウェアの完成・提供を目的とするものであって請負契約に分類されることも多い（請負契約の場合、注文者からは民法641条に基づく解除が可能だが、請負人にはそのような任意解除を認める規定がない）。

　しかし、本件では、開発するソフトウェアの具体的内容が確定しておらず、また、コンサルティング報酬を減額するという形で一種の相殺のような形で報酬が支払われていたことから、準委任契約であるとした。

　東京地判平成24・3・14（事例1-3-1）で挙げた要素に照らすと、①ソフトウェア開発という業務ではあったが、その実態は、開発する対象を協議によって決めていくという継続的業務であり、③報酬は月額固定であったことから、準委任契約とされた判断は妥当だといえる。

1-3-4 請負・準委任④

損害賠償請求事件

東京地判令和3・9・30平成31年（ワ）3149号公刊物未登載〔29066482〕

□ 事案の概要

　原告は、被告に対し、原告が設立する予定の会社のウェブサイト（本件ウェブサイト）の開発を委託し、本件契約を締結した。開発は、いわゆるアジャイル方式で行うこととされていた。開発の報酬は、月額2000米ドル、保守の報酬は、月額800米ドルとされた。

　開発が遅延し、本件ウェブサイトが機能しないなどとして、原告は、被告に対し、債務不履行による損害賠償等として、既払代金相当額、逸失利益等を含めて合計で約2000万円を請求した。

□ 争 点

・本件契約の性質（請負契約か否か）

　本件は、開発言語の指定（合意）があったのかといったような契約の内容が前提となる争点だったが、被告による契約の履行（成果物の完成・引渡し）があったかどうかが争われた。その際に裁判所が、契約の性質について言及しているため、その点を取り上げる。

□ 裁判所の判断

　裁判所は、請負契約又はこれに類似した無名契約であるとした。

> 本件契約は、請負契約又はこれに類似した無名契約と解されるところ、請負契約における目的物（成果物）の引渡しとは、完成した目的物を注文者が利用できる状態に置くことを指す。このような観点から、被告が本件契約に基づく成果物すなわち本件ウェブサイトを完成させ、原告が利用できる状態に置いたか否かについて、判断する。

　そして、次のように述べて完成を否定した。

本件契約においては、開発途中でもウェブサイトの公開を継続することとされている以上、本件ウェブサイトが一般に公開された状況に置かれたとしても、そのことから直ちに本件ウェブサイトが完成したと認めるには足りない。（中略）本件契約において、本件ウェブサイトに360度イメージビューアーを含む本件各機能を持たせることが被告の義務とされていたところ、（中略）原告は、被告代表者に対し、翌8日に、本件ウェブサイトが全く機能していないなどと苦情を述べ、Bに対しても、遅くとも同月16日以降、360度イメージビューアーが機能していないなどと苦情を述べ、Bは同月25日に360度イメージビューアーは実装できない旨回答しているのである。このように、本件契約上の被告の義務である本件各機能を持たせることの一部が実装できていないばかりか、被告（B）において実装できない旨自認している以上、本件契約に基づく成果物が完成したとは認められない。

また、被告は、契約書に完成時期が明記されていないことなどを理由に契約上の期限がないことを主張していたが、この点について裁判所は黙示的な合意を認めた。

本件契約の締結時に開発自体は2、3か月で終了させる旨の合意があり、これを踏まえて4月13日の打合せにおいて完成予定納期が5月31日と設定されたことに加えて、本件契約それ自体は遅くとも4月1日頃に締結されたことに照らすと、遅くともその3か月後である6月末頃までには開発自体が一通り終了することを黙示的に合意していたものと認めるのが相当である。

□ 本判例のポイント（実務上の指針となる点等）

本件は、契約の性質を争点として取り上げているものの、性質自体が激しく争われた事案ではない。しかし、一般にアジャイル型の開発は準委任契約に基づいて行われるという考え方が広がっているにもかかわらず[1]、本件では請負

契約（又はこれに類する無名契約）であるとされたため、取り上げた。さらには、東京地判平成24・3・14（事例1-3-1）で取り上げたように、月額で固定額の報酬が支払われる場合、準委任契約であると判断されやすいが、本件ではその点を踏まえてもなお請負契約（寄りの契約）であると判断されたことが注目される。

　本件の場合、アジャイル型開発とはいえ、第三者が開発していた既存の資産があり、それを修正・改良するという業務であり、開発が完了する時期も黙示の合意ながら決まっていたという点で、契約締結時点において成果物の完成を目的とする請負契約であると判断されたものと考えられる。

　アジャイル型開発の場合、スタート時点では開発期間も予算の総額も決まっておらず、ベンダは完成の責任を負わないといった考え方がある。しかし、一律にそのような考え方が妥当するものではなく、契約上の主たる債務を明確にしておくという基本に立ち返ってトラブルを避けるようにしておきたい。

1　独立行政法人情報処理推進機構（IPA）「情報システム・モデル取引・契約書（アジャイル開発版）」（https://www.ipa.go.jp/digital/model/agile20200331.html）1頁

1-3-5 複数契約の解除

請負代金返還等請求、同反訴事件

東京地判平成28・11・30平成25年（ワ）9026号等公刊物未登載〔29038790〕

□ 事案の概要 ………………………………………………………………

　原告（ユーザ）が、被告（ベンダ）に対し、システム（本件新システム）の開発業務とデータ移行業務を委託し（本件請負契約）、併せてソフトウェア、ハードウェアの売買契約（本件売買契約）が締結された。

　本件新システムの稼働予定時期を過ぎても、データ移行業務が適切に行われず、本件新システムが正常に稼働しなかったとして、原告は、履行遅滞を理由に本件請負契約を解除するとともに、本件売買契約も解除し、原状回復請求権に基づいて既払の請負報酬・売買代金等の返還を求めた。

□ 争 点 ………………………………………………………………………

　本件は、履行期に間に合わなかった理由がデータの不整合にあったというものであり、その責任がユーザにあるのか、ベンダにあるのかが争われた[1]。しかし、本稿では、本件請負契約に債務不履行があった場合に、本件売買契約をも解除することができるかという争点を取り上げる。

□ 裁判所の判断

> 同一当事者間の債権債務関係がその形式は2個以上の契約から成る場合であっても、それらの目的とするところが相互に密接に関連付けられていて、社会通念上、その各契約のいずれかが履行されるだけでは契約を締結した目的が全体としては達成されないと認められる場合には、そのうち一つの契約上の債務の不履行を理由に、その債権者が法定解除権の行使として当該契約と併せてその余の契約をも解除することができるものと解するのが

---

[1]　一般に、プログラムのバグ等が原因で遅延した場合にはベンダの責任が問われることになるが、新旧システム間のデータの移行トラブルの場合、当然にベンダの責任になるものではなく、両者の責任範囲が争われることが多い。

相当である（最高裁平成8年（オ）第1056号同年11月12日第三小法廷判決・民集50巻10号2673頁参照）。

これを本件についてみるに、前記認定実〔編注：原文ママ〕によれば、原告は、本件各売買契約を締結して、本件新システムを動作させるためのソフトウェア及びハードウェアを購入したものであるところ、本件各売買契約の目的とするところは、本件新システムを開発して稼働させることを目的とする本件請負契約と密接に関連し、社会通念上、本件請負契約と本件各売買契約のいずれかが履行されるだけでは、本件新システムの稼働という目的が全体として達成されないと認められる。したがって、原告は、本件請負契約の履行遅滞を理由に、本件請負契約と併せて本件各売買契約をも解除することができるものというべきである。

　裁判所はこのように述べて、本件新システムを動作させるために購入したソフトウェア、ハードウェアにかかる売買契約は、本件請負契約と密接に関連するものであるとして、本件売買契約自体に債務不履行がなかったとしても解除ができるとした。

□ 本判例のポイント（実務上の指針となる点等）

　システム開発取引では、1つのシステムを構築するに際して、同じベンダ・ユーザ間で多数の契約が締結されることが多い。システムを稼働させるためには、一部の契約の履行だけでは目的を達成できないことから、ある契約の債務不履行をもって他の契約も解除できるかどうかが問題になることが少なくない。解除を主張する側は、判決文中でも言及されているような平成8年の最高裁判決を引用するが、「社会通念上、その各契約のいずれかが履行されるだけでは契約を締結した目的が全体としては達成されないと認められる」かどうかは事案次第である。これを容易に認めてしまうと、複数の契約に分けたことの意味が失われてしまうし、準委任契約の解除には将来効しかないこと（民法656条、652条、620条）や、請負契約の解除でも制限があること（同法634条2号）とのバランスを失することになる。

　本件では、「本件新システムを動作させるためのソフトウェア及びハードウェアを購入した」ことをもって売買契約の解除も認めたが、データ移行の責

任論が主な論点であったことから、判決文からはどのようなソフトウェア、ハードウェアが購入されたのか、転用可能性はないのかは明らかではない。そのため、請負契約の債務不履行があれば、関連する売買契約やライセンス契約も解除できると考えるのは適切ではない。この種の取引において、途中で中断（中止）した場合の他の契約の処理方法について合意しておくことが望ましい。

なお、実務的にはこのような並列的な契約の解除のほか、工程別の契約（多段階契約）について、上流工程の契約の解除ができるかが問題となることが多い。この論点については過去に解除を否定する事例が多かったが（東京地判平成31・3・20平成25年（ワ）31378号等公刊物未登載〔28272232〕（事例1-1-6の原審）など）、東京高判令和4・10・5（事例1-1-8）で一部の契約解除を認めていることが注目される。

また、関連する契約を解除できるとしても、原則として同じ当事者間で締結された契約であることが当然の前提となっている。ハードウェアやソフトウェア等の売買契約やライセンス契約は、システムの導入を担当するベンダとはまた別のメーカー、代理店から購入することも少なくないが、異なる当事者との契約を解除するということは、前掲平成8年最判の射程も当然には及ばないため、さらにハードルが高くなるというべきであろう。三者間での複合的な契約における解除が論点となった事例は、システム開発の事例では見当たらないが、知財高判平成28・2・18平成27年（ネ）10103号裁判所HP〔28240730〕、大阪高判平成21・12・25判時2102号11頁〔28170830〕などがある。

1−3−6 多段階契約

損害賠償請求事件

東京地判平成30・10・12平成28年（ワ）19578号公刊物未登載〔29052098〕

□ 事案の概要 ···

　被告（ユーザ）は、原告（ベンダ）に対し、新販売管理システム、新生産管理システムの開発を目的として、ソフトウェア開発基本契約を締結し、各システムについて、要件定義・設計サービス契約（個別契約1）、構築サービス契約（個別契約2）、運用準備・移行サービス契約（個別契約3）という個別契約を締結した。これらの契約を分けて締結するように求めたのは原告であるが、複数の契約が同時に締結されていた。

　新販売管理システムについては、各個別契約の成果物の納品を終えたが、新生産管理システムについては、個別契約1の成果物の納品にとどまり、被告から、個別契約2、個別契約3を解除した（本件解除）。

　原告は、被告による解除は、債務不履行解除ではなく、民法641条に基づく注文者による解除であるとして、同条に基づく損害賠償として約1200万円を請求した。

□ 争 点 ···

・本件解除の解除理由

　原告は、被告が解除した個別契約2等には債務不履行がないから、被告による解除は民法641条に基づく解除であると主張していたのに対し、被告は、原告の業務遂行態度や能力の問題であって、このまま開発を進めてもさらに問題が発生することが想定されるため、解除せざるを得なかったとし、原因は原告の信義則違反であると主張していた。なお、当初の解除通知には、被告の工場統合が理由として記載されていた。

□ 裁判所の判断

　まず、本件のように段階的に契約を締結する手法について、裁判所は次のように述べた。

本件基本契約において、被告は、先行する個別契約の履行状況を判断材料として後続の個別契約を締結するか否かを選択する機会が確保されており、被告にとっては、<u>段階的な個別契約の締結という法形式の採用により、途中でシステム開発を断念した場合にも、開発に要する費用や時間をその時点での最小限度のものにとどめることができる機能を有するものであった</u>一方、原告としても、発注者である被告が必要としなくなった開発に費やす時間や労力を節約し得る機能を有するものであった。このような本件基本契約、販売個別契約1ないし販売個別契約3、生産個別契約1ないし生産個別契約3の法形式の果たす機能に鑑みると、被告の有する各個別契約の締結の自由は最大限に尊重されるべきものであって、これを便宜的な理由で被告から奪い去ることは本来許されないか、少なくとも十分慎重な態度で臨むべきであったと考えられる。

　そして、新販売管理システムの開発中止に至る経緯において、①被告の顧客情報の流出等、原告の不手際によって被告に迷惑をかけて謝罪したこと、②新生産管理システムの追加作業を理由に800万円の追加請求を行ったことなどを挙げ、次のように述べて民法641条に基づく損害賠償請求権は生じないとした。

原告と被告との交渉状況、原告による各個別契約の履行状況、被告により本件解除がされるに至った経緯等に鑑みると、本件解除がされた平成27年9月当時、原告による生産個別契約2、生産個別契約3の債務の本旨に従った履行はもはや期待し得ない状況にあり、原告と被告との信頼関係は既に破壊されていたというべきであるから、被告による本件解除は、かかる信頼関係の破壊を解除原因とするものとして有効なものであって、原告の被告に対する民法641条の損害賠償請求権を発生させるものではなかったというべきである。

□　本判例のポイント（実務上の指針となる点等）　 Point

本件で裁判所は、システム開発取引、特にウォーターフォール型開発におい

て一般的に用いられる多段階契約（工程ごとに契約を分けて締結する方式）について、「必要としなくなった開発に費やす時間や労力を節約し得る機能を有する」というメリットがあると述べた。確かに、契約を分けた以上、途中で取りやめる自由があるといえるが、本件では、原告からの要請により、複数に分けた契約を最初に全部締結するという、実質的には一括契約であるため、本来の多段階契約の趣旨からは外れた特殊な事例だったといえる。そのため、裁判所は契約から離脱する自由を尊重し、「信頼関係の破壊を解除原因とするものとして有効」であるとして、民法641条に基づく損害賠償請求権は発生しないとした。

　なお、一般には、多段階契約のメリットは、ユーザが契約から離脱する自由にあるというよりは、ベンダにとっての見積誤りを回避することや、責任範囲を限定し、報酬を回収しやすくする点など、ベンダ側にメリットが多いといわれ、むしろユーザ側には全体コストやスケジュールが不明確であるなど、デメリットも多く指摘されている。

□ その他（原審情報等） ……………………………………………………

　多段階契約の意義については、松島淳也＝伊藤雅浩『新版　システム開発紛争ハンドブック　第２訂－発注から運用までの実務対応－』第一法規（2023年）39頁参照。

1-4-1 PM 義務と協力義務

損害賠償請求本訴、損害賠償等請求反訴事件

東京地判平成16・3・10判タ1211号129頁〔28111682〕

□ 事案の概要 ……………………………………………………………………

　原告（ユーザ）[1]が、被告（ベンダ）に対し、原告の基幹システムの開発業務を委託したところ、完成に至らなかったとして、支払済みの委託料の返還と、損害賠償として、約6億円の支払を求めた（本訴）。これに対し、被告は、システムが完成しなかったのは、原告が協力義務に違反したことが原因であるなどと主張し、債務不履行による損害賠償又は民法641条（請負）、民法648条3項（準委任）に基づく解除における報酬及び損害賠償請求として、約4.6億円の支払を求めた（反訴）。

□ 争　点 ……………………………………………………………………

・ベンダのプロジェクト・マネジメント（PM）義務の内容及びその違反の有無と、ユーザの協力義務の内容及びその違反の有無

□ 裁判所の判断

　裁判所は、被告はPM義務を負っていると述べ、その具体的な内容について次のように判示した。

> 被告は、システム開発の専門業者として、自らが有する高度の専門的知識と経験に基づき、本件電算システム開発契約の契約書及び本件電算システム提案書に従って、これらに記載されたシステムを構築し、段階的稼働の合意のとおりの納入期限までに、本件電算システムを完成させるべき債務を負っていたものである。
> したがって、被告は、納入期限までに本件電算システムを完成させるように、本件電算システム開発契約の契約書及び本件電算システム提案書にお

1　本件の本訴原告は、健康保険組合と、労働組合の2者であるが、本稿では健康保険組合との関係のみ取り上げる。

いて提示した開発手順や開発手法、作業工程等に従って開発作業を進めるとともに、常に進捗状況を管理し、開発作業を阻害する要因の発見に努め、これに適切に対処すべき義務を負うものと解すべきである。そして、システム開発は注文者と打合せを重ねて、その意向を踏まえながら行うものであるから、被告は、注文者である原告国保のシステム開発へのかかわりについても、適切に管理し、システム開発について専門的知識を有しない原告によって開発作業を阻害する行為がされることのないよう原告に働きかける義務（以下、これらの義務を「プロジェクトマネージメント義務」という。）を負っていたというべきである。

　さらに、ベンダ（被告）がすべきことの具体的な内容として、①ユーザ（原告）における意思決定が必要な事項や、解決すべき必要のある懸案事項等について、具体的に課題及び期限を示すこと、②複数の選択肢から1つを選択すべき場合には、それらのメリット・デメリットを示したうえで、必要な時期までにこれを決定ないし解決することができるように導くべきこと、③ユーザから仕様変更の要求があった場合には、納期、委託料に影響があることを示して、要求の撤回や追加の委託料の負担、納入期限の延期等を求めることなどが必要だとした。本件におけるベンダの PM は不適切であったとされた。

　一方で、本件は、オーダーメイドのシステム開発であって、両者の意見調整を行う必要があり、本件電算システムの開発は共同作業という側面があるとしたうえで、契約書に原告の協力義務として、

ベンダは、（中略）委託業務の遂行にユーザの協力が必要な場合、ユーザに対し協力を求めることができる。この協力の時期、方法等については、ユーザとベンダが協議して定める。

と、明示的に協力義務が定められていることを述べたうえで、期限までに課題を解決しなかったり意思決定が適時に行われなかったりしたことを挙げて、ユーザの協力義務にも違反があったとした。

　そのうえで、双方の債務の履行が不完全であったことから、ベンダの債務不履行による解除は認められないとしつつ、ユーザの解除の意思表示は民法641

条に基づく任意解除としては有効だとしたうえで、ユーザに損害賠償責任を認めた（ただし民法418条の類推適用による6割の過失相殺あり）。

☐ 本判例のポイント（実務上の指針となる点等）

　システム開発作業が途中で頓挫し、それがどちらの責任なのかが争われるケースが後を絶たないが、本件は、判決において明示的にベンダのPM義務やユーザの協力義務について言及された最初の裁判例である。本件以後、訴訟に限らず、裁判外における交渉においても、様々なシステム開発紛争事例で、これらの義務違反を主張して、債務不履行責任を問うケースが目立つようになった（東京高判平成25・9・26（事例1-1-1）、東京高判令和3・4・21（事例1-1-6）ほか、本書で取り上げた大規模事案のほとんどでPM義務あるいはこれに類する責任が争点となっている）。

　ただし、抽象的にはベンダ、ユーザが本件で挙げられたような義務を負うことがあるとしても、その具体的な範囲、程度は個別の事案によって異なるのであって、本判決で挙げられたようなベンダやユーザの義務と同程度の義務が、どの事案においても生じるというものではない。特に本件では、ユーザの協力義務について、根拠となる契約条項が存在していた。そのため、プロジェクトが失敗すればベンダにはPM義務の責任を問える、といった単純な図式は成り立たない。

　本件のほか、PM義務が争点となった事例では、契約書はもちろんのこと、その付属文書や、RFP[2]や提案書などから義務内容、程度が導き出されている。そのため、可能な限り契約締結段階において、お互いの役割、責任範囲等を明示しておくことが望ましい。

☐ その他（原審情報等）

　PM義務、協力義務についての詳細は、松島淳也＝伊藤雅浩『新版　システム開発紛争ハンドブック　第2訂―発注から運用までの実務対応―』第一法規（2023年）136頁以下。

2　Request for Proposal。ユーザが委託先を決定するに際して候補となるベンダに対して、要求事項等を提示する提案依頼書。

1-4-2 下請けと PM 責任

請負代金等請求控訴事件

東京高判平成23・1・19平成22年（ネ）5402号公刊物未登載〔28323123〕

□ 事案の概要

　大学からシステムの開発を請け負った被告は、その一部を原告に対して再委託することとし、原被告間で代金1470万円とする請負契約が締結された。

　原告は、作業を進める過程で、当初の見積りを大幅に超える工数がかかることから、被告に対して約1000万円の追加代金を請求するよう交渉したが、合意には至らなかった。協議が整わなかったことから、原告の作業者が現場から引き上げてしまったため、被告は原告に対し、契約解除の意思表示を行った。

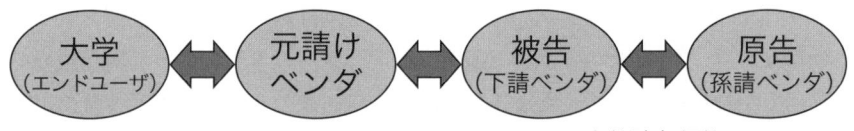

本件請負契約

　これに対し、原告は、被告による契約解除は無効であり、原告は、被告の責に帰すべき事由により原告の債務が履行不能になったとして、民法536条2項に基づいて請負代金請求（他に民法641条に基づく損害賠償請求もある）を行ったほか、発注者である被告が、プロジェクト・マネジメントの責任を怠ったとして、損害賠償請求を行った。

　原審は、原告の請求をいずれも棄却した。

□ 争　点

・発注者のプロジェクト・マネジメント義務違反の有無

　原告は、多重請負構造における取引においては、原告が被告の作業を把握することができず、また、発注者・請負人ともに専門業者であるから、発注者である被告がプロジェクト・マネジメント義務を負うと述べたうえで、プロジェクト・マネジメント義務違反があったと主張していた。

□ 裁判所の判断

　裁判所は、原被告間の契約書、注文書、見積書等の記述において、被告がプロジェクト全体を管理する義務を負うとの条項は存在しないといった形式的な理由を挙げたほか、次のように述べて、被告がプロジェクト・マネジメント義務を負っていたとの主張を退けた。以下の引用部分は、原審の判断部分であり、控訴審でも維持されている。

> 確かに、本件におけるサーバシステム構築等のプロジェクトは、ａ大学及びｂ大学がＦに発注し、（中略）被告がその孫請けとなり、さらに被告の作業の一部について、原告が作業を受託して、原被告間で本件請負契約が成立したというものであり、このような本件請負契約の位置づけに照らすと、被告と原告との間で、相互に関連する多数の作業を適宜管理し、作業スケジュールや仕様の確認、調整等を行う必要が事実上生じることはあり得る。
>
> しかしながら、このような作業やスケジュールの管理、調整などは、原告と被告との間の協議、確認、連絡等によって実施することができるものと考えられる上、本件請負契約が、サーバシステムの構築という専門的な業務に関するものであることからすれば、これを請け負った原告は、専門業者として納期までに作業を終えて納品する目的を達成するため、自己の作業の進行方法、管理、スケジュールの調整を含めた裁量権を有していたものと解されるところであり、原告が請け負った作業内容の確定、その他請負人である原告のみの裁量で決定することができない範疇の問題は、本来、契約当事者間、あるいは元請業者等の関係者との間で、協議、確認、連絡等によって解決されるべき問題であることも考慮すると、前記のような相互に関連する多数の作業を適宜管理し、作業スケジュールや仕様の確認、調整等を行う必要性があり得るとしても、そのことから直ちに、請負契約の発注者である被告が、原告主張のプロジェクトマネジメント義務を負うことが本件請負契約上当然の前提となっていたとは認められない。
>
> （中略）原告は、専門業者として納期までに作業を終えて納品する目的を達成するため、自己の作業の進行方法、管理、スケジュールの調整を含め

た裁量権を有していたものと解されるところであり、原告が請け負った作業内容の確定、その他請負人である原告のみの裁量で決定することができない範疇の問題は、契約当事者間、あるいは元請業者等の関係者との間で、協議、確認、連絡等によって解決されるべき問題であることを考慮すれば、本件プロジェクトにおいて、被告のみがプロジェクトマネジメントを適切に実行することが期待されていたということはできないので、別紙1記載の被告の行為〔筆者注：原告が、プロジェクト・マネジメント義務違反に当たると主張する具体的な行為〕が直ちに不法行為に当たるということはできず、その点に関する原告の主張は失当というべきである。

その他、民法536条2項及び641条に基づく請求も退けた。

□ 本判例のポイント（実務上の指針となる点等）

　一般に、プロジェクト・マネジメント義務は、発注者（ユーザ）は素人で、開発者（ベンダ）は専門業者であるという知識、スキルの差から生じるものだと考えられているため、本件で原告が主張していたように、お互いに専門業者である下請取引の場合には、発注者がプロジェクト・マネジメント義務を負うということも考えられる。本件では、そのような主張に対し、原告が請け負った作業について、原告の裁量にて決定できないものがあるとしても、被告との協議、確認によって解決されるべきで、直ちに被告がプロジェクト・マネジメント義務を負うことが当然の前提だったものではないとした。

　ユーザ＝ベンダ間だけでなく、ベンダ＝ベンダ間においても、プロジェクト・マネジメント義務あるいは協力義務として、どちらがどの程度の内容を負担するのかはケースバイケースであるとしかいえない。また、元請け＝下請けという関係のほか、いわゆるマルチベンダ型のプロジェクト（ユーザが複数のベンダに対して、それぞれ領域を分けて発注する形態）の場合には、さらに、プロジェクト・マネジメント義務の主体や内容が不明確になりがちである。よって、契約書、見積書、仕様書等において、抽象的に「プロジェクトマネジメントを行う」といった記載にとどめるのではなく、役割分担、責任分界をできるだけ詳細に定めておくことが有用だろう。

□ その他（原審情報等）

・原審：東京地判平成22・7・13平成18年（ワ）19745号公刊物未登載〔28323124〕

1-4-3 仕様確定責任

損害賠償請求事件

東京地判平成22・7・22判時2096号80頁〔28170153〕

□ 事案の概要 ···

　原告（ユーザ）は、被告（ベンダ）に対し、平成14年（2002年）9月に人材派遣業務向けの2つのシステムの開発を委託した（本件契約。代金は合計で840万円）。被告は、契約締結直後にはシステム設計書を原告に提出したが、原告は内容が不十分であるとして設計書は確定せず、その後も、仕様が拡大し続けた。平成15年9月にはプロトタイプの納品をしたが、原告は、仕様の確定を拒否した。平成16年1月には、被告は、開発範囲が本件契約を大きく超えているとして追加費用の支払が必要であることを説明したが、原告は拒否した。何度か仕切り直しが行われた際に、被告は、原告の求めに応じて「弊社は契約書の範囲内で最後まで誠意をもって開発を行います」などと記載した書面も交付した。

　最終的には、平成17年1月に、被告は、原告の要望に合致する仕様を何度も提示したにもかかわらず、原告が仕様の確定を拒否し、追加費用の支払にも応じることなくさらに仕様を追加してきたことは信義誠実に反するとして契約を解除するとともに、受領済みの代金を返金した。

　これに対し原告は、被告の不手際によってシステムを完成させることができず、一方的に解除通知をしたことによって履行不能になったとして、約1.2億円の損害賠償を請求した。

□ 争　点 ···

・債務不履行に基づく責任の有無（具体的には仕様を確定させる責任の所在が争われた）

□ 裁判所の判断

　裁判所は、要件を確定させることについて、次のような一般論を述べた。

> ソフトウェアの開発は、注文者側と請負人側との間で開発すべきソフトウェアの性能、仕様、形態等に関する具体的なイメージを共有するため、注文者側の技術担当者と請負人側の技術担当者との間に密接な協力関係があることが必要不可欠であるところ、特に、開発の出発点である要件定義を確定する工程については、注文者の要求をまとめる工程であると定義されるとおり、注文者側の意向によってその内容が決せられることになるのであるから、注文者側がどのような内容のソフトウェアの開発を望んでいるかを提示又は説明する責任は、注文者側にそのような能力がないことが前提になっているなどの事情がない限り、注文者側にあるというべきである。

　それに加えて、被告が仕様を提示したりプロトタイプを納品したにもかかわらず、原告が仕様を確認しなかったことを認定したうえで、次のように述べた。

> 一般に、要件定義が定まらない時点で締結されるシステム開発に係る契約については、開発規模それ自体の大きさなどを想定して契約金額が決められるのであるが、契約当事者間において開発内容を具体化していくその後の打合せにおいて、備えるべき新たな機能の追加など、当初の契約段階で客観的に想定されていた開発規模を超える内容のシステム構築を注文者が求めたような場合には、契約当事者の合意の基礎となった事情に変更が生じているのであるから、注文者は、上記内容のシステム開発を当初の契約金額の範囲で受注者に対して製作することを求めることはできないものと解すべきである。

　履行不能となった原因は、原告が要件定義を確定させようとせず、追加費用の負担の提案にも一切応じようとしなかったことが最大の原因であるとし、被告には債務不履行の原因はないとしたうえで、原告の対応こそが不合理であると断じ、原告の請求をすべて棄却した。

　本件では「協力義務」といった用語は使われていないものの、①仕様を提示、説明する責任はユーザにあることや、②当初に想定されていた規模を超えるシステムの開発を求めた場合には、当初の契約金額の範囲で開発することを求めることはできないことが明示された。

　結論としてベンダはシステムが完成しなかったことについて債務不履行責任を負わないとされたが、３年近くの期間を開発業務に追われ、受領済みの代金を全額返還したうえで、訴訟追行の負担があったということで、相当な損失を被ったと思われる。

　現場は、いったん受けた仕事は、多少の損失を被っても最後までやり遂げたい、という考えに陥りやすいが、現実には不合理、過大な要求を繰り返すユーザも多く、ベンダはプロジェクト・マネジメント責任を果たした事実（仕様の確定を促した事実、契約範囲を超える要求等があった際には計画変更が必要であることを指摘した事実等）の記録を残したうえで、本件のようにユーザ側の義務違反を理由に契約の解除、撤退をすることを検討すべきであろう。

1-4-4 ユーザとベンダの役割分担

損害賠償等請求控訴事件

東京高判平成24・10・31平成24年（ネ）4347号公刊物未登載〔28322979〕

□ 事案の概要

　原告（ユーザ）は、被告（ベンダ）に対し、販売・生産管理を一元管理する新システム（本件新システム）を構築することを委託した。契約は、工程別に締結するといういわゆる多段階方式で行われ、平成18年2月以降、合計で18の契約が締結された（このうち、役務提供に関する契約は、本件契約1①から⑮の15本ある）。

　各契約は順に履行されて代金が支払われ、平成19年10月には、本番稼働に着手したが、障害があったため稼働を中止し、再度作業が継続されたが、その後、平成20年6月に開発中止が決定された。

　原告は、被告に対し、各契約上の債務の債務不履行に当たると主張して、約1.5億円の損害賠償を請求した。

　原審は、原告の請求をすべて退けて棄却した。

□ 争　点

1　本件契約1②③④において運用設計を実施しなかったことは被告の債務不履行に当たるか

2　本件契約1⑤においてマスタ整備支援をしなかったことは被告の債務不履行に当たるか

　原告は、多数の債務不履行の主張をしていたが、本稿では以上の争点に絞る。

□ 裁判所の判断

　原告は、仕様化フェーズ中に被告がパッケージ運用設計を行うこととなっていたのに、これを実施しなかったことは債務不履行に当たると主張していた。契約締結前に提示されていた資料中の役割分担表にも、パッケージ運用設計について原告は「△（支援）」、被告は「○（主担当）」となっていたが、裁判所は下記のように述べて被告の債務不履行を否定した。

なお、控訴審は、ほぼ原審の判断を引用しているものであるため、以下の判断部分は原審判決より引用した。

> 　本件契約1②③④に係る各契約書は、いずれもその2条1項で、原告及び被告は、設計業務の遂行には原告と被告双方の共同作業及び分担作業が必要とされることを認識し、互いに別紙1に定める役割分担に従って自己の分担作業を誠実に実施するとともに、相手方の分担作業の実施に対して誠意をもって協力します旨を規定している。これを受け、本件契約1②に係る契約書（平成18年6月1日付けのもの）の別紙1の「役割分担」中には、工程「パッケージ運用設計（運用ルール作成）」について、作業項目「パッケージ運用設計資料作成」につき原告が「○」、被告は空欄、作業項目「パッケージ運用設計資料を元に確認」につき原告が「○」、被告が「△」との記載がある。（中略）
> 　狭義の「パッケージ運用設計」作業は、原告が採用した本件基本方針が本件パッケージの標準機能で実現できる業務フローに原告の業務の方を合わせるというものであったため、原告の具体的な業務における権限やルールなどの変更を伴う作業であり、これは原告においてしか行えないものである。そうすると、本件基本方針の下では、狭義の「パッケージ運用設計」を原告が作成するという役割分担は当然の帰結であって合理的である。

　マスタ整備支援の不履行については、契約書別紙の役割分担では、原告が「○」となっており、被告の支援業務の履行が問題となった。

> 　被告は、マスタ整備作業の支援として、原告の作成したマスタやデータが正しく登録できるかどうかを確認するための移行テストを6回にわたり行ったこと、被告はテストで発見された不備を一覧にまとめて原告に提示し改善を求めたこと、しかし、原告による改善はされなかったことは前記1認定のとおりである。このように、被告は本件契約1⑤に基づき原告のマスタ整備作業の支援を行っているから、債務不履行はない。

　その他にも原告が主張する債務不履行はすべて否定され、原告の請求はすべ

て棄却された。

□ 本判例のポイント（実務上の指針となる点等）

　システム開発業務は、ユーザとベンダの共同作業だといわれる。特に、要件の提示・決定や旧システムからのデータ移行・整備は、ユーザの業務や、現行システムの状況を知らないベンダが主担当となることは難しく、基本的にはユーザが主体的に作業しなければならない。

　もっとも、共同作業であるがゆえに、その役割分担について揉めやすい。そのため、本件のように契約書別紙にて、作業項目ごとに○（主担当）、△（支援作業）を割り当てておくなど、役割分担を明確にしておくことが重要であることはいうまでもない。もっとも、役割分担をすべてクリアカットに定めることは容易ではなく、現実には、プロジェクトの進行とともに適宜調整することも、ベンダのプロジェクト・マネジメント義務や、ユーザの協力義務の内容に含まれるということに留意しておきたい。

□ その他（原審情報等）

・原審：東京地判平成24・5・30平成21年（ワ）19098号公刊物未登載〔28322978〕

1-4-5 パッケージ仕様の説明義務

損害賠償等請求事件

東京地判令和3・12・2 平成31年（ワ）3449号公刊物未登載〔29068469〕

□ 事案の概要

　原告（ユーザ。クリニック運営者の個人）は、被告（ベンダ）に対し、クリニック向けの予約機能等を有するパッケージソフト（本件システム）の導入を委託した。

　試験的に原告の運営するクリニックの1つに導入したところ、予約が2か月先までしか入れられないという不都合があったため、事前の調査や説明する義務を怠ったとして、不法行為に基づく損害賠償請求権に基づいて、支払った費用相当額（約420万円）の支払を求めた。

□ 争　点

・説明義務違反を理由とする不法行為の成否

　原告は、被告が、システム開発の専門家として、本件システムが実務運用に適合するか否かを調査し、適合しないのであれば説明する義務を負っていたところ、これを怠ったと主張したのに対し、被告は、あらかじめ説明のない実務運用の調査までは行う義務はないとして争った。

□ 裁判所の判断

　裁判所は、一般論としての信義則上の配慮義務があると述べた。

　パッケージソフトのベンダーは、ユーザーに対して当該ソフトを導入するに当たり、提案書を提出し、業務改善の実現のための方法を説明するなどして、当該ソフトの導入のための協働関係に入っていた場合には、信義則上、当該ソフトがユーザーの使用方法に適合するかに関する懸案事項が発生する兆候が認められるのであれば、ユーザーから聴き取りをするなどにより、ユーザーが当該ソフトを導入するかについての適切な判断をすることができるように配慮すべき義務を負うというべきである。そこで、まず、

> 本件において、ベンダーである被告が、ユーザーである原告に対し、かかる義務を負うといえるかを検討する。

　具体的な事実認定は割愛するが、本件のもとでも配慮義務があると述べている。

> 本件クリニックにおける業務改善の実現のため提案書を提出するなどして、原告との間で本件システムの導入のための協働関係に入っていたと認められる被告は、少なくとも本件システムの予約管理機能について懸案事項が発生し得ることについての認識を持ち得たといえる本件の事情のもとでは、信義則上、原告側から本件クリニックにおける予約の実態や要望等について追加で聴き取りをするなどにより、原告が本件システムを導入するかについての適切な判断をすることができるように配慮すべき義務を負っていたというべきである。

　そのうえで、被告は、原告から予約管理の実情を十分に聞き取りした形跡がないなどとして、配慮義務を怠ったことについて不法行為が成立するとし、本件システムの利用代金の既払金や、ネットワーク工事費、一部の超過勤務手当等を損害として認めた。

□ 本判例のポイント（実務上の指針となる点等）  Point

　本件は、パッケージソフトを導入してみたものの、ユーザの業務に合わないことをもって、「導入するかについての適切な判断をすることができるように配慮すべき義務」に違反したという事例であるが、やや実務の考え方からは乖離しているという印象を受ける。

　一般論として、システムの導入を行うベンダとしては、導入するパッケージソフトウェアがユーザの業務に合うものであるかどうかを調査、説明しなければならないとしても、ベンダ自身は、ユーザの業界・業務を知らないという情報の非対称性があることから、そのような調査、説明にもおのずと限界がある[1]。大規模なシステムであれば、パッケージソフトウェアの適合性を調査するための有償の工程（Fit & Gap などと呼ばれる）を設けることもできるが、

本件のような小規模のシステムの場合、そうした調査、説明は無償の営業活動の一環として行われることになるため、過大な配慮義務を課すのはベンダに酷であるといえるだろう。逆に、ベンダとしては、見積り・提案段階では、適合性について調査の限界があるということを説明し、ユーザの理解を得ておくことが望まれる。

1　いわゆるスルガ銀行 vs 日本 IBM 事件（事例1-1-1）では、ベンダは企画・提案段階における各種説明義務等を含むプロジェクト・マネジメント義務を負うとしても、プロジェクト遂行過程で修正があることは当然に想定されるから、企画・提案段階の計画どおりにシステム開発が進行しないことをもって、直ちにベンダの義務違反があったとはいえない、としている。

1-4-6 納期変更の合意

ソフトウェア開発委託代金等請求本訴事件、原状回復請求反訴事件

東京地判令和4・3・29平成31年（ワ）5697号等公刊物未登載〔29069825〕

□ 事案の概要 ⋯⋯⋯⋯⋯⋯⋯⋯⋯⋯⋯⋯⋯⋯⋯⋯⋯⋯⋯⋯⋯⋯⋯⋯

　本件は、納期までにシステムが完成しなかったとして、被告（ユーザ）から契約を解除された原告（ベンダ）が、正当な理由なく開発を中止されたことにより、原告の債務が履行不能になったとして、民法536条2項に基づいて反対給付である請負代金等を請求したのに対し（本訴）、被告が、契約解除に基づく原状回復請求として、支払済の代金返還を求めたという事案である。

　契約上の納入期限（履行期）は平成29年10月31日となっており、解除通知がなされたのは平成30年3月13日であるから、契約上で定められた履行期を徒過していたことに争いはない。

□ 争　点 ⋯⋯⋯⋯⋯⋯⋯⋯⋯⋯⋯⋯⋯⋯⋯⋯⋯⋯⋯⋯⋯⋯⋯⋯⋯⋯⋯⋯

・被告による契約解除の有効性

　解除通知の時点で、履行遅滞となっていたかどうかが問題となったが、原告は、被告が各種の要望を出すなどして、追加契約の必要が生じ、履行期を変更する合意があったと主張していた。

□ 裁判所の判断

　裁判所は、解除通知を行った時点で、履行遅滞にはなっていないと述べた（隅付きカッコとカッコ内数字は筆者が付した）。

本件開発契約の契約書（甲1）には納期が平成29年10月31日と記載されているものの、【1】同日が経過した後も原告及び被告は、本件システムの開発作業を継続していること、前記1認定のとおり、被告が同年12月20日付け及び平成30年1月26日付けで本件各契約に係る契約書を作成しているところ、【2】本件システムの開発に係る本件追加契約②及び本件追加契約③の契約書に記載された納入期限は同年3月31日であること（甲5から

8まで)、【3】同年2月6日に開催された原告、被告及び(訴外)Zの協議のメモには、諸々の準備の進行状況から本件システムへの切替えを同年4月1日とすることを検討する旨記載されていること(甲46の2)、【4】このような納期の遅れについて、被告代表者がC取締役その他の担当者を叱責したり、本件開発契約の解除を指示したりしたことはうかがわれず、かえって、【5】被告代理人が原告代理人に対し平成30年6月29日付けで送付した通知書と題する書面には、本件システムの不具合についての記載はある一方、納期の遅れに関する記載は存在しないこと(乙1)が認められる。

そうすると、上記の議事録記載のとおり、原告と被告(C取締役)との間で、平成29年8月1日に本件開発契約の納期を平成30年2月末日に変更する旨の合意をし、さらに、その後も原告と被告が黙示のうちに上記の納期を変更する旨合意していたものと認められ、被告が本件解除をしたと主張する同年3月13日の時点では、まだ本件開発契約は履行遅滞にはなっていなかったと認めるのが相当である。

□ 本判例のポイント(実務上の指針となる点等)

システム開発プロジェクトでは、予定されたスケジュールどおりに進捗することはむしろまれで、実務では日常的にスケジュールの見直しが行われている。ただし、その際に、契約で定めた履行期を変更する手続がとられていないことが多く、いわば「なし崩し」的に変更がなされている。ユーザは、納期に遅れることは不満であるから、スケジュールの変更には応じたくないものの、実際に遅れが生じている以上、現実に即したスケジュールに修正することに同意せざるを得ない状況にある。この状況を法的にみた場合、両者で履行期を変更することに同意したか否かが問題になる。

例えば、東京地判平成22・5・21平成20年(ワ)6825号公刊物未登載〔28181390〕では、納期変更の合意があったとするベンダの主張について、「開発遅延を理由とするソフトウェア開発契約の解除は、注文者にとっても、発注のやり直し等による不都合が生じる場合が少なくないことから、注文者としては、開発が遅滞した状態にあったとしても、直ちに契約を解除することなく、暫定的に請

負人に協力して開発を進めていかざるをえない。」として、納期の延長を積極的に承諾する意思はなかったとして履行遅滞を認めた。

　これに対し、本件では【1】から【5】の事情を挙げて、変更の合意を認めた。特に、追加作業の契約についての納期が平成30年3月31日となっていたとの事情（【2】）は、元の契約と一体的な契約であったことに鑑みれば重要な事情だったと思われる。

　履行期を遅らせる際に、ユーザとしては変更覚書等の書面を取り交わししてしまうと、後に履行遅滞の責任を追及することは極めて困難になる。また、ベンダからの変更要望に対して「期間厳守」「必達を願う」という返信をしたことなどの事情から黙示的な変更を認めた事例（東京地判平成29・1・20平成25年（ワ）15660号公刊物未登載〔29038141〕）もあり、ユーザの対応としては非常に悩ましい。そのため、ユーザは、プロジェクトが遅延したが、スケジュールを変更したうえで続行せざるを得ない場合には、遅延の責任追及を放棄するものではないといったような意思を書面等で残しておきたい。

1-4-7 追加報酬請求

請負代金請求事件、損害賠償反訴請求事件

東京地判平成23・4・27平成20年（ワ）17155号等公刊物未登載〔28323658〕

□ 事案の概要 ………………………………………………………………

　原告（下請け）と被告（元請け）は、被告が受託したシステムの開発を、原告に再委託する請負契約（本件下請契約。代金約3300万円）を締結した。当該契約には、いつでも被告が解約することができるが、解約時点までの納入物を被告に引き渡すとともに、既に実施した作業に現実に要した費用を原告に支払うとの規定があった。しかし、開発作業中に開発内容が変更され、原告の作業量が増大したことから、原告は追加代金（約1.6億円）の見積書を提示するなどしたが、合意に至らないまま作業が中止され、被告は、債務不履行に基づく解除を通知した。原告が被告に対し、代金増額の合意があることを前提に、被告が解約した時点までの出来高代金として約5.7億円を請求した（なお、反訴も提起されているが、ここでは取り扱わない）。

□ 争　点 ………………………………………………………………

1　契約金額増額の合意の成否

　原告は、被告との間で、機能数を296まで増やすということを合意し、それに要する工数と人月単価から5.7億円が出来高代金になると主張していた。

2　解約による出来高請求の可否

　原告の債務不履行によって契約が解除された場合には、出来高請求はできないが、被告の都合によって解約した場合には出来高が請求できることになったため、契約終了に至った責任の所在が争われた。

□ 裁判所の判断

　裁判所は、機能数が増加したことについての合意は認めつつも、増額の合意自体は認めなかった。

> 原告と被告の間では、プロセス2に装備すべき機能についての打合せを通

じて、平成20年1月31日提出の見積書の前提となった開発予定機能数を296機能とすることについての合意があったことは認められるものの、被告が、原告主張のような代金の増額を了承したことを推認させるに足りる事情は認められず、原告と被告の間で、原告主張のような代金の増額の合意があったと認めることはできない。

　原告は、機能数が増加する合意があれば、当然にそれに応じた代金の増額の合意が形成されると主張していたが、これは否定された。

なるほど、開発すべき機能数の増加は、開発に要する工数の増加を伴うものであって、それが費用の増加を招くことは容易に予測することができる。しかしながら、本件下請契約に係る契約書には、開発対象の機能数の増加に伴い、代金が当然に増額される旨の定めはなく、（中略）被告が代金の増額に対し一貫して消極的な姿勢を示していたことは上記イのとおりである。さらに、原告の主張によれば、プロセス2に装備すべき機能の増加後の開発に対する代金額は5億6700万円を超える金額であって、これは、本件下請契約において合意された代金額3305万円の約17倍に相当する多額なものであって、それにもかかわらず、原告と被告との間で金額についての交渉が行われた形跡がないことを考慮すれば、被告が機能数の増加について合意したことが、直ちに、被告がこのような大幅な代金の増額についてまで了承したことを推認させるものではない。したがって、原告の上記主張は採用できない。

　当初の契約代金額の17倍もの代金についての合意が成立したことまでは認められないとした。他方で、原告が開発作業を中止したことについて、著しく増加した部分についてまで開発する義務はなく、開発を中止したことについて債務不履行はないとした。

本件下請契約に基づくプロセス2の開発作業が進むにつれて、機能数が増加するなど開発内容が変動し、これにより開発に要する作業量が著しく増大したことによって、平成20年1月31日の時点で予定された開発作業は、

本件下請契約が締結された時点で原告と被告が前提としていた開発作業とは、その内容において著しく異なることとなり、これに伴って、必要作業量も著しく増大したものであって、本件下請契約は、同日においては、その前提が契約締結当初とは根本的に異なるものとなってしまったということができる。これに照らせば、原告の主席技師が被告の従業員に対し、Aからプロジェクトを全面的にストップする指示を受けた旨の連絡をした平成20年4月1日の時点においては、原告が、本件下請契約に基づき、本件下請契約に定められた代金額のみの支払を受けることを前提として、同年1月31日時点で予定されていた内容のプロセス2の開発作業を継続し、完成する義務を負っていたと解することはできない。

したがって、原告が、プロセス2の開発作業を中止したことは、本件下請契約についての債務不履行を構成しないというべきである。

そのため、被告による中止の意思表示は、債務不履行解除ではなく、本件下請契約に定める解約の意思表示であり、解約の規定に定める「既に実施した作業に要した費用」として、工数と原価に基づいて約1.8億円を認定しその限りで請求を認めた（逸失利益の請求は否定した）。

□ 本判例のポイント（実務上の指針となる点等）

契約締結後に開発規模が増大し、追加費用を請求することができるか、という論点もシステム開発紛争の典型論点の1つである。明確な書面がない場合において契約成立の合意が容易に認められないのと同様に（事例1-2-1〜1-2-6の各事件等）、契約内容の変更の場面でも明確な書面がある場合を除いては容易には認められにくい（否定した事例として、本件のほか、東京地判平成23・6・3平成21年（ワ）41312号公刊物未登載、東京地判平成7・6・12判タ895号239頁〔27828432〕ほか）。

本件では、機能数を増やす合意があったと認めつつ、増額の合意の存在は否定された。他方で、増加された部分までも開発する義務はないとして、下請けベンダの債務不履行責任が否定されるなど、その論理に不明確なところがある。結論として、中途解約時の清算に関する規定を適用し、一部の請求が認容された。一部とはいえ、契約代金の6倍近い額が認められたのは異例だったともい

えるが、本件はあくまで「作業量が著しく増大」「前提が根本的に異なった」特殊な事案であることに留意すべきである。実務的には、仕様変更プロセスを定めて運用するとともに、契約条件の変更を要する場合にはベンダからの説明をすべきであろう（この説明を怠った結果、遅延・頓挫した場合には、ベンダのプロジェクト・マネジメント責任を問われる場合もあると思われる）。

1-4-8 準委任契約と善管注意義務違反

システム開発作業費請求本訴事件、損害賠償請求反訴事件

東京地判令和2・9・24平成28年（ワ）28934号等公刊物未登載〔29061225〕

□ **事案の概要** ………………………………………………………………………

　原告（ベンダ）は、被告（ユーザ）の委託を受けてイベント管理システム（本件システム）の開発をアジャイル型で行った。開発作業の途中で取り交わされた契約（本件契約）には、「民法上の準委任契約として締結されるものとする」「成果物の完成について義務を負うものではない」等といった記載があった。原被告間では、平成28年3月、4月及び5月分の合計3通の発注書が取り交わされたが、被告は、開発の遅延を理由に、本件システムの開発中止を通知した。

　原告は、被告に対し、本件契約に基づく報酬として約1766万円を請求し（本訴）、被告は、債務不履行に基づく損害賠償として約7000万円を請求した（反訴）。

□ **争　点** ………………………………………………………………………

・原告の債務不履行の有無（反訴）

　被告は、準委任契約であっても、原告には善管注意義務の一環として、プロジェクトが円滑に進むように被告を導く義務や、システムの追加・変更に伴って生じる影響の説明義務を負っていたのにこれに違反したと主張していた。

□ **裁判所の判断**

　裁判所は、原告には本件システムの完成義務はないとしても、以下のような善管注意義務を負うと述べた。

> 原告は、被告又はZから指示を受けた業務を実施する義務にとどまらず、本件契約上の善管注意義務として、本件システムの開発において必要となる作業の内容並びにその作業に必要となる期間及び人員を把握し、適切な工程を示す義務を負っており、相手方から示された仕様の内容が十分でな

く、適切な工程を示すことが困難である場合には、仕様を確定する期限を定めるなどの具体的方策を講ずる義務を負っていたと解すべきである。

そのうえで、原告は、仕様の確定期限を被告に示さなかったことや、原告が行うとされた作業項目103のうち、期限までに完了したのが35にとどまっていたことや、実現可能性が乏しいスケジュールが示されていたことなどから、善管注意義務違反があったと認め、被告が支払った開発費の一部を相当因果関係ある損害だと認めた。なお、原告の本訴請求については、本件契約上の事務を履行したものとして認容されている。

□ 本判例のポイント（実務上の指針となる点等）

本件のように、明確に工数提供型の準委任契約であることが書面に記載されている場合には、ベンダに完成責任を問うことは難しい。この種の契約では、約束した工数さえ提供していれば、それ以上ベンダが責任を負うことはないと考えるベンダも少なくないが、本裁判例のみをみても、それが誤解であることがわかるだろう。

もともと、準委任契約は、当事者間の信頼関係を基礎とするものであり、当該事務の受任者として期待される水準、つまりシステム開発委託でいえば、IT事業のプロとして、通常すべき注意をもって業務を遂行することが求められる。そのため、業界の水準に照らして劣悪な品質の履行にとどまる場合には、善管注意義務違反の責任を問われるのは当然である。特に本件では、善管注意義務の具体的内容として、作業項目、スケジュール表の作成や、仕様確定期限を定めるなどの方策を講ずる必要があったことが示されているが、これは、システム開発に関する請負契約においてベンダが負うとされるプロジェクト・マネジメント責任と同様の内容であるといえる。

1-4-9 謝罪と顛末書の影響

システム開発代金等請求本訴事件、損害賠償請求反訴事件

東京地判平成25・5・31平成22年（ワ）4389号等公刊物未登載〔29026145〕

□ 事案の概要 ……………………………………………………………

　原告、被告はいずれも開発会社である。原告は、被告からシステム開発を委託され、追加開発の依頼分も含めて成果物を納品したとして委託料等合計約2700万円の支払を求めたところ（本訴）、被告は、システムには大量のバグがあることや、納品が遅れたことにより、修補等の作業が生じたとして、原告の請求の一部を受働債権として対当額で相殺した残額の約870万円の損害賠償請求を行った（反訴）。

□ 争　点 ……………………………………………………………

・原告の債務不履行の有無

　本件では、被告からの改善要求、苦情等を受けて、原告が数度にわたって顛末書を提出していた。その顛末書（本件各顛末書）には次のような記載があった（2通あるが、下記引用箇所は両者から抽出している）。

- ・論理設計フェーズにおいて、仕様に関する弊社の確認が不十分だったため、製造フェーズ移行後に確認のための打ち合わせや再見積もりが発生しました。結果として、弊社におけるSE業務が増大し、製造を兼務していたSEの製造に関わる時間が不足しました。
- ・弊社SEの上司の管理不行届きにより、スケジュールの遅れと品質の低さに直前まで気づくことができませんでした。また、弊社SEも上司や、貴社に対して、適切な報告を行いませんでした。
- ・スケジュールは2週間延長され、基本機能公開日は2008年10月14日になりました。弊社としては全社を挙げて取り組むことを貴社と約束し、体制を強化しました。
- ・しかし、上記の体制強化は不十分であり、その後もスケジュールは遅延しました。管理者は状況を完全に把握せず、遅延を回復させるのに必要な措置をとりませんでした。結果として基本機能公開日間近になっても完全な

品質に到達できませんでした。

□ 裁判所の判断

まず、裁判所は、本件各顛末書にも言及しつつ、納品が遅延した主な原因はバグ対応にあり、原告の責に帰すべき事由によるものだと認定した。この点に関し、原告は、本件各顛末書は、被告の指示の下に原告の真意に反して作成させられたものであって、遅延の責任があったことの根拠とすることはできないと主張していたが、以下のとおり判示して原告の主張を排斥した（原告の債務不履行を認定する根拠の1つとされた）。

> F〔筆者注：被告の担当者〕は、本件顛末書1について、D〔筆者注：原告の担当者〕に対し、記載内容が不十分であるなどとしてその修正を求めたことは認められるものの、（中略）前記のバグ（特に9月下旬頃までに発生したバグ）は、その数が極めて多いばかりでなく、単体バグといわれる初歩的なミスによるものであって、システム開発に伴い不可避的に発生するものとはいえないことに加え、証拠によれば、原告が当初に提出した顛末書の草稿においても、原告が非を認める内容のものであったことが認められることなどに照らすと、本件各顛末書が、原告の真意に反して作成させられたものであるということはできず、他に本件各顛末書が、被告による詐欺や脅迫などの不当な圧力により原告の意思に反して作成されたことを認めるに足りる証拠もない。

□ 本判例のポイント（実務上の指針となる点等）  Point

　システム開発の紛争では、遅延や品質不良が発生することは避け難く、そうした問題が起きた際には、ベンダから謝罪・反省を示す文書が提出されることが少なくない。システムの品質不良は、技術的判断を伴うことがあるため、不具合があったとしても、それが通常想定される程度を超える量・質のものであるかどうかは判断し難いが、謝罪・反省を示す文書が差し入れられている場合、自己に不利益な内容を認める証拠としてベンダの帰責性を認める材料になりやすい。

他方で、こうした文書や謝罪行為があれば債務不履行が直ちに認められるとは限らない。ベンダの役員が「当初採用した開発手法が不適切であったなどと謝罪」したという事例（東京高判平成25・9・26（事例1-1-1））では、許容し難い誤りがあったのではないかという疑いがあるとしつつ、結果責任を概括的に認めるものであって、具体的な事実、実証的な分析に基づいたものではないとして、過失の認定材料とはしていない。また、ベンダから自らの進め方の問題点等を記載した文書を出していた事例（東京高判平成30・3・28平成28年（ネ）3305号公刊物未登載〔28323552〕）では、その時点において、ベンダのプロジェクト・マネジメント義務違反があったと認めつつも、その後の双方の協議の結果、覚書を締結してプロジェクトの仕切り直しが行われたとして、そこで違反状態が解消されたと認定されている。

　こうした文書が結論に与える影響は大きいものの、現場のマネジャーの判断で出されているケースも少なくないことから、法務担当としては、この種の事例があることを示しつつ、謝罪・反省をする際には十分にリスクを評価したうえで行うよう注意喚起していくことが求められる。

□　その他（原審情報等）

　他に謝罪や自主的に問題点を報告したことの評価が問題となった事例として、大阪高判平成27・1・28平成26年（ネ）593号公刊物未登載、東京高判令和3・4・21（事例1-1-6）などがある。

1-5-1 **仕事の完成**

システム開発代金等請求本訴事件、損害賠償請求反訴事件

東京地判平成22・12・28判タ1383号241頁〔28210229〕

□ **事案の概要** ……………………………………………………………………………

　株式上場に向けて基幹システムの刷新を企画していた被告（ユーザ）は、原告（ベンダ）の提案を受けてSAP[1]の中小企業版パッケージソフトの導入を行うこととした。その導入プロジェクト（本件プロジェクト）では、「販売・購買業務の効率アップ」「見える化経営実現」などが目的（本件目的）とされていた。

　本件プロジェクトは、システムテスト[2]が難航するなどして、当初の計画から稼働が延期され、追加費用の支払等の協議が行われたが決裂した。

　原告は、被告に対し、ソフトウェア使用許諾料、保守料、導入支援業務料、追加支援業務料など、約4000万円を請求したのに対し（本訴）、被告は、原告に対し、本件プロジェクトの目的が達成できず、多数の不具合があったことについて、債務不履行又は瑕疵担保責任に基づいて約1800万円の損害賠償を請求した（反訴）。

□ **争　点** ………………………………………………………………………………………

1　原告の導入支援業務の完成の有無（本訴）
2　本件目的を達せられなかったことについての債務不履行又は瑕疵担保責任の存否（反訴）

□ **裁判所の判断**

　裁判所はパッケージソフト導入における一般論として導入作業はベンダ・ユーザの共同作業であると述べた。

1　ドイツに本社をおく世界有数の業務用パッケージソフトウェア会社。その製品を指すこともある。
2　開発工程を終えて、仕様書通りに動作するかをある程度まとまった単位で行う工程。システム開発プロジェクトの後半で行われる。

> パッケージソフトウェアを利用した情報システム開発を円滑に進めるためには、パッケージソフトウェアの導入を支援するベンダーと社内業務処理に精通したユーザーが共同で、パッケージソフトウェアの標準的な業務処理方法とユーザーの社内業務処理方法との差異を明確にし、この差異を解決するために、ソフトウェアの機能を変更、追加すべきか、社内業務処理方法を変更すべきかを、差異毎に検討し、決定することが必要である。

続いて、争点1に関し、導入支援業務が請負形態で行われていたことを前提に、請負契約における仕事の完成判断について、次のように述べた。

> 〔原告の作業項目として挙げられた〕債務の内容及び本件基本契約書3条3項には「請負形態による業務とする」との記載があることなどの事情を併せ考慮すれば、当初予定された最後の工程まで一応終了した場合には、導入支援業務が完成したといえる。

問題となった「システムテスト」「本番リハーサル」工程は終了していなかったが、それらの工程はプロジェクト計画書において、被告（ユーザ）が主担当であることを示す「◎」印がついていたこと等から、当初予定された最後の工程まで一応終了したと評価され、完成が認められた。

争点2については、本件目的の達成が契約の内容になっていないと述べて、原告の債務不履行、瑕疵担保責任を否定した。

> 本件目的は「業務の効率アップ」「CRMの基盤作り」「『見える経営』を行う」など抽象的なものであり、目標値も、「顧客との接点を増やす」「事務職の労力を内部統制・営業支援に振り分ける」「売上予想がより正確にできる」「過度な売上値引を抑制する」など、抽象的なものが多い上、「入力時間を50％削減する」「見積作成時間を50％削減する」「法定開示が法定日数内に行える」などという目標値は、SBO導入後の被告の経営管理や業務方法の在り方にかかっているものであって、パッケージソフトウェアの導入を支援するシステム開発会社である原告が、その達成を請け負うこ

とができる性質のものではないこと（中略）などの事情を考慮すれば、原告が被告の説明を基に本件プロジェクト計画書において本件目的の記述を作成したのは、本件プロジェクトが失敗しないようにするため、本件プロジェクトの目的と成果について共通認識を得るためのものであったと認められ、被告が、原告に対し、本件目的を達成するためのシステム開発を委託したものとまで認めることはできない。

結論は、原告の本訴請求をすべて認容し、被告の反訴請求をすべて退けた。

□ 本判例のポイント（実務上の指針となる点等）

　請負契約における仕事の完成判断基準は、本件に限らず、建築請負契約にかかる裁判例で用いられた基準と同様に、当初予定された最後の工程まで一応終了したか否かで判断されることが多い[3]。本件では、プロジェクト全体としてみれば、未完了の工程（システムテスト等）が残っていたとしても、その工程は、注文者（ユーザ）が主体となって実施すべき工程であり、請負人（ベンダ）が実施すべき工程は終わっていると判断した。この判断からも、システム開発において、各工程の役割分担を明らかにしておくことが重要であることがよくわかる。

　また、システム開発には経営上の目的が設定され、それがRFPのほかプロジェクトの完成資料に明記されるのが常だが、必ずしもそれがベンダの債務の内容になるとは限らない。本件では、システムの導入目的達成自体がベンダの債務の内容になっていないとされたが、提案書を丸ごと契約書に添付して、「乙の本件業務の内容＝添付提案書のとおり」などとしてしまうと異なる判断もあり得るので注意しておきたい。

3　東京高判平成26・1・15（事例1-1-2）のほか、本書未登載の東京地判平成14・4・22判タ1127号161頁〔28082548〕、東京地判平成26・10・1平成23年（ワ）33791号公刊物未登載〔29045079〕など。

1-5-2 パッケージ開発における仕様と完成

請負代金、請負代金返還等反訴請求控訴事件、同附帯控訴事件

東京高判平成27・6・11平成26年（ネ）6015号等公刊物未登載〔28232607〕

□ 事案の概要 ………………………………………………………………

　原告（ベンダ）は、被告（ユーザ）の販売管理システム（本件システム）の開発を委託され、パッケージソフトをカスタマイズする方法で、いわゆるウォーターフォール型の開発手法によって開発を進めていった。

　原告は、システムが完成したとして、被告に対して本件システムの説明を行ったが、被告から指摘があり、追加カスタマイズの契約も締結した。その後、原告は再び本件システムの検収を求めたが、被告はこれを拒絶した。

　そこで、原告は、システムを検収可能な程度に完成させたにもかかわらず、被告が検収を拒み続けて中止に至ったことについて、債務不履行に基づく損害賠償等として、締結済契約分の代金相当額のほか、合計で約9000万円の支払を求めたのに対し（本訴）、被告は、原告には債務不履行があったとして、約4000万円の支払を求めた（反訴）。

　原審は、本件システムの完成は推認できるとし、締結済契約分の代金相当額について請求を認容した。

□ 争　点 ………………………………………………………………

・システムの完成

　完成の判断の前提として、開発すべきシステムの仕様の範囲が問題となった。本件は、パッケージソフトをカスタマイズするという事案であるため、一定の「ありもの」の機能は最初から備わっていることから、どこまでがカスタマイズの範囲であるかが問題となった。

　被告は、要件定義が確定しておらず、「現行システムと同等の機能を備えたシステムを構築する」ことが合意されていたと主張していたのに対し、原告は、仕様書に定められたものが対象であると主張していた。

□ 裁判所の判断

仕様の範囲について、裁判所は以下のように述べた。

> ベンダーは、ユーザー独自の業務の仕方やユーザー業務の専門分野に属する事項については通常認識できないものであるから、これらの事項はユーザーが明確に表示して要件定義書に取り込んでもらう必要があり、要件定義書に記載がないものはこうした表示行為がなかったと考え得るものである。さらに、事後的にユーザーの希望や外的事情のため仕様変更があると、パッケージソフトの中核部分まで修正が必要となり、バグ発生のリスクが高まるとともに、かえって開発費用が増大し、工期も長期化することとなるため、本来的には、要件定義書及び基本設計書の作成をもって開発対象となるソフトウェアの仕様確定が完了することを予定しているものである。
>
> 以上のような、パッケージソフトを利用してカスタマイズを行う方法によりシステム開発をする際の問題状況からすれば、当事者の合意は、要件定義書等の成果物に記載のあるものについてはこれによって認めることとし、こうした成果物に記載のないものについては、特段の事情のない限り、パッケージソフトの仕様によっているものと考えるのが合理的であるといえる。
>
> 被告は、本件システム開発を行うこととなった動機となる事情や、本件システム確認書や本件提案書に「現システムの業務内容を継承」、「現状の機能を網羅する」という記載があることを指摘して、現行システムと同等の機能を具備するものを開発する合意をしたとも主張するが、まず「現行システムと同等」とは、具体的にどのような水準・内容のものをいうのかが、そもそも明らかとならないし、上記指摘に係る事情についても、パッケージソフトの仕様によりながら、これに運用や業務方法の見直しも併用して、新しいシステムを活用して今後の業務を行っていくことも考えられるから、これらから、現行システムと同等の機能を具備するものを開発する合意が認められることにはならないというべきである。

なお、本件では、検収が実施されなかったが、「ベンダー側で検収前の作業を全て完了し、構築したソフトウェアが仕様確定作業により確定された仕様を満たす状態で、ユーザーにおいて検収できる状態にしていれば、請負の仕事の完成を認めるのが相当である。」と述べ、不具合があったとの被告の主張を退けた。さらには、テスト稼働が終了した時点では検収が可能な状態にあったにもかかわらず、合理的な理由なく検収を拒んだ被告には債務不履行があったと認定した。若干の金額の修正はあったが、原審の結論がおおむね維持された。

□ 本判例のポイント（実務上の指針となる点等）

システムの完成や、契約不適合の判断に当たっては、そもそも「どういう仕様だったのか」を明らかにする必要があるが、パッケージソフトを用いた開発の場合、それはパッケージソフトの設定内容やカスタマイズの範囲を明らかにすることを意味する。しかし、ユーザは、当該パッケージソフトがもともとどのような機能を有するのかを認識していないため、「パッケージ設定シート」や「カスタマイズ一覧」などをみても望む仕様を満たしているかどうかが判断しづらいという問題がある。そこで、しばしば「最低でも現行システムの有する機能を具備すること」等が仕様であるといわれるが、ベンダは、現行システムや業務についての知識がないという情報の非対称性があることから、この種の問題を難しくしている。

このような問題がありつつも、債務の範囲（仕様）を画定するには、本判決のように「成果物に記載のないものについては、特段の事情がない限り」カスタマイズ対象外とした判断は妥当である。ユーザは仕様の確認や成果物の承認を行うに当たっては、ベンダに対して十分に説明を求めていくべきだろう。

□ その他（原審情報等）

・原審：東京地判平成26・10・30判時2257号70頁〔28232475〕。本件は、仕様の確定のほか、検収協力義務、追加報酬請求など、実務で発生しがちな多数の論点が含まれる事案であるため、判例DB等で原文も参照されたい。

1-5-3 検収みなし合格

業務委託料請求事件

東京地判平成24・2・29平成21年（ワ）18610号公刊物未登載〔28323655〕

□ 事案の概要 ··

　被告（ユーザ）は、ポイント管理システム（本件システム）の開発を原告（ベンダ）に委託した。原被告間で締結された基本契約には、成果物を納期までに完成して被告に納品し、被告は、納入後遅滞なく仕様を満たしているか否かを検査し、合格と認めた場合には、その旨を10日以内に原告に通知し、これによって検収を完了するという納入・検査に関する条項に加え、「被告が原告に対して期日までに上記通知をしない場合は、検収合格したものとする」との規定があった。

　原告は、本件システムを完成し、ウェブ上に搭載してテストを実施して納品したと主張したが、被告は、必要な仕様が満たされていないとしてシステムの完成を否定していた。そのため、原告は、被告に対し、未払の報酬約2000万円の支払を求めた。

□ 争　点 ··

・本件システムの完成及び検収の有無

□ 裁判所の判断

　裁判所は、次のように述べて本件システムの完成を認めた。

> 一般にソフトウェア開発においては、プログラムに一定程度の確率でバグが生ずるのは不可避であって、納入後にデバッグすることを予定せざるを得ないものであるところ、仮に、被告ら主張の上記画面が、本件システムの納品及び検収の際に残存していたとしても、被告会社がこれを指摘すれば原告において遅滞なく補修を行い得ることは明らかであって、そのような場合をもって納品物に瑕疵があるとか、まして本件システムが未完成であるなどということはできない。

検収の事実も、「みなし合格」条項を適用して認めた。

> 本件契約においては、被告会社は、本件システムの納品後、遅滞なく検査し、10日以内に検収を行って書面で通知すること、上記期日までに通知がされない場合は検収合格したものとされることが定められており、本件において検査に適合しない箇所の通知があったものとは認められないから、納品及び検収の事実を認定することができる。

さらには、被告は、検収には原告の担当者が立ち会って動作を確認する作業を経る必要があるなどと主張していたが、契約にそのような定めがないこと等を理由に、被告の主張を退けた。

□ 本判例のポイント（実務上の指針となる点等）

多くの開発業務委託契約では、本件のようないわゆる「みなし合格条項」が定められている。これは、報酬請求の条件となる検収が、ユーザが検収書を出すかという一存にかかってしまうとなると、ベンダの立場が不安定になってしまうところから設けられている。

本件では、ベンダがサーバにシステムをアップロードしてユーザに通知していた事実などから納品の事実を認めている。ユーザとしては、仕様の齟齬や品質の不良があるなど、完成を争いたい場合であっても、検査を拒絶したりするのではなく、具体的な理由を述べて検査の不合格を通知するなど、契約に定められた手続を忘れないようにする必要がある。

なお、未完成であることが明白なシステムを形式的に体裁を整えて納品していたとしても、事後的に争われた場合には形式だけからみなし検収を認められるものではないと考えられる。あくまで完成したシステムが納品されることが前提であろう（完成の基準は、事例1-5-1等参照）。

□ その他（原審情報等）

ほかに、みなし合格条項の適用を認めた事例として、東京地判平成19・9・21平成18年（ワ）10368号公刊物未登載、東京地判平成26・7・23平成23年（ワ）2574号公刊物未登載〔29044840〕などがある。

1-5-4 瑕疵と審理

損害賠償等請求、売買代金等請求事件

東京地判平成 9・2・18判タ964号172頁〔28030796〕

□ 事案の概要 ……………………………………………………………………

　本件は、2つの事件が併合されているが、事案を簡略化している。原告（ユーザ）は、車両管理等の運送業向けシステム（本件システム）の開発を被告（ベンダ）に委託した。本件システムは、テスト稼働し、代金として約9000万円が支払われたが、多数の重大な不具合が発生したにもかかわらず、修補がなされなかったとして、被告に対して契約の解除を通知した。

　そこで、原告は被告に対し、契約の解除に伴って生じた損害として、開発代金のほか、コンピュータ、周辺機器の代金、人件費等を含む約2.7億円の損害賠償を請求した。

　なお、被告は、開発業務を再委託しているが、再委託先が補助参加人として本件訴訟に参加している。

□ 争　点 ……………………………………………………………………

・プログラムの瑕疵の有無

□ 裁判所の判断

　裁判所は、コンピュータソフトの特性を述べて、「瑕疵」について次のように判示した。

> いわゆるオーダーメイドのコンピューターソフトのプログラムで、（中略）プログラムにバグが生じることは避けられず、その中には、通常の開発態勢におけるチェックでは補修しきれず、検収後システムを本稼働させる中で初めて発現するバグもありうるのである。（中略）顧客としては、そのような既成ソフトのない分野についてコンピューター化による事務の合理化を図る必要がある場合には、構築しようとするシステムの規模及び内容によっては、一定のバグの混入も承知してかからなければならないものと

いえる。

コンピューターソフトのプログラムには右のとおりバグが存在することがありうるものであるから、コンピューターシステムの構築後検収を終え、本稼働態勢となった後に、プログラムにいわゆるバグがあることが発見された場合においても、プログラム納入者が不具合発生の指摘を受けた後、遅滞なく補修を終え、又はユーザーと協議の上相当と認める代替措置を講じたときは、右バグの存在をもってプログラムの欠陥（瑕疵）と評価することはできないものというべきである。これに対して、バグといえども、システムの機能に軽微とはいえない支障を生じさせる上、遅滞なく補修することができないものであり、又はその数が著しく多く、しかも順次発現してシステムの稼働に支障が生じるような場合には、プログラムに欠陥（瑕疵）があるものといわなければならない。

つまり、バグがあることが直ちに瑕疵と評価されるものではなく、遅滞なく修補できないものであって、システムの稼働に支障が生じるような程度のものを「瑕疵」というとした。本件では、原告が指摘する不具合は、いずれも「瑕疵」ではないとされ、解除に基づく損害賠償請求は認められなかった。

なお、本件判決では、裁判所の判断の冒頭部分に非常に興味深い判示部分がある。

原告が指摘した本件システムの不具合は、多数箇所に上るものであり（後の確認作業においては60項目以上となった）、これらについて原告はプログラムの欠陥によって生じる現象であると主張し、補助参加人らはこれを争っている。そうである以上、そのすべてが事実上の争点となるものである。しかも、プログラムに欠陥があるかどうかの前提となる本件システム稼働上の右不具合の存否自体についても、補助参加人らの認めるところとはならなかったが、原告から本件委託契約の解除の意思表示がなされ、現実に本件システムを用いた業務が行われていないことから、本件システムを稼働させた場合にどのような不具合が起こるかを裁判所が認定するのに困難が伴い（中略）、審理の見通しを立てることが困難であった。

このように審理の困難さを述べたうえで、専門訴訟の審理における先駆的試みであったと記している。

　特に平成6年4月25日の第13回口頭弁論期日以降、裁判所において次回までの目標を定めた上で、裁判所外で原告と補助参加人の代理人及び担当者が中心となって、本件システム稼働上の不具合の存否を当事者間で検証する作業が行われた。厳しく対立し、多岐にわたっていた争点の整理のために、原告、被告、補助参加人の三者が協働して裁判所外で右のような検証作業を行ったことは、争点整理の方法としては極めて異例である。（中略）これらの作業を通じて、（中略）コンピュータープログラムについて専門の知識を有しない裁判官であっても判断が可能な程度にまで争点の整理がなされ、後は健全な常識に基づく判断を残すのみとなり、審理の見通しが明瞭に立つこととなった。この争点整理の経過については、裁判所の助言のもととはいえ、主張において厳しく対立する当事者が協働して作業手順の協議をし、協働して問題点の検証作業を実施し、その結果、右のような争点整理の結果が生まれたものであり、争点整理において専門知識を必要とする事件に関する一つの先駆的試みといえよう。右当事者間の本件検証実験及び原因解明作業は実質二年余にわたって行われ、特に、平成六年七月から八月までの二か月にわたる作業は、裁判所が夏季休廷期間中であるにもかかわらず、原告と補助参加人の代理人及び担当者が中心となって、夏季の休みも返上して、連日、協働して行われたものであることを記しておきたい。

□ 本判例のポイント（実務上の指針となる点等）　

　瑕疵（現在は「契約不適合」）に該当するか否かは、システム開発紛争における頻出の争点である。不具合があることをもって、直ちに法的責任を伴う「瑕疵」に当たるものではなく、コンピュータプログラムには一定のバグが混入することは避けられないことから、不具合が検出されたとしても①指摘を受けた後に遅滞なく修補する、②ユーザと協議のうえで相当な代替措置を講じるのうち、どちらかが実現できた場合には瑕疵ではないとされたことに意味があ

る（「瑕疵」該当性について同種の判断をする裁判例は東京地判平成22・1・22平成18年（ワ）6445号等公刊物未登載、東京地判平成14・4・22判タ1127号161頁〔28082548〕、東京地判平成18・1・23平成13年（ワ）26217号公刊物未登載など、多数存在する）。また、修補が可能な程度の不具合であっても、本訴では「バグが著しく多く、順次発生してシステムの稼働に支障が生じる場合」には瑕疵があると述べており、不具合の発生と対処を記録化しておくことが重要だろう（東京高判平成26・1・15（事例1-1-2）でも、納品、再検査を繰り返しても多数の不具合が続発する場合には瑕疵担保責任に基づく契約解除を認めている）。

　また、本文中に長めに引用したように、審理の経過について判示された部分が興味を引く。本件においては、平成2年（1990年）にテスト稼働が開始してから紛争化して、平成4年（1992年）に訴訟提起され、一審判決が出されたのが平成9年（1997年）で、紛争解決に途方もない時間と労力がかかったことがうかがえる。当時からは30年ほど経過し、東京地裁などにおいてこの種のシステム開発紛争では専門委員（民事訴訟法92条の2以下）が関与したり、調停に付されて事件処理がなされることもあるが（民事調停法20条）、審理が長期・複雑化する状況自体はあまり変わっていない。なお、本件訴訟では、実際に不具合の再現を確認すること等を目的として検証実験が行われたようだが、システム開発紛争において不具合の有無、程度が問題になる事案の多くでは不具合一覧表などの記録が残されており、実際に訴訟において検証が行われることはまれであろう。仮に検証を行う場合でも、その不具合が問題となった当時と同じ環境（プログラムのバージョンのほか、テストデータやシナリオ等）で行わなければ意味がないため、その前提条件を揃えるだけでも極めて困難であることが予想される。

1-5-5 瑕疵担保責任に基づく契約の解除

請負代金等請求控訴事件

東京高判令和2・2・26令和元年（ネ）2423号公刊物未登載〔28322863〕

□ 事案の概要 ・・

　被告（ユーザ）は、Web注文システム（本件システム）の開発を原告（ベンダ）に委託した。本件システムは、いったんは稼働したが、動作が遅くなるなどの障害が発生し、直ちに閉鎖し、改修、再開に向けた協議が進められたが、結局再開に至らなかった。そこで、被告は、開発業務にかかる請負契約を解除した。

　原告は、被告に対し、原被告間で締結されていた3つの契約の未払代金の合計約4400万円の支払を求めたのに対し、被告は、原告が開発したシステムには重大な瑕疵があるとして、主位的には民法635条（令和2年改正前。以下同じ）に基づく解除を主張し、予備的に瑕疵担保責任に基づく損害賠償請求（民法634条2項）等との相殺を主張した。

　原審では、原告の請求原因を認めたうえで、プログラムの瑕疵を認めたほか、原告に善管注意義務違反があったとして、一定の損害賠償請求権との相殺を認めた。

　なお、本判決の大部分は、原審判決を引用しているため、以下の判示部分は、原審判決部分である。

□ 争 点 ・・・

1　契約を解除するに足る重大な瑕疵に当たるか否か

　被告は、ピーク時に注文処理を同時に300件行うことができないことや、レスポンスタイムが3秒以上かかるなどの性能不良が、重大な瑕疵に当たり、「契約をした目的を達することができない」として、民法635条に基づく解除を主張していた。

2　瑕疵担保責任に基づく損害賠償請求の可否及び損害の額

　被告は、仮に解除ができないとしても瑕疵に当たるから損害賠償請求ができると主張しつつ、原告は、被告にも過失があるとして過失相殺を主張していた。

□ 裁判所の判断

裁判所は、性能不良の点をいずれも重大な瑕疵には当たらないとした。

> 被告は、要件定義書に定義された、宅配システム（Web）の「ピーク時アクセス件数300件を想定」（乙１）の意味について、Web注文サイトのログイン画面から注文完了画面までのいずれかの画面を開いている（サイトアクセスしている）利用者が300人との意味であることについて、（中略）同意したところであるから（前提事実⑷）、宅配システム（Web）が注文処理を同時に300件できないことが重大な瑕疵に当たるとは認められない。
>
> （中略）
>
> ページごとのレスポンスタイムが３秒以内という要件は、要件定義書の中に記載はなく（乙１、２）、このようなシステムが通常備えるべき性能であるとは認められない。
>
> （中略）３秒以内に反応のあるシステムの方が利用者にとっても望ましいとはいえるが、要件定義書に記載のない性能を備えていないことをもって、重大な瑕疵に当たるということはできない。

前段の点は少々わかりにくいが、要件定義書で定められた「ピーク時アクセス件数300件」とは、同時に300人が注文を登録できることを要するものではないとしている。もっとも、レスポンスが悪かったことは否定し難く、瑕疵を認めたうえで、損害の額として、瑕疵を修補するのに要する期間として、3.5か月かかることを双方が合意していたことを踏まえ、その期間の逸失利益等を損害として認めた。

さらに、瑕疵担保責任に基づく損害賠償請求について、民法418条に基づく過失相殺の主張が可能かどうかが争われたが、裁判所は、民法636条（注文者の指図によって生じた瑕疵についての担保責任に関する条項を適用しない旨の条項）の法意に照らし、過失相殺が可能だとしたうえで、注文者である被告にも責任の一端があるとした。

> 宅配システム（Web）の開発スケジュールはもともとかなり過密なスケジュールであり、本番環境での動作検証を行う時間的余裕がないような状態であったこと（中略）このような無理なスケジュールでの契約を求めた責任の一端は被告にあるといわざるを得ない。また、（中略）被告側の作業の遅れが宅配システム（Web）に瑕疵が生じる原因の一端を担っている面は否定できない。

　そして、被告の損害賠償請求権は2割5分の限度で過失相殺するとした（本件は、訴訟物たる請負契約に基づく報酬請求権等は認められており、被告が相殺の主張をした損害賠償請求権の一部について過失相殺によって減額されたものである）。

□ 本判例のポイント（実務上の指針となる点等）

　請負契約における瑕疵担保責任に関する規定は令和2年の民法改正によって、売買契約における契約不適合に関する規定に統合されているが、本件は、改正後の民法においても契約不適合の該当性、解除の可否などの判断において参考になる事例である。

　特に、レスポンスタイムや、同時接続ユーザなどの性能に関する要件は、要件定義や設計段階で明示的に仕様として定められないことも多く、システムの完成や契約不適合該当性で争われやすい。本件では要件定義段階で性能の指標として掲げられていたものの、「300件」の解釈が分かれたが、このように仕様の合意をどこまで丁寧に行うかは実務上問題になりやすい。

　本文中では取り上げなかったが、原告は障害発生後に「システム障害のお詫び」と題する文書を提出しており、そこでは1000件の同時接続を前提に動作環境を設定する旨の意思を表明していた。このお詫び文書の解釈も問題となったが、これはあくまで契約が継続することを前提に、原告が被告の希望する性能に引き上げる努力を表明したものなどであるとして、契約が継続されなかった以上、謝罪の表明によって、1000件の同時接続について確定的な債務を負ったものではないとした点が注目される。

□ **その他（原審情報等）** ··

・原審：横浜地川崎支判平成31・4・23平成26年（ワ）488号公刊物未登載
　〔28322861〕

1-5-6 コンサルティング契約の本旨履行

請負代金請求本訴事件、損害賠償等請求反訴事件

東京地判平成22・9・21判タ1349号136頁〔28173847〕

□ 事案の概要 ……………………………………………………………………………

　学習塾を運営する被告（ユーザ）は、基幹業務システムの開発を、原告（ベンダ）に委託することとした。最初に、コンサルティング契約を締結し、業務分析、要件定義、開発管理等の各業務を委託し、代金5250万円のうち、半額の2625万円が支払われた。

　新システムには、教室管理システムと成績管理システムが含まれていたが、原告が担当したコンサルティング契約では、このすべてを対象としていたのに対し、原告が開発を担当したのは成績管理システムで（代金8450万円）、教室管理システムの開発は別のベンダが担当した。成績管理システムの代金のうち、約4700万円が支払われたが、被告は、原告が納入した納入物の検収を拒否するとともに、教室管理システムについても問題があるとして、上記コンサルティング契約と、開発契約を解除した。

　原告は、被告に対し、システムは完成していると主張し、未払の代金等として約1億1000万円を請求したのに対し（本訴）、被告は、原告に対し、既払金の返還のほか、損害賠償等を合わせて約1億2000万円を請求した（反訴）。

□ 争 点 ……………………………………………………………………………………

1　コンサルティング契約の本旨履行の有無

　被告は、新システムには、旧システムの機能をすべて踏襲するとの合意があったにもかかわらず、教室管理システムが、旧システムが具備していた機能を備えていないとして、その機能を実装の対象としなかったことについては、原告においてコンサルティング契約の本旨履行がないと主張していた。つまり、開発を担当したのは別のベンダであったが、要件定義が適切に行われていなかったことが債務不履行に当たるかどうかが問題となった。

2　コンサルティング契約に債務不履行がある場合の賠償の範囲

□ 裁判所の判断

裁判所は、原被告間のやりとりを踏まえ、新システムの構築に当たっては、旧システムの機能を基本的に踏襲するとの合意があったことを認め、その合意が重要事項であるから、旧システムの機能を変更又は削除する場合には、被告の同意を得る必要があったとした。そして、教室管理機能の機能について、下記のように述べた。

> 本件教室管理システムは、被告の業務フローそのものに関わる重要な事項について本件旧システムの機能を踏襲しておらず、原告が、そのことについて被告の同意又は承認を得ていたものと認めることはできないから、原告が本件コンサルティング契約における債務の本旨に従った履行をしたものと認めることは困難である。

そして、コンサルティング契約の解除が有効である場合、コンサルティング契約の未履行分の報酬請求ができないばかりでなく、既履行分についての返還も認められるかどうかが問題となったが、裁判所は、原状回復義務として、受領済み代金の返還も認めた。なお、コンサルティング契約の性質について、裁判所は次のようにも述べている。

> 本件コンサルティング契約の法的性質については、その契約書（甲1）上も、請負契約に当たると解されるシステム構築及び準委任契約に当たると解されるコンサルテーションの両方の業務が含まれていることが認められることから、準委任契約であるとしても、業務分析や要求定義は一般的にシステム構築に係る請負契約の一部分であるとされる場合が多いと解され、開発管理についても管理の対象は被告と（訴外）Ｚの間の請負契約であることからすると、請負契約の要素を含むものというべきである。

□ 本判例のポイント（実務上の指針となる点等）

システム開発紛争において頻出する争点として「現行踏襲」がある。すなわ

ち、ユーザは、最低限、旧システムの機能が維持されることを前提に、プラスアルファの新システムができ上がることを期待しており、新システムが旧システムの機能を備えていない場合にベンダの債務不履行に当たるかどうかという争点である。一般に、ベンダは旧システムの仕様を知悉しているわけではないので、現行踏襲を約束することはなく、あくまで、要件定義工程等でリストアップされた機能を開発することが債務の本旨であり、旧システムの機能を維持することは債務の範囲に含まれないと主張する。

　一般論としては、単なるお題目として「現行踏襲」が掲げられていたとしても、それは具体的な債務の内容にはならないと考えられる（東京地判令和4・3・29（事例1-4-6等））。しかし、本件では、ベンダが「本件旧システムの機能は全て踏襲します」といった資料を提示していたり、ユーザが旧システムの機能の説明をしていたりした事情から、旧システムの機能を変更又は削除する場合には被告の同意を得る必要があるとした。

　さらには、「コンサルティング契約」という名称からは、準委任契約であることが想起され、解除に遡及効がないようにも思われるが、本件では請負の要素があるとして、原状回復請求として既払金の返還も認めた。

　こうした判断は本件固有の事情があったものであり、一般化はできないとしても、「要件定義は準委任だ」「コンサルティングは準委任」などの固定観念を持つことは危険であり、契約の性質や債務の内容は明示的に合意しておくことが求められる。

1-6-1 SQL インジェクション対策の不備

損害賠償請求事件

東京地判平成26・1・23判時2221号71頁〔28222995〕

□ 事案の概要 ……………………………………………………………

　原告（ユーザ）は、平成21年2月4日、自社のECサイト（本件ウェブサイト）の開発を被告（ベンダ）に約900万円で開発することを委託した。ベンダは、本件ウェブサイトを開発し、同年4月から本件ウェブサイトが稼働した。その後、原被告間では本件ウェブサイトのメンテナンス契約が締結され、機能追加・変更等が行われていた。途中の機能追加の際に、顧客のクレジットカード情報が暗号化されずにデータベースに保存される設定となった。

　平成23年4月に、本件ウェブサイトに何者かが不正アクセスし、原告の顧客のクレジットカード情報を含む個人情報が流出（本件流出）した。

　本件流出後に行われたフォレンジック調査によれば、本件ウェブサイトには、SQLインジェクション[1]の脆弱性があり、SQLインジェクション攻撃によって本件流出が発生したことが指摘されていた。

　原告は、本件流出によって、顧客対応等の損害が発生したとして、被告に対し、債務不履行に基づく損害賠償として約1.1億円を請求した。

□ 争 点 ……………………………………………………………………

1　被告の債務不履行の有無

　原告は、5つの債務不履行を主張していたが、本稿では「適切なセキュリティ対策が採られたアプリケーションを提供すべき債務」（債務不履行1）のみを取り上げる。

2　責任限定条項の適否

　原被告間で締結された基本契約には下記のような損害賠償に関する条項があった。そのうち、2項が適用されるか否かが問題となった。

1　SQLとは、データベースを操作する言語であり、ECサイトの入力欄に不正なSQL文を含む文字列を注入（インジェクション）することで、データベースに不正なSQL文を実施させ、データの改ざんや抽出を可能にすることをいう。

1 乙〔筆者注：被告〕が委託業務に関連して、乙又は乙の技術者の故意又は過失により、甲若しくは甲の顧客又はその他の第三者に損害を及ぼした時は、乙はその損害について、甲若しくは甲の顧客又はその他の第三者に対し賠償の責を負うものとする。
2 前項の場合、乙は個別契約に定める契約金額の範囲内において損害賠償を支払うものとする。

□ 裁判所の判断

争点1のうち、債務不履行1について、裁判所は次のように述べた。

被告は、平成21年2月4日に本件システム発注契約を締結して本件システムの発注を受けたのであるから、その当時の技術水準に沿ったセキュリティ対策を施したプログラムを提供することが黙示的に合意されていたと認められる。そして（中略）被告は、当該個人情報の漏洩を防ぐために必要なセキュリティ対策を施したプログラムを提供すべき債務を負っていたと解すべきである。

そこで検討するに、（中略）経済産業省は、平成18年2月20日、「個人情報保護法に基づく個人データの安全管理措置の徹底に係る注意喚起」と題する文書において、SQLインジェクション攻撃によってデータベース内の大量の個人データが流出する事案が相次いで発生していることから、独立行政法人情報処理推進機構（以下「IPA」という。）が紹介するSQLインジェクション対策の措置を重点的に実施することを求める旨の注意喚起をしていたこと、IPAは、平成19年4月、「大企業・中堅企業の情報システムのセキュリティ対策〜脅威と対策」と題する文書において、ウェブアプリケーションに対する代表的な攻撃手法としてSQLインジェクション攻撃を挙げ、SQL文の組み立てにバインド機構を使用し、又はSQL文を構成する全ての変数に対しエスケープ処理を行うこと等により、SQLインジェクション対策をすることが必要である旨を明示していたことが認められ、これらの事実に照らすと、被告は、平成21年2月4日の本件システム

発注契約締結時点において、本件データベースから顧客の個人情報が漏洩することを防止するために、SQLインジェクション対策として、バインド機構の使用又はエスケープ処理を施したプログラムを提供すべき債務を負っていたということができる。

そうすると、本件ウェブアプリケーションにおいて、バインド機構の使用及びエスケープ処理のいずれも行われていなかった部分があることは前記2のとおりであるから、被告は上記債務を履行しなかったのであり、債務不履行1の責任を負うと認められる。

争点2に関し、条文上は「故意又は重大な過失がある場合を除く」といった適用を除外する規定にはなっていなかったが、裁判所は次のように述べた。

本件基本契約29条2項は、ソフトウェア開発に関連して生じる損害額は多額に上るおそれがあることから、被告が原告に対して負うべき損害賠償金額を個別契約に定める契約金額の範囲内に制限したものと解され、被告はそれを前提として個別契約の金額を低額に設定することができ、原告が支払うべき料金を低額にするという機能があ（中略）る。しかしながら、上記のような本件基本契約29条2項の趣旨等に鑑みても、被告（中略）が、権利・法益侵害の結果について故意を有する場合や重過失がある場合（その結果についての予見が可能かつ容易であり、その結果の回避も可能かつ容易であるといった故意に準ずる場合）にまで同条項によって被告の損害賠償義務の範囲が制限されるとすることは、著しく衡平を害するものであって、当事者の通常の意思に合致しないというべきである（売買契約又は請負契約において担保責任の免除特約を定めても、売主又は請負人が悪意の場合には担保責任を免れることができない旨を定めた民法572条、640条[2]参照。）。

そして、平成21年当時においても、SQLインジェクション対策をしなければ攻撃を受けて個人情報が流出し得ることは容易に予見が可能であり、その対策も容易であったと認定し、重過失を認め、責任限定条項の適用を否定した。

2　令和2年改正後の民法により、640条に相当する規定は572条に吸収されている。

しかし一方で、裁判所は、相当因果関係ある損害として約3200万円を認定したものの、被告からセキュリティ対策としてクレジットカード情報を保持しない方がよいから改修すべきであるという提案を受けながら放置したことの過失を考慮し、3割が減じられ、約2200万円を限度に原告の請求が認容された。

□ 本判例のポイント（実務上の指針となる点等）

　ECサイトの脆弱性が攻撃されてクレジットカード情報が流出するという事故は現在でも多発しているが、この種の事故において、開発・保守ベンダの責任が問われた事案として、実務にも非常に大きな影響を与えている。

　特に、本判決で①セキュリティ仕様が具体的に定められていなくても、「当時の技術水準に沿ったセキュリティ対策を施したプログラムを提供することが黙示的に合意されていた」こと、②責任限定条項にて明示的に除外されていなくても故意又は重過失がある場合には適用されないこと、③経産省、IPA等で指摘されていた対策をとっていない場合には重過失にもなり得ることについては、裁判外の交渉などにおいてもしばしば援用されている。

　他方で、IPAは、情報システム・モデル取引において、セキュリティの仕様策定に当たっては、ユーザとベンダが、相互に協議することで決定すべきであるとも指摘しており[3]、実務ではセキュリティ事故予防の責任をベンダのみが負うとは考えられていない。

　本件ではSQLインジェクション対策が不十分だったとはいえ、そうした人為的ミスは一定程度避けられないことを前提として、稼働前のテストや、稼働後の定期的な診断、対策の強化に関する責任についてベンダ・ユーザ間でコストを勘案のうえ、協議することが必要である。

　本稿では、ベンダの債務として「適切なセキュリティ対策が採られたアプリケーションを提供すべき義務」のみを取り上げたが、本事案ではその他にも、カード情報の保存・暗号化の要否、サーバ、データベース等のID及びパスワードの管理責任や、セキュリティ対策についての説明義務等の様々な義務の有無や違反が取り上げられており、実務的に非常に興味深いところである。ただし、判決文でも「当時の技術水準」と述べているように、本判決で否定され

3　独立行政法人情報処理推進機構（IPA）「情報システム・モデル取引・契約書（第二版）」（https://www.ipa.go.jp/digital/model/model20201222.html）

たベンダの義務も現時点では当然求められる水準に含まれる可能性があるということに留意しておきたい。

　なお、本文中では割愛しているが、本判決ではECサイトの停止による売上損失の損害として、民事訴訟法248条を適用して400万円を認めている。しかし、原告が請求した額は約6000万円であったことと比べるとごく一部にとどまる。本件ではベンダの責任が認められ、損害賠償請求が一部認容されたとはいえ、ユーザの損害がすべて填補されたとはいい難い。ユーザとしては、ベンダとの責任分界を契約で明確にすることのほか、サイバー保険に加入するなど、複数の手段で自衛しておくことが求められる。

□　その他（原審情報等）

　ほかにサイバー攻撃によって個人情報が漏えいした事件において開発ベンダの責任が問われた事例として、東京地判令和2・10・13（事例1-6-2）、前橋地判令和5・2・17（事例1-6-3）、東京地判平成25・3・19平成23年（ワ）39121号公刊物未登載〔29024625〕がある。

1-6-2 決済モジュールの脆弱性

損害賠償請求事件

東京地判令和2・10・13平成28年（ワ）10775号公刊物未登載〔29061534〕

□ 事案の概要

原告（ユーザ）は、自社のECサイト（本件サイト）の開発（本件請負契約）及び保守管理（本件保守管理契約）を被告（ベンダ）に委託していたところ、本件サイトにおいて、クレジットカード情報が漏えい（本件情報漏えい）した可能性があるとの指摘があり、クレジットカード決済機能を停止した。

フォレンジック調査の結果、本件サイトに組み込まれた決済モジュール（本件決済モジュール）が、クレジットカード情報をサーバ内のログに保存しており、暗号化されていたものの、復号することが可能な状態だったことが判明した。

そこで、原告は、被告が本件請負契約等に基づく義務に違反したとして、本件情報漏えいによって生じた損害として約7800万円の賠償を求めた。

□ 争 点

・本件請負契約における義務違反の有無

原告は、「クレジットカード情報を保持しない仕様で開発する義務」「契約当時の技術水準に沿ったセキュリティ対策を施す義務」に違反したと主張していた。

□ 裁判所の判断

裁判所は、「クレジットカード情報を保持しない仕様で開発する義務」について、本件請負契約における被告の義務は、決済機能の「導入」であって、「開発」ではなく、本件決済モジュールは、決済代行会社が提供したもので、被告が開発したものではないことなどを認定し、次のように述べた。

> 被告が、本件決済モジュールの設計、開発及びカスタマイズを行う開発者に該当しないにもかかわらず、相当額の対価の支払を受ける約定もないの

に、高度の専門的知見と相当のコストを要する作業を進んで請け負うことは考え難い。本件サイトに顧客のクレジットカード情報を保存しないことが、原告及び被告の共通認識となっていたとみられることを考慮しても、本件請負契約に関し、原告と被告との間で、被告が、本件決済モジュールのソースコードや、同モジュールが生成するログを調査し、同モジュールが、セキュリティ脆弱性を有しないか、異常処理を生じさせないかといった点を確認する義務を負うとの合意をしていたことを認めることはできない。

さらに原告は「契約当時の技術水準に沿ったセキュリティ対策を施す義務」として、本件決済モジュールからクレジットカード情報を保存しないものへと修正する責任があったと主張していたが、裁判所はこの点も否定した。

被告は、本件決済モジュールの設計、開発及びカスタマイズを行う開発者に該当せず、本件請負契約上、本件サイトにクレジットカード決済機能を導入することがその業務となっていたもので、同機能を開発し、又は同機能を提供するプログラムを製作することがその業務となっていたものではない。また、被告に勧められた経緯があったとはいえ、原告は、SBPS 社との間で決済代行サービスに係る加盟店契約を締結したのであるから、本件サイトにクレジットカード情報を保持する場合に、クレジットカード決済を取り扱う加盟店として、クレジットカード業界のセキュリティ基準である PCI DSS[1]（中略）に準拠すべき立場にあったのは、被告ではなく原告である。加盟店が、EC サイトの構築を第三者に請け負わせるに当たり、自ら準拠すべきセキュリティ基準に沿ったものとすることについては、注文主である加盟店から請負人に指示すべきものであり、注文主がそのような指示をしていないのに、請負人が黙示の合意の存在を理由に上記基準に沿って EC サイトを構築する義務を負わされるとすれば、請負人の合理的な期待に反することになるというべきであるから、原告が一定のセキュリティ基準に沿って本件サイトを構築することを被告に指示していない本件

---

[1] クレジットカード業界のセキュリティ基準で、Payment Card Industry Data Security Standard の頭文字をとったもの。

において、被告に対し、当該基準に沿って本件サイトを構築する義務を負わせることは、相当ではない。さらに、前記認定事実のとおり、原告が締結した加盟店契約において、加盟店が、SBPS 社の決済代行サービスを利用するに当たり、同サービスに関連して同社が提供したコンピュータソフトウェアのプログラム等を改造又は変更する行為を禁止する旨の規定があることに照らせば、原告が、SBPS 社に無断で、本件決済モジュールの決済機能に関するソースコードを改造し又は変更することはできなかったものというべきである。

その他、本件保守管理契約の債務不履行もなかったとして、原告の請求が棄却された。

□ 本判例のポイント（実務上の指針となる点等）　 Point

一般に、小規模な開発の場合、セキュリティ仕様などの非機能要件が明示的に合意されることは多くない。しかし、東京地判平成26・1・23（事例1-6-1）が、「当時の技術水準に沿ったセキュリティ対策を施したプログラムを提供するという黙示的な合意」を認定したことが1つの先例となって、セキュリティ事故が起きると、裁判外の交渉においても、漏えい等の事故という結果からみて、必要な対策、しかも一般的にとるべき対策がとられていなかったとしてベンダの責任が問われるケースが多い。

しかし、本件では、決済モジュールにセキュリティの脆弱性があり、かつ、そのモジュールはベンダが開発したものではなく、PCI DSS に準拠すべき立場にあるのは加盟店であるユーザであるなどとし、ベンダが決済モジュールの脆弱性を検出して対策するところまでは義務の範囲外であるとされた。ベンダの責任範囲を明確にすること、ユーザもセキュリティ仕様・テストに責任を持つこと等、実務的に多くの示唆がある事例である。

1-6-3 地方公共団体での漏えい事故

損害賠償請求事件

前橋地判令和5・2・17令和2年（ワ）145号等公刊物未登載〔28311064〕

□ 事案の概要

　原告（地方自治体。ユーザ）のサーバに不正アクセスがあり、児童・生徒・保護者に関する個人情報が流出した可能性が高いことが明らかとなった（本件不正アクセス）。本件不正アクセスの原因は、ファイアウォールの設定がずさんで、外部から個人情報へのアクセスが可能となる設定になったままだったためということが明らかとなった。

　そこで、原告は、システムの開発及び保守を委託した被告（ベンダ）に対し、債務不履行又は不法行為による損害賠償として、約1.8億円の支払を請求した（本訴。なお、反訴は割愛する）。

□ 争　点

1　債務不履行責任の有無
2　「契約金額を限度として現実に生じた通常の直接損害を賠償する」旨の責任限定規定の適用の有無

□ 裁判所の判断

　争点1に関し、債務の範囲を画定するに当たって、裁判所は次のように述べた。

ソフトウェアの開発に係る業務委託契約においては、契約締結の前後に提案依頼書、提案書、要件定義書、基本設計書などをやり取りすることにより委託業務の内容を確定していくものであるから、本件委託契約において受託者である被告が負う債務の内容は、同契約の契約書の記載の内容のみならず、同契約の前後にやり取りがされた要件定義書や基本設計書などの内容を総合的に考慮して確定すべきであると解するのが相当である

そのうえで、要件定義書及び基本設計書にはファイアウォールによって通信制限をすることや、被告が技術的セキュリティ対策チームによる総合的なセキュリティソリューションを提供するという技術力を有していたことから、「被告は、本件委託契約において、DMZネットワークと個人情報保護ネットワークとの間の通信経路を遮断するため、本件システムの提供に当たり、その外部ファイアウォール及び内部ファイアウォールを適切に設定して通信制限を行う債務を負っていたものと認めるのが相当である」と認定した。

そして、設定に不適切な点があり、そのことを被告も認めていたことから、債務不履行を認定した。

被告は、ドキュメント（完成図書）には、実際のファイアウォールの設定（不適切な設定のとおりに記述されていたこと）が記述され、原告が了解し検収したのであるから、債務不履行について帰責性がないと主張していたが、次のように述べて排斥した。

> 本件システムの完成図書の交付を受けた者がその全体を見て本件システムが自らの要求を満たすものであるか否かを確認することは現実的に困難であり、不可能に等しいものというべきである。（中略）
> 以上のほか、原告と被告との間のコンピュータシステムの構築などの専門性には相当の格差があることは、当裁判所に顕著な事実であり、このことを併せ考えると、被告が原告に対して本件システムを引き渡した時点において、原告に対してファイアウォールの不適切な設定について告知ないし説明をしていたというのであれば格別、そうでない以上、被告に責めに帰すべき事由がないということはできない

その結果、フォレンジック調査費用や端末復旧作業費用などのほとんどを損害として認定した。

争点2について、裁判所は東京地判平成26・1・23（事例1-6-1）を援用し、故意又は重過失がある場合には責任限定規定を適用しないと述べ、本件の設定ミスは重過失があるとした。

> 被告は、原告との間で、本件委託契約の前後における提案依頼書、提案書、

要件定義書、設計方針及び基本設計書において、外部ファイアウォールないし内部ファイアウォールによる外部からのアクセス制限を行うことを複数回にわたって確認していたことが認められるから、被告が原告に対して不適切な設定のまま本件システムを引き渡したことは、単純かつ明白なミスであるというべきであり、かつ、被告が情報セキュリティについて高度な専門的知見を有していることを併せ考えると、被告には本件委託契約の債務不履行について少なくとも重過失があることは明らかというべきである。

□ 本判例のポイント（実務上の指針となる点等）

　本件の事故原因となったファイアウォールの設定がずさんだったという点は否定しづらい。しかし、他方で、不十分な設定内容が記載されたドキュメントを提出し、発注者が確認・検収をしていたとしても、裁判所は、その内容を確認することは現実的に困難であり不可能に等しいと述べ、ことさらに専門性の格差があることを強調し、過失相殺も認めず、ベンダの重過失を認めたことにはやや違和感を覚える。

　確かに、外部の専門業者に委託するのは、高度な技術力に期待しているからであるが、知識・技術力に格差があるほどユーザが保護されるとなると、ユーザは自らが技術力を身につけてベンダの成果や進め方を評価しようとするインセンティブが生じにくくなりかねない。本件は、IT に明るくない地方自治体における事例判断だったとはいえ、一方的にユーザの保護に偏ったという印象を受ける。

□ その他（原審情報等）

　本件に関する第三者委員会による検証報告書が出されている[1]。

---

[1]　https://www.city.maebashi.gunma.jp/material/files/group/95/houkokusyo.pdf

1-6-4 Heartbleed 脆弱性

損害賠償請求事件

東京地判令和元・12・20平成29年（ワ）6203号公刊物未登載〔28280353〕

□ 事案の概要 ……………………………………………………………………

　原告（ユーザ）は、自社の EC サイト（本件サイト）の運用を被告（ベンダ）に月額20万円で委託した（本件契約。開発は、別の事業者に委託していた）。契約書は作成されておらず、注文書の業務内容には、「本件サイトの運用、保守管理」「EC-CUBE[1] カスタマイズ」と記載されていた。

　平成27年5月ころ、本件サイトから顧客のクレジットカード情報が漏えいした疑いが生じたため、原告は、クレジットカード決済機能を停止した。調査の結果、本件サイトにおける通信の暗号化に用いるソフトウェアである OpenSSL には、通称 Heartbleed[2] という脆弱性（本件脆弱性）があることが判明したことから、原告は、本件契約において、本件脆弱性への対策を講じる義務があったのにこれを怠ったとして、約1.4億円の損害賠償を請求した（大半は、逸失利益だが、顧客に交付したクオカードの費用や調査費用を含む）。

□ 争 点 ……………………………………………………………………

・本件契約に基づく委託業務に、本件脆弱性への対策を講じることが含まれていたか

□ 裁判所の判断

　裁判所は次のように述べて、OpenSSL に関する対策は業務の範囲外であるとした。

> 本件注文書（甲4）に委託される業務として記載された「本件サイトの運用、保守管理」との記載は、本件サイトが直ちに本件システム全体を意味

1　オープンソースの EC 向けシステム。
2　OpenSSL 内にバグがあり、サーバの秘密鍵や利用者のパスワード等の情報の漏えいが生じる危険があった。

するとまではいえない以上は、少なくともその文言上、これに本件システム全体を対象とする業務が含まれることが直ちに読み取れるとまでいうことはできず、また、同じく本件注文書に委託される業務として記載された「EC-CUBE カスタマイズ」との記載についても、EC-CUBE はインターネット上の通販サイト用のソフトウェアの一つである一方、OpenSSL はインターネット上の暗号化通信に用いられるオープンソースソフトウェアであり、両者は全く性質の異なるソフトウェアであることから、このような記載に係る業務に OpenSSL に関するセキュリティ対策業務が含まれている旨を直ちに読み取ることも困難であって、EC-CUBE において OpenSSL を経由した通信がされるからといって、EC-CUBE のカスタマイズ業務の委託を受けた者が、当然に OpenSSL に関するセキュリティ対策業務の委託を受けたこととなると解することはできない。

さらには、契約に至る事情から、むしろ、本件契約の目的は、SEO 対策をはじめとするマーケティング施策にあるとして、請求は棄却された。

□ 本判例のポイント（実務上の指針となる点等）

本件のようなクレジットカード情報漏えい事故では、実際にカード情報が漏えいしたかどうかはともかく、決済会社からの通知を契機として、決済処理が停止し、EC サイト全体が閉鎖されることになる。カード決済を再開して EC サイトを復旧するには、フォレンジック調査の実施とその対応が条件となる。この調査は、限られた情報に基づいて短時間に行われるが、そこで EC サイトの脆弱性が明らかになったとしても、そのことが当該事故の原因であったかどうかも明らかにならないことは多い。

そのため、ベンダが EC サイトの運営事業者から責任を問われた場合には、そもそもの事故原因や、その責任の有無から争われることになる。本件では、原告が OpenSSL の脆弱性が原因であったと主張したのに対し、それが原因だったかどうかを問うまでもなく、被告の業務範囲にその対策を講じる義務はないとされた。

通称 Heartbleed の脆弱性は、2014年当時から公表され、OpenSSL を使用するに当たっては対策が必要だとされていたため、仮に本件における被告の業務

範囲に、EC-CUBE 以外の関連ツールの脆弱性対応も業務に含まれていた場合には、任務懈怠の責任を負う可能性があった（開発当時から知られていた SQL インジェクションに対する対策を講じる責任が認められた（東京地判平成26・1 ・23（事例1-6-1）参照））。

　EC サイトの運営者としては、セキュリティリスクを自社のスキルやリソースでカバーできるかどうか、できない場合には、どの専門家に何を委託するかを検討することが求められており、漠然と誰かがやってくれているだろう、という考えは極めて危険である。

□ その他（原審情報等）

　横山経通＝蔦大輔「クロスセクター・サイバーセキュリティ法」NBL 1266号（2024年）69頁では、本件のほか、事例1-6-1等を含めたサイバーセキュリティ事故に関する裁判例が概説されている。

2 知財

■1 はじめに

　第2章では、最近の知財高裁の裁判例を中心に、ITビジネスに関連して主に著作権が問題となったケースを取り上げた。網羅性・体系性ではなく比較的最近の事例紹介となることを重視している。ただ、個別案案に関する判断であっても、契約ドラフト等の実務において参考になる部分もあると思われる。このような本章の位置付けから、裁判例における何らかの「傾向」を論じることは適切ではないが、まず各ケースの特徴を簡単に紹介する。

■2 本章で取り上げるケース

(1) ソフトウェア画面に関する著作物性

　ソフトウェア画面に関する著作物性が主な争点となった裁判例（事例2-1-1〜事例2-1-7）では、個別の画面ではなく、画面遷移により相互につながる複数の画面の構成が保護対象となる可能性が示唆されている。しかし、個別事案の結論としては、ソフトウェアが前提とする既存の業務フローによって画面構成が決定付けられているなど、ソフトウェアの機能性や使用目的によって表現の自由度が制約され、創作性は否定されるというものである。このため、どのような画面構成であればソフトウェアの画面を著作物として保護できるのか、具体的な画面構成の形で指摘することは難しい。

(2) プログラム等に関する著作物性

　プログラムやプログラムに関連する制作物の著作物性に関する裁判例（事例2-2-1〜事例2-2-12）を取り上げる。プログラムを自動で作成することができるツールの使用が問題となった裁判例においては、これらのツールの使用の事実がプログラムの著作物性の判断に一定の影響を与えた。これには、近年注目されている生成AIによる制作物の著作物性の議論に通じるところがあるだろう。その他、HTMLの記述や変数名、データベース設計の著作物性、業務フローやテンプレートといった、著作物性を肯定するのはハードルが高いケースを紹介する。プログラムの著作物性を判断する際に「表現の幅」をどこに認めればよいのか、アイデアと表現の峻別が可能なのかという点はこれらのケース

に共通する難解な問題である。

(3) 著作権の帰属、利用許諾等

プログラムの著作権の帰属やプログラムの著作権に関する契約条項（譲渡、利用許諾、表明保証）が争点となった裁判例（事例2-3-1〜事例2-3-10）も取り上げる。例えば、事例2-3-1は、雇用契約と業務委託契約が並存する場合において、職務著作が否定され、使用者が著作権を取得するには著作権譲渡の合意が必要とされた事案である。事例2-3-2では、会社設立前から設立後にまたがってプログラム作成作業が行われた場合において、プログラム作成者間で会社に対して著作権を譲渡する黙示の合意があったと認定された。事例2-3-4では、契約に著作権法61条2項の特掲がなかった事案において、翻案権の譲渡の合意が認められた。事例2-3-6では、納品方法が曖昧であったために、納品を条件とする著作権譲渡の成立が争点となった。これらの裁判例に共通するのは、契約において、著作権譲渡や利用許諾の合意内容及び譲渡対象やライセンス対象の定義内容を明確に定め、契約の曖昧さを回避することが紛争を未然に防ぐために極めて重要であるという点である。個別具体的な事情の下では、契約締結時点では曖昧さ回避が難しい場合もあることは認識したうえで、改めて留意したい。

(4) ウェブサイトにおける著作物の利用

ウェブサイトやソーシャルメディアサービスの運用あるいは運営の観点から、確認しておきたい事例として、ウェブサイトとソーシャルメディアにおける著作物の利用（(4)及び(5)）、ウェブサイトにおける商標の使用（(6)）に関する裁判例を取り上げる。事例2-4-1では、ウェブサイトの利用規約について、個別の文言はありふれていても規約全体に独自の工夫があるとして著作物性が認められた。事例2-4-2では、ウェブサイトで、書籍の内容等の具体的な表現を掲載せずに書籍のタイトル情報のみ掲載していた場合に、書籍を著作物とする氏名表示権の侵害が否定された。事例2-4-3と事例2-4-4では、投稿型サービス運営事業者の権利侵害主体性が争点となった類似の事案において、各サービスの具体的な仕様を考慮したうえで、侵害主体性に関する結論が分かれた。事例2-4-5では、クリエイティブ・コモンズ（CC）ライセンスの表示方法が適切に

なされているかが著作権侵害の過失認定における重要な要素の１つとなった。事例2-4-6では、ウェブサイト上でのパブリシティ権侵害が認められる場合の損害額立証について、民事訴訟法248条が適用されたケースである。

(5) ソーシャルメディアにおける著作物等の利用

ソーシャルメディアでの著作物利用に関する裁判例（事例2-5-1〜事例2-5-3）では、著作権法32条１項の引用の成否（事例2-5-1、事例2-5-2）及び肖像権侵害の成否（事例2-5-3）に関する判断の前提として、ソーシャルメディアサービスの具体的な仕様が重要な要素となった。事例2-5-1、事例2-5-2については、ツイッター（現Ｘ）の仕様や利用規約を参照しつつ、引用の成否が検討された。いずれも発信者情報開示請求の事案であり、権利侵害の明白性が判断対象であるところ、引用の成立可能性の有無を判断したケースと、引用の成否まで判断するケースとに分かれた。事例2-5-3では、肖像権侵害に関し、ソーシャルメディアサービスの特定の機能に着目して本人の許諾範囲を限定的に捉える判断がなされた。

(6) ウェブサイトにおける商標の利用

ウェブサイトでの商標の使用が問題となった裁判例（事例2-6-1、事例2-6-2）では、商標的使用に該当するかが問題となった。特定の分野における複数社のサービスを紹介する目的で運営されるウェブサイトにおいて紹介対象のサービスに関する商標が記載されたケース、他社の商標である文字列をハッシュタグとして使用したケースを取り上げる。

ソフトウェアの画面構成や自動生成ツールを使用して作成されたプログラムに関する事例は、これらの著作物性が争点となった際の結論の予測の難しさ、ひいては著作権法による保護のハードルの高さを示している。契約交渉でソフトウェアの画面やプログラムの著作権の帰趨が問題となる局面においては、制作物（画面、プログラム）が著作物に該当するか、その時点（契約締結時点）で結論が出せない場合でも、著作物であると仮定して（著作物性の検討を事実上棚上げにして）、仮に著作物に該当した場合にどちらの契約当事者に著作権が帰属すべきかといった観点から権利の帰属先を決めてしまうこともそれなり

に多いと思われる。事後的に著作物性を否定されるリスクへの対処を何らかの形で契約に織り込むことが可能な場合もあるが、この点に拘泥して契約交渉を遅らせることの実益は大きいとはいえず、費用対効果の観点から、ある程度の妥協をもって対処するケースもあるだろう。このような場合には、著作権法による保護に期待するよりは、実際には、特に守りたい部分について契約において特約を設けたり、著作権以外の制度（意匠権や特許権）による保護を模索する方が建設的だろう。何らかの理由でそれらの手段がうまく機能しない場合（例えば、ソフトウェアを構成する一連の画面を全体として保護したいが、意匠登録の仕組みでは対応しきれない場合）に、著作権法が争いの場として選択されて、著作権侵害紛争として顕在化するのかもしれない。第2章ではあえてそのような事例を積極的に取り上げており、事例の選択においてバイアスがあることは付言しておきたい。これらの事例における裁判所の各判断は、容易に一般化できるものではない。

　本章で取り扱う事例には、裁判例における傾向を論じようとした場合には「外れ値」と評価し得るような事例もあるかもしれない。ただ、例えば、プログラムを自動生成するツールを用いた場合のプログラムの著作物性に関する裁判例での議論は、AI が生成したプログラムの著作物性の議論と通じるところがあるだろうし、裁判例を通じた議論の積み重ねの中の参考事例として読んでいただければ幸いである。

2-1-1 書店業務管理ソフトウェア

著作権侵害差止等請求控訴事件

知財高判令和 4 ・ 3 ・ 23令和 3 年（ネ）10083号裁判所 HP〔28300693〕

□ 事案の概要 ┄┄┄┄┄┄┄┄┄┄┄┄┄┄┄┄┄┄┄┄┄┄┄┄┄┄┄┄┄┄

　原告（控訴人）は、書店業務管理ソフトウェア（原告製品）を製造・販売する会社である。被告（被控訴人）は、同種の書店業務管理ソフトウェア（被告製品）を製造・販売する会社である。原告は、被告製品の表示画面（被告表示画面）が原告製品の表示画面（原告表示画面）を複製又は翻案したものであると主張して、被告に対して、著作権・著作者人格権侵害又は不正競争行為（不正競争防止法 2 条 1 項 1 号）を理由とした侵害行為の差止め等及び損害賠償請求を行った。控訴審では一般不法行為に基づく損害賠償請求も追加されたが、本稿では著作権侵害の点のみを取り上げる。

□ 争　点 ┄┄┄┄┄┄┄┄┄┄┄┄┄┄┄┄┄┄┄┄┄┄┄┄┄┄┄┄┄┄┄┄┄┄┄┄┄

・表示画面の著作権侵害

□ 裁判所の判断

　裁判所は、被告製品の各表示画面から原告製品の各表示画面の本質的な特徴を感得することはできず、被告表示画面に接する者が全体として原告表示画面の表現上の本質的な特徴を直接感得することができるとは認められないと判断した。

1　ビジネスソフトウェアの表示画面における複製又は翻案該当性

原告製品及び被告製品は、いずれも、書店業務に必要なデータを入力・登録し、業務の目的、内容等に応じて、これを検索・抽出して分析し、あるいは、収載されたデータを追加、削除又は修正するなどの作業を行うことにより、発注、返品、定期改正等の書店業務を効率的に行うためのビジネスソフトウェアである。

そして、本件において複製又は翻案該当性の判断について検討の対象となる原告表示画面及び被告表示画面は、利用者が、書店業務に関するデータの入力、登録、修正の作業や、検索結果の表示の閲覧をするための画面であり、その性質上、同画面における入力項目の配置・選択や検索結果の表示は、利用者の操作性や一覧性を可能な限り高め、作業の効率性を向上するという観点から設計されることとなると考えられる。

原告製品及び被告製品の画面表示は、その表示形式及び表示内容に照らすと、「図形の著作物」（著作権法10条1項6号）に類するものであると解されるが、両製品は、一定の業務フローを実現するため、単一の画面表示で完結することなく、業務の種類に応じて複数の画面を有し、一つの画面から次の画面に遷移することを可能にするなどして、利用者が同一階層又は異なる階層に設けられた複数の表示画面間を移動しつつ作業を行うことが想定されている。

このようなビジネスソフトウェアの表示画面の内容や性質等に照らすと、本件において被告表示画面が原告表示画面の複製又は翻案に該当するかどうかは、①両表示画面の個々の画面を対比してその共通部分及び相違部分を抽出し、②当該共通部分における創作性の有無・程度を踏まえ、被告製品の各表示画面から原告製品の相当する各表示画面の本質的な特徴を感得することができるかどうかを検討した上で、③ソフトウェア全体における表示画面の選択や相互の牽連関係の共通部分やその独自性等も考慮しつつ、被告表示画面に接する者が、その全体として、原告表示画面の表現上の本質的な特徴を直接感得することができるかどうか〔編注：原文ママ〕を検討して判断すべきであると解される。

2 各表示画面の対比

原告表示画面と被告表示画面の一例を以下に示す。

【原告製品・単品分析画面（原判決別紙「表示画面一覧表」より抜粋)】

【被告製品・単品分析画面（原判決別紙「表示画面一覧表」より抜粋)】

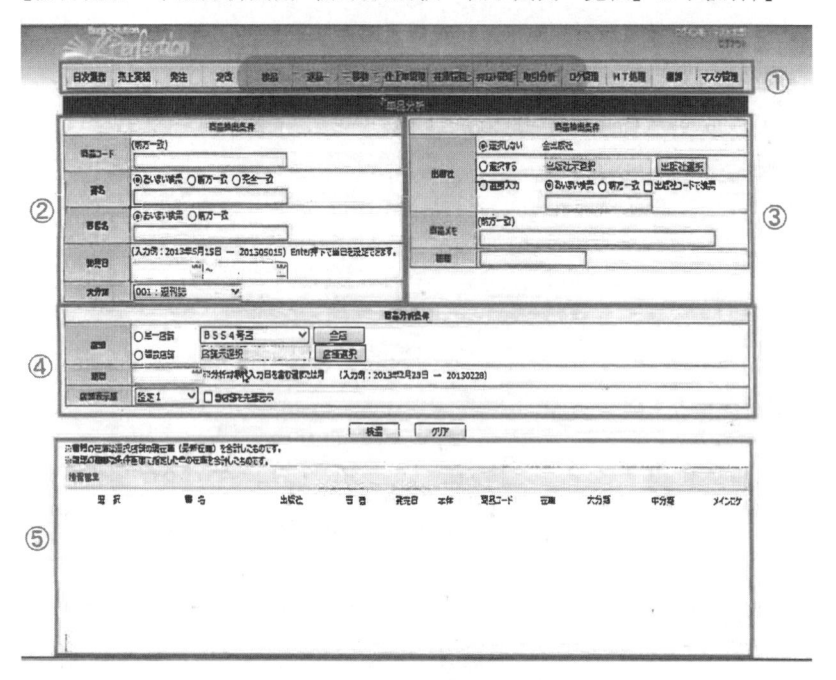

　表示項目の名称や選択について、原告表示画面と被告表示画面は共通するも
のが多く、画面のレイアウトにおいても相当程度類似するものであったが、裁
判所は、いずれの共通点においても創作性を認めず、以下のように判断した。

> 以上のとおり、原告表示画面と被告表示画面の共通する部分は、いずれも
> アイデアに属する事項であるか、又は、書店業務を効率的に行うに当たり
> 当然の前提となるというべき書籍の特定等に関する情報又は業務内容自体
> から必要なものとして通常想定され得る範囲の一般的な情報等にすぎず、
> 各表示項目の名称の選択、配列順序及びそのレイアウトといった具体的な
> 表現においても、創作者の思想又は感情が創作的に表現されているという
> ことはできない上、両表示画面の配色の差違等により、利用者が画面全体
> から受ける印象も相当異なるというべきである。そして、被告表示画面に
> ついて、他に原告表示画面の表現上の本質的特徴を直接感得し得ると認め
> るに足りる証拠はない。

3 表示画面の選択や相互の牽連関係における創作性の有無・程度

　裁判所は、原告製品の画面遷移なしに各種情報を表示する仕様について、原告製品における表示画面相互の牽連性に創作性はないと判断した。

> 原告は、表示画面の牽連性に関し、原告製品は、画面の最上部にメニュータグを常時表示し、どの画面からも次の業務に移行できるようにしている点や、画面の中央にサブメニュー画面を用意し、画面遷移なしに各種情報を表示することを可能にしている点などに独自性があると主張する。
>
> しかし、画面の最上部にメニュータグを常時表示し、そのいずれの画面からも次の業務に移行できるようにすることや、画面の中央にサブメニュー画面を用意し、画面遷移なしに各種情報を表示することを可能にすることは、利用者の操作性や一覧性あるいは業務の効率性を重視するビジネスソフトウェアにおいては、ありふれた構成又は工夫にすぎないというべきであり、原告製品における表示画面相互の牽連性に特段の創作性があるということはできない。

□ 本判例のポイント（実務上の指針となる点等） Point

　本判決は、個別画面の比較だけにとどまらず、業務フローを前提にして画面同士の「牽連性」を創作性判断の一要素としてビジネスソフトウェアの複製権・翻案権侵害の判断を行った点に特徴がある。

　ビジネスソフトウェアの画面内容及び構成は、その前提とする業務フローに左右され、一定程度業界内で平準化された業務フローを想定したビジネスソフトウェアの場合、画面内容・構成に創作性が認められることのハードルは高い。同様の業務フローを前提としたビジネスソフトウェア間で画面内容及び構成が類似することは避け難いように思われる一方で、ほぼデッドコピーに近いような場合であっても何らの保護がないのも不合理である。本判決の規範のうち「③ソフトウェア全体における表示画面の選択や相互の牽連関係の共通部分やその独自性等も考慮しつつ、」と述べる点は、個別の画面内容及び構成をみた場合には共通部分に創作性が肯定できない場合であっても、画面相互の関連性に創作性があり、それが全体の画面構成として具体的に表現された場合には、

理論上は画面の著作権による保護の余地を残している。もっとも、本件では画面遷移なしに各種情報を表示する点等について創作性が否定されており、ではどの程度の工夫等がなされていれば創作性が肯定されるのかという点は明らかではない。一方で、著作権法以外の法的枠組みに目を向けると、画面デザインを意匠登録する事例が相当程度存在しており、実務者として画面デザインの保護を検討する際には、まず意匠権による保護を考えるのが現実的である。もっとも、意匠登録制度は基本的には個別画面単位での保護が想定されており、画面相互の牽連関係まで実質的に保護を及ぼすことは可能なのかという問題については留意が必要である。

□ その他（原審情報等）

・原審：東京地判令和 3・9・17平成30年（ワ）28215号裁判所 HP〔28300695〕

2-1-2 画面表示構成（カテゴリー名）の著作物性

著作権侵害差止等請求事件

東京地判令和2・3・19平成30年（ワ）33203号裁判所HP〔28281291〕

□ 事案の概要 ……………………………………………………………

　原告は、LINE のビジネス向けアカウント（LINE@）のマーケティング支援ツール（原告商品）を開発し、販売している。被告は、原告商品と同種の商品（被告商品）を開発し販売した。原告は、被告商品の画面表示の構成が原告商品に類似するとして、被告に対して原告商品の画面表示の構成の複製、公衆送信等の差止め、損害賠償を求めた。

　原告は、原告商品の画面表示の構成に基づき、原告商品自体又は画面表示の構成自体が編集著作物（著作権法12条1項）に該当すると主張した。

　原告の主張する画面表示の構成とは、アプリケーション画面中の、アプリケーションの各機能を示す、階層化された各カテゴリ表示であり、例えば「基本」（親カテゴリー）→「ホーム」（大カテゴリー）→「基本」（中カテゴリー）→「友達リスト」（小カテゴリー）といったカテゴリがある。原告はこの各カテゴリーが編集著作物における「素材」に該当すると主張した。

　本稿では、画面表示の構成の編集著作物性について取り上げる。

【原告商品と被告商品のカテゴリー構成の比較（判決別紙より抜粋）】

対比表(原告商品・被告商品)

原告商品

親カテゴリー	大カテゴリー	中カテゴリー	小カテゴリー
1 基本	1 ホーム	1 基本	1 ホーム
			2 友達リスト
			3 タグ管理
			4 トーク管理
			5 SMS一覧
			6 登録メディア一覧
			7 エラー一覧
		2 チャット	1 1:1チャット
			2 グループチャット
			3 1:1 SMSチャット
		3 メッセージ	1 シナリオ一覧
			2 SMS配信
			3 一斉送信
			4 自動返信
			5 テンプレート
			6 回答フォーム
		4 統計情報	1 URLクリック測定
			3 コンバージョン
			4 サイトスクリプト
	2 Bot追加		
	3 SMS設定		
	4 管理者編集		
2 アフィリエイト	1 設定		
	2 アフィリエイター		
	3 成果確認		
3 サポート	1 マニュアルダウンロード		
	2 チャット		
5 設定			

被告商品

親カテゴリー	大カテゴリー	中カテゴリー	小カテゴリー
1 基本	1 ホーム	1 基本	1 ホーム
			2 友達リスト
			3 タグ管理
			4 トーク管理
			6 登録メディア一覧
			7 エラー一覧
		2 チャット	1 1:1チャット
			2 グループチャット
		3 メッセージ	1 シナリオ一覧
			3 一斉送信
			4 自動返信
			5 テンプレート
			6 回答フォーム
		4 統計情報	1 URLクリック測定
			2 QRコード管理
			3 コンバージョン
			4 サイトスクリプト
	2 Bot追加		
2 アフィリエイト	1 設定		
	2 アフィリエイター		
	3 成果確認		
3 サポート	1 マニュアルサイトへ		
	2 お問い合わせ		
4 BOT操作			
5 設定			

□ 争　点 ……………………………………………………………

・カテゴリーの名称と配列自体の編集著作物性

□ 裁判所の判断

　裁判所は、原告商品のカテゴリーの名称やその階層構造は、ありふれたものであり、それら自体に著作権法上の創作性があるとはいえない、と判断した。

1　カテゴリーの名称について

　類似サービスとの比較のうえで、以下のとおり判示した。

> LINE@を用いた集客、マーケティング支援ツールという原告商品においてどのような機能を実装するかはアイディアに過ぎず、それ自体は著作権法の保護の対象になるものではない。そして、「素材」たる各カテゴリーの名称の選択についてみると、上記のような原告商品の性質上、各カテゴリーに付す名称は、各カテゴリーが果たす機能を一般化・抽象化し、ユーザーにとって容易に理解可能なものとする必要があるため、その選択の幅は自ずと限定される。そのような視点で選択された原告商品の各カテゴ

リー名は、それ自体をみてもありふれたものであり、現に、原告商品の「メッセージ」、「統計情報」というカテゴリー名は他社商品でも用いられているほか、原告商品の「メッセージ」の下に設けられた小カテゴリーの各カテゴリー名や「統計情報」の下に設けられた小カテゴリーの各カテゴリー名と同一ないし類似したカテゴリー名が他社商品においても用いられている。また、原告商品において用いられている「基本」や「ホーム」といったカテゴリー名は、他社商品においては用いられてはいないものの、消費者とのコミュニケーションを図るという観点から頻繁に使われる機能を取りまとめたカテゴリーに付されたものであり、上記のような原告商品の性質を踏まえると、カテゴリー名の選択としてはありふれたものである。

2　カテゴリーの配列について

各カテゴリー名の配列についてみても、原告商品においては、「基本」という最上位の階層に、消費者とのコミュニケーションを図る上で利用可能な機能を取りまとめ、その中でも消費者とのコミュニケーションを図る上で日常的に利用する機能を「基本」の下の階層の「ホーム」に取りまとめるなどされているほか、多種多様な機能を果たす「ホーム」より下のカテゴリーについては、小カテゴリーに至るまで階層を設けてカテゴリー分けがされるなど他社商品に比して複雑な階層構造が採用されており、各カテゴリー名の配列について一定程度の工夫はされていると認められる。
しかし、ユーザーによる操作や理解を容易にするという観点から、実装した機能の中から関連する機能を取りまとめて上位階層のカテゴリーを設定し、機能の重要性や機能同士の関連性に応じて順次下位の階層にカテゴリー分けをしていくというのは通常の手法であり、原告商品の各カテゴリー名の配列は、複数の選択肢の中から選択されたものではあるものの、ありふれたものというべきである。

□　**本判例のポイント（実務上の指針となる点等）**　

アプリケーションの各機能に関するメニュー表示とその体系的な構成が編集

著作物という観点から著作権法の保護に値するかが問われた事案であった。

　一般に、アプリケーション画面における機能を表すメニュー表示自体は、アプリの画面の一部を占めるにすぎないという点で、それのみをもってアプリケーションを編集著作物（著作権法12条1項）たらしめる「素材」となるとはいい難いし、そもそも当該表示は特定の機能（アイデア）を表しているといえ、その選択や配列（階層構造）自体もアイデアにすぎないといえる[1]。そして、階層化された機能に関するメニュー表示自体を編集物と考える場合も、各表示に対応する機能から論理的に表示内容や階層構造が決まっていくという点で表現の幅は狭くなるものであり、創作性を認めにくい。本判決は、このことを確認するものである。

　メニュー表示内容や構成を著作権により保護するために個性を打ち出すことは、ユーザーにとってわかりやすい・使いやすいアプリケーションにすることとトレードオフの関係に陥ってしまう可能性が高いという点で、著作権による保護のハードルの高さが改めて確認されたといえる。

1　本件で原告はこの観点からも原告商品の編集著作物性を主張したが、本判決は著作物性を否定した。

2-1-3 ソフトウェア画面の著作権（ProLesWeb）

損害賠償等請求控訴事件

知財高判平成17・5・26平成17年（ネ）10055号裁判所 HP〔28101053〕

□ 事案の概要 ···

　原告（控訴人）・被告（被控訴人）ともにソフトウェアの開発・販売を行う会社である。

　原告は、ユーザが作成したデータベースをインターネットに公開し利用することを目的とするソフトウェア（原告ソフトウェア）を開発した。原告ソフトウェアにおけるユーザの入力作業は、Microsoft 社の Excel（エクセル）を用いて行うものであった。被告は、同種の機能を有するソフトウェア（被告ソフトウェア）を製造・販売した。原告は、被告ソフトウェアの製造・販売行為が、原告ソフトウェアの画面（原告各画面表示）に関する著作権（複製権又は翻案権）の侵害に当たると主張した。

□ 争　点 ···

・原告各画面表示の著作物性（創作性）

□ 裁判所の判断

1　創作性の判断基準

　裁判所は、創作性について、「厳密な意味で、独創性の発揮されたものであることが求められるものではなく、制作者の何らかの個性が表現されたものであれば足りる」とし、これは「コンピュータのディスプレイ上に表示された画面」の創作性の判断においても同様だが、その判断については、以下の事情などを勘案する必要があるとした。

> ①所定の目的を達成するために、機能的で使いやすい作業手順は、相互に似通ったものとなり、その選択肢が限られること、ユーザーの利用を容易にするための各画面の構成要素も相互に類似するものとなり、その選択肢が限られること

②各表示画面を構成する部品（例えば、ボタン、プルダウンメニュー、ダイアログ等）も、既に一般に使用されて、ありふれたものとなっていることが多いこと

③特に、既存のアプリケーションソフトウェア等を利用するような場合には、設計上の制約を受けざるを得ないこと

2　個別の原告画面表示の創作性

　複数の画面が判断の対象となったが、ここではソフトウェアのトップ画面（原告本体画面）を取り上げる[1]。

　裁判所は、トップ画面（原告本体画面）について、以下のように述べ、創作性を否定した。

【原告本体画面（原判決別紙2より抜粋）】

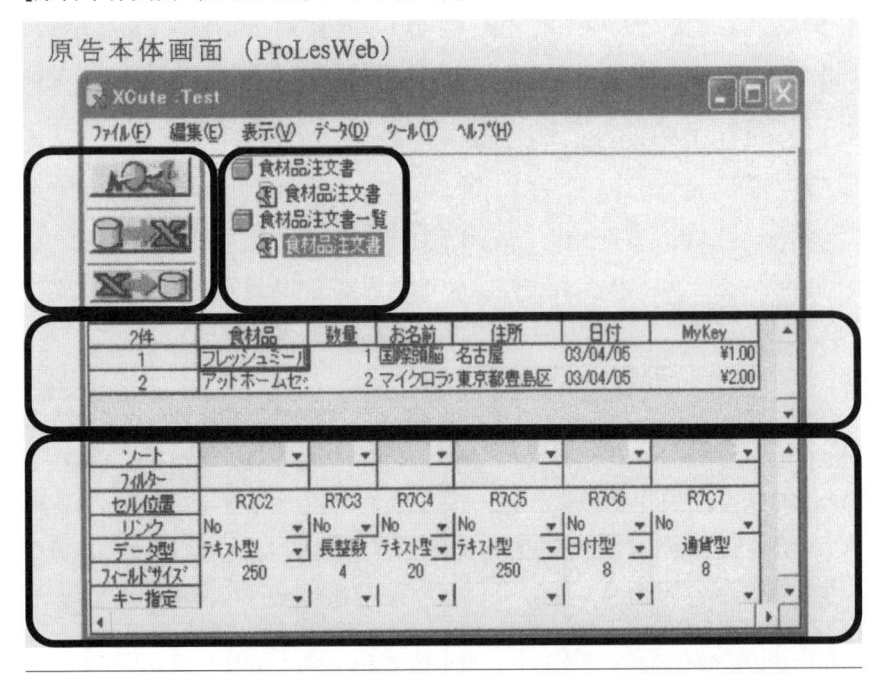

原告本体画面（ProLesWeb）

1　他に、Excel上のひな型から対応するレポートとテーブルを作成する機能にかかる画面、データの書出しをする際に、書出し先のひな型の設定を行うための画面及び一覧表形式のレポートのひな型の内容を設定するための画面が判断の対象となったが、いずれも創作性が否定された。画面中の説明文言、枠・記入欄、ボタンの内容・配置・配色等について、ソフトウェアに備えられた機能や操作の手順を通常の方法で表現したものあるいはありふれたものであると判断された。

① 上段右側：「ウィンドウズ等のコンピュータの画面において、デバイス、フォルダ、ファイル等をその名称によってツリー状に表示することは標準的に行われている表示方法である」

② 上段左側（データを Excel のひな型に書き出すためのボタン、Excel のひな型をデータベースに読み込むためのボタンなどの表示）：「頻繁に用いられる機能に独立のボタンを割り当てることは通常行われることであり、アイコンの形状及び配列についても特徴はな」い。

③ 中段（データベースのデータを表形式で表示）：「複数の項目からなるデータを表形式で表示することは普通に行われる」

④ 下段（中段のデータ項目の属性を表示）：各項目の属性表示は、原告ソフトウェアの Excel のひな型のセルとデータベースのデータの項目とを対応させてデータの追加、修正、削除、書出しを行うという「機能を実現する上で必要となる情報を表示しているにすぎず、表示する情報の選択、表示方法等もありふれたものといえる」

⑤ 上記各表示部分の配置：「画面の縦横の比率などに由来する制約があって選択の余地は限られている」

⑥ 原告本体画面の全体の外観（色彩及び各表示部分の相互の配置を含む）：創作的な特徴を有するとは認められない。

3 原告各画面表示全体についての創作性

裁判所は、原告各画面表示全体の創作性に関して、簡単なマウス操作でデータベースと Excel とを連携させて情報処理をするというソフトウェアの機能面での（原告の主張する）特徴については、特段の事情のない限り、原告各画面表示における創作性の有無に影響を与えることはないとし、創作性を否定した。

原告は、控訴審において、原告ソフトウェアにおいて想定されるユーザ、価格帯、使用目的、使用頻度、使用されるハードウェアのスペック等の各要素のうち何を重視するかによりソフトウェアの出来上がり、ひいては各構成要素の選択と配列、各画面表示の選択と配列、各画面表示相互の牽連性（表示手順、機能性）に違いが出てくる（「何通りもの組合せがあり得る」）と主張し、原告ソフトウェアには全体として創作性があると主張した。これに対して、裁判所は、（各構成要素の選択と配列、各画面表示の選択と配列、各画面表示相互の牽連性を重視して、原告ソフトウェアの創作性を判断すべきと原告は主張する

が、と前置きしたうえで、）原審の認定内容を超えて原告各画面表示に著作物性を認めるに足りる創作性を肯定すべき表現内容を認めることはできない（つまり、原告各画面表示は、いずれも創作的に表現したものということはできない）と判断した。

□ 本判例のポイント（実務上の指針となる点等）　

　裁判所は、原告各画面表示の創作性について、（個別画面についても全体としても）正面から否定した。原告各画面表示は一見してソフトウェアの機能実現に必要最小限に近い構成をとっているようにみえるものの、原告主張のように想定されるユーザや使用されるハードウェアのスペック等を前提にして、各構成要素又は各画面表示の選択と配列と各画面表示相互の牽連性（表示手順、機能性）の観点から、他の画面構成案が存在した可能性も完全には否定できないように思える。しかし、本件において、上記牽連性等の観点でどの部分が具体的に創作的であったのかは明らかではなく、「創作性を肯定すべき表現内容」（控訴審）ではないとの結論自体は正当といえる。

　本判決のように原告の画面表示自体について創作性を判断する手法を選択してその創作性を否定する場合は、万一被告が画面表示のデッドコピーを行った場合でも、当該模倣行為が不法行為等に該当しない限り救済の余地がなくなる。本件だけでなく類似の事案への影響を考えると、裁判所は、原告被告双方の画面の共通部分について創作性を判断する手法を採用してもよかったのではないか。

　なお、本件の他にも、本章で取り上げる事案（事例2-1-1（書店業務管理ソフトウェア）、事例2-1-4（SNS野球ゲームの著作権侵害）、事例2-1-5（釣りゲータウン2事件）及び事例2-1-6（放置系RPGゲーム事件））や東京地判平成14・9・5判タ1121号229頁〔28072736〕（サイボウズ事件）を含め、画面相互の牽連関係を考慮して著作物性を肯定した事例は本書執筆時点では見当たらない。

□ その他（原審情報等）　……………………………………………

・原審：東京地判平成16・6・30判時1874号134頁〔28091951〕（画面の創作性を否定）

2-1-4 SNS 野球ゲームの著作権侵害

損害賠償等請求控訴事件

知財高判平成27・6・24平成26年（ネ）10004号裁判所 HP（28232311）

□ 事案の概要 ………………………………………………………………

　原告は、ソーシャルゲーム、オンラインゲーム等の企画、制作、製造及び販売等を行う会社であり、プロ野球選手の肖像の写真を使用したカード（選手カード）を収集し、強化し、編成した野球チームを用いて他のプレイヤーと対戦することができるソーシャルゲーム（原告ゲーム）を GREE[1]で配信していた。被告は、インターネットを利用したコンテンツの作成、配信等を行う会社であり、原告ゲームと同種のゲーム（被告ゲーム）を Mobage[2]で配信した。原告は、被告に対し、原告ゲームの著作権（複製権、翻案権、公衆送信権）侵害、不正競争行為（不正競争防止法2条1項1号又は3号）、一般不法行為を主張して損害賠償請求等を行った。原審は、原告の請求をいずれも棄却し、原告は著作権侵害と一般不法行為の点についてのみ控訴した。

　本稿では、原告の著作権侵害に関する主張のうち、ゲーム内の画面構成（画面遷移により相互につながる複数の画面の構成）にかかる部分について取り上げる。

　原告ゲームと被告ゲームにおけるゲームの進行は、以下の共通点があった。

・ゲーム進行上の共通点

　進行①　プレイヤーは、ガチャにより購入する方法[3]又はミッションの遂行を通じて獲得する方法[4]によることで選手カードを獲得する。また、プレイヤーは、ミッションの遂行により、プレイヤーのレベルを上げるため必要な経験値や選手カードの強化に必要なポイントを獲得する。

1　グリー株式会社が運営する携帯電話等向けソーシャルゲームプラットフォーム。
2　株式会社ディー・エヌ・エーが運営する携帯電話等向けポータルサイト及び SNS サービス。
3　原告ゲームの「選手ガチャ」場面、被告ゲームの「ガチャ」場面。
4　原告ゲームの「スカウト」場面、被告ゲームの「ミッション」場面。

進行② プレイヤーは、所持する選手カードを他の選手カードと組み合わせることで、選手カードのレベルを上げ強化することができる[5]。

進行③ プレイヤーは、入手した選手カードの内容に応じて、野手オーダーや投手起用法（先発、中継ぎ、抑え）を見直し、オーダーの入れ替えを行うことができる[6]。

進行④ プレイヤーは、自己のチームを、他のプレイヤーのチームと対戦させることができる[7]。これによって、強化に必要なポイントを獲得できる。

進行⑤ プレイヤーは、①〜④の行為を適宜選択しこれを繰り返し、理想とするチームをつくり上げる。

□ 争 点 ···

1 ゲーム内各場面における画面構成の複製又は翻案
2 ゲーム全体の画面構成の複製又は翻案

□ 裁判所の判断

控訴審裁判所は、選手カードの画像のうち一部について著作権侵害を肯定し、その余の請求は原審の判断を維持し棄却した。

1 争点1について

ゲーム中の個別場面[8]についての複製又は翻案の成否に関する判断のうち、本稿では、原告「選手ガチャ」・被告「ガチャ」に関する判断を取り上げる。他の場面についての判断も「選手ガチャ」に関する判断とおおむね同様である。

(1) 携帯電話機用のゲームの特色

判断の前提として裁判所は、以下のとおり携帯電話機用のゲームの特色を述べた。

> 携帯電話機は、画面が小さく、通信速度がパソコンのインターネット環境

---

5 原告ゲーム及び被告ゲームの「強化」場面。
6 原告ゲーム及び被告ゲームの「オーダー」場面。
7 原告ゲーム及び被告ゲームの「試合」場面。
8 原告ゲームにおける「選手ガチャ」、「スカウト」、「オーダー」、「強化」及び「試合」の各場面、これに対応する被告ゲームの「ガチャ」、「ミッション」、「オーダー」、「強化」及び「試合」の各場面。

と比較して遅いため、利用者の操作性を考慮して、携帯電話機では、<u>画面遷移を少なくすること</u>、画面の移動が縦スクロールを中心とすることから、<u>重要なリンクを上から配置すること</u>といったものは、携帯電話機向けのウェブサイトを構築するに当たって多くの場合に行われていることが認められる。

また、原告ゲームや被告ゲームが配信された時点においては、<u>画面表示が小さく、限られた範囲の中で情報を表示することから、画面上における表現の選択の幅は、その分だけ狭くなるものと考えるのが相当</u>であり、これに反する原告の主張は採用できない。

(2) 「選手ガチャ」場面における画面遷移

同場面の画面遷移は以下の選手ガチャ画面遷移図のとおりである。また、画面内容のイメージを持っていただく趣旨で、参考までに、原告ゲームの「選手ガチャ」画面における具体的な表現内容（選手カード獲得画面）を以下に示す。なお、「選手ガチャ」画面における具体的な表現内容については、共通点はあるものの、複製又は翻案に該当しないと判断された。

【選手ガチャ画面遷移図（原判決別紙より抜粋）】

遷移図	共通点に関する裁判所の認定
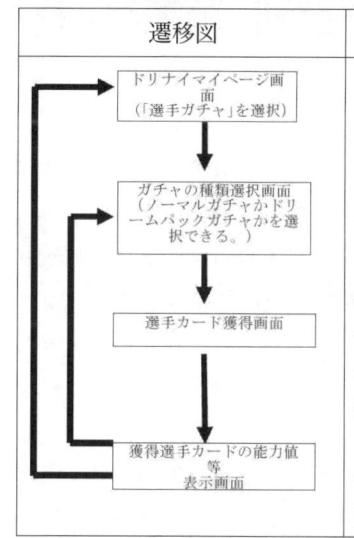	…原告ゲームと被告ゲームとは、「選手ガチャ」において、①「ドリナイマイページ画面」ないし「マイページ画面」において「選手ガチャ」ないし「ガチャ」のメニューを選択すると、②無料のガチャか有料のガチャかを選択する画面に移行し、いずれかを選択すると、③カードを獲得する画面、さらに④獲得したカードの能力値等を表示する画面の順に変遷し、さらに利用者がガチャを繰り返すときは、②のガチャの種類の選択画面に再び移行し、さらに③のカードを獲得する画面、④の獲得したカードの能力値等を表示する画面の順に遷移する点において共通する。

【選手ガチャ（判決別紙より抜粋）】

※画像は、原告ゲーム部分の一部を抜粋。説明文は控訴審判決の引用する原審判決を参考にした。

① 選手カードのパッケージが画面上に浮遊した状態で現れ、パッケージをクリックすると、パッケージが前にせり出した後、パッケージ上部が水平方向に切り取られ右向きに90度回転してから破り捨てられる。

② パッケージから選手カードが少しせり上がった後、パッケージが画面下部に消えるとともに、選手カード全体が白色となって現れ、そのまま光りつつ回転しながら上昇する。

③ 画面全体が白く光った後、選手カードが「NEW」という表記を伴って画面中央に現れ、浮遊する。

　裁判所は、上記画面の選択及び配列には共通点があるものの、以下の理由から、当該共通点はありふれた表現であって創作性が乏しい表現であり、複製又は翻案に当たらないと判断した。

① 原告ゲームと被告ゲームの「選手ガチャ」場面における画面遷移の共通点は、トレーディングカードゲームのカード獲得場面における、ガチャのメニュー選択、無料有料のカード種類選択、カード獲得及び内容表示といった一連の流れ（社会的事実）を取り込んでこれに即して画面を配列したものであってこの一連の流れ自体はアイデアにすぎないこと

② 当該一連の流れを画面上で表現するとしても画面の選択・配列及びその流れについては選択の幅は狭く基本的には当該流れに沿った画面遷移とならざ

るを得ないこと

③　実際に同様の画面遷移をするゲームが存在していること

2　争点2について

　裁判所は、原告ゲームと被告ゲームには上記進行①〜⑤の共通点が存在するとしても、各場面の具体的表現において相違点が多数認められることから、被告ゲームは原告ゲームの複製に当たらないと判断した。さらに翻案については、以下のとおり判断し、侵害を否定した。

> また、そもそもゲームソフトは通常の映画とは異なり、利用者が参加して楽しむというインタラクティブ性を有しているため、利用者が必要とする情報を表示し、又は利用者の選択肢を表示するための画面や操作手順を表示する必要があるところ、このような利用者の便宜のための画面や操作手順は、利用者の操作の容易性や一覧性等の機能的な面を重視せざるを得ないため、作成者がその思想・感情を創作的に表現する範囲は自ずと限定的なものとならざるを得ないばかりか、特に、本件における原告ゲーム及び被告ゲームは、野球という定型的で厳格なルールの定められたスポーツを題材とし、しかもプロ野球界の実在の球団及び選手を要素として使用し、かつトレーディングカードという定型的な遊び方のあるゲームを前提として構成されたSNSゲームであるから、そこには、野球というスポーツのルールに由来する一定の制約、プロ野球界の実在の球団及び選手の画像等を利用することに由来する一定の制約、トレーディングカードゲームの形態やルールに由来する一定の制約があるから、特に特徴的な点あるいは独自性があると認められない限り、創作性は認められないというべきである。

□　本判例のポイント（実務上の指針となる点等）　

　画面の構成に関する（共通点の）創作性について、一定の社会的事実（トレーディングカードの一般的な遊び方）を前提とした画面遷移はアイデアにすぎない又は創作性に乏しい、と判断している点は、ビジネスソフトウェアの画面の構成に関する創作性判断の考え方と類似するものであり、画面の構成の創作性を認めることのハードルの高さを感じさせる1つの事案である。

この種のゲームには、利用者の操作の容易性や一覧性等の機能面からの制約、題材となったスポーツのルールの定型性及び厳格性、実在する球団・選手の画像を利用すること並びにトレーディングカードゲーム自体の遊び方の定型性などの、様々な制約がある。このため、裁判所は、創作性を肯定するためには、原告と被告の画面構成の共通点について、「特に特徴的な点あるいは独自性」が存在することが必要であることを示した。この規範は、ゲームの事案ではないが、同様に操作の容易性等の機能面、想定している業務フローから制約を受けるビジネスソフトウェアの事案である事例2-1-1（書店業務管理ソフトウェア）の複製又は翻案の判断において「ソフトウェア全体における表示画面の選択や相互の牽連関係の共通部分やその独自性等も考慮」すると述べているのと共通している。

□ その他（原審情報等）

・原審：東京地判平成25・11・29平成23年（ワ）29184号裁判所 HP〔28220990〕

2-1-5 釣りゲータウン2事件

著作権侵害差止等請求控訴事件

知財高判平成24・8・8判タ1403号271頁〔28181692〕

□ 事案の概要 ⋯⋯⋯⋯⋯⋯⋯⋯⋯⋯⋯⋯⋯⋯⋯⋯⋯⋯⋯⋯⋯⋯⋯⋯

　原告（グリー株式会社）は、ソーシャルゲームプラットフォーム「GREE」で携帯電話機用インターネット・ゲーム「釣りスタ」（原告作品）を配信している。被告（株式会社ディー・エヌ・エー）は、株式会社ORSO（共同被告）と共同開発した同種のゲーム「釣りゲータウン2」（被告作品）を被告の運営するソーシャルゲームプラットフォーム「モバゲータウン」[1]で配信した。原告は、被告作品の配信行為が原告作品の著作権を侵害するとして、被告らに対して、侵害行為の差止請求、損害賠償請求等を行った。不正競争防止法（2条1項1号）及び一般不法行為に基づく請求もなされたが、本稿では著作権侵害に関する部分のうち画面の構成の著作権侵害の成否に関する部分を取り上げる。

□ 争　点 ⋯⋯⋯⋯⋯⋯⋯⋯⋯⋯⋯⋯⋯⋯⋯⋯⋯⋯⋯⋯⋯⋯⋯⋯⋯⋯⋯⋯

・原告作品の主要画面の変遷に係る著作権侵害の成否

□ 裁判所の判断

1　裁判所は、利用者にとっての利便性等の観点から、リンクの配置方法や文字情報の短さといった点において、ウェブページ閲覧機能を用いた携帯電話機用ゲームの画面構成ならではの制約や特色がある、と本件における前提となる事情を確認したうえで、以下2及び3のとおり判断した。
2　原告作品と被告作品の主要画面の選択と変遷並びに各主要画面における素材の選択及び配列の比較

1　「モバゲータウン」は当時の名称であり、現在の名称は「Mobage」である。

【主要画面の一部（原判決より抜粋）】

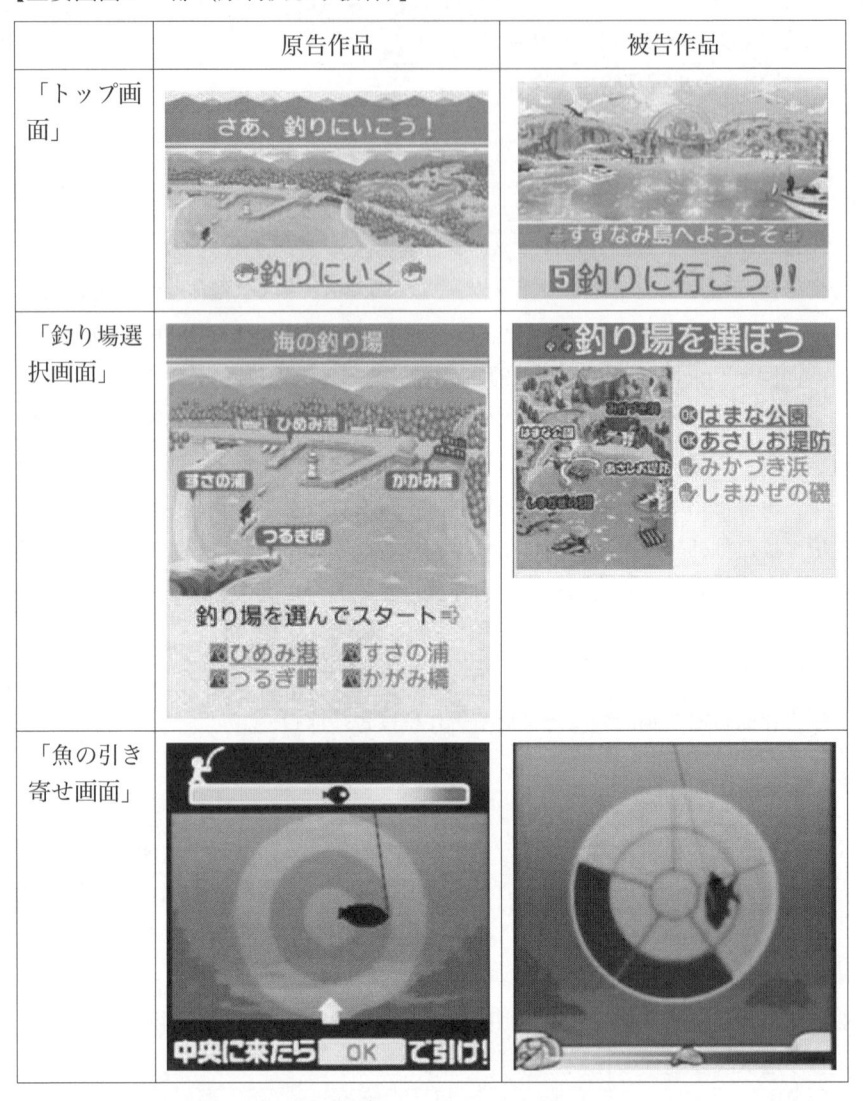

	原告作品	被告作品
「トップ画面」	さあ、釣りにいこう！ 釣りにいく	すずなみ島へようこそ ⑤釣りに行こう!!
「釣り場選択画面」	海の釣り場 ひめみ港 すさの浦 かがみ港 つるぎ岬 釣り場を選んでスタート⇒ ひめみ港 すさの浦 つるぎ岬 かがみ橋	釣り場を選ぼう OKはまな公園 OKあさしお堤防 みかづき浜 しまかぜの磯
「魚の引き寄せ画面」	中央に来たら OK で引け！	

(1) 主要画面の選択と変遷について

ア 共通点

① 「トップ画面」、「釣り場選択画面」、「キャスティング画面[2]」、「魚の引き

寄せ画面」及び「釣果画面（釣り上げ成功時又は釣り上げ失敗時）[3]」が存在する点

② ユーザの操作に従い、「トップ画面」→「釣り場選択画面」→「キャスティング画面」→「魚の引き寄せ画面」→「釣果画面（釣り上げ成功時）」又は「釣果画面（釣り上げ失敗時）」の順に変遷する点

③ 「釣果画面（釣り上げ成功時）」又は「釣果画面（釣り上げ失敗時）」から「トップ画面」に戻ることなくゲームを繰り返すことができる点

イ　相違点

① 被告作品には、原告作品にはない決定キーを押す準備画面や魚が画面奥に移動する画面がある点

② 被告作品には、原告作品にある海釣りか川釣りかを選択する画面（同画面は原告作品の「釣り場選択画面」にある）や魚をおびき寄せる画面がない点

ウ　評価

　原告作品と被告作品は、釣り人の実際の行動という社会的事実に立脚し、基本的な釣り人の一連の行動を中心として、この社会的事実の多くを素材として取り込み、釣り人の一連の行動の順序に即して画面を配列し構成している。原告作品、被告作品と同様の画面を備えた釣りゲームが従前から存在していたことにも照らすと、原告作品と被告作品の画面の選択及び順序は、釣り人の一連の行動の時間的順序から考えても、釣りゲームにおいてありふれた表現方法にすぎない。また、原告作品と被告作品の相違点を考慮すると、画面の変遷に上述の共通性があるからといって、表現上の本質的な特徴を直接感得することができるとはいえない。

(2)　各主要画面における素材の選択・配列について（本稿では一部を取り上げる）

ア　共通点

2　釣り人の姿は表示されないが、釣り人からの目線で、画面の上段に空、中段に水面、下段に釣り人の立っている場所が表現されている。キャストする目標を指し示すマークが決まった動きをし、ユーザが決定キーを押すと、釣り竿を振る動きがアニメーションで表現されるとともに、その箇所にルアー又は仕掛けがキャストされる。

3　釣り上げ成功時には、釣り上げた魚のイラスト、名前、大きさ、評価を示す「☆」印、釣果記録のポイントが記載される。釣り上げ失敗時には、「？」印を中央部に付した魚影の影像、釣り上げに失敗した魚の種類とおよその大きさが表示される。

「トップ画面」、「釣り場選択画面」及び「魚の引き寄せ画面」について、以下の点を含む共通点が認定された。すなわち、タイトルの記載があること、一部リンクの配置・名称の類似、リンク先の画面が同種の画面であること、画面中のイラストの構成要素（湾、海、山、浜、白波、灯台）の類似や魚の引き寄せ画面の構成の類似（水中のみが真横から水平方向に描かれ、中央に三重の同心円があり、黒の魚影と釣り糸が描かれている点など）である。

イ　相違点

各主要画面において、タイトル、イラスト、矢印、映像、各リンクの具体的な文言その他の文字の表示、具体的な掲示板の画面、ランキングの画面、画像・図柄、配置等が異なっており、具体的な表現において多数の相違点が存在する。

ウ　評価

各画面における共通点は、アイデアであるか、釣りゲームの展開上ありふれたもの、釣りゲームのユーザーの主要な行動パターン（現実の釣り人の基本的な行動パターンと共通する）を前提にユーザーの便宜を考慮したありふれたもの、あるいは他の釣りゲームにおいても多数存在する内容であったり、その他表現上の創作性がない部分にすぎず、また、各画面の具体的な表現が異なる。

3　結論

> 被告作品の画面の変遷並びに素材の選択及び配列は、アイデアなど表現それ自体でない部分又は表現上の創作性がない部分において原告作品のそれと同一性を有するにすぎないものというほかなく、また、具体的な表現においては相違するものであって、原告作品の表現上の本質的な特徴を直接感得することはできない。

□　**本判例のポイント**（実務上の指針となる点等）　

釣りゲームという、釣り人の一般的な行動順序に従って進行するゲームについて、「釣り人の実際の行動という社会的事実」に立脚していることからくる表現上の制約、携帯電話機用ゲームであることによる利用者の便宜等への配慮からくる表現上の制約を前提に、画面の構成に関する著作権侵害の成否を判断

した裁判例である。本判決の「主要画面の変遷に係る」著作権侵害についての判断枠組みは、ビジネスソフトウェアの画面の構成の著作権侵害の判断枠組みと通じるところがあり、本稿で取り上げた。

　本判決は、単に画面の選択・配列（変遷）だけでなく、各画面を構成する素材の選択・配列にまで踏み込んで判断しており、画面の内容がどのように画面間の相互関係に影響しているかといった点も踏まえて検討されているといえる。しかし、画面の変遷、とはいいつつも結局のところ各画面の内容（具体的な表現レベルまでが必須かどうかはともかく）における創作性が必要とされており、画面の変遷自体について、どのような内容であれば、画面の構成として創作的に表現されたといえるのか、本判決からは明らかではない。

□ その他（原審情報等）

・原審：東京地判平成24・2・23平成21年（ワ）34012号裁判所HP〔28180583〕

2-1-6 放置系 RPG ゲーム事件

損害賠償請求控訴事件

知財高判令和 3 ・ 9 ・29令和 3 年（ネ）10028号裁判所 HP〔28292903〕

□ 事案の概要

　原告（控訴人）は、「放置系 RPG」のジャンルに属するスマートフォン向け
ゲーム（iOS/Android。原告ゲーム）を配信し、その著作権共有持分を保有し
ている。「放置系 RPG」とは、本判決によれば、「プレイヤーが、実際にプレ
イすることなくアプリを閉じていても、ゲームが自動的に進行し、経験値を獲
得してキャラクターを育成することができる機能（フルオート機能）を有し、
ゲームを再開した際に、プレイヤーが何らかの利得を得ることができ、あるい
は放置することで楽しめるジャンルのロールプレイングゲーム」である。原告
は、同種のゲーム（被告ゲーム）を配信していた被告（被控訴人）に対し、同
ゲームの制作及び配信行為が、原告ゲームに係る著作物（ゲームの構成、機能、
画面配置等及びこれらの組合せ、プログラム）の著作権（複製権、翻案権及び
公衆送信権）を侵害するとして、被告ゲームの複製等の差止め、損害賠償を求
めた。

　原審は、請求を全部棄却した。原告は、損害賠償部分についてのみ控訴し、
また控訴審では一般不法行為による損害賠償請求を選択的に追加した。

□ 争 点

・ゲームの構成、機能、画面配置等及びこれらの組合せについての複製行為又
　は翻案行為該当性

□ 裁判所の判断[1]

1　創作性の判断基準

　裁判所は、創作性の判断基準について、本件のようなスマートフォンゲーム

1　本判決は、類比判断の前提となるゲーム画面対比表やゲーム構成対比表の記載された別紙がウェブ
　サイト上で公開されておらず、裁判所で閲覧することは可能であるものの内容全体の把握には限界
　がある。

の特徴[2]から、「一連のまとまった表現として把握される複数の画像が、プレイヤーの操作・選択により、又はあらかじめ設定されたプログラムに基づいて、連続的に展開することにより形成されている場合には、一連のまとまった表現を構成する各画像自体の創作性及び表現性のみならず、その組合せ・配列により表現される画像の変化も、著作権法による保護の対象となり得る」としたうえで、以下のとおり述べた。

> このようなゲームにおける各画像及びその組合せ・配列については、プレイヤーによるリンクの発見や閲覧の容易性、操作等の利便性の観点から機能的な面に基づく制約を受けざるを得ないため、作成者がその思想・感情を創作的に表現する範囲は自ずと限定的なものとならざるを得ず、上記制約を考慮してもなおゲーム作成者の個性が表現されているものとして著作物性（創作性）を肯定し得るのは、他の同種ゲームとの比較の見地等からして、特に特徴的であり独自性があると認められるような限定的な場合とならざるを得ない。

2　ゲーム全体の構成・機能・画面配置等の組合せ（画面の変遷並びに素材の選択及び配列）について

裁判所は、次のとおり複製ないし翻案権侵害を否定した。

原告ゲームと被告ゲームは、主要画面及びホーム画面上に表示されるボタンに対応する各画面の名称と構成が共通しているが、これらのゲーム内容及び各画面等については、ゲームの「基本的構成、具体的構成及び利用規約のいずれにおいても、アイデアなど表現それ自体でない部分又は表現上の創作性がない部分において共通しているにすぎず、また、具体的表現においては相違する」。

具体的には、裁判所は、原告ゲームと被告ゲームの基本的構成における共通点は、放置系RPGゲームである点とプレイヤー同士でグループをつくることができる機能その他の機能であるが、いずれもゲームのシステムないしこれに対応する機能であり、アイデアにすぎないと判断した。

2　プレイヤーとのインタラクティブ性があることからプレイヤーの選択肢を画面上に表示する必要があること、及びプレイヤーが各画面のリンクを選択することによって別画面に遷移することが繰り返される仕組みになっていること。

また、裁判所は、キャラクターの名称、構成、機能について、原告ゲームと被告ゲームの共通点は、キャラクターが「主将」と「副将」（歴史上の人物を女性化したキャラクター）から構成される点、「主将」のメインの能力として選択できる内容（3種類）、「副将」の使用条件（一定の条件・レベルが必要）、「副将」の行動内容（「出陣」「応援」）、各キャラクターの画面上での動き・各キャラクターのボイスを聴くことができる仕様であり、いずれも両ゲームのシステムないしこれに対応する機能又はキャラクターの動きやボイスの機能であり、アイデアにすぎないと判断した。

上述の放置系 PRG ゲームとしての機能的な面に基づく制約から、「各画面の機能ないし遷移方法については、ある程度似通ったものにならざるを得ず、各画面の機能ないし遷移方法を具体的にみても、特に特徴的であり独自性があるということはできない」。

以上から、原告ゲームと被告ゲームは、ゲーム全体の「構成・機能・画面配置等の組合せ（画面の変遷並びに素材の選択及び配列）についても、アイデアなど表現それ自体でない部分又は表現上の創作性がない部分において」同一性を有するにすぎないものというほかなく、被告ゲームに接する者が原告ゲームの画面の変遷並びに素材の選択及び配列の表現上の本質的な特徴を直接感得することはできず、複製又は翻案に当たらない。

□ 本判例のポイント（実務上の指針となる点等）

著作権法によるゲームの画面及び画面構成の保護の難しさを改めて感じさせる事案である。本判決のロジックに従えば、特定のジャンルに属するゲームにおいては、プレイヤーによるリンクの発見や閲覧の容易性、操作等の利便性の観点から機能的な面に基づく制約があることになるため、画面配置等のアイデアレベルにおいても独自性を見出すのは相当程度難しく、画面配置等において複数の選択可能性があったとしても最終的に選び取られた表現の創作性が認められるハードルは極めて高い[3]。もっとも、属するジャンルを絞って認定すべきか否か、どの程度ジャンルを限定するかについては議論があるところであろ

---

3 原告は、原告ゲーム全体の構成・機能・画面配置等の組合せには選択の余地があることを共通点の創作性の根拠として主張したが、裁判所は実際に作成された表現はありふれたものであると判断した。原告の主張はアイデアレベルの選択可能性の主張にすぎないものとして扱われたといえる。

う。また、知財高判平成24・8・8（事例2-1-5）では、類似ゲームとの比較（ゲームジャンルの考慮）に加えて、釣り人の実際の行動という社会的事実に立脚して制作されたゲームであることが主要画面の変遷に係る共通点の創作性の判断（創作性否定方向の判断）において考慮されたが、本件においてはそのような社会的事実は認定されていない。

　原告は、本判決のような判断手法によれば、「他社のゲームをデッドコピーしても、キャラクターやアイコンのデザイン等を多少変更さえしてしまえば、著作権侵害を免れる」と本判決の判断手法に問題がある旨の主張しており、そのような懸念自体はもっともである。しかし、判決では個別画面の比較だけで判断されているのではなく個別画面の比較を前提に個別画面の集積である画面配置等を検討しているのであり、この判断手法自体に問題があるとまではいえない。一方で、個別画面の表現内容自体は複製ないし翻案とまでは評価できないが、画面構成等の共通点を考慮するとゲーム全体としては複製ないし翻案と評価できるような場合とは、（理論的にはあり得るにせよ）具体的にはどのような場合なのか、実際にはそのようなケースは存在しないのではないかという疑問が残る。

□ **その他（原審情報等）** ……………………………………………………………

・原審：東京地判令和3・2・18平成30年（ワ）28994号裁判所HP〔28292902〕

2-1-7 ゲーム内画像の著作権侵害

著作権侵害差止等請求事件

東京地判令和4・4・22平成31年（ワ）8969号裁判所HP〔28301069〕

□ **事案の概要** ……………………………………………………………………

　原告、被告はともにオンラインゲームの制作及び配信を行う企業である。原告は、被告の制作・配信するオンラインゲーム（被告ゲーム）内の画像が、原告の制作したオンラインゲーム（原告ゲーム）の著作権を侵害するものであるなどとして、侵害行為の差止請求及び損害賠償請求を行った。問題となった被告ゲーム内画像は、ゲーム内で使用されているアイコンの画像（アイコン画像）とキャラクターの画像が表示された画面（キャラクター表示画面）であった。

□ **争　点** ……………………………………………………………………………

1　アイコン画像の類似性
2　キャラクター表示画面の類似性

【アイコン画像（判決別紙より抜粋）】

　原告画像は同様の形状・サイズのアイコンが横一列に4つ並び、被告画像は同様の形状・サイズのアイコンが縦一列に並んでいる。本稿では、その中でも判断が悩ましいと思われる画像についての判断を取り上げる。なお、「原告画像8」等の画像名の表記は判決に従った。

原告画像8	被告画像7
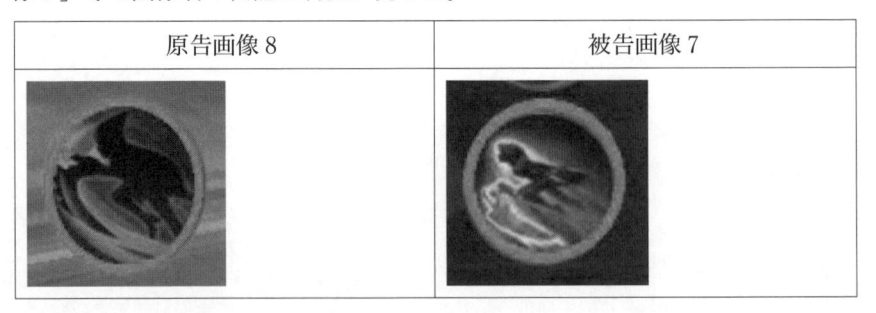	

【キャラクター表示画面（判決別紙より抜粋）】

　複数のキャラクターが判断対象となったが、具体的なポーズその他絵柄について異なる描き方がされているものがほとんどであるため（共通部分がアイデアなど表現それ自体ではないかあるいは表現であるとしてもありふれていると判断されている）、本稿では、原告がキャラクター自体だけでなく画面構成も含めて類似性の主張をした画像を取り上げる。

原告画像2	被告画像2

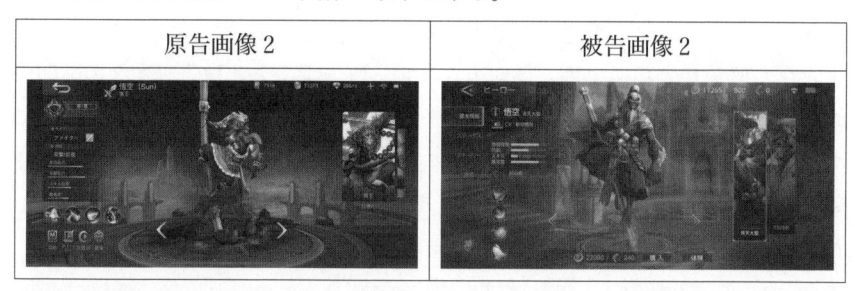

□　裁判所の判断

1　アイコン画像（類似性否定）

　原告は、原告画像8のアイコンと被告画像7のアイコンの共通点について、鎌を持った人影が、鎌を身体の前方に抱え左側を向き、片足を伸ばし、もう片足を曲げており、鎌を持った者の態勢と背景から左上に向かって飛んでいるように見える点が共通すると主張したが、裁判所は、以下の点などから具体的な表現には多くの相違点があるとして、アイデアが共通するにとどまると判断した。

①　原告画像8の人影は専ら黒く描かれているのに対し、被告画像7の人影は、上半身及び鎌に当たる部分が白く縁どられていること

②　原告画像8の人影は頭巾のようなものを被り、体は服又は体型で太く描かれているのに対し、被告画像7の人影は頭巾のようなものを被っておらず、細い体型が描かれていること

③　原告画像8の背景部分は赤く渦のような形状が描かれているのに対し、被告画像7の背景部分は、人影を囲むように、人影の周囲及び足から先がやや明るくなっていて、人影が前方に向けてスピードを出して移動しているかのような印象を与えるように描かれていること

2 キャラクター表示画面（類似性否定）

　裁判所は、キャラクター自体の共通点についてはアイデア又はありふれた表現にすぎないとしたうえで、画面構成について、キャラクターの下の中央の円形の部分、右上の３種類の獲得アイテム数表示欄、右側の縦長のキャラクター選択欄（大きくキャラクターの絵が表示され、下に白色文字で名前が表示されている）、４本の横向きステータスバー及び４つのオレンジ色の円形のアイコンは、それぞれ、原告画像２と被告画像２とで描き方が異なっているため、具体的な表現として共通するとは認められず、原告画像２と被告画像２の画面構成については、上記のような要素が配置されているという点が共通しているにすぎず、その具体的な位置や並んだ方向等が異なることから、上記共通点が認められるとしても、画面構成に関するアイデアが共通するにすぎないと判断した。

□ 本判例のポイント（実務上の指針となる点等） Point

　本判決の内容は、描かれた人物のポーズや画面内のアイテムの大まかな配置場所が共通するだけでは、アイデアが共通するにすぎず、あくまで具体的な人物・（画面に配置された）アイテムの描かれ方（アイテム表示内容、ステータスバーやアイコンの具体的な絵柄等）のレベルで共通していなければならないという点で、従前の裁判例の考え方に沿ったものである。ゲームの画面は、ビジネスソフトウェアの画面と比べれば具体的な表現の幅についてより広いから、個々の具体的なアイテムの描写の工夫と配置の工夫が相まって画面が著作物と認められる余地はある。一方で、たとえアイテムの個別具体的な配置が類似していたとしても、個々のアイテムの具体的な描き方が異なった場合には、当該相違点が存在することをもって被告ゲームから原告ゲームの表現上の本質的な特徴を直接感得することはできないといった判断になるであろうから、（個々のキャラクターやアイテムではなく）画面のデザインの著作権による保護を求めるのはゲームであっても難しい。

2-2-1 プログラムの著作物性①

著作権に基づく差止等請求事件

東京地判令和4・8・30平成30年（ワ）17968号裁判所 HP〔28312443〕

□ 事案の概要 …………………………………………………………………

　本件は、クラウド型の在宅医療対応電子カルテシステム及びレセプトシステム（HOMIS）に関するプログラムの著作権侵害が問題となった事例である。HOMIS の管理は、訴外株式会社（本件顧客）が行っていた。原告は医療機関の運用支援を目的とする株式会社であり、被告は通信機器等の設計等を目的とする株式会社である。

　被告は、HOMIS の一部（本件部分）を、本件顧客との間の情報処理業務に係る業務委託基本契約（本件契約）に基づき、本件顧客から委託を受けて作成し、本件顧客の指定する医療法人（本件医療法人）に納入した。本件契約には、被告が作成した納入物の著作権は、被告が従前から著作権を保有する著作物の著作権を除いて、納入物の所有権移転と同時に顧客に移転することが定められていた。

　原告は、本件部分のうち一部のプログラム（本件プログラム）について、本件顧客を起点とする複数回の著作権譲渡を経て、著作権を取得したと主張した。一方で、被告は本件プログラムは被告が従前からその著作権を保有するものであるから、本件契約の上記条項に従い被告に著作権が留保され、被告から本件顧客に著作権譲渡はされず、被告に著作権が帰属していると主張した。

　被告は、HOMIS とは別に、被告のサービスとして、クラウド型の在宅医療対応電子カルテシステムである「モバカルネット」（被告プログラム）の利用サービスを開始した。原告は、被告に対し、被告プログラムが本件プログラムを複製又は翻案したものであると主張して、差止請求等訴訟を提起した。

　本件で問題となった各プログラムの関係は以下のとおりである。

　被告が作成した本件部分は、HOMIS の構成部分のうち電子カルテ[1]及びレセプトシステム[2]部分であり、表1のとおりの5つのモジュール群（一部に本

1　医療従事者が、モバイル端末を用いて、在宅患者の診療情報を記録、参照したり、診断書等の文書を作成したりするための電子カルテシステム。

件プログラムを含む）から構成されていた。また、本件部分は、被告が従前から著作権を有するPMポータルという開発ツール[3]を用いて作成されており、本件プログラムもPMポータルを用いて作成されたものであった。なお、PMポータルは、従前から被告が著作権を保有していたため、本件契約によって本件顧客に著作権譲渡されることなく、その著作権は被告に留保され帰属している。

　本件プログラム（31個のプログラム群）を含む〈ア〉及び〈ウ〉部分は、医療従事者が、モバイル端末を用いて、在宅患者の診療情報を記録、参照したり、診断書等の文書を作成し、これらの文書をPDFファイルとして表示したりすることができるプログラムである。

【表1：本件部分（5つのモジュール群)】

〈ア〉Web フレームワーク	本件プログラムの一部を含む。
〈イ〉HOMIS 管理ツール	利用者登録及びシステム作動に不可欠なマスタデータの管理等の機能を実現するプログラム群
〈ウ〉電子カルテアプリケーション	在宅患者の診療情報の記録、入力補助、医事文書作成等の機能を実現するプログラム群 本件プログラムの一部を含む。
〈エ〉レセプトソフトウェア接続アプリケーション	電子カルテアプリケーションと ORCAレセプトソフトウェアの連結を実現するプログラム

2　医療事務員が、電子カルテに記録された患者診療情報に基づいて診療報酬を算定し、診療報酬の請求を行うためのレセプトシステム。

3　被告の従業員が開発したプログラムで、スケジュール、タスク及びプロジェクトの管理、文書の作成及び管理、入力支援などの基本的な機能を提供するプログラムであり、Web フレームワーク及び Web アプリケーション部という各プログラム群によって構成される。
　Web フレームワークは、ウェブシステムの開発で頻繁に使用される基本的な機能、一般的な処理の流れをまとめたプログラム群であり、ウェブ画面表示処理、データベース処理、文書作成処理の各機能をまとめた PHP 言語によって記述されたクラス群と、クラスを利用し様々な機能をまとめた PHP 言語又は JavaScript 言語によって記述された関数群から構成されていた。
　また、Web アプリケーション部は、Web フレームワークに記述されたクラスを呼び出し、クラスからインスタンスを生成し、生成したインスタンスに値を設定し、生成したインスタンスを実行して、プロジェクト管理用のウェブ画面表示処理、データベース処理、文書作成処理を行う実行インスタンス群から構成されていた。

	本件プログラムの一部を含む。
〈オ〉ORCA レセプトソフトウェア	社団法人日本医師会が著作権を保有する[4]。

□ 争 点

・本件プログラムの著作物性

　本件プログラムは、被告が著作権を有する PM ポータルのフレームワークを用いて作成されていることから、原告が被告を起点とする複数回の著作権譲渡によりその著作権を取得したかということ以前に、そもそも本件プログラムが PM ポータルとは異なる独自の著作物といえるか（著作権が発生しているのか）が争点となった。

□ 裁判所の判断

プログラムに著作物性があるというためには、指令の表現自体、その指令の表現の組合せ、その表現順序からなるプログラムの全体に選択の幅があり、かつ、それがありふれた表現ではなく、作成者の個性、すなわち表現上の創作性が表れていることを要する。（中略）

PM ポータルを基盤とし PM ポータルの Web フレームワークを用いて作成されたことに起因して、〈ア〉部分の多くは PM ポータルの Web フレームワークを構成するプログラムファイルから構成されており、〈ウ〉部分は、PM ポータルの Web アプリケーション部を参照して作成され、データの処理や画面の表示などの中核的な機能は〈ア〉部分を参照して実行するため、その内容は、自由度が制約され、基本的な命令文を列挙して、変数にデータを代入する処理や画面を表示するための HTML 文書が記述された部分が多くを占めていること（前記第 2 の 1 ⑸イ、前記イ）、作成、表示される医事文書の基本的な様式も通知により定められるなどしていることから、各プログラムにおいて変数に値を設定する処理や画面を表示す

4　社団法人日本医師会（以下、「日本医師会」という）が ORCA（Online Receipt Computer Advantage）プロジェクトによって開発し、日本医師会 ORCA 管理機構株式会社がオープンソースとして提供するレセプトシステムである「日医標準レセプトソフト」。

るための HTML 文書を記述するに当たっても個性を発揮する余地が乏し
い。これらの〈ア〉及び〈ウ〉部分の特性から、電子カルテシステムに適
用するために、PM ポータルを修正し新たに作成した部分があるからと
いって、そのことが直ちに本件31個の各プログラム〔本件プログラム〕の
表現上の創作性につながるとはいえない（前記ウ㋐）。そして、原告は、
本件各31個の各プログラムがそれぞれ著作物であり、それらに創作性があ
ると主張するところ、原告が本件31個の各プログラム〔本件プログラム〕
の創作的表現であると主張する具体的な各点について、本件31個の各プロ
グラム〔本件プログラム〕を含む〈ア〉及び〈ウ〉部分が上記のとおりの
特性を有する部分でありそこにおけるプログラムもその特性の下にあるも
のであることにも関係し、原告が創作性があるとして主張する具体的な記
述等はいずれもありふれたといえるものなどであって、それらに独自に著
作物といえる程度の表現上の創作性を認めるに足りない（前記ウ㋑〜㋔）。

　以上のとおり、本件31個の各プログラム〔本件プログラム〕に PM ポー
タルを離れた独自の創作性があるとは認めるに足りない。

□ 本判例のポイント（実務上の指針となる点等）

　本件プログラムは、被告が著作権を有する開発ツール（PM ポータルの Web
フレームワーク）を使って作成されており、開発ツールにおいて既に用意され
ていたプログラムから構成される部分（上記〈ア〉）、それを前提に作成内容の
自由度が制約された中で作成された部分（基本的な命令文を列挙して、変数に
データを代入する処理や画面を表示するための HTML 文書が記述されている
にすぎない部分。上記〈ウ〉）が存在することが創作性を否定する事情として
考慮された。また、本件プログラムによって作成・表示される医事文書も基本
様式が通知により定まったものである点も HTML の記述に当たって個性の発
揮の余地が乏しいことの前提事情として考慮され、特定の動作・機能を実現さ
せるありふれたソースコードであること等の創作性を否定する典型的な理由に
よって、本件プログラムの著作物性が否定された。

　契約の観点では、本件契約の著作権の帰属に関する定めは、既存の著作物の
著作権は受託者に留保され、新規に発生する著作物については委託者に譲渡さ

れる、という内容であり、委託者・受託者間の利害調整の結果として選択される、典型的な内容であった。既存は受託者、新規は委託者、と文言上はわかりやすい切り分け方だが、実際にはそもそも新規作成物の全部又は一部が結果として著作物に該当しない場合の処理について曖昧さを残した定めであり（とはいえ、具体的に成果物のどこに著作物性があるかといったことは予想し得ないケースが多いと考えられる）、その曖昧さのリスクが現実化したのが本件であったといえる。

2–2–2 プログラムの著作物性②

損害賠償請求事件

大阪地判令和 3・1・21平成30年（ワ）5948号裁判所 HP〔28291102〕

□ 事案の概要 ……………………………………………………………

　原告ら（個人 2 名）は、競艇の勝舟投票券（舟券）を自動的に購入する等の機能を有するソフトウェアに係るプログラム（原告プログラム）について著作権を共有している。原告らは、被告ら（法人 2 社と個人 3 名）が制作し、販売していた同種の機能を有するソフトウェアに係るプログラム（被告プログラム）が、原告プログラムの複製物又は翻案物であるとして、著作権法114条 2 項に基づき損害賠償を請求した。

　原告プログラムは、原告らが、訴外個人から依頼されて、既存のソフトウェアに機能追加等して制作した OEM 製品であり、当該訴外個人はこれを顧客に販売していた。原告プログラムには、原告らにより、無断複製又は改変を防ぐため、ワイブキー（コピープロテクトツール）によるハードウェアベースのコピープロテクトと逆コンパイル対策の難読化が施されていたが、被告らは、上記訴外個人からワイブキーを入手し、原告プログラムの逆コンパイル及び難読化解除を行ったうえで、機能を追加して被告プログラムを作成した。

□ 争　点 ……………………………………………………………

・原告プログラムの著作物性[1]

□ 裁判所の判断

　原告プログラムは、市販のプログラム開発支援ソフトウェアを使用して作成されており、「ソースコードの個別の行についてみれば、標準的な構文やありふれた指令の表現が多用されており、独創的な関数等は用いられていない」。

1　判決では、以下の知財高判平成24・1・25判時2163号88頁〔28180786〕が引用されている。
　「プログラムに著作物性があるというためには、指令の表現自体、その指令の表現の組合せ、その表現順序からなるプログラムの全体に選択の幅があり、かつ、それがありふれた表現ではなく、作成者の個性、すなわち、表現上の創作性が表れていることを要するといわなければならない。」

しかし、以下のソースコードの記述について、いずれも複数の表現があり得るところ、指令の組合せや構造体の配列の観点で、一定の意図のもとに選択された独自の表現となっている表現上の創作性があり、「これらの部分を組み合わせて構成されている原告プログラムにも、表現上の創作性が認められる」。

① 原告プログラムのうち、自動的に舟券の購入等の動作を実行する状態（自動運転）「中の画面レイアウトについて、処理の高速化を図り、画像を重ねて見やすく表示するために、市販のソフトウェアにより自動生成されるコードを使用せず、独自のメソッドを作成し、オブジェクトを配列化し、オブジェクト間の関係を工夫した構造を記述している。」

② 自動運転の設定情報を読み込む方法として、構造体（プログラムで使用する変数型の1つで、複数の変数の型をまとめて管理できるもの）を使用する方式にし、「コードを軽量化して見やすくし、処理を高速化するために、構造体を画面に表示される項目に対応した構成及び配列として記述」するなどの工夫をしている。

③ また、「何度もデータベースを直接呼び出す処理を省くため」、構造体の数と構造を工夫している。

④ 競艇公式ウェブサイトの予想情報（DEMEDAS 情報）「から必要な要素を抽出処理するに当たって、ウェブサイト側で HTML の記述を変更されると抽出できなくなりやすいデメリットはあるものの、メンテナンス性を考慮して、できるだけ HTML の記述を省略せずに文字列パターンを指定して記述している。」

⑤ 「人間が情報を入力してログインや舟券購入の操作をすることを想定して作成されている投票サイトのサーバーに、人間の操作を介さずに必要なデータを送信してログインや舟券の購入を完了するための指令の表現方法は複数考えられるところ」、ユーザーに処理を認識しやすくし、同投票サイトの仕様変更等に対応しやすくするために、より人間に近い動作をするように、「複数の方式を適宜使い分けて記述し、一連の舟券購入動作を構成していることが認められる。」

□ 本判例のポイント（実務上の指針となる点等）　👆 Point

市販のプログラム開発支援ソフトウェアにおいてあらかじめ用意されていた

標準的な構文やありふれた指令の表現を多用したという点に着目すると表現の選択の幅が狭く創作性が否定されそうに思えるが、具体的な表現内容として方法・アイデアにとどまらない工夫がなされていると判断された。もっとも、本判決のうち、例えば、上述の「コードを軽量化して見やすくし、処理を高速化するために、構造体を画面に表示される項目に対応した構成及び配列として記述」(②)の点などは、特定の機能を達成するための方法(アイデア)について述べているようにもみえる。結論としては、具体的な記述内容を前提に、当該アイデアを前提にして複数の記述方法があり得たところ、独自の記述がなされており創作性のある具体的な表現である旨の判断がされた。創作性のある部分をいかに具体的に主張するかという点の重要性を改めて認識させられるとともに、アイデアと表現の区別が紙一重であることが感じ取れる事案である。

2-2-3 プログラムの著作物性③

損害賠償請求事件

東京地判令和2・3・4平成29年（ワ）19073号裁判所 HP〔28282754〕

□ 事案の概要 ··

　本件で問題となったプログラムは、EDINET[1] に提出する開示書類を作成するためのソフトウェアである「X-Smart」に組み込まれたプログラム「X-Smart 簡易組替ツール」（本件プログラム）である。

　原告は、本件プログラムを作成した株式会社である。被告[2]は、「X-Smart」をクラウドサーバ上で顧客に提供する株式会社である。原告は、被告の完全子会社（DI 社）から委託を受け本件プログラムを作成し、DI 社に納品した。

　原告は、本件プログラムの著作権は DI 社には移転しておらず原告に帰属することを前提に、被告に対し、被告が「X-Smart」をクラウドサーバ上で顧客に提供することにより、本件プログラムを複製し、送信可能化して、原告の本件プログラムの著作権を侵害した等[3]と主張して、不法行為による損害賠償を求めた。

　本件プログラムの機能は、①ユーザが作成した会計に関する Excel ファイル等を「X-Smart」に取り込む機能及び②勘定科目を開示科目に簡易に組み替える機能であり、「X-Smart」のユーザは、作成した Excel ファイル等を、本件プログラムを使用することにより特定の仕様のファイル形式（宝 XBRL）に簡易に変換することができる。

　原告は、本件プログラムを、DI 社から原告に対して提供された資料に基づいて作成した。当該資料は、宝 XBRL の定義・構成要素の組み合わせに関する資料とこれを補充する被告作成の資料、並びに DI 社作成による要求仕様書[4]、要件定義書（本件プログラムの処理の概要[5]が記載されていた）及び連携仕様書

1　金融商品取引法に基づく有価証券報告書等の開示書類の電子開示システム（英文表記である「Electronic Disclosure for Investors' NETwork」を略して「EDINET」とも表記）。

2　被告は、企業から開示された情報の調査、収集及び提供並びにコンサルティング業等を目的とする株式会社である。

3　複製権、公衆送信権を侵害するとともに、この侵害行為により作成された複製物を業務上電子計算機において使用することにより著作権を侵害したものとみなされる旨の主張。

（画面遷移、各画面の表示内容、動作内容[6]が記載されているほか、ルールファイル等の定義が記載されていた）等である。

本件プログラムに含まれるソースコードには、DI 社が元データやサンプルを提供し又は作成方法を指示して作成されたソースコード、第三者の提供する開発ツール[7]に含まれるファイルや開発ツールを使用して自動生成されるファイル及びオープンソースのファイルに基づいて作成されたソースコード並びに一般的な設定ファイル等を内容とするソースコードが含まれている。

□ 争 点 ··

・本件プログラムの著作物性

原告は、創作性の根拠として、ソースコードの量が膨大であり（4万0381ステップ）、指令の組み合わせ方、順序、関数化の方法等には無限に近い選択肢があること等を拠り所に選択の幅があること（DI 社による各資料に具体的な指令の組み合わせが記載されていないことを根拠とした）、また、実現する機能の特殊性を主張した。

□ 裁判所の判断

裁判所は、以下のとおり、本件プログラムの著作物性を否定した。

4　本件プログラムの開発目的、開発言語（C#）、NetAdvantage 等の Excel ライブラリを使用することができることなどの開発要件、要件定義書と同様の本件プログラムの処理の概要が記載されていた。

5　①画面上で、アップロードするファイルのファイル形式が Excel ファイル、CSV ファイル、TSV ファイルのいずれであるかを選択し、取込みを開始する行を設定すること、②画面上で、会計科目をドラッグし、開示科目にドロップすることによって組替操作を行うこと、③画面上で、開示科目の行の追加、削除等の編集をすること、④画面上で、単位を編集すること、⑤画面上で、「出力」をクリックすると、宝ＸＢＲＬ形式で出力されることなど。

6　①アップロードするファイルのファイル形式を選択する画面には、ファイル形式の選択に用いられるドロップダウンリストや、選択したファイルの内容を確認する際に用いられる「内容確認」ボタンが表示されること、②上記①の「内容確認」ボタンをクリックすると、選択したファイルの内容を確認する画面に遷移すること、③上記②の画面上で、アップロードされたファイルの内容を表示し、データの開始行を指定することができ、同画面上に表示されている「取込」ボタンをクリックすると、ファイルの取込みが開始されること、④組替操作を行う画面上で、会計科目をドラッグして開示科目にドロップすることによって組替操作を行うこと、⑤上記④の画面上で、開示科目の行の追加、削除等の編集をすることなど。

7　インフラジスティックス・ジャパン株式会社が提供する開発ツールである NetAdvantage や、Microsoft 社が提供する VisualStudio 等。

本件プログラムは、相応の分量のソースコードからなるものであるが、「DI社が原告に本件プログラムの開発を委託した際に提供した資料には本件プログラムに要求される機能及びそれを実現する処理、画面の構成要素等が概ね示されて」おり、また、「本件プログラムは、ユーザーからのフィードバックの結果を踏まえ、順次 DI 社からの発注を受けて修正等をしながら開発され、その過程でソースコードの一部については DI 社から元データやサンプルが提供され、その作成方法を指示されるなどして作成された」という経緯があり、さらには、ソースコード中に第三者の提供する開発ツールに含まれるファイルや開発ツールによって自動生成された部分、オープンソースのファイルから作成された部分、一般的な設定ファイル等も相応に含まれていることにも照らせば、「ソースコードの分量等をもって、本件プログラムに係る表現の選択の幅が広いとは直ちにいえ」ず、原告が創作的表現であると主張する部分については以下のとおり（一部を紹介する）、著作物に該当しない。

① 「プログラム中で繰り返し表れる作業につきサブルーチン[8]に設定することで可読性及び保守性を向上させることは一般的な手法である」。原告が創作性の根拠としてさらにサブルーチンを設定できる（さらに分割できる）にかかわらず設定していない点については、そのことに何らかの目的、意図があるともいい難く、サブルーチンをさらに分割することができるというだけでは、作成者の個性が表れていると認めるに足りない。

② 条件分岐[9]について原告が創作性を主張する部分は一般的な文献[10]に記載されている基本的な制御文が使用されており、ループ[11]処理の方法に原告が創作性を主張する部分も同様の文献に記載されている基本的な制御文が使用されているなど、原告がこれらの点で創作性を主張する部分について原告の個性が表れていると認められない。

③ ソースコードにデバッグログを出力するコードが挿入されている部分があることについては、「不具合があり得ると考えられるソースコード上にデバッグログを出力するコードを挿入することは一般的に行われていること」

8　メインプログラムの中で何度も繰り返す作業など1つのまとまった作業をメインプログラム外に記述した補助プログラム単位。

9　プログラムの制御構造のうち、条件によって複数の処理に分けるもの。

10　高等学校工業科用の文部科学省検定済教科書等。

11　プログラムの制御構造のうち、データ処理をする際に同じ処理を何度も繰り返すもの。

であり、そのことに作成者の個性が表れているということはできない。また、他の部分について、デバッグログを出力するコードを挿入し得るにもかかわらず挿入されていないことを創作性として原告が主張している点については、「納品されるプログラムにデバッグログを出力するコードが挿入されていないこと自体は一般的なことであると考えられるから、そのことに作成者の個性が表れているということはできない。」

□ 本判例のポイント（実務上の指針となる点等）  Point

　原告の、ソースコードの分量を主要な根拠とした表現の選択の幅に関する主張に対し、裁判所は、委託者から提供された資料の内容や第三者の開発ツールの使用を踏まえて表現の選択の幅が限定されていたことを認定したうえで、原告が創作性を主張する各点について丁寧に検討し、創作性を否定したという判断過程は、他のプログラムの著作物性を検討するうえで参考になる。

2-2-4 プログラムの著作物性④

著作権侵害差止等請求事件

東京地判平成24・12・27平成22年（ワ）47569号裁判所 HP〔28210060〕

□ 事案の概要 ……………………………………………………………

　原告は団体「大道芸研究会」（本団体）の元会員であり、被告は同団体の現[1]会員である。原告は会員として本団体在籍中に、本団体名と同名のウェブサイト（本ウェブサイト）を作成し、本団体のホームページとして運営していたが、同団体の内紛が契機となって休会した。被告は、原告休会中の本団体のホームページ担当者となった。被告は、本件ウェブサイトから、本件ウェブサイトの各画面（本件各画面）の画像データ及びソースコード（本件ソースコード）をダウンロードして、それらを取り込んで新たな情報を追加し、本団体と同名のウェブサイト（被告ウェブサイト）を作成した。

　原告は、本件各画面及び本件ソースコードは原告を著作者とする著作物であるとして、被告が被告ウェブサイトに含まれる画面（被告各画面）を掲載した行為及び被告ウェブサイトのソースコード（被告ソースコード）の作成行為は、原告の同一性保持権侵害に該当するなどとして、被告に対して損害賠償請求を行った。

　本件各画面は、原告が Microsoft のホームページ作成アプリケーションソフトウェアである FrontPage Express（フロントページエクスプレス）を使用して作成したものであり、本件各画面に用いられている画像の素材は、同ソフトウェア添付のもの（フォント、ボタン、背景画像）、第三者が作成したもの（背景画像）、大道芸研究会の会員が撮影した写真であった。

□ 争 点 ……………………………………………………………………

・被告ソースコードの作成が同一性保持権侵害行為に該当するか

1　本判決当時。

> プログラムを著作権法上の著作物として保護するためには、プログラムの具体的記述に作成者の思想又は感情が創作的に表現され、その作成者の個性が表れていることが必要であると解される。
>
> しかるところ、本件ソースコードは、原告がフロントページエクスプレスを使用して本件各画面を作成するに伴ってそのソフトウェアの機能により自動的に生成された HTML ソースコードであって、原告自らが本件ソースコードそれ自体を記述したものではないこと（原告本人、弁論の全趣旨）からすると、本件ソースコードの具体的記述に原告の思想又は感情が創作的に表現され、その個性が表れているものとは認められない。

☐ 本判例のポイント（実務上の指針となる点等）

　ウェブサイト作成ツールを使用して、作成者本人は直接的にはソースコードを記述せずに作成されたウェブサイトのソースコードについて、当該ツールの機能により自動的に生成されたことをもって、作成者の思想又は感情が創作的に表現され個性が表れていない、として著作物性を否定したケースである。

　近年いわゆるノーコード・ローコードの技術を使ってソースコードを（ほとんど）自力で記述することなくアプリケーションやウェブサイトを作成することは広く受け入れられるようになっている。ノーコードでのウェブサイト作成を可能にするプラットフォームサービスもあり、そのようなサービスを使って作成されたウェブサイトのソースコードに著作権があるのか、あるとすれば誰に帰属するのか。本判決を形式的にあてはめれば著作物性は否定される方向に判断が傾きそうだが、ツールの仕様や使い方を具体的にみた場合に、作成者の思想感情・個性が最終的なソースコードに表れているといえないか。近接する分野の議論として、AI 生成物の著作物性の判断基準となる（AI を使用して生成物を生成した者の）創作的寄与については、AI に対する指示（プロンプト）の分量や内容、生成の試行回数、複数の生成物からの選択行為といった要素を総合考慮すべきとの議論がなされている[2]。開発ツールを用いて作成されたプ

ログラムの著作物性についても、生成 AI に関するプロンプトと生成物の関係についての議論も参照しつつ検討すべきケースが出てくるかもしれない。

2　文化審議会著作権分科会法制度小委員会「AI と著作権に関する考え方について」（令和 6 年 3 月15日）39-40頁

2-2-5 HTML の著作物性

損害賠償請求控訴事件

知財高判平成29・3・14平成28年（ネ）10102号裁判所 HP〔28250907〕

□ 事案の概要 ……………………………………………………………

　原告（控訴人）は、ソフトウェアの開発会社である。被告（被控訴人）は、サプリメントの製造・販売等を行う会社である。

　原告は、被告から委託されて、通販管理システム（本件システム）を作成した。以下、本件システムを機能させるためのプログラムを「本件プログラム」という。

　原告は、被告に対して、被告との契約に基づき、本件プログラムの使用を許諾していたが、原告と被告の契約は終了した。原告は、被告が契約終了後に本件プログラムを違法に複製し利用を継続したとして、被告に対し、複製権侵害の不法行為に基づく損害賠償を請求した。

　被告は、原告との契約終了後、被告の新規会員登録に関するホームページの画面について HTML を作成して使用したが、当該画面は、本件プログラムの一部である HTML 部分（本件 HTML）により表示される画面とほぼ同一の内容であった。

　本件 HTML によって表示される画面の概要は以下のとおりである。

①　会員登録要件等が記載されたページ下部の「上記を全て満たすので会員登録手続きへ進む。」のボタンをクリックすると、登録申請時確認テストの画面が表示される。

②　上記確認テスト画面に表示された問題に回答した後に、「確認」ボタンをクリックすると、誤答がある場合には解説を追加してテスト画面を再度表示させ、全問正解の場合にはテスト解説画面が表示される。

③　上記②で表示される画面の「次へ」のボタンをクリックすると、基礎情報登録の画面が表示される。

④　上記登録画面には、会員番号、メールアドレス等の情報を入力する欄、同意に関するチェック欄がある。紹介者の会員番号の欄に入力すると、対応する会員（紹介者）の氏名が表示される。必要な情報を入力し、同意チェック

欄にチェックを入れると、「確認」ボタンが表示される。「確認」ボタンをクリックすると、入力情報の形式面の確認が行われ、全て問題ない場合には登録確認画面が表示される。

⑤　上記登録確認画面には、それまでの入力内容が表示され、下部の「登録に同意し、仮パスワードを発行する。」のボタンをクリックすると、データベースへの会員登録及び仮登録完了を知らせるメールが送信される。

□　争　点

・本件 HTML の著作物性

□　裁判所の判断

　裁判所は、本件 HTML は、被告「が決定した内容を、被告が指示した文字の大きさや配列等の形式に従って表現するものであり、そもそも、表現の選択の幅は著しく狭い」としたうえで、原告が創作的表現と主張する部分について、以下のとおり判示し、著作物性を否定した（複数箇所に同様の内容を含むので判決記載の一部を紹介する）。

・記述の「大半が、HTML に関する事典ないし辞典に記載された記述のルール」（form, name, action, method 等）に従ったものであり、「作成者の個性の余地があるとは考え難いもの」や、「語義からその内容が明らかなありふれたもの」からなる（①②）

・紹介者の会員番号の入力に関する処理は、HTML ではなく JavaScript で行われる処理であり、連動する JavaScript 等のプログラムからの戻り値を得ること自体もありふれており、また変数の名称（memberName 等）は「それぞれの変数に割り当てられた情報の意味を名称化したにすぎず」、この処理に関して本件 HTML に作者の個性が表れているということはできない（④）

・「HTML を php プログラムや JavaScript と連動させること自体ありふれたもの」である

□　本判例のポイント（実務上の指針となる点等）　

　HTML の記述について上述のとおり一般的なルールを適用したものであり、

変数名についても変数の意味から名称が決定されているにすぎないことから、（コンピュータに対する指令の表現自体が）ありふれたものであるとして、創作性を否定しているが、その前提として、被告がウェブページの内容・形式について詳細な指示を行い、デザインについても第三者が作成していたことから、原告にとっては指令の表現の組み合わせや順序が与件となっており、原告としての表現の幅が「著しく狭」く工夫の余地がなかったことが創作性否定の重要な要因であったといえる。原告が創作的表現であると主張・立証した内容は、機能にすぎないものであったり変数名であったが、それ以外の具体的なHTMLの記述について主張する余地がなかったかは気になるところである。

□ その他（原審情報等）

・原審：東京地判平成28・9・29平成27年（ワ）5619号裁判所HP〔28243713〕（請求棄却）

2-2-6 データベースの設計の著作物性

損害賠償等請求控訴事件

知財高判平成28・3・23平成27年（ネ）10102号裁判所 HP〔28241197〕

□ 事案の概要 ………………………………………………………………………

　原告（控訴人）は、字幕制作用ソフトウェア（原告プログラム）を製造・販売する株式会社であり、原告プログラムは、映画や DVD 等の字幕制作ソフトウェア市場において、業界標準となっていた。

　被告（被控訴人）も同種のソフトウェア（被告プログラム）を製造・販売していたが、被告プログラムの開発には、原告の元従業員が複数名関与していた。

　原告は、被告プログラムが、原告プログラムの複製物又は翻案物であるとして、複製等の差止等及び損害賠償を請求した。原告は、原告プログラムに含まれる Access 形式（拡張子は .mdb）[1]のファイル（本件ファイル）の使用等の差止請求を控訴審で追加したが、被告プログラムに含まれる一部のファイルが本件ファイルを複製したものであることについては当事者間に争いがない。

□ 争 点 ……………………………………………………………………………

1　本件ファイルのプログラムの著作物又はデータベースの著作物としての創作性
2　被告プログラムは原告プログラムの複製物又は翻案物か

□ 裁判所の判断

1　本件ファイルの創作性を否定

　本件ファイル（合計 9 個のテーブルに147個のフィールドが設定されている）は、原告「プログラムで取込み又は作成した文字データや各種設定情報を格納するための書式」であり、「ユーザの操作により各種データが本件ファイルの所定のフィールドに上書きされていき、最終的には個別の字幕データファイルとして完成される」というものである。

1　データベースソフトである Microsoft Access で用いられるファイル形式。

本件ファイルを「プログラムとして見た場合、変数やテキストデータが格納されているにすぎないから、コンピュータに対する指令の組み合わせに個性が顕れる余地はほとんどなく、プログラムの著作物としての創作性を想定し難い。」

　本件ファイルを「データベースとして見ようとしても、情報の項目が定められているだけであり、選択されて入力すべき情報それ自体が格納されていないから、コンピュータが検索できる情報の集合物を有していない。しかも、これら項目も、各テーブルに並列的に区分けされているだけであり、テーブル間に何らの関係があるわけでもないので、データベースの著作物として観念することはできない。」

2　複製物又は翻案物に該当しない

　原告プログラム・被告プログラムともに、「極めてわずかな部分を除いては、適式にソースコードが開示されておらず、それぞれのプログラムの具体的表現は不明というほかなく、原告プログラムの創作性のある具体的表現内容やこれに対応する被告プログラムの具体的表現内容も不明である。もっとも、原告プログラムのソースコードは、約19万行と認められるから（弁論の全趣旨）、その全部に創作性がないことは考えにくく、仮に被告プログラムが、原告プログラムの創作性を有する蓋然性の高い部分のコードの全部又は大多数をコピーして作成されたものといえる事情があるならば、被告プログラムは、原告プログラムを複製又は翻案したものと推認することができる。」

　しかし、以下の点等から、「被告プログラムが原告プログラムにおいて創作性を有する蓋然性の高い部分のコードの全部又は大多数をコピーしたことを推認させる事情が認められない」。

①　「本件ファイルに格納するデータは本件ファイル以外のプログラムが処理するデータを格納するものであり、当該データを定義するコードを除いて、本件ファイルを複製したからその余のプログラムも複製されたと推認される関係にはない。」

②　原告プログラムと被告プログラムとで共通する不具合については、その原因の特定はできず、「原告プログラムのソースコードと被告プログラムのソースコードとの特異な一致ということもできない」

③　原告プログラムと被告プログラムの機能や処理内容の共通性は認められる

が、（一般論として）「非類似のプログラムの指令の組合せにより同じ機能や処理内容を有するプログラムを作成できる以上」、当該共通性により「直ちにソースコードの共通していることを推認させるものではない」

④　原告は、原告プログラムと対比した場合、被告プログラムの「価格が著しく低廉で、かつ開発期間も不自然に短い」と主張するが、当該原告の主張する事実は認められない。

　原告は、被告が、「被告プログラムを検証対象とする証拠保全手続の際に、検証物提示命令に反して検証対象物を提示しなかったから、被告プログラムは原告プログラムの複製又は翻案であることが真実と認められるべきである（民事訴訟法232条1項、224条1項、3項）と主張する。」しかし、上記規定は、「裁判所が、審理における当事者の主張・証拠関係を考慮して、裁量的に相手方の主張を真実と認めることができるとするものであるところ」、上述のとおり複製翻案を推認させる事情はないことから、上記規定を適用して、「被告プログラムは原告プログラムの複製又は翻案であると認めることは相当ではない。」

□ 本判例のポイント（実務上の指針となる点等）　 Point

　原告のソースコードが相当量に及ぶため一般論として全部について創作性が否定されることは考えにくいことを前提に、ソースコードが開示されていないため侵害行為の詳細が確認できない場合でも、「創作性を有する蓋然性の高い部分のコードの全部又は大多数をコピーして作成されたものといえる事情」があれば、複製又は翻案行為の存在を推認できることを示した判決である。本件では、民事訴訟法232条、224条による真実擬制ができるかという観点で当該事情の有無が検討された。なお、ソースコードが開示されておらず具体的な侵害態様が不明な場合を想定した著作権法の規定には、侵害者に自己の行為の具体的態様を明示する義務（著作権法114条の2）、書類提出命令（同法114条の3）がある。

　また、本件では、具体的なデータが格納されたデータベースそのものではなく、データベースの項目の設定ないし設計について、その著作物性がプログラムとしてもデータベースとしても否定されたケースである。データベースのフィールドとテーブルの設計について、著作権による保護が困難であることが

改めて確認された。

□ その他（原審情報等）　……………………………………………………

・原審：東京地判平成27・6・25平成25年（ワ）18110号裁判所 HP〔28232838〕
（請求棄却）。原告（控訴人）が上告受理申立てを行ったが、不受理となった。

2-2-7 プログラムの複製翻案

著作権侵害差止請求権不存在確認等請求控訴事件

知財高判平成26・3・12判時2229号85頁〔28222075〕

□ **事案の概要** ………………………………………………………………

　原告（被控訴人）[1]は、ソフトウェアの製造、販売等を目的とする株式会社である。被告（控訴人）は、コンピュータソフト及び関連機器の開発・販売等を目的とする株式会社である。

　被告は、原告に対して、ディスクパブリッシャー[2]を制御するプログラム（本件プログラム）の開発を委託し、原告は本件プログラムを製作し、被告に納入した。被告と原告の間の業務委託基本契約には、被告が請負金額全額を支払うことによって、成果物（本件プログラム）の著作権が原告から被告に移転する旨の規定があった。本件プログラムの被告への納入後、原告は、独自に、本件プログラムと同種のプログラム（原告プログラム）の製造・販売を開始した。これに対して、被告は、原告プログラムが本件プログラムの複製物又は翻案物であり、原告プログラムの製造及び販売行為が、被告の本件プログラムに関する著作権を侵害する行為等に該当するとして、原告プログラムの製造及び販売をやめるよう求めた。

　これを受けて、原告は、被告の当該製造、販売差止請求権が存在しないことの確認を求めて提訴した（請求権不存在確認の訴え）。

□ **争　点** ………………………………………………………………………

・本件プログラムの著作権侵害の成否

　本稿では同一性又は類似性の論点について取り上げる。

1　後述のとおり請求権不存在確認の訴えであることから、原告が被疑侵害者、被告が権利を有すると主張する者である。

2　CD、DVD、ブルーレイディスク等の光ディスク（記憶媒体）へのデータの書き込みからレーベル印刷（盤面印刷）までを自動で行う機能を有する装置。

□ 裁判所の判断

1　本件プログラムと原告プログラムの同一性又は類似性

裁判所は、（被告の主張に対応して）以下のように述べて、「被告の指摘する本件プログラムと原告プログラムとの共通部分において、表現上の創作性を認めることができない以上、原告プログラムが本件プログラムを複製又は翻案したものということはできない」と判断した。

(1)　第三者があらかじめ用意した関数等を利用した内容

被告が主張する共通点のうち、Microsoft 社があらかじめ用意している関数やメソッド[3]（Visual Studio を使用するとソースコードの雛形が自動生成されるメソッド）を使用している点には創作性はない。

裁判所の判断の一部を以下に引用する。

> 本件プログラムの記述は、「IMPLEMENT_DYNAMIC（CjobsListPanel、CPanel)」であり、原告プログラムの記述は、「IMPLEMENT_DYNAMIC（CProjectListBox、CBox)」である。
>
> 本件プログラムと原告プログラムとの共通部分は、「IMPLEMENT_DYNAMIC 命令」を使用している部分であるが、証拠（甲22）によれば、「IMPLEMENT_DYNAMIC 命令」は、マイクロソフト社があらかじめ用意している関数であるから、当該関数を使用していることをもって、当該表現に創作性を認めることはできない。
>
> 被告は、"CJobListPanel" や "CTaskListPanel" の各クラス[4]の上位クラスとして "CPanel" クラスを用意し、共通機能を "CPanel" クラスにまとめ、"CJobListPanel" や "CTaskListPanel" を派生クラスと定義することにより、同じ機能を実現するに当たり、記述の重複やコーディング量を減らす等の表現の工夫をしているなどと主張する。
>
> しかしながら、被告の上記主張は、「IMPLEMENT_DYNAMIC 命令」の一般的な機能を用いたプログラム作成上の工夫（アイデア）を説明するものにすぎず、上記共通部分に係る創作性について具体的に主張するものでは

3　特定の処理をひとまとめにしたプログラム。
4　データとメソッドを定義した、プログラムの雛型。

ない。

(2)　機能等のアイデアであるか又はありふれた内容、一般的な内容

　被告が主張する共通点のうち、クラス分け（分類と整理）、多言語対応に関する機能[5]、タイムアウト値の設定[6]及びアプリケーションの終了処理[7]等については、プログラムのアイデア又は解法が共通しているのであって、創作的な表現ではない。

　また、被告の主張する共通点のうち、文法上の規約に基づく記載や意味に対応する表現を結合させた記述[8]はありふれたものであり、if 文 /else if 文を用いて分岐構造を実現する点はアルゴリズム（解法）に属するものであるのみならずプログラムの処理上、一般的に行われているものである。

　裁判所の判断の一部を以下に引用する。

> ㈬　while ループ文の中の Delay 命令について
> 本件プログラムの記述は、以下のとおりである。
> 　while（theApp.m_jobMonitor.IsWorking（））
> 　Delay（500、FALSE）；
> 　while（theApp.m_taskMonitor.IsWorking（））
> 　Delay（500、FALSE）；
> また、原告プログラムの記述は、以下のとおりである。
> 　while（theApp.m_projectListener.IsRunning（））

5　3か国語に対応し、次回起動時に前回の終了時の状態から再開できる機能、ウィンドウのリサイズに関する機能及び多言語処理を関数内で行わせることにより、呼出元では言語を意識しなくてもよいようにする機能。

6　ウィンドウの表示時間に関するタイムアウト値を、プログラムの特性や利便性を考えてチューニングした固有の数値で設定したこと。なお、タイムアウトの関数はあらかじめ Microsoft 社が用意したものであり、タイムアウト値は任意に設定することができる。

7　ディスクへの書き込み作業等が終了する前にアプリケーションが終了し、不具合が生じてしまうことを避けるため、一定間隔で作業の終了確認を行い、終了が確認できた場合に限り、アプリケーションが終了するように工夫している点。

8　ジョブのリストを意味するものとして「JOBS_LIST」と記載している点、アプリケーションのオブジェクトであることを意味するものとして「theApp」、読み出し・書き出しを意味する語として「Load」「Save」と記載している点、コンボボックス（combobox）で「言語」（Language）を選択するための関数として combo box の頭文字と Language とを結合した「m_cbLanguage」と表現している点。

```
Delay（500、FALSE）;
while（theApp.m_taskListener.IsRunning（））
Delay（500、FALSE）;
```

本件プログラムと原告プログラムとの共通部分は、while 文及び「Delay」関数を使用している点及び「Delay」関数の引数であるが、while 文は文法上定められた表現であり（甲19）、「Delay」関数は、時間待ちの機能を実現するためにエンジニアが一般的に使用するありふれた関数名である（甲20）から、当該記述に創作性を認めることはできない。

2 相違点

裁判所は、本件プログラムと原告プログラムは、例えば、if 文/else if 文における具体的な判断条件の表現が異なっている点、if 文の条件が成立した場合に実行される命令列中に、さらに if 文を使用して条件を判断している箇所の有無の点で、相違していると認定したが、上述のとおり、両プログラムの共通点の表現上の創作性が否定されているので、これら相違点の存在は、結論には影響していない。

□ 本判例のポイント（実務上の指針となる点等）  Point

　具体的なプログラムの記述が異なっており、共通部分についても第三者によって用意された関数を使ったにすぎない部分や記述内容がこれに対応する意味を一般的な内容で表したものである場合等であり、創作性が否定された。第三者の作成したプログラム雛型作成ツール等を使用している点においては、事例2-2-2と類似のケースである。事例2-2-2では、ソースコードの個々の行に着目するのではなく、各指令の組合せの観点から選択の幅があることを認め、そのうえでソースコードの記述に創作性を認めた。一方、本件では、判断の重心は個別の指令の内容にあるように読める。もちろん個別具体的な事例の違いはあるため、過度に一般化はできないが、指令の組合せに創作性を肯定する余地はないかという観点は常に持っておきたい。

□ その他（原審情報等）

・原審：東京地判平成24・12・18平成24年（ワ）5771号裁判所 HP〔28182713〕

（請求認容：請求権不存在）。被告（控訴人）が上告、上告受理申立てを行ったが、上告棄却、上告受理申立不受理となった。

2-2-8 プログラムの前提となる業務フローの創作性

著作権に基づく差止等請求控訴事件

知財高判平成27・10・28平成26年（ネ）10116号裁判所 HP〔28233894〕

□ 事案の概要 ……………………………………………………………………

　原告（控訴人）は、公認会計士である。被告（被控訴人）は、業務プロセス可視化ツールソフトを販売する株式会社である。被告は、内部統制報告制度への対応のために既存のソフト（QPR）を最適化した製品（本件製品）を、原告の協力を得て開発した。

　原告は被告から委託を受けて、本件製品に同梱する入力参照事例としてのテンプレート等の制作のための元資料として、業務処理プロセス、業務フロー及び内部統制整備状況に関する文書化モデル等に関する資料（本件書面）を作成した。

　被告は、本件書面を元に、入力参照事例としてのテンプレート（日本版SOX 法対応テンプレート）及び入力情報から特定の文書を自動的に作成し Excel シートに出力できる機能[1]を有する外付けのプログラムを制作した。被告は、本件製品の販売に当たって、日本版 SOX 法対応テンプレート及び上記外付けプログラムを同梱する場合と同梱しない場合があった。

　原告は、被告が業務委託契約に基づく支払の一部をしないとして、被告による本件製品の製造が、本件書面に関する原告の著作権を侵害することを根拠に損害賠償請求及び未払金の請求等を行った。

□ 争　点 ……………………………………………………………………

・本件書面の記載内容と本件製品（本件テンプレートを同梱しないもの）の画面表示内容の共通点の創作性

　日本版 SOX 法対応テンプレートが同梱されている本件製品では本件書面の内容が画面にインポートされて表示されるため、本件書面の複製又は翻案行為に該当することに原告被告間で争いはなかった。原告は、日本版 SOX 法対応

1　本件製品を内部統制報告書に必要とされる書面出力に対応させるために必要な機能。

テンプレートが同梱されていない場合であっても、本件製品の画面表示（被告画面表示）には本件書面と同じ表現が使用されているため、これも複製又は翻案に該当すると主張した。

□ 裁判所の判断

裁判所は、本件書面の記載内容と本件製品の稼働画面の表示内容が共通する部分は、以下のとおり[2]、本件書面における創作性のある表現であるものとは認められないと判断した。

> 証拠（中略）によれば、本件書面と（中略）被告画面表示のいずれにもフローチャートが記載され、円柱や長方形等の図形に囲まれた「発注納品データ」、「支払予定データ」、「P-1 請求照合処理」、「P-2 支払予定処理」、「P-3 相殺処理」、「P-4 支払留保処理」等の記載やこれらが矢印でつながれて業務フローを表している点などが共通することが認められるが、これらの図形はそもそも PQR[3]本体に設定されているものであるし（甲9）、記載された文字は単なる業務処理の名称にありふれた符号を付したものであり、業務フローは標準的な業務の流れを示すものに過ぎないから、共通する部分が創作性のある表現であるとは認められない。（中略）
>
> 証拠（中略）によれば、本件書面と（中略）被告画面表示のいずれにもフローチャートが記載され、「発注納品データ」、「支払予定データ」、長方形等の図形に囲まれた「P-1 請求照合処理」、「P-2 支払予定処理」、「P-3 相殺処理」、「P-4 支払留保処理」等の記載やこれらが矢印でつながれて業務フローを表している点などが共通することが認められるが、前記(1)イと同様の理由により、共通する部分が創作性のある表現であるとは認められない。（中略）
>
> 証拠（中略）によれば、本件書面と（中略）被告画面表示のいずれにも「P-5 支払仮確定処理」との記載があることが認められるが、これは単なる業務処理の名称にありふれた符号を付したものに過ぎないから、創作性

2　本件書面と本件製品に関するパンフレットの記載内容が対比された。
3　原文ママ。正しくは QPR。

のある表現であるとは認められない。

□ **本判例のポイント**（実務上の指針となる点等）　

　プログラムにおいて実現されるべき業務フロー、処理手順やそれらの項目名等が記載された文書の著作者であっても、その記載内容が機能（アイデア）を記載したにとどまる場合は、当該プログラムの著作物の著作者ではないし、プログラムの稼働によって画面に表示される内容との間に業務フローの流れや項目名といったレベルで共通点があったとしてもこれらの内容は（当該業務を前提にすれば）ありふれており創作性は認められず、著作権侵害を構成しないということが改めて確認できる事例である。

□ **その他**（原審情報等）　……………………………………………………………

・原審：東京地判平成26・9・30平成24年（ワ）24628号裁判所HP〔28223999〕
　（請求棄却）

2-2-9 ソフトウェアテストの設計書（雛型）の著作物性

損害賠償請求事件

東京地判令和4・5・31令和元年（ワ）12751号裁判所HP〔28312654〕

□ 事案の概要 ···

　原告は、ソフトウェア等のテスト業務を専門に行う株式会社である。

　被告Aは、原告の元従業員である。被告会社Mは、AIシステムの研究開発及びテスト業務等の業務を行う株式会社であり、被告Aの転職先である。

　被告Aは、原告から持ち出したゲームソフト等のテスト業務に使用するテスト設計書の雛型の電子ファイル（本件ファイル[1]）を使用して研修資料を作成して、被告会社Mにおいて、社内研修を実施した。また、被告会社Mは、本件で共同被告となったゲーム開発会社から受託したテスト業務において、同会社に対して、当該資料を使用して作成したテスト設計書を提出した。

　上記テスト業務は、ゲームソフト等のソフトウェアが仕様どおりに動作するかを確認し、プログラムの不具合の有無を検出することを内容としており、当該業務の担当者は、通常、確認すべき事項や確認結果を可視化して作業の抜け漏れを防止すること等を目的として、それらを記録する「テスト設計書」と呼ばれる資料を作成する。本件ファイルはこのテスト設計書の雛型である。

　原告は、被告らに対して、著作権侵害、不正競争（営業秘密）及び一般不法行為を理由とする損害賠償請求等を行った。

□ 争 点 ···

1　本件ファイルの著作物性

2　本件ファイルの営業秘密該当性

3　一般不法行為による保護の可否

1　具体的な内容は判決文がマスキングされているため不明である。問題となったファイルは2つあり、判決では「本件ファイル1」「本件ファイル2」と記載されているが、以下紙幅の都合上まとめて「本件ファイル」と記載することがある。

□ 裁判所の判断

1　本件ファイルの著作物性

(1)　創作性の判断方法

> テスト業務において確認すべき事項は、テスト業務の性質上、テストの対象となるソフトウェアの仕様として明示的に記載されている事項か、当該ソフトウェアが当然有すべき性能に係る事項に限定されると考えられることが指摘できる。また、前提事実によればテスト設計書は、テスト業務の担当者が、テスト業務で確認すべき事項や確認結果を可視化して作業の抜け漏れを防止すること等を目的として通常作成する資料であるため、確認対象、確認方法及び確認結果を必須の構成要素とするものであり、かつ、テスト業務の担当者らや委託者等の様々な関係者がこれを参照等することが想定され、その記載内容に高度の簡潔さや明瞭さが求められるものであることも指摘できる。このようなテスト業務の性質やテスト設計書の機能に照らすと、テスト設計書は、誰が制作してもある程度同じような表現方法を採用せざるを得ないものであるといえ、その表現に制作者の個性が発揮されていると評価すべき余地は狭くなると考えられる。そのため、テスト設計書の創作性の有無については、このような事情をも踏まえ、特定の制作者に表現方法の過度の独占を認める結果とならないよう慎重に判断する必要があるというべきである。

(2)　あてはめ

　主に原告が、本件ファイル中のシートの選択及び配列、各シートのレイアウト及び配色並びに各シートに記載された文言等について、原告独自の表現方法であるとして創作性を主張したのに対して、見やすさ等を考慮して、各シートのレイアウトや配色を統一することや文章形式ではなく記号や改行等を用いた簡潔な表現とすることは、テスト設計書に限らず広く一般的に行われる工夫にすぎず、その他の部分もアイデアにすぎないか、簡潔な表現にすぎない。本件ファイルに「制作者の個性が発揮されたものと評価すべき表現の存在は認められない。」

2　本件ファイルの営業秘密該当性

　以下の「事実によれば、本件各ファイルが原告において秘密として管理され
ていたものとは認められ」ない。

> 本件各ファイルは、秘密情報であることを示す「マル秘」等の表示がされ
> ず、パスワードも設定されず、アクセス権限者についての限定もされてい
> ない状態で原告の社内の共有フォルダに保存されていたものであり、原告
> の従業員は誰でも容易に本件各ファイルにアクセスすることができた。
> （中略）〔原告は〕取引先に対し、本件各ファイルの（中略）各表と、それ
> らの表についての説明が記載されている営業資料を配布した。（中略）
> 上記認定事実によれば、本件各ファイルは、客観的見地からみて、秘匿性
> の高い情報が記載されたものであるとはいえず、また、本件各ファイルが
> 原告において秘匿性の高い情報として扱われていたとも認められない。
> （中略）
> 原告は、①各従業員は ID とパスワードを入力しなければ業務用パソコン
> を使用することができなかった、②USB メモリなどをパソコンに接続し
> ても社内情報の持ち出しができない技術的な設定を施していた、③社内に
> 情報の持ち出しを禁止する旨の掲示をしていた、④機密情報管理規程とし
> て原告が保有する全ての情報を第三者に漏らしてはならないことを定めて
> いた、⑤退社時には秘密保持義務や競業避止義務を定めた誓約書を提出さ
> せていたなどと主張する。しかし、仮にこのような事情があったとしても、
> それらの事情は、各事柄の性質に照らし、原告が本件ファイルについて営
> 業秘密としての格別の取扱いをしていたことを示すものとまではいえず、
> （中略）本件各ファイルが原告において秘密として管理されていたと認め
> られないことを左右するものではないというべきである。

3　一般不法行為の成否

　本判決は、本件ファイルは上述のとおり著作物又は営業秘密に該当しないが、
北朝鮮映画事件最高裁判決（最判平成23・12・8民集65巻9号3275頁〔2817590
1〕）の判断枠組みを援用し、被告らによる本件ファイルの利用行為が、自由競
争の範囲を逸脱し、原告の営業の自由を侵害するものである場合には、不法行

為を構成する特段の事情があるといえるとしたうえで、以下のとおり判断した。

〔本件ファイル1は〕テスト設計書のひな型であることが認められ、具体的なテスト業務を想定したテスト観点やテスト結果等は記載されておらず、それらを記入すべき枠としての表が記載されているものに過ぎない。加えて、（中略）本件研修資料は、少なくとも、被告Aが本件ファイル1を加工修正して作成したものであって、本件研修や（中略）テスト業務において本件ファイル1がそのまま使用されたものではない。これらの事情を考慮すれば、被告らの行為が、具体的、客観的見地からみて、直ちに自由競争の範囲を逸脱し、原告の営業を妨害するものであるとまではいえない。（中略）

本件ファイル2は、テスト設計書のひな型の一部であるところ、（中略）原告が整理したテスト項目のわずかな一部分を記載したものに過ぎないということになる。また、前提事実によれば、テスト業務（中略）で確認すべき事項は、ソフトウェアの仕様として明示的に記載されている事項か、当該ソフトウェアが当然有すべき性能に係る事項に限定されると考えられる。このようなテスト業務の性質にも照らして検討すると、上記認定のような本件ファイル2自体が、客観的、具体的見地からみて、原告独自のテスト観点等を記載したものとして、著作権法や不正競争防止法が規律の対象とする利益とは異なる法的に保護された利益を有するとまではいいがたく、被告らの行為が、自由競争の範囲を逸脱し、原告の営業を妨害するものであるとはいえない。

以上によれば、本件において、上記特段の事情があるとはいえず、被告らの行為が、原告に対する不法行為を構成するものではないというべきである。

□ 本判例のポイント（実務上の指針となる点等）

　見やすさ重視の雛型について、レイアウト等の工夫がされたとしても、創作的な表現と評価して著作物性を認めることは難しい。また、営業秘密該当性についても、いくら形式的に秘密管理のためのルールを設定しても、実際にそれ

が個別具体的に適用されていなければ秘密管理性は肯定されず、いずれも本判決の結論は妥当である。一般不法行為についても、個別具体的なテスト結果が記載されていない雛型であることも自由競争の範囲を逸脱しない方向の事実として考慮しつつ、成立を否定したのは妥当である。

　本件で問題となったような雛型は、創作性のある内容で作成しようとしてもその性質上難しく（一般不法行為での保護はなおさら難しい）、独自のノウハウがある非公知の雛型であることが前提ではあるが、営業秘密としての保護が現実的には一番期待し得る。このため、原告において、一定の社内ルールを整えていたにもかかわらず、秘密である旨の明示と秘密としての管理が徹底されていなかったことは悔やまれる。しかし、上記雛型は、技術情報などと比較すると秘密管理の点で見過ごされやすい情報であったといえ、一般的にこのような情報にまで営業秘密保護の運用が徹底されている企業が多いかというと疑問ではある。本件のような事例に接するのは、改めて営業秘密保護のための実務運用の見直し、保護すべき対象情報の再点検のきっかけになるともいえる。

2-2-10 スライド資料の営業秘密該当性と著作物性

損害賠償請求控訴事件

知財高判令和 5・2・21令和 4 年（ネ）10088号裁判所 HP〔28310531〕

□ 事案の概要

　原告（控訴人）、被告（被控訴人）は、いずれも情報処理サービス等を目的とする株式会社である。本件で問題となったのは、原告従業員が作成したスライド資料の一部のデータであり、AI技術を用いた自動会話プログラム「AIチャットボット」について「機能一覧」「非機能一覧」「画面イメージ」等をまとめたものを内容としている（以下、「本件データ」という）。

　本件データを作成した原告従業員は、原告を退職して、被告に転職した後に被告代表者に対して、自身の作成した AI チャットボットに関するスライド資料を送付した。原告は、当該スライド資料のデータのうち一部（被告作成データ）は、本件データの複製物又は翻案物であると主張している。

　原告は、被告に対して、本件データに関する著作権（複製権又は翻案権）侵害、不正の手段による営業秘密の取得等を理由に、不法行為又は債務不履行に基づく損害賠償請求を行った。

□ 争　点

1　本件データの営業秘密該当性

2　本件データの著作物性

□ 裁判所の判断

1　本件データの営業秘密該当性

　裁判所は、以下のとおり述べて、本件データは営業秘密に該当しないと判断した。

① 　本件データの内容は「AI に関する公知かつ初歩的な情報であるから、不正競争防止法 2 条 6 項の『公然と知られていないもの』に当たらない。」

・本件データを作成した原告（元）従業員は、「AI に関する知識を余り有していなかったことから、AI に関する議論のたたき台として、本件データを作

成したところ、その内容は、ウェブで公開されている記事又は情報を確認しながら、平成29年前後の公知の情報を寄せ集めたものにすぎず、AI に関する初歩的な情報にすぎないものであった。」

② 「本件データは秘密として管理されていたとはいえない。」

・原告（元）従業員は、本件データが保管されていたフォルダ（「AI」）に、「アクセス権限や閲覧制限を個別に設定せず、本件データにも個別のパスワードは設定しなかったため、原告の役職員の全員が本件データを閲覧できる状態にあった。」

・本件データには、「『機密情報』、『confidential』という記載がないため、客観的にみて、本件データにアクセスした者において秘密情報であることを認識することはできなかった。」

・本件データが格納されたフォルダ「に保存された資料に関するルール（ただし、下位フォルダを作成したり削除したりするには IT 担当の従業員への依頼を要するというルールを除く。）は格別存在しなかったことが認められる。」

2　本件データの著作物性

　裁判所は、以下のとおり述べて、本件データの著作物性を否定した。前提として、原告は、本件データの内容であるスライド資料の個別の表現自体については創作的表現がないことを認めており、一方で（チャットボットに関する説明事項を記載した）表としての体系、配列に創作性があると主張していた。

　本件データの特徴は、「①表形式で整理した上で色分けをしたり、『優先度』を表示したり、それぞれの内容を数行程度で説明したり、②複数のパソコン画面のイメージを立体的に重ね合わせるデザインを採用した上で、2画面間の相違を示すことにより特に強調したい内容を示すとともに、表示に関する説明を黄色の目立つ吹き出し表示により示したり、③パソコン上の操作画面を示して、その重要部分を赤点線で囲んで目立たせたり、④ユーザ、インターフェース等の配置や各構成相互の連携やデータのやりとりの双方性を示す矢印を色付きで示したりするものであることが認められる」（これらの特徴は本件データと被告作成データの共通点である）。

「上記認定事実によれば、本件データの表としての体系、配列は、情報を分かりやすく整理してこれを伝えるために、一般的によく使用されるものであるに

すぎず、そこに一定の工夫がされていたとしても、表現それ自体ではないアイデア又はありふれた表現にすぎないというべきであり、創作性を認めることはできない。」

　営業秘密該当性について秘密管理性の点にも言及があるがそもそも公知情報の集合体（寄せ集め）であるとされた点、著作物性については共通点がスライド内の表のレイアウトや色分け、強調方法といった「方法」にとどまっていた点から、上記結論となったことは自然であるといえる。特に後者については、原告自身も個別の表現自体について創作性を否定しており、主張として弱く、裁判所は、正面から本件データの著作物性を否定しやすかったものと思われる。なお、本件データは複数枚のスライドで構成される資料であり、一般論としては、個別の表現や表としてではなくスライド全体としての創作性について主張する余地はあったようにも思える。原告が個別の表現に創作性がないと考える以上、スライド全体としても創作性の主張が厳しいとの判断があったのかもしれない。

□ **その他**（原審情報等）　··

・原審：東京地判令和4・8・9令和3年（ワ）9317号裁判所HP〔28302051〕（請求棄却）

2-2-11 ハードウェアの構成を含む展示システムの著作物性

損害賠償等控訴請求事件

知財高判令和4・7・13令和4年（ネ）10023号裁判所 HP〔28312551〕

□ 事案の概要

　原告（控訴人）は、自然環境・生物多様性の調査等のコンサルティング業務を行う法人である。被告（被控訴人）福井県は、福井県自然保護センター（本件センター）を運営している。

　原告は、被告から委託され、本件センターのインターネット展示システム（本件展示システム）を構築した。本件展示システムは、サーバやルータ等のハードウェア、各種ソフトウェア（OS、ミドルウェア、アプリケーション等）及びネットワークにより構成されていた。原告は、構築に当たって、本件センター作成の仕様書等に基づき、本件展示システムに必要な機能を選定し、性能、セキュリティ対策ないし費用等の面から必要かつ最適と考えるサーバ機器及びネットワーク機器等の選定・組合せを決定し、各機能等を分担させて本件展示システムを構築する方針を決定した。原告は、当該方針に則り作成した本件展示システムに係るサーバ設計書（本件サーバ設計書）に基づき、本件展示システムを構築した。

　被告が本件展示システムについてルータの設定変更やADSL回線ケーブルを外す作業を実施したところ、原告は当該行為が本件展示システム全体に係る原告の同一性保持権を侵害するとして、本件システムを構成するハードウェアやソフトウェア等の使用差止め等を請求した。

　原告は、本件展示システム全体の著作物性の根拠として、同システムの機能を実現するための設計・構築について選択の幅が広く、ソフトウェアとハードウェアの選択、組合せの構成、機能分担に関する選択（必要機能の選定、機能分割設計、分割した機能単位の配置計画）は、原告の技術者としての知識や経験が表出したものであるから、思想又は感情の創作的な表現であると主張した。

□ 争　点

・本件展示システムの著作物性

□ 裁判所の判断

原告が主張する本件展示システムの設計・構築に当たっての選択は、基本的に、以下の「制約等の下で特定の機能を果たすべきシステムの設計・構築を合理的に行おうとした際に考え得る技術上のアイディア又は個々のアイディアの集合体にすぎず、（中略）控訴人の思想又は感情が創作的に表現されているといえるような特徴を有するものであるというべき事情は認められない。」

① 基本的な構成や要件等は本件センター作成に係る仕様書により具体的に定められていること

② 公営施設の展示に用いられるという性質上、システムの設計・構成は、実用品として機能を発揮させるべく、円滑かつ安定した展示、必要十分なセキュリティ対策のための専ら技術的観点から行われること

③ 本件展示システムは、実用的な工業製品であるハードウェアとその設定、ハードウェアとインターネットの接続、ソフトウェアといった個別的な要素の集合体であること（全体が一まとまりの表現とはいい難いこと）。そして、それ自体が展示対象ではないこと

□ 本判例のポイント（実務上の指針となる点等）  Point

ハードウェアを含めたシステムの構成自体が著作物に該当すると主張された、比較的珍しい事案である。クライアント側で決定した仕様、システムの性質上セキュリティ対策が重視されることからくる選択の幅の狭さの点については、ソフトウェア画面の著作物性（事例2-1-1～事例2-1-6参照）と同様に求められる機能や外的要因からの制約を前提に著作物性が判断された。また、本件のようにハードウェアの構成も含めたシステム全体についてそもそも一まとまりの表現物といえるかという点についても、本件システム自体が展示作品ではなくあくまで実用品であることから否定されており（上記③）、従来の著作物に関する考え方に沿った結論である。

□ その他（原審情報等）

・原審：大阪地判令和3・11・11平成31年（ワ）2534号裁判所HP〔28293656〕（請求棄却）

2-2-12 アドベンチャーゲームと映画の著作物

損害賠償請求控訴事件

知財高判平成21・9・30平成21年（ネ）10014号裁判所HP〔28153542〕

□ 事案の概要 ………………………………………………………………

　原告（控訴人）は、ロールプレイング型のアドベンチャーゲーム「猟奇の檻」（本件ゲームソフト）のプログラムを作成した[1]会社である。原告は、プログラミングの過程で、シナリオに従って、第三者が作成した原画（画像）、音楽、会話文等のデジタルデータを統合する作業を行った。本件ゲームソフトの販売は訴外会社（本件パブリッシャー）が行った。

　被告（被控訴人）は、同種のゲーム「真説猟奇の檻」（被告ゲームソフト）を製作し、本件ゲームソフトと同一シリーズに属するリメイク版であると広告宣伝し販売した。

　原告は、本件ゲームソフトは、映画の著作物等であり、その著作権は原告に帰属するとして、被告に対し、被告ゲームソフトの製造販売行為が本件ゲームソフト[2]の翻案権侵害に該当すると主張して不法行為に基づく損害賠償を請求した。

　映画の著作物は、原則として、「その映画の著作物の全体的形成に創作的に寄与した者」が著作者となり（著作権法16条）、著作権の帰属に関しては、「著作者が映画製作者に対し当該映画の著作物の製作に参加することを約束しているときは」映画製作者が著作権者となり（同法29条1項）、それ以外の場合は映画の著作者が著作権者となる。「映画製作者」とは、「映画の著作物の製作に発意と責任を有する者」（同法2条1項10号）であり、これは「映画製作の意思を持ち、かつ経済リスクを負担し、権利義務の主体となる者」[3]であると解釈される。

　原告は、原告が映画の著作物としての本件ゲームソフトの著作者・著作権者

1　本件ゲームソフトのシナリオ作成、原画作成、ゲームソフト販売はそれぞれ異なる第三者が担当した。

2　原告は本件ゲームソフトのシナリオの翻案権侵害をも主張したが、判決では、シナリオは原告が作成したものではなく、また原告はシナリオ作成者から著作権譲渡を受けてもいないと判断された。

3　中山信弘『著作権法〈第4版〉』有斐閣（2023年）290頁

であると主張したのに対して、被告は、本件ゲームソフトが映画の著作物であることを争い、仮に映画の著作物であったとしても本件パブリッシャーが映画製作者として著作権を有すると反論した。

□ 争　点 ··

・本件ゲームソフトの映画の著作物（著作権法2条3項）該当性

　本件ゲームソフトは、静止画像を中心として構成されるものであり、プレイヤーが画面に表示された複数のコマンドの1つを選択するに従ってストーリーが展開し、コマンドの選び方によってストーリーが変化するゲームである。本件では、このような（一般的な映画とは異なる）特徴を有する本件ゲームソフトが、「映画の効果に類似する視覚的又は視聴覚的効果を生じさせる方法で表現され、かつ、物に固定されている著作物」として「映画の著作物」（著作権法2条3項）に該当するかが問題となった。

□ 裁判所の判断

1　裁判所は「映画の著作物」（著作権法2条3項）の解釈として以下のとおり判示した。

> 「映画」とは、一般に、「長いフィルム上に連続して撮影した多数の静止画像を、映写機で急速に（中略）順次投影し、眼の残像現象を利用して動きのある画像として見せるもの。」（中略）を意味することなどに照らすならば、「映画の効果に類似する視覚的効果」とは、多数の静止画像を眼の残像現象を利用して動きのある連続影像として見せる視覚的効果をいい、また、「映画の効果に類似する視聴覚的効果」とは、連続影像と音声、背景音楽、効果音等の音との組合せによる視聴覚的効果を意味するものと解される。

2　裁判所は本件ゲームソフトについて以下のとおり判断した。

> 本件ゲームソフトの影像は、多数の静止画像の組合せによって表現されているにとどまり、動きのある連続影像として表現されている部分は認めら

れないから、映画の著作物の要件のうち、「映画の効果に類似する視覚的又は視聴覚的効果を生じさせる方法で表現されていること」の要件を充足しない。

したがって、本件ゲームソフトは、映画の著作物に該当するものとは認められない。

3　原告が、①本件ゲームソフトは多数の静止画像が連続して表示される点において映画と本質的相違はなく、②場面の転換によりストーリーが組み立てられるという点において映画と類似しており、③複数の異なる種類の著作物を統合して1つの世界をつくり上げるという製作過程も映画と同様であるので、映画の著作物に該当すると主張したのに対して、裁判所は以下のとおり判示した。

確かに、既に検討したとおり、映画は、多数の静止画像を順次投影するものであり、その限りでは本件ゲームソフトと共通するが、映画においては、一定以上の速度で静止画像が順次投影されることにより、動きのある画像として受け取られるところ、本件ゲームソフトにおいては、ある静止画像が、次の静止画像が現れるまで静止した状態で見え、動きのある画像として受け取られる部分はほぼ皆無であって、映画とは本質的な違いがあるというべきである。また、控訴人が指摘する上記②、③の点は、いずれも本件ゲームソフトが「映画の効果に類似する視覚的又は視聴覚的効果を生じさせる方法で表現されていること」の要件を充足することを基礎付けるものではなく、原告の上記主張は、独自の見解を前提とするものであって、採用することはできない。

□ **本判例のポイント**（実務上の指針となる点等）　

　静止画像を中心に構成されるアドベンチャーゲームが映画の著作物とは認められなかった事例である。上述のとおり、映画の著作物であるかは著作権の帰属についての結論を左右する論点である。本件と同様に静止画像が多く含まれるゲームソフト[4]については映画の著作物に該当しないリスクがあるものの、

ゲーム製作段階においては映画の著作物に該当するのかの結論は予測しづらい。万一映画の著作物に該当しないと判断された場合を見越して必要な権利処理をしておくことが重要である。なお、本件においては、結局のところ、本件ゲームソフトが具体的にどのような類型の著作物に該当するかの判断はなされていない。

□ その他（原審情報等）

・原審：東京地判平成20・12・25平成19年（ワ）18724号裁判所HP〔28152904〕（請求棄却）

4 　静止画像が多く、映画の著作物に該当しないと判断されたシミュレーションゲームの事例として、三國志Ⅲ事件（東京高判平成11・3・18判時1684号112頁〔28041844〕）がある。

2-3-1 プログラムの著作物の著作者（職務著作）

不当利得返還等請求控訴事件、同附帯控訴事件

知財高判令和3・5・17令和2年（ネ）10065号等裁判所HP〔28291779〕

□ 事案の概要

　被告学園（被控訴人）は大学や専門学校を設置する学校法人である。原告（控訴人）は、被告学園が設置する専門学校の嘱託教員（同専門学校の非常勤講師）であった。原告は、被告学園が行う海外協力事業に関して被告学園から教務管理システム（本件システム）の開発を委託された。しかし、原告と被告学園の間の開発費用の支払に関する争いから、当該開発は頓挫した。被告学園は、本件システムのプログラム（本件プログラム）の著作権は自己に帰属するとして、原告以外の者に本件プログラムの開発を継続させ、本件プログラムに対して改変を加えるなどした。原告は本件プログラムの著作権は同プログラムを作成した原告に帰属し、被告学園に対して利用を許諾しておらず、被告学園の行為は著作権侵害に該当するとして、不当利得返還請求を行った。

□ 争　点

1　職務著作（著作権法15条2項）の成否
2　著作権譲渡合意の有無

　被告学園は、職務著作（著作権法15条2項）により本件プログラムの著作権が被告学園に原始的に帰属するか又は原告と被告学園の間の著作権譲渡の合意により被告学園が著作権を取得したとして著作権の帰属を争った。

□ 裁判所の判断

1　職務著作の成否

　以下の事情を総合すれば、「原告による本件プログラムの作成は、原告が被告学園の非常勤講師として従事していた業務に含まれていたとはいえず、その業務として予定又は予期されていたものともいえず、本件プログラム作成についての被告学園の関与の程度、本件プログラムの作成が行われた場所、時間、態様等に照らしても」、原告が被告学園の職務上本件プログラムを作成したと

は認められない。

① 原告と被告学園との非常勤講師委嘱契約は、専門学校において講義や実習等の教育指導等を行うことを業務内容とするものであり、教育管理システムを開発することを直接の業務内容とするものではなかった。

② 原告は、被告学園から、非常勤講師としての給与（講義料）とは別に、本件システムの開発費用として105万円を受領し、さらに、被告学園との間で別途の開発費用について協議したことから、プログラム制作は、報酬の点でも、被告学園の非常勤講師としての職務とは区別されていた。

③ 原告が被告学園の要望を聞きながら開発を実施したのは、機能についての意向を聴取したにとどまるものであり、被告学園が原告に対して具体的に指揮命令したとはいえない。

④ 原告は、被告学園の非常勤講師としての業務時間以外の時間に、自宅で、自らレンタルしたサーバにプログラムをアップロードしたうえで自己の機器でプログラム作成した。これは被告学園の非常勤講師としての業務とは場所的にも時間的にも独立した行為である。

2 著作権譲渡合意の有無

以下の点から、原告が被告学園に対して本件プログラムの著作権を譲渡したとは認められない。

① 原告は、教務管理システムの開発当初時点において、「被告学園に対して本件システムの開発に係る成果物の著作権を譲渡する意向を示していたが、その後、原告と被告学園との間で、本件システムの開発費用や著作権の取扱い等について話合いがされ、著作権譲渡契約案が作成されたものの、契約書が取り交わされるには至らず、交渉は決裂した。このような交渉経緯に鑑みると」、原告が本件プログラムの著作権を譲渡することを承諾していたと認めることはできない。

② 「被告学園は、原告に対して開発費用として105万円を支払い、原告から本件システムを構成する本件プログラムに係る圧縮ファイルを受領したが、その当時、本件システムは完成しておらず、本件プログラムは作成途中のものであり、原告がその時点で圧縮ファイルを送付したのは、本件プログラムの内容を把握したいとして当該ファイルの送付を求めた被告学園の従業員の便宜のためにすぎない。そうすると、上記105万円は、原告が本件プログラム

の開発作業に従事した労務の対価として支払われたものと考えるのが自然であって、これが本件プログラムの著作権の対価を含むと認めることはできない。」

③　上記105万円は、本件プログラムが譲渡される場合にはその譲渡代金の一部として充当される予定であったと解する余地はあるが、上記のとおり譲渡合意は成立しておらず、105万円が譲渡代金の全額であったとも認められない。

□　本判例のポイント（実務上の指針となる点等）　

　指揮命令関係にあると判断されそうな契約関係（非常勤講師の委嘱）と並行して別途の業務委託契約が存在する場合に、職務著作の成立が否定された事案である。副業する人材を登用する企業においては同様の状況は発生し得るところであり、職務著作に該当させることを重視するのであれば、雇用契約に定める職務について著作権を取得したい対象業務を明確に含む内容にするか、あるいは職務著作に該当しない場合も想定し、譲渡対象の著作物と譲渡対価を明確にしたうえで著作権譲渡合意を含む業務委託契約等を締結すべきであろう。

□　その他（原審情報等）　……………………………………………………………

・原審：東京地判令和2・11・16平成30年（ワ）36168号裁判所HP〔28290016〕

2-3-2 ソフトウェアの著作権の帰属（著作者性と著作権譲渡の有無）

損害賠償請求控訴事件、ライセンス料支払請求反訴控訴事件

知財高判令和4・4・28令和3年（ネ）10076号裁判所HP〔28301135〕

□ 事案の概要

　原告（被控訴人）と被告会社（控訴人）は、いずれもコンピュータソフトウェアの企画、開発、制作及び販売等を目的とする株式会社である。被告P1（控訴人）は、被告会社の代表取締役であり、過去には原告の代表取締役であった。原告は、段ボール生産総合管理システムのソフトウェア「SeePlan」（本件ソフトウェア）について著作権を有すると主張し、被告P1が原告代表者であった期間に締結された本件ソフトウェアのライセンスに関する契約（本件販売契約）に基づき（著作権者であるはずの）原告から被告会社に対してライセンス料名目で金銭が支払われたことについて、原告は、被告会社及び被告P1に対し、共同不法行為に基づく損害賠償請求を行った。

　本件ソフトウェアは、段ボール製造業者の生産現場のデータを含む受注、発注、貼合、製函等の各業務に対応し、業務の迅速化及び効率化、工程管理、情報の一元管理等を実現する機能を有するソフトウェアである。本件ソフトウェアは、大きく分けて「本件初期システム」と「本件最新システム」の2つのバージョンが存在し、いずれも本件で問題となったが、本稿では本判決中の主に本件初期システムに関する部分を取り上げる。

1　本件ソフトウェアの開発経緯並びに原告及び被告会社の設立経緯は以下のとおりである。

(1)　本件ソフトウェア（本件初期システム）は、原告の設立前から、開発・販売されていた、訴外P3が共同開発者の1人である既存システムをベースに、被告P1、P2、P3が開発した。各人の役割分担は【表1】のとおりである。原告設立以前は、P3がP1に給与を支払い、P1がP2に外注費を支払った。

(2)　その後、原告は、P1とP2により設立された。原告の設立の目的について、原告は本件ソフトウェアの開発・販売・著作権保有が目的であったと主張しているのに対して、被告会社は、原告は本件ソフトウェアの販売会社にすぎないと主張した。原告設立後は、原告からP1、P2、P3に対して給与が支払

われた。

(3) P1 と P3 は、被告会社を設立した。

2 本件ソフトウェアは、改変行為により、ソースコードの行数が、ベースとなった既存システムから相当量増加した。具体的には、既存システム（Unix）の OS を Windows に機械的に変換した後のソースコードの行数が53万1230行で、その後の作業により、本件初期システムは62万2808行、本件最新システムは166万0966行となった。

【表1】

	開発における役割
P1	本件ソフトウェア（本件初期システム）のうち、貼合業務に関するプログラムのソースコードの修正及び追加、製函業務に関するプログラムのデータベース化の設計・修正などを行った。 本件ソフトウェア（本件最新システム）の開発にも関与した。
P2	本件ソフトウェア（本件初期システム）のうち、メニュー画面、印刷方式、最新プログラムの取得・更新機能等に関するプログラムの改変等を行った。 本件ソフトウェア（本件最新システム）の開発にも関与した。
P3	本件ソフトウェア（本件初期システム）に関して、既存システムのソースコードを提供するとともに、画面制御ファイルや Help ファイルの作成等を行ったが、本件ソフトウェアに係るプログラムのソースコードの作成は行っておらず、本件ソフトウェアの販売先の開拓及びその要望の聴取とそれに基づく要件定義、進捗管理等を中心に行った。

□ 争 点

・本件ソフトウェアの著作権の帰属

　原告は、本件ソフトウェア（本件初期システム）の著作権は、P1、P2、P3が、原告の設立に伴い原告に対して譲渡され、以後原告に帰属し続けていると主張した。

　一方で、被告らは、本件ソフトウェアの著作権は、P1 に単独で原始的に帰属した後、P1 が、被告会社設立に伴い被告会社に対して譲渡したと主張し、予備的に、仮に原告に本件ソフトウェアの著作権が帰属したとしても本件販売

契約によって原告は被告会社に著作権を譲渡したと主張した。

□ 裁判所の判断

1　開発に関与した3名への著作権の原始的帰属（共同著作物）

　上述の作成経緯とソースコードの行数の変化等を考慮すると、「質的、量的いずれの側面から見ても、少なくとも実際のプログラム改変等の作業に当たった被告 P1 及び P2 は、それぞれ、本件初期システムの完成に創作的に寄与したものと認められる。」

　「本件ソフトウェア開発における役割分担に加え、P3、被告 P1 及び P2 の原告設立前後における収入の状況や原告設立後の原告に対する関与の態様等に鑑みると、P3、被告 P1 及び P2 は、本件ソフトウェアの製造販売を中心とする事業を共同で展開する一環として、それぞれ本件ソフトウェアの開発に関与したものと理解される。また、開発された本件初期システムの帰属に係る三者間の合意の存在を裏付けるに足りる客観的な証拠はない。そうである以上、P3、被告 P1 及び P2 は、本件ソフトウェア開発における実際の作業分担に関わりなく、上記事業の主体として後に設立予定の法人（原告）に本件著作権を帰属させる意思の下に、本件ソフトウェアの開発作業を行ったものと見るのが相当である。」

　「以上を総合すると、本件ソフトウェア（Ver.1.00）（本件初期システム）は」、P1、2、3が既存システムを「改変して共同して制作したプログラム著作物であり」、「本件ソフトウェアの開発に係る各人の役割及び関与の態様に鑑みれば、各人はいずれも本件初期システムの制作に創作的に関与したものであって、本件初期システムにおける各人の寄与を分離して個別的に利用することができないものと認められるから、本件初期システムは、上記3名の共同著作物（著作権法2条1項12号）であると認めるのが相当である。」

2　原告への著作権譲渡（黙示の合意）

　「①本件ソフトウェアの開発経緯、②原告の設立時の代表取締役は被告 P1 及び P2 の2名であり、上記2名が、原告の全株式を50％ずつ保有していたこと、③原告は、設立中の会社であった当時から、本件初期システムの販売を開始し、その設立以後、P1、2、3の3名は原告から給与の支払を受けていたこと、④P3 の供述中には、原告は、P3 が発案し、P1・2 が発起人となって、原告を

設立した、原告の設立の目的は、本件ソフトウェアを開発し、販売し、原告がその著作権を保有することにあった、P3 は、本件ソフトウェアは原告の職務著作であるという認識で開発し、被告 P1 も、その開発当時、原告に著作権があると認識していたと思う旨の供述部分があることを総合すれば、本件初期システムの試用版が制作及び納品された時点で、P1、2、3 の間で、原告の設立に伴い、本件初期システムに係る著作権を原告に譲渡する旨の黙示の合意が成立したものと認めるのが相当である。」

3　本件販売契約による本件ソフトウェアの著作権譲渡の否定

　本件販売契約には、「SeePlan と呼称している『段ボール生産管理システム』」の販売に当たり被告会社が原告に提供したプログラムを改造したものの著作権は被告会社に帰属するとの記載があったが、本件ソフトウェア（本件初期システム及び本件最新システム）の著作権を原告から被告会社へ譲渡する旨の条項や記載はないので、本件販売契約締結により本件ソフトウェアの著作権を譲渡する合意をしたものと認めることはできない。

□ 本判例のポイント（実務上の指針となる点等）

　会社設立前後にまたがって作成されたプログラム著作物の著作権について、作成者 3 名の共同著作物であるとしつつ、プログラム開発の経緯、会社設立の経緯、会社設立前後の給与支払状況、当事者に会社に著作権を帰属させる意思があったことを推認させる事実があったことを総合考慮して、黙示的に会社に著作権譲渡する合意があったと認定したケースである。本件初期システムについては、会社設立前からプログラム作成行為がなされていたことから会社との関係で職務著作として処理することはできず、経緯等を細かく認定したうえで譲渡の合意があったものと評価したが、譲渡に関する合意書面等が存在しない中での認定であり事案による特殊事情がたまたま原告に味方したものといえる。本件のように権利の帰属、移転に関する明示の合意がない場合には、各種の事実を総合考慮するほかなく、予測可能性が低くなってしまうため、紛争回避の観点からは、当たり前のことではあるが、やはり契約によって権利の帰属を明確にすることは必須だろう。

□ その他（原審情報等） ···

・原審：大阪地判令和3・7・29平成31年（ワ）3368号等裁判所 HP〔28292592〕

2-3-3 プログラムの著作権の帰属（著作権譲渡の成否）

損害賠償等請求控訴事件

知財高判平成18・4・12平成17年（ネ）10051号裁判所 HP〔28110968〕

□ 事案の概要 ………………………………………………………………………

　原告（控訴人）は個人のプログラマーである。被告（株式会社ソニー・コンピュータエンタテインメント。被控訴人）は、家庭用ビデオゲーム機である「プレイステーション（Playstation）」の開発・製造を行う会社である。原告は、被告から委託を受けてプレイステーションに関するプログラム（本件プログラム）を複数開発した。

　原告と被告の間では本件プログラムの著作権の帰属とその使用対価の支払について争いがあり、任意交渉が行われたが合意に至らず、原告は、被告に対し、被告が本件プログラムをプレイステーションとそのソフトに使用する行為は、原告の複製権ないし翻案権を侵害するとして損害賠償等及び著作者人格権に基づく改変禁止を求める本件訴訟を提起した。

　原告が作成したプログラムは7個存在し（それぞれをプログラム1〜7と記載する）、作成順はプログラム3、4、5、6、7、1、2の順であった。このうちプログラム3〜7については、被告に著作権が帰属する旨の規定がある契約書ないし合意書が締結された（なお、判決文から確認できる限りにおいては、当該契約書・合意書には、著作権法61条2項に定める特掲はなかった）。一方で、プログラム1・2については、被告により契約書案が作成され、原告から被告に対して内容変更要望や契約締結の必要性についての質問がなされたが、最終的には契約書締結には至らなかった。各プログラムについての納品及びこれに対する報酬の支払は完了していた。

□ 争 点 ……………………………………………………………………………

・著作権譲渡の成否

□ 裁判所の判断

1　被告においては、「本件各プログラムのようなプログラムについては、委

託者に著作権等一切の権利を帰属させるとともに、受託者に対して著作者人格権を行使しないことを前提に、月額の報酬に開発期間を乗じた総額を報酬として支払うのが通例であった」（いわゆる「買い取り方式」）。

2　原告は買い取り方式に沿った「見積書を出した上でプログラム３の開発に着手し、（中略）順次プログラム３〜７、１、２を開発して被告に納入する一方で、プログラム３〜５については概ね月額100万円、プログラム６及び７については月額110万円の報酬を受け取った。また、プログラム１及び２についても、契約書こそ作成されなかったものの、前者については月額150万円、後者については月額180万円の報酬を受け取った」。

3　原告は、「少なくとも、プログラム２改訂版を納入した後である平成10年７月17日ころまでは、対価の額についても本件各プログラムに関する権利の帰属についても、証拠上、何ら異議を述べた形跡がない」。

4　以上から、各プログラムについて、原告と被告との間で開発委託契約と同時にプログラムの著作権譲渡契約が（プログラム３〜７に関しては開発委託契約と一体の契約書をもって）成立し、「原告に留保される著作者人格権についても被告がプレイステーションに関連する利用のために改変する行為に対してはこれを行使しない旨の合意が順次成立した」。

5　プログラム１及び２については、契約書自体が作成（締結）されていなかったが、月額報酬金額を除いて開発委託、着手、納入に至る全過程は先のプログラム３〜７と同様のものであり、プログラム１及び２についても、「報酬月額を除き、従前と同様の契約内容とするという合意があったというほかなく、プログラム３〜７に関して開発委託契約と著作権譲渡契約とは一体の契約書をもって取り扱われてきたことに照らせば、プログラム１及び２についても開発委託契約の成立時に著作権の帰属についても合意があったと認めるのが相当である。」

6　プログラム２について原告は契約書の作成に異議を述べたが、その時期はプログラム２の納入後（すなわち上記のとおり認定された契約成立後）であり、「このような契約成立後の事情は、契約成立時の合意内容に関する一つの参考とはなるものの、上記に認定したような委託から納入までの一連の事実に照らせば、プログラム２についても著作権譲渡契約が成立したと認められるのであり、原告がプログラム２の納入後に異議を述べたことをもって、

著作権譲渡契約が成立したとの認定は左右されるものではない」。

□ 本判例のポイント（実務上の指針となる点等）

　契約書が締結されていない場合において、開発対象であるプレイステーション（ハード）用プログラムの特性、著作権譲渡の慣行の存在や従前の同様の開発委託契約における合意内容といった事情を踏まえて、受託者から委託者への著作権譲渡合意を認定した事案である。本件は特殊な事情のもとで、書面なくして合意が認定されたが、改めて契約書を作成して合意を明確にしておくことの重要性が確認された。

□ その他（原審情報等）

・原審：東京地判平成16・4・23平成15年（ワ）6670号裁判所HP〔28091462〕

2-3-4 プログラムの著作権譲渡と契約解釈

著作権侵害差止等請求控訴事件

知財高判平成18・8・31判時2022号144頁〔28111918〕

□ 事案の概要 ……………………………………………………………………

　被告（被控訴人）は振動制御器を製造・販売する会社であり、原告（控訴人）は、被告から委託され、被告が販売する振動制御器に組み込まれるソフトウェアプログラム（本件プログラム）を開発し、順次納品していた会社である。

　原告は、被告の判断で本件プログラムの開発が中断されたことを契機として、被告に対し本件プログラム開発に関する報酬の一部である「製造ライセンス料」の不払（債務不履行）を理由として本件プログラムの開発に係る契約を解除する旨の意思表示を行った。その後、原告は、本件プログラムの翻案権が原告に帰属するとして、本件プログラムを組み込んだ振動制御器を販売する被告に対して、翻案権侵害を理由として製品販売の差止めと損害賠償を請求した。

　本件プログラムの開発に当たって原告と被告の間で締結された基本契約と個別契約には、開発されたソフトウェアの著作権は被告に帰属する旨の定めがあった。

□ 争　点 ……………………………………………………………………………

1　著作権譲渡の有無と翻案権留保の有無

　原告は、原告従業員がプロジェクトマネージャーとなり、本件プログラムが作成されたこと（著作権法15条2項）、原告と被告は著作権の帰属に関する契約内容の実質的な変更に合意し、原告が、開発されたプログラムの著作権を有し、被告は「製造ライセンス料」を支払うという合意が成立したこと等を挙げて、原告が本件プログラムの翻案権を有すると主張した。

　また、原告は、基本契約・個別契約における著作権譲渡条項においては著作権法61条2項に定める特掲がないため、本件プログラムの翻案権は原告に留保されたものと推定されると主張した。

2　解除の効果として、遡及的に著作権が原告に復帰するか

　原告は、解除により、本件プログラムの翻案権は原告に遡及的に復帰したと

主張した。原告は、継続的契約関係においては、契約の性質、内容、当事者の意思を考慮してある程度の修正がされるが、本件における事情を考慮すると、契約解除された効果として、遡及効を否定して現状を維持させるべき要請はほとんどないなどと主張した。

□ 裁判所の判断

1　著作権譲渡と翻案権留保

　裁判所は以下のように判示して、原告被告間の契約に基づき翻案権を含む著作権が被告に帰属すると判断した。

・本件プログラムの著作権は、職務著作（著作権法15条2項）により原告に原始的に帰属するが、基本契約及び個別契約の定めに基づき、原告から被告に譲渡された。

・原告は、「製造ライセンス料」名目で被告が原告に対して報酬支払義務を負うとの合意があることを理由に、原告に本件プログラムの著作権が帰属すると主張する。しかし、「製造ライセンス料」は、原告自らは本件プログラムを組み込んだ振動制御器の製造を行わないことを約することの代償がその実態であり、著作権の帰属を左右しない。

・原告被告間では、翻案権の所在について明文の条項は定められなかったものの、個別契約の交渉過程に照らせば、原告被告間においては、本件プログラムについて、将来の改良が想定されており、原告は改良に積極的に協力するが、被告が主体となって当該改良（本件プログラムの翻案）を責任をもって行うことが当然の前提となっていた。「これは、被告への本件プログラムの翻案権の帰属を前提としていたものと解するほかない。」

2　解除の効果

　裁判所は以下のとおり判示して、仮に解除原因が存在し解除の意思表示が有効であるとした場合であっても、原告には翻案権が遡及的には復帰しないと判断した。

・本件プログラムの開発期間中、「原告は、順次、プログラムを開発して被告に納入する義務を負うのに対し、被告は、開発に応じて、開発費の支払義務を負い、順次、納入されるプログラムの著作権等の権利を取得するという継続的な関係が存在し」た。「プログラムの納入後は、原告には、製品の競争

力維持のために特別な協力を行う義務が存在し、被告には、『歩合開発費』の支払義務が存在するという継続的な関係があることが認められる。」

・「上記継続的な関係においては、被告が、順次、納入されたプログラムの権利を取得するものであるところ、その権利を基礎として、新たな法律関係が発生するものであるし、開発の受託者である原告も、委託者である被告から指示されて被告のために開発を行い、被告に納入したプログラムについて、原告被告間の契約関係解消の場合、その開発作業の対価として受け取った金員の返還を想定しているとは考えられず、契約の性質及び当事者の合理的意思からも、本件における継続的な関係の解消は将来に向かってのみ効力を有すると解するのが相当である。」

□ 本判例のポイント（実務上の指針となる点等）

　裁判所は、契約に著作権法61条2項の特掲がない場合に、著作権の譲受人側がプログラムの翻案を行うことが当然に想定されていたという契約交渉過程の事情から、翻案権譲渡の合意を認定し、また、一体のプログラムについて完成した部分から順次納品し対応する報酬を支払うという開発過程を前提に、契約解除の遡及効を認めなかった。結論として特段の違和感のない事例である。

　原告が、報酬の一部項目が「製造ライセンス料」という名目であったことを原告に著作権が帰属するとの主張（契約文言として「ライセンス料」を用いることの前提として、著作権の帰属はライセンス料の支払を受ける側にあるという旨の主張）の根拠としたのに対し、裁判所は、「製造ライセンス料」の実質的な意味合いを丁寧に認定し、当該主張を排斥した。この点は、結論を導くのに必須ではない部分ではあるが、原告のように文言のみに依拠して実態と異なる主張を行うことのハードルの高さを示している。もっとも、実態が重要であるとはいえ、「ライセンス料」といった法的位置付けの観点で紛らわしい文言を契約書に記載するのは避けるべきであるし、記載するにしても少なくとも定義条項等により明確に定義すべきであろう。

□ その他（原審情報等） ⋯⋯⋯⋯⋯⋯⋯⋯⋯⋯⋯⋯⋯⋯⋯

・原審：東京地判平成17・3・23判タ1196号261頁〔28100673〕

2-3-5 プログラムの著作権の帰属（譲渡契約の解釈）

プログラム著作権確認並びに著作権侵害差止請求控訴事件

知財高判令和元・7・10平成31年（ネ）10020号裁判所HP〔28273020〕

□ 事案の概要

　原告（ソフトウェア開発会社）[1]は、統合管理パッケージソフトウェア（被告製品）を販売する被告（ソフトウェア開発会社）に対し、被告製品が原告の創作にかかるプログラム（原告プログラム）を改変したものであるとして、著作権及び二次的著作物の著作権を有することの確認請求並びに被告製品の販売差止等請求訴訟を提起した。原告プログラムは、各種業務用ソフトウェア・パッケージ群のプログラムであり、原告プログラムに関しては、原告と第三者（S社）の間で以下の内容を含む契約書（本件合意書）及び著作権譲渡の詳細条件を定めた契約書（本件譲渡契約）[2]が締結されていた。このため、原告への著作権の帰属が争点となった。

> 第1条（ソフトウェアの譲渡の合意）
>
> 　乙（原告）は甲（S社）に対し、乙の所有する下記記載のプログラムその他の著作物（文書、図面、磁気テープ・ディスクその他の媒体物を含む。）及び当該各著作物に関する著作権その他一切の知的財産権（以下、「本件ソフトウェア」という。）の所有権を以下の条件で移転し、かつ当該各著作物を引き渡すことに合意する。（中略）
>
> 記
>
> 　(1)　登録済プログラム著作物（中略）
>
> 　(2)　非登録プログラム著作物
>
> 　上記(1)の著作物のバージョンアップ等改良後のプログラム著作物、その他関連する一切のプログラム著作物
>
> （中略）

1　原告は、ソフトウェア開発会社2社とそれぞれの代表取締役1名であるが、本稿の内容との関係で区別する実益はないため、単に「原告」と記載する。

2　著作権譲渡の基本的な条件については本件合意書、本件譲渡契約ともに同様の内容である。

第2条（事業継続支援に関する合意）
　　甲は、甲の指定する会社に乙の従業員を全員移籍させ継続的に雇用を確保するとともに、当該会社に対し本件ソフトウェアに関わる開発を委託するものとし、当該会社が継続的に事業を行える様に支援を行うことに合意する。

※下線部分は筆者による

□ 争 点

・本件譲渡契約の有効性

　　原告は、原告プログラムのうちプログラム名称等が明記されていない非登録プログラム著作物（前記契約書第1条(2)）について、原告は譲渡する意思がなかったのであり、上記契約の譲渡対象に錯誤があったとして上記契約の無効[3]を主張し、また、同第2条の定めに関して原告はS社と協業しS社から長期間の支援を受けることを期待していたのであり、その動機は契約締結に当たってS社に対して表示されたとして動機の錯誤をも理由に契約無効[4]を主張した。原告は、上記契約書に定める登録済みプログラム著作物については著作権譲渡されたが、それ以外のプログラムについては著作権譲渡がされていないと主張した。

□ 裁判所の判断

　　原告とS社は、本件譲渡契約により、原告の原告プログラムに係る全事業を全従業員ごと指定会社に移転させ、その事業に係るプログラムについてのすべての権利をS社に譲渡し、S社が前記権利から利益を得るとともに、S社が、本件譲渡契約の対価を原告に支払い、指定会社（原告の従業員の移籍先）が当該事業を継続的に行えるように支援をすることを約した。「そうすると、本件譲渡契約において、登録済みプログラム及び非登録プログラムについての全ての権利が、著作権法27条及び28条に規定する権利を含めて、譲渡の対象とされたものと認められる。」「譲渡人である原告において、非登録プログラムとその

3　本件は、令和2年改正民法の施行前の事案である。
4　同上。

著作権を譲渡する認識・意思を欠いていたとは認められ」ず、「本件譲渡契約において、非登録プログラムも含むプログラムについての全ての権利を譲渡対象とするとした意思表示に錯誤はなく、原告らの上記錯誤無効の主張は前提を欠く。」

「本件合意書には、S社の指定会社への支援の具体的内容は記載されておらず、支援の期間も記載されていない上、本件譲渡契約書を含め、他に原告からS社に本件譲渡契約の動機が表示されたことを裏付ける客観的証拠はない。以上によれば、原告がS社からの長期間の支援を期待し、それが本件譲渡契約締結の動機になっていたとしても、その支援の具体的内容及び期間につき、S社に表示されたとは認めるに足りない。そうすると、実際に原告に対しS社が行ったことが、原告の期待したものに達しなかったとしても、意思表示の内容に錯誤があったとは認められない。」

□ 本判例のポイント（実務上の指針となる点等）

　プログラムの名称が明記されていないとしても、「その他一切の」という包括的な譲渡対象の記載があり、また契約上に事業譲渡継続支援の定め[5]があることから、当該支援のために著作権を含む知的財産権一切が譲渡されたと解釈するのは自然であり、妥当な結論である。「バージョンアップ等改良」といった文言は対象範囲が曖昧であるが、「その他関連する一切のプログラム」との文言があることにより、当該曖昧さに起因する問題は回避できる内容の契約となっていた。もっとも、明確に譲渡対象としたい、あるいは譲渡対象とはしたくないプログラムが存在する場合には、後の紛争を防ぐためにも、例示として明確に記載しておくことも事案によっては有効であろう。

□ その他（原審情報等）

・原審：東京地判平成31・2・5平成30年（ワ）13092号裁判所HP〔28271208〕

5　この定めは、動機の錯誤を認める程度の表示があったとはいえないものの、著作権譲渡対象となった著作物の範囲を解釈上画定するための事情にはなったといえる。

2-3-6 著作物の引渡しと著作権譲渡

著作権等侵害による損害賠償等請求控訴事件

知財高判令和5・11・28令和5年（ネ）10073号裁判所HP〔28313681〕

□ 事案の概要

　原告はテレビゲームの開発業務を行う個人である。被告販売会社は、ゲームソフトの開発・販売等を行う会社（パブリッシャー）であり、被告開発会社に対して、プレイステーション3用ゲームソフト3作品（本件ソフト及びその派生作品2作品。「本件ソフト等」）[1]の開発を委託した。被告開発会社における本件ソフトの受託開発について、原告は、最初は被告開発会社の従業員として、途中からは被告開発会社を退職し被告開発会社との間で業務委託契約（本件業務委託契約）を締結して本件ソフトの開発に関与した。原告は、その過程で本件ソフト等に関する動画（本件各動画[2]）を作成した。

　原告と被告開発会社の間で本件業務委託契約が合意により終了した後、被告開発会社は被告販売会社に本件ソフト等を納品し、その後被告販売会社により本件ソフト等が販売された。本件ソフト等には、本件各動画が使用されていたところ、原告は、本件各動画の著作権は原告に帰属し原告に無断で本件各動画が使用されている点を頒布権侵害、本件ソフトのスタッフクレジットに原告の氏名が表示されていない点を氏名表示権侵害であると主張し、被告開発会社と被告販売会社に対し、損害賠償請求等[3]を行った。原告は、著作権侵害等の主張の前提として、本件各動画は、本件業務委託契約の対象外であり、また成果物として納品していない旨の主張をした。

　本件業務委託契約には以下の内容を定める条項が存在した。

・都度個別に発行される発注書に基づき業務を実施すること

・発注書の定める納期に成果物を被告開発会社の指定する場所に納入すること（第5条）

1　「第2次スーパーロボット大戦OG」とその派生作品である「スーパーロボット大戦OG　ダークプリズン」及び「スーパーロボット大戦OG　ムーン・デュエラーズ」。

2　本件ソフト等の抜粋動画であって、BGM、台詞、背景、効果音を除いたもの。

3　著作権侵害の不法行為に基づく請求のほか、不当利得返還請求もなされたが、本稿では著作権侵害の点のみを取り上げる。

・成果物並びにその関連資料とテスト結果報告書の著作権（著作権法27条及び28条に規定する権利を含む）その他一切の知的財産権及び成果物の所有権は、上記第５条に規定する成果物の引渡完了をもって原告から被告開発会社に移転すること
・原告は、被告開発会社による本件プログラム（成果物）の著作権の行使に対し、著作者人格権を含む一切の権利を主張しないこと

□ 争 点 ···

1　本件各動画の「成果物」該当性（本件業務委託契約における著作者人格権不行使合意の対象となるか）
2　本件各動画の被告開発会社への「成果物」としての引渡しの有無（本件業務委託契約に基づき原告から被告開発会社に本件各動画の著作権は譲渡されたか）

□ 裁判所の判断

　裁判所は、以下のとおり本件業務委託契約の文言解釈を示したうえで、本件各動画について、著作者人格権不行使合意の対象となることを認め、また、原告から被告開発会社への本件動画の著作権の譲渡を認めた。
・上記「成果物」について、本件業務委託契約の文言上成果物の完成の程度には限定は付されておらず、業務の成果物のうち一定範囲のものを除外すべき合理的理由も見当たらない。よって、本件業務委託契約の定め「により著作権を移転し、又は著作者人格権を行使させない対象となる『成果物』には、原告による本件業務の遂行の結果製作され、被告開発会社に納入されるべき物全てが、その完成の程度いかんにかかわらず含まれると解するのが相当である。」
・上記「第５条に規定する成果物の引渡」について、「弁論の全趣旨によると、被告開発会社は、ゲームソフトの開発に関する成果物の納入場所につき、これを同社が管理するデータ共有サーバと指定していたが、同社においては、パソコン（同社が業務受託者に貸与したもの）に成果物を格納したままの状態で当該パソコンを返却することをもって、当該成果物の納入とするとの扱いがされていたものと認められるから、『第５条に規定する成果物の引渡』

とは、同社が管理する共有サーバに成果物をアップロードすること又は被告開発会社から貸与を受けていたパソコンに成果物を格納したままの状態で当該パソコンを同社に返却することのいずれかを指すものと解するのが相当である。」

□ 本判例のポイント（実務上の指針となる点等）

　納品すべき成果物がデータである場合、例えば委託者の指定するクラウドストレージにアップロードするといったように納品方法を具体的に特定する場合がある一方で、一般に、データ納品の場合であっても「指定する場所に納入」等の記載にとどまっていることもそれなりに多く見受けられる。本件において、原告の行動は、成果物となるデータを共用サーバに保管し、当該データを記録したPCを返却したというものであるが、原告に対してどのような「場所」が「指定」されていたのかは定かではないため、著作権譲渡の要件でもあった契約書の文言「指定する場所に納入」への該当性が問題となった。裁判所は、被告開発会社における成果物の納入に関する実際の慣行（共有サーバへの記録、貸与PCの返却）を参照したうえで、原告の行為は、著作権譲渡の効果を発生させる成果物の引渡しであると判断した。もし慣行が異なれば逆の結論にもなり得たことから、本件は、契約文言が著作権譲渡といった重大な効果を発生させる要件と（も）なる場合は、疑義のないよう明確に規定すべきであることが改めて確認できる事例である。

□ その他（原審情報等）

・原審：東京地判令和5・3・31令和3年（ワ）13311号裁判所HP〔28311668〕

2-3-7 ソフトウェア開発契約における成果物の利用許諾の範囲

損害賠償請求控訴事件

知財高判令和元・6・6平成30年（ネ）10052号裁判所 HP〔28272425〕

□ 事案の概要 ……………………………………………………………

　原告（控訴人）は、システム構築・ソフトウェア開発会社である。被告（被控訴人）は、食品類の卸売業、小売店舗支援事業、物流・冷蔵倉庫事業等を目的とする株式会社である。被告は、原告に対し、被告の新冷蔵庫・社内受発注システム（本件システム）の開発を、基本契約と個別契約からなる開発委託契約（本件契約）を締結して委託した。本件契約に基づき原告が作成したソースコードには、本件システムを使用する際に必要となる、データベース接続等のプログラム一般に共通する機能をまとめたプログラムのソースコード（本件ソースコード）が含まれていた。本件ソースコードは、原告が被告から開発委託される前から有していたプログラムを改変して作成されたものであった。

　その後、本件契約は、被告による契約不更新の意思表示により終了した。契約終了後、被告は本件ソースコードの複製物を、本件システムのサーバ移行のために利用した。原告は、被告の当該使用行為が原告の複製権又は翻案権を侵害するとして、被告に対し、本件ソースコードの使用差止め、廃棄及び損害賠償等を求めた。

　本件契約では、「成果物」が著作権譲渡又は利用許諾の対象となる旨が定められていた（条文タイトルは「著作権・知的財産権および諸権利の帰属」）。具体的には、「乙（原告）は甲（被告）に対し、乙（原告）が従前から保有していたプログラムを改変して作成されたプログラムにつき、甲（被告）が自ら対象ソフトウェアを使用するために必要な範囲で、著作権法に基づく利用（著作権法に基づく複製権、翻案権等の著作物を利用する権利をいう）を無償で許諾するものとする。」との定めがあった。一方で、本件契約に基づき新規に作成する「成果物」については、「当該プログラムに関する検収完了」を条件として、著作権持分譲渡による、原告と被告による共有が定められていた。当該条項により、被告自ら「使用するために必要な範囲で」の本件ソースコードの利用は、無償で利用許諾されていた。また、本件契約の存続条項（条文タイトル

は「契約終了後の権利義務」）には「合意の解約により終了した場合および解除により終了した場合でも」「著作権・知的財産権および諸権利の帰属」の規定は契約終了後も有効であると定められていた[1]。

　なお、上記サーバ移行の際に本件ソースコードが利用された経緯は以下のとおりである。本件ソースコード自体は本件契約における納品対象ではないため被告に納品されていなかったが、原告は、本件契約とは別に、本件システムのメンテナンス作業も被告から請け負っており、当該作業の際に被告の旧サーバに本件ソースコードを保存していた。被告から上記サーバ移行の委託を受けた（原告ではない）別の委託先が新サーバへの移行作業の際に、旧サーバに保存されていた本件ソースコードを複製・翻案した。

□　争　点

1　「成果物」の利用許諾の範囲（サーバ移行に伴う本件ソースコードの複製行為等は適法か）

　原告は、本件ソースコードが本件契約において被告への納入の対象外とされたことから「成果物」に該当しないと主張した。本件契約の定義規定においては、「コンピュータプログラム、コンピュータプログラムに関する設計書、仕様書、マニュアル等の資料およびその他甲（被告）が作成を委託するコンピュータシステムに関わる有体物又は無形物全般」と定義されている。

2　存続条項が適用される範囲（契約不更新による契約終了後も利用許諾の定めは存続するか）

　原告は、文言上「著作権・知的財産権および諸権利の帰属」の規定の効力が存続するとされており、利用許諾の定めは存続条項の対象ではないと主張した。また、存続条項が適用されるのは合意解約又は解除で契約終了した場合と明文で規定されており、契約不更新により終了した本件では、存続条項の適用はないと主張した。

1　「本契約が合意の解約により終了した場合および解除により終了した場合でも、本契約に定める権利侵害、著作権・知的財産権および諸権利の帰属、秘密保持、個人情報保護、損害賠償、準拠法、管轄裁判所および本項の規定は当該契約終了以後も有効とする。」

□ 裁判所の判断

1 「成果物」の利用許諾の範囲

　裁判所は、本件ソースコードは本件契約における被告への納入対象ではなかったが、そもそも契約上は、成果物は納入対象の物に限定されておらず、本件ソースコードに基づくプログラムに対して報酬が支払われているので、本件ソースコードは利用許諾の対象たる「成果物」であると認定した。裁判所は、上述のサーバ移行の際の本件ソースコード利用の経緯から、旧サーバから新サーバへの移行に伴って、本件ソースコードを複製したり、新サーバ移行に必要な限度で翻案したりすることは、被告「自ら使用するために必要な範囲」に該当するものといえるとして、これらの行為は著作権侵害とならないと判断した。

2 存続条項が適用される範囲

　存続条項の「『著作権・知的財産権および諸権利の帰属』との文言は、著作権等の帰属と利用許諾について定めた条項の見出しと同一であ」り、当該条項は「成果物についての著作権の帰属」とともに「著作権の利用範囲」を定めている。「そのような規定において、本件契約終了後、著作権等の帰属の定めの部分のみが有効に存続すると解するのは不自然であり、むしろ、存続条項において契約終了後も有効とされる『著作権・知的財産権および諸権利の帰属』の定めとは、上記著作権等の帰属と利用許諾についての定め全体を指し、同条が規定する利用に関する定めも含んでいるものと解釈するのが相当である。」

　また、存続条項の「見出しが、『契約終了後の権利義務』とされており、同条が、『本契約が合意の解約により終了した場合および解除により終了した場合でも』となっていることからすると、文言上、存続条項の適用範囲が、合意解約又は解除の場合に限られるとはいえないこと、実質的に考えても、本件基本契約の終了原因が、合意解約又は解除である場合と、更新しない旨の意思表示により終了した場合とで差異を設ける必要性は乏しいことからすると、存続条項は、本件契約が合意解約又は解除により終了した場合でも、同条に定められた各内容が有効であることを明示的に規定するとともに、それ以外の原因によって本件基本契約が終了した場合にも、上記各内容が有効であることを規定したものであると解するのが相当である。」

「成果物」該当性、利用許諾の範囲、存続条項の適用要件について問題となった事案である。成果物・利用許諾の範囲については、契約上に明確な「成果物」の一般的定義が存在した点が決め手になった。存続条項の文言解釈において、文言上は存続すべき定めとして「利用許諾」に関する規定が挙げられておらず、また条文番号による特定もなされていなかった点が争いを誘発したものと思われるが、裁判所は、プログラムの構成や契約書の他の条項との関係を考慮して契約の合理的な意思解釈を行うことで救済した。2点とも、定義や条文相互の関連性について可能な限り明確に記載することの重要性という観点から、契約ドラフトにおいて改めて確認しておきたい点である。

　また、存続条項の適用要件として本件契約には合意解約か解除による終了であることが明記されていたが、裁判所は、明記のなかった契約不更新による終了の場合にも存続条項が適用されると判断した。本件は、プログラムが納品され対価が支払われた場合は期間の制限なく継続的に使用されることを前提にプログラムの開発委託が行われたといえるケースであり、期間で区切って利用許諾されるいわゆるライセンス契約のケースとは異なる。このため、原告の主張のように契約不更新を理由に納品済みのプログラムが使用できなくなるのは、開発委託をした本来の趣旨に反する不合理な事態だといえる。裁判所は上記判断により、当該不合理な事態を回避したのであり、本件の具体的な事情においては妥当な結論である。

　存続条項が特定の契約終了事由による契約終了の場合に適用されると規定されている場合に、当該事由以外の事由によって契約が終了した場合にも当該存続条項が適用されるのか、それともあくまで明示的に定められた契約終了事由の場合に限定されるのかについて判断が微妙なケースは多々あると思われる。特に著作権の帰属や利用許諾といった重要条項については、存続条項の適用要件を可能な限り明確に定め、解釈に委ねる余地を狭くしておくべきであろう。

□ その他（原審情報等）...

・原審：東京地判平成30・6・21平成29年（ワ）32433号裁判所HP〔28263171〕

2-3-8 プログラムのライセンス範囲とライセンス違反の損害額

著作権侵害差止等請求控訴事件

知財高判令和3・11・29令和3年（ネ）10035号裁判所HP〔28293691〕

□ 事案の概要 ……………………………………………………………………

　原告（被控訴人）は、健康診断、保健指導及び健康管理に関するシステム開発並びに業務支援プログラムの開発を行う会社であり、健診機関向けプログラム（本件プログラム）の著作権者である。

　被告（控訴人）は、医師会等からの委託を受けて医療保険者に対する特定健診に関する保険請求を代行する業者である。被告は、本件プログラムについて、当初（原告の主張によれば）1医師会向けの業務についての使用許諾をライセンスの1単位として、許諾を受けていたが、実際には、1ライセンスで複数の医師会向けの業務において本件プログラムを使用していた。具体的には、本件プログラム（後述のアップデート前のバージョン）は、インストールしたPC1台ごとに1つの医師会しか登録することができない仕様であったところ、被告は、複数の医師会のバックアップデータを作成しておいて作業したい医師会に合わせてバックアップデータを切り替えることで1台のPCで複数の医師会に係る作業を行っていた（本件プログラムがインストールされていたPC台数は時期によって異なる）。

　その後、被告が当初合意した医師会以外の医療機関についても本件プログラムを使用していることが発覚し、本件プログラムのアップデート版（本件新プログラム。以下、アップデート前のプログラムを区別するために「本件旧プログラム」、新旧特段の区別の必要がない場合には単に「本件プログラム」という）の契約では、1医師会ごとの許諾料が明記され、契約外使用に関する月額の違約金（通常のライセンス料の10倍の金額）が合意された。使用許諾契約はその後契約不更新により終了したが、契約終了後も被告は複数台のPCに本件プログラムをインストールしていた。

　原告は被告に対し、著作権侵害差止請求、使用許諾契約の債務不履行に基づく損害賠償請求、違約金合意に基づく違約金請求の訴訟を提起した。原審は請求を一部認容し、被告が控訴した。

□ 争 点 ………………………………………………………………

1 「1ライセンス」の範囲（契約の合理的意思解釈）

　本件旧プログラムの使用許諾契約においては、1ライセンスが1医師会ごとであることについて明示的な記載がなかった。原告は1ライセンスは1医師会単位であると主張したが、被告は1ライセンスはPC1台単位であると反論した。

2 複製権侵害の損害算定

　原告は契約違反（債務不履行）に基づく損害賠償請求とともにこれと選択的に複製権侵害の不法行為に基づく損害賠償請求を行った。債務不履行に基づく請求については1ライセンス料相当で損害を算定可能な一方で、不法行為に基づく請求の場合、約定の医師会数を超えて本件プログラムを使用した部分について、本件プログラムの複製は1回しかしていないにもかかわらず当該契約違反の使用があった医師会の数に応じて本件プログラムの複製権侵害の損害額を認定すべきかが問題となった。

3 通常のライセンス料の10倍の金額を違約金とすることの有効性

□ 裁判所の判断

1 争点1について（ライセンスの範囲）

　以下の事実からすれば、本件旧プログラムにかかる使用許諾契約は、1ライセンスにより1医師会の業務についてのみ使用を許諾するものであったと認めるのが相当である。

・本件プログラムの初期設定画面には特定の医師会の名称等を入力する必要があったこと

・本件旧プログラムはインストールされたPC1台ごとに1医師会のみ登録できる仕様であったこと

・契約関連書類において、PC台数に応じてライセンスが必要となる旨の記載があったこと

・被告は一部解約の際に継続して使用したい特定の医師会について「延長レンタル代」を支払う旨を表明していたこと

・被告は契約更新の際に特定の医師会を「利用機関」として記載していたこと

・原告が被告に対し、約定外の医師会について本件プログラムが使用されている疑いについて指摘したのに対し、被告は、使用許諾が医師会単位でなされるものではないと考えていたのであればその旨回答すれば足りるはずであるのに、回答しなかったこと

2　争点2について（複製権侵害の損害算定）

　本件旧プログラムの使用について、被告がその都度使用する医師会のバックアップデータを切り替えることにより（契約に基づき本件旧プログラムがインストールされた）1台のパソコンで複数の医師会に係る作業をした行為は、「本件旧プログラムを有形的に再製するもの、すなわち複製とは認められないし、違法な複製がされたことを前提とする著作権法113条2項〔筆者注：現5項〕のみなし侵害に該当するともいえない。」

　なお、上述のとおり、原告は債務不履行に基づく損害賠償請求も選択的に行っており、当該請求の損害額の方が不法行為に基づく損害額を上回ったため、裁判所は債務不履行に基づく請求を一部認容した。

3　争点3について（通常のライセンス料の10倍の額の違約金条項の有効性）

　公序良俗に反するとはいえず、有効である。

①　違約金条項は被告による過去の長期間に及ぶ不正使用を踏まえて、それを抑止するために設けられたものと解され、本件違約金条項を設ける必要性は高かったといえる。

②　違約金条項は、いずれも事業者である原告と被告とが、契約書において、被告が本件プログラムを使用できる医師会名を明示したうえで、それ以外の医師会の利用については違約金支払義務が発生する旨を記載したものであって、合意内容とその違反の範囲は明確である。

③　本件新プログラムの使用許諾契約においては、医師会を1か月単位で増減させることが可能であったから、被告において、違約金条項に反しないように本件プログラムを使用することに特段の障害はなかった。

□　本判例のポイント（実務上の指針となる点等）　

　プログラムのライセンス契約において、プログラムの複製個数は約定の範囲内であり複製権侵害とはいえない場合に、契約で定めた使用対象以外にプログラムを使用したことを債務不履行として、契約外の使用対象の個数によってそ

の損害額が認定されたケースである。

　違約金合意の有効性に関する判断においては、違約金を設定するまでの契約違反の重大さや経緯、違約金の発生条件と範囲が明確であったことに加え、ライセンスが一月単位で増減可能であり違約金を発生させないようにライセンシー側で運用可能な内容であった点が取り上げられた。違約金の定め自体だけではなく、契約全体の仕組み（本件ではライセンスの期間）を工夫することで適法な違約金合意とする余地があることが示されたといえる。

□ その他（原審情報等）

・原審：東京地判令和3・3・24平成30年（ワ）38486号裁判所 HP〔28293690〕

2-3-9 ソフトウェアの著作権非侵害表明保証違反

補償金請求事件

東京地判令和3・6・18平成31年（ワ）3100号公刊物未登載〔29065062〕

□ 事案の概要 ....

　原告は、ソフトウェアの開発や販売等を行う株式会社である。被告は、医科器械、医用電子機器の製造及び販売業等を営む株式会社（本件会社）の発行済株式すべてを保有する株主であった者である。本件会社の制作・販売するシステム[1]（被告製品）のセットアップのためには、第三者が著作権を有するクライアント運用パッケージ（本件パッケージ）のインストールが必要であった。本件パッケージの利用条件としては、インストールするパソコン1台ごとにライセンス1件を購入する必要があったところ、本件会社は、必要なライセンス数を購入することなく、本件パッケージの複製物を使用して顧客のパソコンに本件パッケージをインストールしたうえで被告製品をセットアップしていた。

　原告は、被告から本件会社の全株式の譲渡を受けた。原告は、株式譲渡契約（本件契約）締結後に、上記著作権侵害について本件パッケージの著作権者に伝え、交渉の結果、和解を成立させ、和解金2億円を支払った。原告は、本件契約に定める表明保証条項違反による損害を受けたとして、被告に対し、以下の本件契約9条2項に基づき、補償金の支払を請求した。

　著作権侵害に関連する本件契約の条項の概要は以下のとおりである。

5条1項

被告が原告に対して以下の保証対象事実が真実かつ正確であることを表明し保証する

保証対象事実

①　本件会社が被告製品について著作権を含む一切の権利を保有していること

②　本件会社が本件契約締結日時点で行っている事業を適法かつ適正に行

1　接骨院用レセプト発行システムと鍼灸マッサージ管理システム。

うために必要な動産、不動産、債権その他の資産を適法に使用する権利を有していること

③　本件会社が第三者の著作権、特許権、実用新案権、商標権、意匠権その他の知的財産権を侵害しておらず、その具体的なおそれもないこと

④　本件会社には偶発債務は存在しないこと

9条2項
被告が上記表明保証に違反したことにより原告に損害等が生じた場合には被告がそれらを補償する

10条
原告及び原告のグループ会社の行った本件会社に関するデュー・ディリジェンスは、売主（被告）保証の有効性、並びに、売主保証違反に関する補償その他の規定の効力に、何らの影響も与えないことを確認する

□　争　点

・表明保証条項違反（著作権侵害）による補償債務の有無
　被告は、本件契約10条は原告が著作権侵害の事実について悪意又は重過失である場合については規定しておらず、原告側（原告の親会社の）担当者に対して本件契約締結前に著作権侵害について伝えており、原告には被告の著作権侵害について悪意又は重過失があったとして、被告は補償債務を負わないと主張した。

□　裁判所の判断

　結論として被告の補償債務を認めた。
　「被告は、本件著作権侵害について、本件表明保証条項に違反したものであるから、本件契約9条2項に基づき、原告に生じた損害につき補償債務を負うべきところ、本件契約の内容、本件著作権侵害の内容、原告と被告の本件著作権侵害についての認識等を考慮しても、上記補償債務を免除すべき事情があるとは認められない。」

1　本件契約10条の解釈について

　①本件契約締結前の交渉の過程で、被告から原告に対して（被告側代理人弁護士を通じて）原告がデュー・ディリジェンスにより負担すべきリスクであるため10条の削除を求めたが、同条項は維持されたこと、②「デュー・ディリジェンスが売主保証の有効性、売主保証違反に関する補償等に影響を与える場面として、原告がデュー・ディリジェンスにより認識した事情又は認識し得た事情については補償の対象とならないというものが想定され、上記条項はその影響を排除する趣旨のものと解されること」からすれば、本件契約10条は、「原告がデュー・ディリジェンスにより被告が本件表明保証条項に違反していることを知り又は知り得たとしても、そのことにより原告に生じた損害等について被告は補償債務を免れない旨を定めたものと解釈するのが相当である。」

2　原告の悪意又は重過失について

　①原告は、本件契約締結時点において著作権侵害について認識しておらず、契約後に本件会社の従業員から知らされて初めて著作権侵害について認識したこと、②被告は、本件会社の代表取締役を務めながら著作権侵害の対応を放置し、従業員に口止めをし、原告側に対して従業員への接触をさけるよう求めたこと、③本件契約締結前に、著作権侵害を認識していた場合には原告が代金の減額等の交渉をせずに契約締結するとは考え難いところ、そのような交渉がなされた形跡がないことからすると、被告の、「原告がデュー・ディリジェンスにより本件著作権侵害を認識できなかったことに重過失がある」との主張は採用できない。

□　本判例のポイント（実務上の指針となる点等）　 Point

　買収対象会社の製品自体ではなく、製品導入に必要な他社製品に関する著作権侵害について、株式譲渡契約の表明保証条項への違反に当たるかが問われた。本件契約の表明保証は譲渡対象会社の製品自体の権利非侵害に限定したものではなく、文言上、表明保証違反に該当することは明らかであったといえるが、表明保証違反に基づく補償債務の免除の可否について、デュー・ディリジェンスが表明保証の有効性等に影響を与えない旨を定める条項（本件契約10条）の解釈が争いとなった。同条項は、文言上は、買主（原告）の認識（表明保証違反の事実を知っていたか又は知り得たか）に言及していないが、本判決は、買

収交渉経緯とデュー・ディリジェンスに関する一般論の観点から、同条項が、買主の認識が表明保証違反に関する補償請求に影響しないことを定めた条項（いわゆるサンドバッギング条項[2]）であると確認している。なお、本判決は、原告に重過失があったとの被告の主張を退けたうえで、「本件契約の内容、本件著作権侵害の内容、原告と被告の本件著作権侵害についての認識等を考慮し」て「補償債務を免除すべき事情」はなく、被告は補償債務を負うと結論付けているが、一方で、判決は、上記①のとおり原告が「知り又は知り得たとしても」補償債務を免責しないとしており、故意又は（重）過失があったというだけでは「免責すべき事情」には該当せず、別の事情が必要であると読めるが、具体的にどのような事情がこれに該当するかは判決からは明らかではない。

---

2 逆に、買主が売主の表明保証違反について知っていた又は知り得た場合には買主の売主に対する補償請求を認めない条項をアンチサンドバッギング条項という。

2-3-10 アルゴリズムと営業秘密

不正競争行為差止等請求事件

東京地判平成18・12・13平成17年（ワ）12938号裁判所 HP〔28130111〕

□ **事案の概要** ....

　原告は、トーションレース（ゆるく綟った麻糸・綿糸で編んだ目の粗いレース）の製造販売業者が設立した事業協同組合である。原告は、トーションレースの編み機を制御するためのソフトウェア（原告ソフト）の開発を開発会社に委託し、納品を受けた（契約により原告ソフトの著作権は原告に無償譲渡することとされた）。

　被告は、上記開発会社の原告ソフトの開発責任者であった。被告は、原告ソフトの開発が完了した後同開発会社を退職し、トーションレースの編み機を製造販売する会社から委託を受けて、制御用ソフトウェア（被告開発ソフト）を完成させ同会社に納品した。

　原告ソフトの開発委託契約には、開発業務の内容に関する第三者への漏洩禁止を定めた条項があった。

　原告は被告に対し、①被告開発ソフトが原告の営業秘密であるアルゴリズム（原告アルゴリズム）を使用したものであり、不正競争防止法2条1項7号の不正競争行為に当たる、②被告が勤務していたソフトウェア開発会社との信義則上の秘密保持義務に違反している、と主張して、ソフトウェアの製造差止め等と損害賠償を請求した。

□ **争　点** ....

1　営業秘密の「使用」

2　秘密保持義務違反の有無

□ 裁判所の判断

1 争点1について（営業秘密[1]の「使用」）

　被告が原告アルゴリズム[2]（著作権法10条3項3号の「解法」）全体をそのまま使用して被告開発ソフトを作成したのであれば、プログラムとしての表現が異なっていても、不正競争防止法2条1項7号の不正競争行為が成立する余地がある。しかし、以下の事実から、被告が被告開発ソフトを作成するに当たり、原告ソフトのアルゴリズムを使用したものと認めることはできない。

　「被告は、被告開発ソフトを作成するに当たり、原告ソフトのアルゴリズムをそのまま使用したものではなく、多くの点で原告ソフトのアルゴリズムとは異なる処理手順を採用し、一部原告ソフトのアルゴリズムと同様の処理手順を採用した箇所についても、技術上の合理性の観点から当然採用される部類に属する手法を採用したものであり、原告ソフトのアルゴリズムや原告ソフトそのものを使用又は開示するに等しい結果を何ら招来していない」

2 争点2について（秘密保持義務違反の有無）

(1) 信義則上の秘密保持義務違反の判断基準

　「以前に同種ソフトウェアの開発に関与した被告が信義則上の秘密保持義務に反したか否か」は、以下の点から考慮すると、原告アルゴリズムと被告開発ソフトのアルゴリズムとが一致する割合はどの程度か、一致する部分について、当該システムエンジニア等が従来から有していた技術の適用の結果といえるか、又は技術上の合理性の観点からそのような手順を採用することが当然か、被告開発ソフトやその前提となるアルゴリズムの一部が開示されることにより、従前の雇用主である開発会社又は開発委託者である原告のノウハウ等が開示される結果となるか等を総合して判断するほかはない。」

・（被告が開発会社在職中に原告ソフトの開発責任者であったことから、開発会社に対して信義則上秘密保持義務を負っているとしたうえで、）被告が原告から開示された原告に特有のトーションレースの編み方のノウハウや、原

1　本判決では営業秘密該当性については明確な判断がなされていない。

2　原告ソフトの主要機能である、①糸の交差位置におけるテンション量に基づいて糸の移動軌跡を計算する処理、②計算した移動軌跡に基づいてトーションレースの図柄を表示する処理、③トーションレースの図柄のデータを編み機用のデータに変換する処理などを具現化するためのアルゴリズム。

告アルゴリズム全体をそのまま他に開示するような行為（原告アルゴリズム
と全く同じアルゴリズムに基づくソフトを作成・交付する行為を含む）は、
信義則上の秘密保持義務に違反する。

・しかし、システムエンジニア等があるソフトウェアの開発によって得たもの
は、委託されたソフトウェア開発の成果物である一方で、従来からシステム
エンジニア等として有していた技術を適用した結果であったり、技術上の合
理性の観点から必然である処理手順であることが考えられ、これらの点を無
視して信義則上の秘密保持義務を広く負わせることは、システムエンジニア
等の職業選択の自由を制約し、社会経済的にも技術の蓄積によるソフトウェ
アの開発コストの削減を妨げる結果となりかねない。

(2)　あてはめ（秘密保持義務違反の有無）

　上記1で引用した裁判所判示部分と同様の理由から[3]、被告が被告開発ソフ
トのアルゴリズムに想到し、それに基づいて被告開発ソフトを作成したことを
もって、被告が退職後も負う信義則上の秘密保持義務に反したものと認めるこ
とはできない。

□ 本判例のポイント（実務上の指針となる点等）　

　営業秘密の使用の事実については、被告は原告ソフトの開発責任者であり当
然に原告ソフトのアルゴリズムについて知ったうえで被告開発ソフトのアルゴ
リズムを考案したはずであるが、被告開発ソフトの具体的内容から原告ソフ
ト・原告ソフトのアルゴリズムと相違し、これらを使用又は開示するに「等し
い結果を何ら招来していない」として、否定された。

　一般に、営業秘密の「使用」とは「営業秘密の本来の使用目的に沿って行わ
れ、営業秘密に基づいて行われる行為として具体的に特定できる行為」を意味
し、他社製品の製造方法に関する技術情報（営業秘密）を使って自社製品を製
造する行為等の直接使用に限らず、参考にした場合でも「使用」に該当する可
能性は否定できない[4]。本件では、被告開発ソフトが、原告ソフトの開発責任

3　原告が被告に対して提供したアルゴリズム作成に有用な手順等の情報は、被告の転職先であるトー
　ションレースの編み機製造会社からも容易に得ることができる程度のものであった点も考慮され
　た。

4　経済産業省知的財産政策室編「逐条解説　不正競争防止法〈令和6年4月1日施行版〉」（https://
　www.meti.go.jp/policy/economy/chizai/chiteki/pdf/Chikujo.pdf）100頁参照。

者であり原告ソフトのアルゴリズムの内容が残留情報として保持されているであろう被告によって開発されたものであるが、原告ソフトのアルゴリズムと技術的に異なるアルゴリズムを用いていると評価される場合には、仮に参考にしていたとしても営業秘密の「使用」とはいえない[5]ということであろう。秘密保持義務違反についても同様の理由付けがなされている。

---

5 営業秘密であるソースコードについて、そのまま複製した場合や、異なる環境に移植する場合に逐一翻訳したような場合などが「使用」に該当し、ソースコードの記述そのものとは異なる抽象化、一般化された情報の使用にすぎない場合は不正競争防止法2条1項7号「使用」に該当しないと判断した事例（大阪地判平成25・7・16判時2264号94頁〔28212469〕）、原告被告のソースコードの非類似部分が99％以上であったケースで、類似部分の一部についての原告のソースコードの変数定義部分のみを被告が参照した可能性を否定できないことをもって「使用」があったとはいえないと判断した事例（知財高判令和元・8・21金融商事1580号24頁〔28273455〕）がある。

2-4-1 ウェブサイト規約の模倣

著作権侵害差止等請求事件

東京地判平成26・7・30平成25年（ワ）28434号裁判所HP〔28223723〕

□ 事案の概要 ···

　原告は、時計修理サービス業を営む会社であり、時計修理サービスの内容の宣伝や説明等を掲載した1頁縦長のウェブサイト（原告ウェブサイト）を運用していた。原告は、同業である被告に対し、被告のウェブサイト（被告ウェブサイト）において、原告ウェブサイトに掲載されたサービス内容の宣伝や説明等に関する文言、トップバナー画像、サイト構成及び修理規約文言を複製又は翻案したとして、著作権侵害差止請求等を行った。

　原告の請求は、ウェブサイトの文言及びトップバナー画像など、多岐にわたるが、本稿では修理規約文言について取り上げる。原告ウェブサイトの修理規約文言の内容は、修理に関する契約条件として一般的な内容を中心とするものであるが、重要な部分については繰り返し記載されていた。

【修理規約文言対比表（判決別紙4「修理規約文言対比表」より抜粋）】

	原告ウェブサイトの修理規約	被告ウェブサイトの修理規約
4	・サビ、腐食、ひどく損壊している場合など、時計のコンディションによっては保証できないことがあります。	・サビや腐食がある場合、損壊がひどい場合など、時計のコンディションによっては保証できないことがあります。
5	・以下の場合には、保証期間内であっても有償修理となります。 1．落下・衝突等の衝撃、浸水、火災や地震等天変地異による故障・破損 2．外装部品（リューズ・プッシュボタン・針・文字盤含む）及びゼンマイについての切断・損傷等の不具合 3．当社以外での修理又は改造による故障・不具合 4．修理箇所とは別の箇所を原因とする故障 5．当社で発行する修理明細書のご提示がなく、当社による修理が確認でき	・以下の場合には、保証期間内であっても有償修理となります。 1．落下・衝突等の衝撃、浸水、火災や地震等天災地変による故障・破損 2．外装部品（リューズ・プッシュボタン・針・文字盤含む）及びゼンマイについての切断・損傷等の不具合 3、不適切な取り扱いによって生じた故障・破損 4、修理箇所とは別の箇所を原因とする故障 5、当店発行の修理明細書のご提示がなく、当店による修理であることが確

	ない場合	認できない場合
	6．配送時に生じた故障・破損	6、配送時に生じた故障・破損
	7．不適切な取り扱いによって生じた故障・破損	7、当店以外での修理又は改造による故障・不具合
7	■重故障状態の時計の修理について ・アンティーク、落下や冠水による故障、部品の著しい損傷、電池液漏れ、基盤腐食等重故障状態の時計については、修理しても動かないままである可能性及び動いたとしても数週間で止まる可能性があるため、修理保証が短くなったり、修理保証をつけられない場合があります。	■重故障状態の時計の修理について ・アンティーク（20年以上前に製造され、メーカー側で時計またはその部品の製造が中止になった時計）、落下や冠水による故障、部品の著しい損傷、電池液漏れ、基盤腐食など、重故障状態の時計は、修理しても動かないままである可能性があります。 　また、動いたとしても数週間で止まる可能性もあるため、修理保証の短縮、または修理保証の対象外となる場合があります。
10	・重故障のために保証がない場合、再修理は有料となります。	・重故障のために保証がない場合、再修理は有料となります。
15	・ただし、運送中に生じた破損については、運送会社の定める補償の上限額までの対応と致します。	・ただし、配送中に生じた破損については、運送会社の定める補償の上限までの対応と致します。
17	・修理にあたっては、時計の誤差を日差±15秒以内に収めておりますが、修理依頼時に当該日差があった場合、いかなる修理をしても日差を±15秒以内にできない場合があります。	・修理にあたり、基本として時計の誤差は日差±15秒以内に収めておりますが、修理依頼時に当該日差があった場合、いかなる修理をしても日差を±15秒以内にできない場合があります。
39	■免責事項 ・当社及び関連会社は、次の事由による修理品の滅失、毀損、遅延による損害については、損害賠償の責任を負いません。 1．社会的騒擾その他の事変又は強盗等第三者による犯罪行為 2．不可抗力による火災 3．予見できない異常な交通障害 4．地震、津波、高潮、大水、暴風雨、地すべり、山崩れその他の天災 5．法令又は公権力の発動による運送の差止め、開封、没収、差押え又は第	■免責事項 ・当社及び関連会社は、次の事由による修理品の滅失、毀損、遅延による損害については、損害賠償の責任を負いません。 1、社会的騒擾その他の事変又は強盗等第三者による犯罪行為 2、不可抗力による火災 3、予見できない異常な交通障害 4、地震、津波、高潮、大水、暴風雨、地すべり、山崩れその他の天災 5、法令又は公権力の発動による運送の差止め、開封、没収、差押え又は第

	三者への引渡し 6．運送会社の配送時における事故等 7．その他当社及び関連会社に過失がない場合	三者への引渡し 6、運送会社の配送時における事故等 7、その他当店及び関連会社に過失がない場合
44	・オーバーホール後、当社及び関連会社の精度検査の基準は日差±15秒となります。クロノメーター等であっても日差±15秒です。修理依頼時に時計の日差が±15秒以上あった場合において、いかなる修理をしても日差を±15秒に以内に収められない場合があります。その場合、当社及び関連会社は、一切の責任を負いません。	・オーバーホール後、当店及び関連会社の精度検査の基準は日差±15秒となります（クロノメーター等含む）。修理依頼時に時計の日差が±15秒以上あった場合において、いかなる修理をしても日差を±15秒に以内に収められない場合があります。その場合、当店及び関連会社は、一切の責任を負いません。
54	・時計は防水であっても基本的に汗、水にはお気をつけ下さい。修理後、リューズの締め忘れや、当社の防水検査以上の水圧（無料の場合は3気圧まで）がかかると浸水する可能性があります。また経年劣化により、防水性が低下しているケースもございます。防水検査後、防水エラーが出る場合、ご報告は致しますが、いかなる場合であれ、浸水に関しては保証対象外で有償修理になりますのでご注意ください。	・時計は基本的に、防水であっても汗・水にはお気をつけ下さい。修理後、リューズの締め忘れや、当店の防水検査以上の水圧（無料の場合は3気圧まで）がかかると浸水する可能性があります。また経年劣化により、防水性が低下しているケースもございます。防水検査により防水エラーが出る場合、ご報告は致しますが、いかなる場合であれ、浸水に関しては保証対象外で有償修理になりますのでご注意ください。

□ 争　点

・修理規約文言の著作物性及び複製権侵害（共通部分の創作性）

□ 裁判所の判断

1　原告と被告の各修理規約の比較

　裁判所は、原告と被告の各修理規約について、見出しの項目、各項目に掲げられた表現、記載順序などが全て同一又は実質的に同一であると判断した。

2　規約文言について

(1)　個別の条項の共通部分について、裁判所は、アイデア又はありふれた表現であると判断（侵害否定）

〔原告被告の修理規約の各条項の文言のうち共通する部分は、個別に見る限り、〕他に適当な表現手段のない思想、感情若しくはアイデア、事実そのものであるか、あるいは、ありふれた表現にすぎないものというべきであって、直ちに創作的な表現と認めることは困難というべきである。

(2)　規約全体については、裁判所は原告の修理規約文言が全体として著作物であると認定し、被告は原告の修理規約を複製したと判断（侵害肯定）[1]

（著作物性について）修理規約において修理受注者が修理依頼者との間であらかじめ取り決める事項はある程度一般化・定型化されており、その表現方法は限られているから、通常の規約はありふれた表現として著作物性は否定される場合が多いとの一般論を前提に、原告の修理規約文言は重要な部分を繰り返し記載している部分に個性が認められると判断した。

しかしながら、規約であることから、当然に著作物性がないと断ずることは相当ではなく、その規約の表現に全体として作成者の個性が表れているような特別な場合には、当該規約全体について、これを創作的な表現と認め、著作物として保護すべき場合もあり得るものと解するのが相当というべきである。

これを本件についてみるに、原告規約文言は、疑義が生じないよう同一の事項を多面的な角度から繰り返し記述するなどしている点（例えば、腐食や損壊の場合に保証できないことがあることを重ねて規定した箇所（中略）、浸水の場合には有償修理となることを重ねて規定した箇所（中略）、修理に当たっては時計の誤差を日差±15秒以内を基準とするが、±15秒以内にならない場合もあり、その場合も責任を負わないことについて重ねて規定した箇所（中略）など）において、原告の個性が表れていると認められ、その限りで特徴的な表現がされているというべきであるから、「思想又は感情を創作的に表現したもの」（著作権法2条1項1号）、すなわち著作物と認めるのが相当というべきである。

---

[1]　依拠性については、裁判所は、原告と被告の修理規約が同一又は実質的に同一であり、相違点は極めて些細であるから依拠が強く推認されると判断した。

　ウェブサイトの利用規約は、提供されるサービスの仕様等に関わる個別特殊な記載を除けば定型的な表現となることも多く、サービスの内容が類似していれば、前提となる法律関係も類似するため規約の内容が全体にわたっても似通ってくることも多い。一方で、規約の読みやすさや重要な部分の強調のために、（サービスの前提とする法律関係から必然的に導かれる範疇を超えて）文言を工夫したり（本件）、デザインや文章の並びで工夫を凝らすケースもある[2]。本判決を踏まえると、当該工夫が規約中に局所的にあるのではなく、一体の文書としての規約全体に表れている場合は、規約が全体として著作物として保護されやすいといえるだろう。

2　例えばゲーム「Cyberpunk2077」の「エンドユーザーライセンス同意書」（https://www.cyberpunk.net/ja/user-agreement/ 2024年8月9日アクセス）は、通常の法律文言で記載された本文の隣にゲーム内のキャラクターの口調のような文体で記載された要約版を並べるといった工夫がされている。

2-4-2 ウェブサイトにおける氏名表示権侵害

損害賠償等請求控訴事件

知財高判平成31・1・31平成30年（ネ）10066号裁判所HP〔28271146〕

□ 事案の概要

　原告（控訴人）は本件各書籍（本件書籍1『5分で効く！効く！ルーシーダットン』及び本件書籍2『乾貴美子のがんばらないで最短キレイ！ルーシーダットン』）の著作者であると主張する者である。本件書籍1には「著（者）」又は「著作（者）」の記載がなく原告の氏名は奥付に「監修」として記載され、本件書籍2には「著（者）」又は「著作（者）」若しくは「編（者）」又は「編集（者）」の記載がなく原告の氏名は奥付に「監修者」として表示されていた。いずれの書籍にも奥付には、原告以外にも多くの個人又は団体の名が様々な立場から本件各書籍の成立に関与したものとして表示されていた。

　被告（被控訴人）は、被告の管理するウェブサイト（被告ウェブサイト）に本件各書籍のタイトルを掲載した。具体的な掲載態様は、被告ウェブサイトにおいて、原告ではない第三者（判決では「A1」と記載されている）のプロフィール等を掲載した部分において、「主な著書」と項目を立てて、以下のように本件各書籍のタイトル等を表示していたものであった。もっとも、本件各書籍の具体的な表現は掲載しておらず、本件各書籍の内容が被告ウェブサイトにおいて提供された事実はなかった。

【表示①（本件書籍1）】

> 『5分で効く！効く！ルーシーダットン』メイツ出版（全面指導解説、DVD全面出演指導）

【表示②（本件書籍2）】

> 『乾貴美子のがんばらないで最短キレイ！ルーシーダットン』自由国民社（全面指導解説）

原告は、被告が原告以外の者を著作者である旨表示したと主張して、被告に対して著作者人格権（氏名表示権）侵害を理由として損害賠償（民法709条）を求めた。

　原判決は、上記表示①②は、本件書籍１及び２のタイトル、出版社及び「全面指導解説」（上記かっこ書）を表示しているが、当該表示は著作物である本件各書籍の公衆への提供、提示であるということはできず、仮に原告が本件各書籍の著作者であるとしても原告の氏名表示権を侵害するものではないと判断し、請求棄却した。

　原告は控訴し、控訴審において、被侵害利益を「インターネット上で自己の書籍著作物について第三者の著者[1]であると偽られない利益」とする一般不法行為に基づく損害賠償請求権の主張を追加した。

□ 争　点

1　原告は本件書籍１及び２の編集著作者か
2　「インターネット上で自己の書籍著作物について第三者の著者であると偽られない利益」の侵害の有無

□ 裁判所の判断

1　争点１について（編集著作者性否定）

　奥付に原告以外の多数の者の表示があること及び「監修」が「書籍の著述や編集を監督すること」を意味することからは、本件書籍１及び２が編集著作物であるとしても本件各書籍の奥付から原告が著作者であると推定すること（著作権法14条）はできないし、また、原告が本件書籍１及び２につき素材の選択又は配列よって創作性を発揮したものと認めるに足りる主張・立証はない。

2　争点２について（侵害否定）

(1)　上記１のとおり、原告が本件各書籍について編集著作者であるとは認められないことから、「インターネット上で自己の書籍著作物について第三者の著者であると偽られない利益」はその根拠を欠く。

(2)　仮に原告が本件各書籍の編集著作者であったとしても、上記被侵害利益の

1　判決文では「第三者の著者」と記載されているが、「第三者の著書」と記載すべきと思われる。

侵害は認められない。Ａ１は、本件各書籍の奥付において「ポーズ指導」又は「技術指導・DVD 出演」を行った者として表示されていることから、Ａ１がポーズ等の記載部分について著作者又は編集著作者として認められる可能性があり、本件各書籍がＡ１の「著書」であり、Ａ１の行為が「全面指導解説」又は「全面指導解説、DVD 全面出演指導」と表現されたとしても、直ちに原告の「インターネット上で自己の書籍著作物について第三者の著者であると偽られない利益」を侵害したとは認められない。

□ 本判例のポイント（実務上の指針となる点等）

原審判決は、被告ウェブサイトにおける本件各書籍に関する表示がタイトル等にとどまりその具体的な表現を表示していないことから、「著作物の公衆への提供若しくは提示に際し」（著作権法19条１項）たものではないとして、氏名表示権侵害を否定した。一方で、本判決（控訴審）は、この点に立ち入らず、原告が「監修」者として本件各書籍に表示されていたことについて「著作者名として」（著作権法14条）の表示ではないため著作者の推定は働かず、また編集著作者としての創作性の発揮を認めるに足りないとして、著作者性を否定し、氏名表示権侵害を否定した。

本判決は、被告ウェブサイトにおける本件各書籍に関する表示が「著作物の公衆への提供若しくは提示に際し」たものであるかは判断しておらず、また「インターネット上で自己の書籍著作物について第三者の著者であると偽られない利益」の侵害の有無については、原告が編集著作者ではないため当該利益を有しない、また原告が編集著作者であるとしても他に著作者となる可能性のある第三者（Ａ１）について上記表示①②がなされている以上「第三者の著者であると偽られ」ているわけではないため、侵害を否定した。

本件では、著作物の表現内容自体が提示されていない場合において[2]、氏名表示権侵害とは別に「自己の書籍著作物について第三者の著書であると偽られない利益」なるものが存在し、不法行為が成立する場合があるかという点について判断されたことが興味深い。

2　本件は、リツイート事件（最判令和２・７・21民集74巻４号1407頁〔28282084〕）のようにインラインリンクにより著作物が表示されたことにより「提示」したと判断されたケースとは異なる。

□ その他（原審情報等）

・原審：東京地判平成30・8・2平成30年（ワ）8291号裁判所 HP〔28265107〕

2-4-3 ウェブサイトにおける写真の利用と侵害主体・©表記の意義

著作権侵害差止等請求控訴事件

知財高判令和 4・12・22令和 4 年（ネ）10058号裁判所 HP〔28310023〕

□ 事案の概要 ……………………………………………………………

　原告（被控訴人）は、写真家であり、原告写真を Flickr（オンラインでの写真共有サービス）上に「Japanexperterna.se」の表示名で公開した。同ページでは、同表示名をクリックすると原告が撮影し著作権を保有する旨の英文の記載（本件記載。「All photos posted on this account are taken and copyrighted by Y.」※「Y」とは原告のことである）との記載があるページに遷移するようになっていた。

　被告（控訴人）は、旅行に関する情報提供ウェブサイト「Japan Travel」（被告ウェブサイト）を運営する会社である。被告は、被告ウェブサイトに、原告写真に基づいて作成した写真 2 点（被告写真 1 及び 2）を掲載した。被告写真 1 は原告写真の左右を一部切除したものであり、被告写真 1 及び 2 ともに被告ウェブサイト上で原告の氏名を表示することなく掲載されていた。また、被告写真 1 と 2 は、被告ウェブサイトの登録会員が旅行に関する記事を投稿できる機能を利用してある会員が投稿したものであるが、単に会員が投稿しただけでは一般に閲覧することはできず、ボランティアで記事内容の確認等を行う地域パートナー（被告地域パートナー）が内容を確認し承認した場合にのみ一般公開される仕組みであった。

【原告写真（判決別紙「著作物目録」より抜粋)】

【被告写真1（判決別紙「被告写真目録1」より抜粋)】

　原告は被告に対して著作権（複製権、公衆送信権）侵害及び著作者人格権
（氏名表示権、同一性保持権）侵害を理由に原告写真の複製等の差止請求及び
不法行為に基づく損害賠償請求を行った。原審は差止請求について全部認容、
損害賠償請求について一部認容したところ、被告が控訴した。

□ 争 点 ·····

1　職務著作の成否

被告は、原告写真は原告がスウェーデンの旅行会社である Japanexperterna 社のために職務上作成したものであり同社のウェブサイトに原告写真は「©Japanexperterna.se」との法人名義で公表されているから、職務著作が成立し Japanexperterna 社が著作者であり著作権者であるとして、原告の著作者性及び原告への著作権の帰属を争った。

2　被告の著作権侵害主体性

　被告は、被告写真を含む記事は、会員によって投稿された内容を被告地域パートナーが確認・承認したうえで一般公開されたものであり被告は当該確認・承認業務を直接は行っていないこと、及び当該確認内容には写真の著作権侵害のチェックは含まないことを理由に、被告が侵害主体であることを争った。

□ 裁判所の判断

1　争点 1 について

　裁判所は、本件記載があること等から原告が原告写真の著作者であることを認定した。職務著作にかかる被告の主張については、「原告写真が Japanexperterna 社の発意に基づいて作成されたと認めるに足りる証拠はなく」、「Flickr 上に公開された際に同社の名義が表示されたことを認めるに足る証拠はない」ため、「原告写真の公表名義が同社であるものとは認められない」として、職務著作は成立しないと判断した。

2　争点 2 について

　以下を理由に、被告が被告写真の複製及び公衆送信の主体であったと判断した。

・一般公開には被告地域パートナーの承認が必要であること
・被告ウェブサイトは、会員投稿記事を表示することで情報提供しつつ、それを利用してツアー等の旅行関連事業を行うことを目的としており、被告の営業のために設けられているという性質も有すること
・会員規約においては、被告の審査権限・編集権限の定めがあること
・被告地域パートナーの承認を得ることにより、会員が投稿した写真が自動公衆送信装置といえるサーバに記録され送信可能化される仕組みであったこと
・被告の営業のために会員が記事を提供しているという面もあり、被告地域

パートナーは審査業務に関する被告の履行補助者であったといえること

被告は、被告地域パートナーに報酬を支払ったり指示を与えてはいなかったので、権利侵害主体ではないと主張したが、裁判所は、上記のとおり被告ウェブサイトが被告の営業のために設けられ、地域パートナーの承認も被告の営業のために行われることを併せて考えれば、被告地域パートナーは被告の履行補助者とみるのが相当であり、侵害主体は被告であると判断した。

□ 本判例のポイント（実務上の指針となる点等）

1 争点1について（職務著作）

裁判所は、Flickr の表示名は、形式的には会社名を表示していると読めるにもかかわらず、表示名から遷移するページの具体的な記載において原告が撮影者であるとの記載があることから職務著作を否定した。会社の発意によるものであったことについて証拠がなかったこともあるが、著作物の提示に当たって名義を会社名義としながらそれと矛盾するような説明を掲載することにより職務著作が否定された事案である。本件の具体的な事情において結論は妥当だが、職務著作に関する一般論として、会社の立場からみれば、表示名に限らず関連する記載が矛盾のないものとなるように気をつけたいところである。

2 争点2について（侵害主体性）

会員の投稿から一般公開に至るまでのプロセスやサービスの規約を具体的に検討し、公開前に審査手順があり、承認された場合に自動公衆送信装置に写真を含む記事が記録され一般公開されることから、被告（の履行補助者）による承認から公開までの行為を侵害行為ととらえ、被告が侵害主体であると判断している。会員の記事投稿行為を、被告の行為であると（規範的に）評価しているわけではない。

□ その他（原審情報等）

・原審：東京地判令和4・4・14令和3年（ワ）13623号裁判所 HP〔28310024〕

2-4-4 ウェブサイトにおける写真利用と侵害主体

著作権侵害差止等請求事件

東京地判令和4・4・14令和3年（ワ）2859号裁判所HP〔28312091〕

□ **事案の概要** ……………………………………………………………………

　原告（個人）は写真投稿サイト「Flickr」に自動車の写真（原告写真）を公開した。被告は、自動車に関するブログサービス（被告ブログサービス）を運営する会社である。被告ブログサービスのユーザである氏名不詳者（本件投稿者）は、原告写真の複製物を原告に無断で利用した記事を投稿（本件投稿）し、同記事は公開された。

　原告は、原告写真の著作権（複製権、公衆送信権及び氏名表示権）侵害の主体は被告であるとして、不法行為に基づき、ライセンス料相当損害金、氏名表示権侵害による慰謝料、弁護士費用相当損害金の支払を求めて提訴した。なお、原告写真の複製物は、本件訴訟提起後に、氏名不詳者により上記記事から削除された。

□ **争　点** ……………………………………………………………………………

・ブログサービス運営者の侵害主体性

　原告は、被告ブログサービスの利用規約（当時）にはユーザの投稿内容を事前審査すること及びユーザの投稿記事について被告が著作権を取得することが定められており、また、被告はユーザの投稿記事について被告の運営する別のサービスに転載して利用していることを理由に、被告は、ユーザによる写真投稿による著作権侵害について管理し、利益を得ていたので、著作権侵害主体としての責任を負うと主張した。

□ **裁判所の判断**

　裁判所は、被告の権利侵害主体性を否定した（請求棄却）。判断内容は以下のとおりである。

1　以下の事情から、「本件投稿は、本件投稿者が、被告の指示等もなく、自由にその内容を決定して投稿したものであり、本件投稿をしたことにより、

本件投稿を契機とする被告の特別な行為を経ることもなく本件投稿による複製、公衆送信がされた。上記複製、公衆送信への被告の関与の内容や程度の小ささを考慮すると、本件投稿者は、本件投稿の複製、公衆送信をした者であり、被告はその複製、公衆送信の主体ではない」

① 被告ブログサービスは、誰でもユーザ登録でき、ブログの投稿も自由に被告から具体的内容について指示されることなく行うことができる。

② 被告ブログサービスの仕様として、ユーザが投稿をした場合、投稿内容にかかるデータが、自動公衆送信装置といえる被告ブログサービスのサーバに複製されて記録され、自動公衆送信可能となり、投稿が公衆送信されて被告ブログサービスの閲覧者は当該投稿を閲覧することができる。当該複製、公衆送信の前に、被告がサーバに記録されるデータの内容を検証して、その内容に変更を加えたり、これを停止する仕組みが設けられていることや被告がそれらの内容の検証等をしていることを認めるに足りる証拠はない。

2 上記のような被告ブログサービスの「実際の仕組みを考慮すると、規約上は被告が投稿内容を吟味する権限があるとしても、複製、公衆送信への被告の関与の程度は小さく、その権限をもって、本件について、複製、公衆送信について被告が投稿内容を支配、管理等していると評価することは相当ではな」い。

3 規約においては投稿内容の著作権等は被告に帰属することとなっているが、「複製、公衆送信行為への被告の関与の実態からすると、投稿された内容についての権利の帰属によって、投稿に関する複製、公衆送信の主体が決定されるとは認められない。被告に権利が帰属するとされたことにより被告が投稿内容を何らかの形で利用した記事等を作成した場合に、当該記事等の複製、公衆送信について被告が主体となることがあるとしても、本件投稿について、上記規約は前記判断を左右するものではないとするのが相当と解される。」

□ 本判例のポイント（実務上の指針となる点等）　👆 Point

本判決で認定された被告ブログサービスの実際の仕様からすれば、被告の侵害主体性を否定したのは従前の裁判例に沿った判断といえる。一方で、前提とする具体的なサービス仕様が本件と異なる知財高判令和4・12・22（事例2-4-

3）では、サービス運営事業者の権利侵害主体性が肯定された。

　本判決は、利用規約に定められた著作権等の帰属の点について上述のとおり「複製、公衆送信行為への被告の関与の実態からすると」投稿内容の権利帰属は侵害主体性の判断に影響しないとしており、もし実態が本件と異なる場合には（例えば前記事例2-4-3のように投稿内容が公開される前に実際に審査がなされる仕様であった場合には）、別の結論もあり得たことが示唆される[1]。

1　なお、被告は、本判決後に、利用規約における投稿の事前審査にかかる記載を削除し、投稿内容の著作権等が被告に帰属する旨の記載を削除し利用許諾形式に変更する改定を行った（被告ブログサービスの利用規約　https://minkara.carview.co.jp/terms/minkara.aspx）。もっとも、この改定が、本判決の内容に対応しての規約改定であるか否かは不明である。

2-4-5 ウェブサイトにおける写真利用とクリエイティブ・コモンズ・ライセンス

著作権侵害差止等請求事件

東京地判令和 4 ・ 7 ・ 13令和 3 年（ワ）21405号裁判所HP〔28301826〕

□ 事案の概要 ……………………………………………………………

　原告は、写真共有サイト「Flickr」に、浴衣の上に帯を重ねて撮影した写真（原告写真）を投稿し公開していた。被告は、原告写真のデッドコピー画像（被告画像）を、被告のウェブサイト（被告ウェブサイト）に掲載した。原告は、被告に対し、被告の行為は著作権（複製権、公衆送信権）・著作者人格権（氏名表示権）侵害行為又は著作権（複製権）侵害の幇助行為であるとして、差止請求及び損害賠償請求を行った。

　被告は、古物の売買等を目的とする株式会社であり、着物及び浴衣の買取サービスへの送客目的で、被告ウェブサイトの制作を外注した。当該外注先は、掲載写真の無償ダウンロードを可能としていたウェブサイト「Visual Hunt」[1]に掲載されていた原告写真のデータをダウンロードして、被告ウェブサイトに利用した。

　原告は、原告写真について、Flickrにおいて、クリエイティブ・コモンズ・ライセンス（CCライセンス）[2]により、著作者の表示（原告のペンネームの表示）及びFlickr上のページへのリンク掲載を条件にFlickrの閲覧者にその利用を許諾していた[3]。しかし、被告は、被告ウェブサイトにおける原告写真の利用に際して当該ペンネームの表示もリンクの掲載も行わなかった。このため、原告は、被告の原告写真の利用は同ライセンス条件を満たさず著作権及び著作者人格権を侵害すると主張し、上記請求を行った。

1　https://visualhunt.com/
2　国際的非営利組織 creative commons が提供する、特定の条件を付して著作物の利用許諾をするためのライセンス類型（6種類）。言語、音楽、動画等広く著作物のライセンスとして使用されている。日本では、クリエイティブ・コモンズ・ジャパン（活動母体：特定非営利活動法人　コモンスフィア）が日本語版ライセンスを提供している。詳しくは、https://creativecommons.jp/licenses/ を参照。
3　判決文からは明らかではないが、Flickr に投稿された本件写真が第三者によってダウンロードされた後に、当該第三者又は第三者から本件写真を入手した者が Visual Hunt 上に投稿したものと思われる。

□ 争 点 ···

・被告の故意又は過失の有無

　被告（の外注先）が本件写真を入手したウェブサイト（Visual Hunt）におけるライセンスの表示内容（後述）及び実際に本件写真をダウンロードし被告ウェブサイトに掲載したのは外注先であったことから、被告の故意又は過失の有無が争点となった。

□ 裁判所の判断

　裁判所は、被告には少なくとも過失があったとして、原告の請求を認容した。

　外注先による原告写真のアップロード行為は被告自らの行為と同視できるとしたうえで、以下のとおり判示した。

・Visual Hunt の原告写真の掲載ページには、「DOWNLOAD FOR FREE」のボタンがあり、そのすぐ下には「Copy and paste this code under photo or at the bottom of your post」との指示、さらにその下に「Check license」との表示がそれぞれなされており、さらにその下部に「License: Attribution-ShareAlike License」（使用許諾：表示－継承使用許諾）と記載されたリンクが表示されている。同リンクをクリックすると CC ライセンスの内容が記載されたページ（原告写真は著作者を表示する等の条件に従う限り自由に複製等の使用をすることができる旨の記載あり）が表示される。

・上記ページを見た者は、通常、原告写真が著作権及び著作者人格権により保護されており、一定の条件に従わない限り使用することができないことを認識し、又は認識することができるといえるから、被告ウェブサイトに著作者を表示せずに本件画像を掲載したことについて、被告には少なくとも過失があったと認められる。

・被告は、上記表示が英文で記載されており非常にわかりにくいなどと主張するが、上記英文は、インターネット上で検索又は翻訳機能を使用することによりその意味を調査することは可能であるといえるから、被告の主張は理由がない。

　なお、裁判所は、原告の著作権侵害幇助にかかる主張については判断していない。

【Visual Hunt 写真掲載ページ例】

※原告写真が掲載されていたページは既に削除されており確認できないため、参考までに Visual Hunt の別の写真のライセンス表記部分を以下に掲載する[4]。写真を掲載するページの写真表示欄の右隣に、以下の表示を含む欄がある。

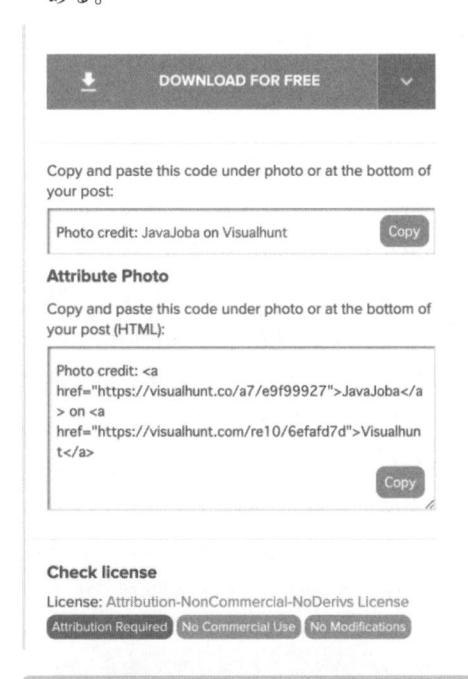

□ 本判例のポイント（実務上の指針となる点等）

　著作権侵害者の過失の認定判断の中で、CC ライセンス及びその表示方法に効果が認められた判決である。

　本判決を前提とすれば、ライセンスの表示は、特別に拡大された表示である必要はなく、またある程度対象となる著作物と近接した位置に表示しておけば足りるといえよう。また、リンク先である具体的なライセンス条項についても日本語である必要はなく、自動翻訳等を使用すれば内容の調査は可能であるとして、日本語以外の言語であることを理由に著作権侵害者の過失は否定されな

4　https://visualhunt.com/f7/photo/35912356081/8fecf26406/　2024年 8 月11日アクセス

いことも示している。サービスに関する一定の記載については日本語が基準とされることがあるところ[5]、このような判断がなされたのは、CC ライセンスが既に広く使われており、著作物の利用者側のリテラシーも高まっていると考えられることも影響しているのではないだろうか。ライセンス条件のうちの「表示」に関する条件が問題となり得るものとして、OSS（オープン・ソース・ソフトウェア）ライセンスが挙げられる。OSS ライセンスについて同様の判断をした裁判事例は見当たらないが、本判決は OSS ライセンスについても参考になる判決といえよう。

なお、Flickr に掲載された写真の無断利用の類似の事案としては、いわゆるクラウドソーシングにより外注した成果物について、発注者に著作権等侵害の過失が認められた事案がある（東京地判令和4・5・31令和3年（ワ）9618号裁判所 HP〔28312655〕、著作権侵害差止等請求事件）。同事案の被告は、原告の写真が Flickr[6] において「Any license」を選択して検索した場合に検索結果として表示されることをもって、当該写真については「一切の許諾」がなされている（ので原告の同意があった）と主張したが、実際のライセンス条件は異なり、裁判所は被告の主張を明確に否定した。当該被告の主張は誤解・誤訳に基づく主張であり当該裁判所の判断は妥当であるが、Flickr のような UGC[7]共有サービスの提供者の目線では、サービス上の UGC の検索方法や表示方法について、ユーザーに誤解を与えるような仕様になっていないかを確認しておきたい。

5　例えば、電気通信事業法の外部送信規律に関する通知事項。
6　Flickr では、ユーザが写真を検索する際、ライセンスのタイプをプルダウンメニューで選択することで対象を絞り込むことができる。
7　User Generated Content の略語。

2-4-6 ウェブサイトにおけるパブリシティ権侵害

パブリシティ権侵害等差止等・著作権侵害差止等請求控訴事件

知財高判令和 2 ・ 2 ・20平成31年（ネ）10033号裁判所 HP〔28280739〕

□ 事案の概要 ⋯⋯⋯⋯⋯⋯⋯⋯⋯⋯⋯⋯⋯⋯⋯⋯⋯⋯⋯⋯⋯

　原告（ジル・スチュアート）はファッションデザイナーであり、被告（被控訴人）は過去に原告のブランド（本件ブランド）を取り扱っていたアパレル会社である。被告は、原告のマネジメント会社である原告会社（控訴人）と、過去に継続的な業務委託関係にあり、当該関係を前提として原告会社から原告の肖像写真、紹介文等の提供を受け、原告に関するオフィシャルウェブページ（被告ウェブサイト）を運営し、当該肖像写真や紹介文を被告ウェブサイトの一部に掲載していた。

　原告と原告会社は、当該業務委託関係が解除により終了した後も当該掲載が継続していたことから、原告の氏名及び肖像写真の被告ウェブサイトへの掲載（被告表示）について、差止請求、損害賠償請求、謝罪広告掲載請求を行った。原告らが当該請求の根拠の1つとして主張したのが、原告のパブリシティ権（肖像等が商品の販売等を促進する顧客吸引力を有する場合に、当該顧客吸引力を排他的に利用する権利）侵害であった[1]。

□ 争 点 ⋯⋯⋯⋯⋯⋯⋯⋯⋯⋯⋯⋯⋯⋯⋯⋯⋯⋯⋯⋯⋯⋯⋯⋯

1　被告表示の掲載行為が原告のパブリシティ権を侵害するか
2　上記パブリシティ権侵害による損害額

□ 裁判所の判断

1　争点1について（結論：パブリシティ権侵害成立）

(1)　パブリシティ権の存在

　原告は、「平成5年以降毎年ニューヨーク・コレクションに出展している世界的に有名なファッションデザイナーであって、その氏名、肖像写真等が、単

1　本件はパブリシティ権侵害以外にも不正競争防止法の品質等誤認惹起行為、写真の著作権侵害行為が争点となったが、本稿においてはパブリシティ権侵害に絞って紹介する。

独又は被告や他のライセンシーの商品との関連で、我が国の新聞や雑誌等で多数回にわたり取り上げられ、服飾のみならず、化粧品、陶器、時計など多くの種類の商品が本件ブランドの商品として販売されていることに照らすと、原告の肖像等は、被告商品を含むファッション関係の商品について、その販売等を促進する顧客吸引力を有するものと認められる。」

原告は、「これらの商品に関し、その顧客吸引力を排他的に利用する権利であるパブリシティ権を有する。」

(2) 使用目的

「被告ウェブサイト上においては被告商品の紹介及び販売等がされていたのであるから、被告ウェブサイトの目的が、被告商品を宣伝広告し、その販売を促進することにあるのは明らかである。」そして、被告表示は、被告ウェブサイトの一部であるCONCEPTページに、原告の紹介文とともに表示されていたものであって、「同ページ自体は原告個人の肖像等や言動、経歴等を紹介する内容を主とするものではあるものの、他のウェブページ[2]と一体となって、本件ブランドのイメージを向上させ、ひいては、被告商品の宣伝広告や販売促進を企図するものであるということができる。」

そうすると、被告は、被告ウェブサイトにおいて、専ら原告の「肖像等の有する顧客吸引力の利用を目的として、被告表示を被告商品の広告に使用していたと認めるのが相当である。」

2　争点2について（損害額）

裁判所は、「損害の性質上その額を立証することが極めて困難であるので、諸事情、契約解除後の使用期間、弁論の全趣旨等を斟酌しつつ相当な損害額」[3]として100万円を認定した原判決を肯定した。

原判決の理由付けは以下のとおりである。

(1) 事案の性質

「被告らが原告に無断で個々の商品に原告の肖像等を表示するなどして被告商品を販売したという事案ではなく」、契約関係が終了した後も被告表示を「継続したことについてパブリシティ権侵害が成立するという事案である。」

2　「ONLINE SHOP」「SHOP LIST」等のページ。
3　判決文において明示的に条文引用はなされていないが、民事訴訟法248条に基づく損害額の認定であると考えられる。

(2) 上記(1)を前提とした損害算定方法

「原告らと被告との間の取引状況、原告の肖像等の使用の対価の有無及びその額、被告表示の使用態様、それによる被告の得た経済的な利益の有無及びその額等を総合的に考慮して、損害額を検討するべきであり、売上高に相当な実施料率を乗じる方法により使用料相当損害額を算定することは相当ではない」

(3) 損害の認定

以下の事情を考慮すると、「損害の立証が事案の性質上極めて困難であるので、諸事情、契約解除後の使用期間、弁論の全趣旨等を斟酌しつつ相当な損害額」として100万円とすることが相当である。

① 契約期間中も被告表示についての対価の支払はなく、無償で使用が許諾されていた。

② 原告側は、契約終了前は、商標権の譲渡等により相応の対価を得ていた。

③ 被告表示は、1度もアップデートされず、また表示の場所も被告ウェブサイトのトップページではなく、個々の被告商品に表示されておらず、被告ウェブサイト以外の媒体において積極的に使用された事実もない。

④ 被告商品の売上に被告表示が及ぼした影響は不明で、むしろ被告が原告側から譲り受けた商標権の使用が寄与することが大きい。

⑤ 被告表示の被告商品の売上への貢献はわずかにとどまる。

控訴審は、上記に付加して以下のように述べた。

ア 原告の名声等

原告の「世界的な名声」の点については、原告の生地であるニューヨークのソーホー地区に直営店があるほかは、米国を含む各国のデパート等に断続的に商品を卸したりネットショップに商品が掲載されるにとどまり、また出展するファッションショー（ニューヨーク・コレクション）は「地元であるニューヨーク市のものである上に、出展料を支払えば参加資格に制限はない」こと等から、原告の世界的な名声については一定の留保をつけざるを得ない。一方で日本国内での名声はそれなりに高い（「世界的に有名なファッションデザイナーである」との名声が日本においては形成されている）が、本件ブランドの日本での立上げ以前から原告が日本の需要者層に広く知られていたことを示す証拠はなく、それは、被告を先駆けとする各ライセンシーによるマーケティングの成果という側面が多分にある。

以上から、「原告の肖像等が顧客誘引力を有し同人にはパブリシティ権が認められるとしても、それらは、いわゆる超一流のファッションデザイナーのものと同列ではないし、パブリシティ権の形成に当たって被告がライセンシーとして寄与してきたという経緯を考慮すべきである。」

イ　他の事案との比較の視点

　（原告らが過去の裁判例を援用していることについて）「過去においてパブリシティ権の価値が検討された事案の多くは、きわめて知名度が高い権利者（その多くは、知名度の高さが「公知の事実」に近いような芸能人、運動選手等である。）の名称及び肖像等が有する顧客誘引力を、その知名度の形成に寄与していない他者が利用した事案であるから」、これらの事案における裁判所の判断は、本件にそのまま適用できるものではない。「もっとも、原告Ｘの我が国における認知度は、それなりに高いことからすると、その形成に当たって被告の貢献が大きいことを考慮しても、パブリシティ権侵害に対する損害賠償の額を余りに少額とすることもまた相当ではないというべきである。」

　「原告のパブリシティ侵害によって生じた使用料相当損害の額は、原判決が説示するとおり、100万円と評価するのが相当」である。

□ 本判例のポイント（実務上の指針となる点等）　Point

　商品販売を行うウェブサイトにおいて、著名人の氏名・肖像が掲載されたウェブページ自体は商品の宣伝広告等に関する内容ではない場合でも、他のウェブページと一体となって宣伝広告や販売促進を目的とすると判断されたケースである。また、パブリシティ権の形成に寄与した者によるパブリシティ権侵害の損害額の算定について、そのような寄与のない第三者によるパブリシティ権侵害の場合と区別し、また、原告の名声の程度が具体的にどれくらいであるかについてデザイナー側のマーケティング（「世界的に有名」）と実態（世界的な名声については留保付きである）に乖離がある点を鋭く指摘したうえで、損害額を算定している。結論としては立証困難な場合であるとして相当損害を認定している（民事訴訟法248条参照）。本件は、原告が著名スポーツ選手のように「公知の事実」といえるほど有名ではなくてもパブリシティ権侵害自体は成立するが、その損害額認定において考慮されることを示したケースであるという点で、パブリシティ権を主張したいが著名性に一定の懸念があるケースの

対応において、特に経済的な利益の観点から法的手続に進めるかどうかの判断において参考にすべき事例である。

□ **その他（原審情報等）** ....

・原審：東京地判平成31・2・8平成28年（ワ）26612号等裁判所 HP〔28273512〕

2-5-1 ソーシャルメディアにおける他のユーザの投稿の引用①

発信者情報開示請求控訴事件

知財高判令和 5 ・ 4 ・13令和 4 年（ネ）10060号裁判所 HP〔28311080〕

□ 事案の概要

1　　原告（被控訴人）[1]は、ツイッター（当時の名称。現在の名称は「X」）上で、原告のアカウントにおいて、他のユーザの投稿に関して発信者情報開示請求を行った結果に関して述べる投稿や他のユーザにメンション（@）して当該ユーザが違法行為を繰り返している旨や当該ユーザに対して原告が訴訟提起したこと等を述べる複数の投稿（原告投稿）を行った。

　　　氏名不詳者らは、原告投稿（いずれも原告のアカウント名及びプロフィール画像を含む）のスクリーンショットを添付して、以下の投稿を含む投稿（本件各投稿）を行った。原告は、当該氏名不詳者らの行為が、原告投稿の著作権（複製権及び公衆送信権）を侵害したとして、被告株式会社 NTT ドコモ（控訴人）に対し、発信者情報開示請求をした。

2　　裁判所が認定した本件各投稿のうち一部を以下に紹介する。

(1)　原告投稿（発信者情報開示請求の結果に関して述べる投稿）のスクリーンショット画像を添付したうえで、「この方です」として他のユーザに対して原告及びそのアカウントを紹介するとともに、原告が、「A」なる人物を訴えているものであることを前提として、このような原告が多数の者のインターネットの投稿に関する発信者情報開示請求をしていることを知らせる投稿

(2)　原告投稿（本件各投稿を行った者を含む他の複数ユーザに対して違法行為を繰り返している等と述べる投稿）のスクリーンショット画像を添付したうえで、自らは何もしていないにもかかわらず、高圧的な表現での罵倒を含む攻撃的な内容の原告投稿の対象とされたことを他のユーザに報告する投稿

3　　原審の判断内容（引用否定）

　　　原審は、ツイッターの利用規約（本件規約）が「ツイッター上のコンテンツ

1　原告は原審の口頭弁論終結後に死亡し、相続人全員が相続放棄をしたため、控訴審における被控訴人は相続財産法人である。

の複製、修正、これに基づく二次的著作物の作成、配信等をする場合には、ツイッターが提供するインターフェース及び手順を使用しなければならない旨規定し、他人のコンテンツを引用する手順として引用ツイートという方法を設けている」[2]ことを認定したうえで、本件各投稿は、引用ツイート（リツイート[3]）ではない方法で原告各投稿を複製し掲載しており、「上記規約に違反するものと認めるのが相当であり、本件各投稿において原告各投稿を引用して利用することが、公正な慣行に合致するものと認めることはできない」と判断した。

　また、引用の目的上正当な範囲であるかという点については、「本件各投稿においてスクリーンショット画像が量的にも質的にも明らかに主たる部分を構成する」として、引用の目的上正当な範囲であると認めることはできないと判断した。

□ 争　点

・本件各投稿への原告各投稿のスクリーンショットの添付が引用に当たるか（著作権法32条1項）
　本稿では主に公正な慣行への合致の有無を取り上げる。

□ 裁判所の判断

1　引用に関する判断（引用の可能性を肯定）

　「本件各投稿における原告各投稿のスクリーンショットの添付は、いずれも著作権法32条1項の引用に当たるか、又は引用に当たる可能性があり、原告各投稿に係るＹ〔筆者注：原告〕の著作権を侵害することが明らかであると認めるに十分とはいえないというべきである。」

　引用の各要件該当性に関する判断内容は以下のとおりである。

2　判決文中には利用規約の該当箇所そのものは引用されていない。なお、判決当時のものではないが、2023年6月26日アクセス時点で「Twitter サービス利用規約」「4．本サービスの利用」（https://x.com/ja/tos/previous/version_13）には以下の条項が存在した。
　「ユーザーは、本サービスまたは本サービス上のコンテンツの複製、修正、これに基づいた二次的著作物の作成、配信、販売、移転、公の展示、公の実演、送信、または他の形での使用を望む場合には、当社のサービス、本規約または（中略）に定める条件により認められる場合を除いて、当社が提供するインターフェースおよび手順を使用しなければなりません。」
3　本稿執筆時点では「リポスト」と規約上記載されている。

(1) スクリーンショットの添付という引用の方法も公正な慣行に当たり得る。

① 「本件規約は本来的にはツイッター社とユーザーとの間の約定であって、その内容が直ちに著作権法上の引用に当たるか否かの判断において検討されるべき公正な慣行の内容となるものではない。」

② 「他のツイートのスクリーンショットを添付してツイートする行為が本件規約違反に当たることも認めるに足りない。」

③ 批評対象のツイート（投稿）を示す手段として引用リツイート機能を用いた場合、「元のツイートが変更されたり削除されたりすると、当該機能を用いたツイートにおいて表示される内容にも変更等が生じ、当該批評の趣旨を正しく把握したりその妥当性等を検討したりすることができなくなるおそれがあるのに対し、元のツイートのスクリーンショットを添付してツイートする場合には、そのようなおそれを避けることができる。」

④ 「現にそのように他のツイートのスクリーンショットを添付してツイートするという行為は、ツイッター上で多数行われているものと認められる。」

(2) 本件各投稿における引用の目的は批評であり、スクリーンショットの添付は批評に関係する原告投稿の添付であると認める余地があるか又は批評の対象である原告投稿の添付であり、「その態様に照らし、引用をする本文と引用される部分（スクリーンショット）は明確に区別されており、またその引用の趣旨に照らし」引用された原告各投稿の範囲は、「相当な範囲内にあるということができる。」

2 裁判所（控訴審）は、結論として、本件発信者情報開示請求は、（控訴審で追加された名誉毀損含め）権利侵害の明白性を認めることができず、理由がないとして、原判決を取り消し、被控訴人の請求を全部棄却した。

□ 本判例のポイント（実務上の指針となる点等）  Point

本判決は、SNS上でのユーザ間の著作権侵害事案での著作権法32条1項の判断において、サービス提供事業者とユーザとの契約である利用規約の内容は、直ちには公正な慣行の内容とならないこと、批評目的での引用の方法として対象投稿のスクリーンショットを添付してSNSのうえで投稿する方法であれば事後的な対象投稿の変更等の影響を受けず批評の趣旨の把握や妥当性等の検討の機会が確保されるという指摘に特徴がある。

なお、本判決は、引用該当性について、「引用にあたる可能性がある」としているのであり、これは、プロバイダ責任制限法5条1項1号の要件である権利侵害の明白性（「権利が侵害されたことが明らか」）を否定したものである。本判決は、引用であると断定しているのではなく、あくまで引用が成立する可能性があるため権利侵害の明白性を欠くと述べているにとどまるため、本件における著作物の利用態様が必ず引用に該当する（著作権侵害とならない）とまではいえない点について、留意が必要である。

□ その他（原審情報等）

・原審：東京地判令和3・12・10令和3年（ワ）15819号裁判所HP〔28300009〕

2-5-2 ソーシャルメディアにおける他のユーザの投稿の引用②

発信者情報開示請求控訴事件

知財高判令和 5 ・ 4 ・ 17令和 4 年（ネ）10104号裁判所HP〔28311085〕

□ 事案の概要

　原告は、ツイッター（当時の名称。現在の名称は「X」）において、車中泊に関して原告が得たとする国土交通省の見解及び原告の活動[1]に批判的な者の原告に対する意見を示し当該意見に対する原告の見解を記載した投稿（原告ツイート）を行った。

　氏名不詳者（本件投稿者）は、ツイッターにおいて、原告ツイートに含まれる国土交通省の見解に関する要約が誤りであるか又は不正確であるとの指摘とともに、原告ツイートのスクリーンショット（本件添付画像）を添付した投稿（本件ツイート）を行った。

　原告は、本件投稿者の本件ツイート投稿行為が、原告の著作権を侵害するとして、被告（楽天モバイル株式会社）に対し、発信者情報開示請求を行った。被告は、本件ツイートによる原告ツイートの利用は著作権法上の引用に該当するとして反論した。

□ 争 点

・引用（著作権法32条 1 項）の成否

□ 裁判所の判断

1　引用の規範

　「公表された著作物は、公正な慣行に合致し、報道、批評、研究その他の引用の目的上正当な範囲内で引用して利用することができると規定されているところ（著作権法32条 1 項）、他人の著作物を引用して利用することが許されるためには、引用して利用する方法や態様が公正な慣行に合致したものであり、かつ、引用の目的との関係で正当な範囲内であること、すなわち、社会通念に

1　判決中では、道の駅に関する活動との記載があるが、詳細は不明である。

照らして合理的な範囲内のものであることが必要であり、引用としての利用に当たるか否かの判断においては、他人の著作物を利用する側の利用の目的のほか、その方法や態様、利用される著作物の種類や性質、当該著作物の著作権者に及ぼす影響の有無・程度などを総合考慮すべきである。」

2　引用の目的

　本件ツイートの上述のとおりの内容からすると、「本件ツイートは、原告ツイートを批評する内容のツイートであり、本件添付画像は、原告ツイートの内容を紹介するために添付されたものといえるから、本件投稿者が本件ツイートにおいて原告ツイートを引用した目的は、原告ツイートを批評することにある。」

3　引用の方法・態様

　原告ツイートの引用の方法や態様は、以下の理由から、公正な慣行に合致したものである。

(1)　主従関係がある

　本件ツイートが批評目的であること（ツイートの目的）、1つのツイートに係る表示画面においては本文の下に添付された画像が表示されること（ツイッターのサービス仕様）、「本件ツイートの本文部分及び本件添付画像部分がほぼ同じ分量の文章であること」（引用部分との分量比較）を考慮すると、「両部分は明瞭に区別することができる上、前者が主であり、後者が従であるという関係に立つ」。

(2)　引用方法は相当である

①　「スクリーンショットその他の画像ファイルを添付してツイートをすることは、ツイッターにおける基本的機能として備えられていること」（ツイッターのサービス仕様）からすれば、「本件ツイートにおいて原告ツイートを引用するに当たって、本件添付画像を添付するという方法を用いたことが不相当であるということはできない。」

②　「本件添付画像の添付に当たって原告ツイートの内容が改変されたなどの事情は存しない」

(3)　利用される著作物の性質

　「ツイッターはいわゆるソーシャルメディアであり、投稿されたツイートがインターネット上で広く共有されて批評の対象となることも当然に予定されて

いる」

(4)　当該著作物の著作権者に及ぼす影響の有無・程度

「原告ツイートが引用されたことによって控訴人（原告）に経済的損失等の不利益が生じたものとはうかがわれない」

4　引用が正当な範囲内といえるか

本件ツイートが原告ツイートの全文を引用したことは、批評対象である原告ツイートの内容を示すことにより本件ツイートの妥当性や客観性が担保されることになるため、原告ツイートの批評という目的との関係で必要かつ相当なものであり、正当な範囲内のものである。

5　その他原告（控訴人）の主張に対して

(1)　原告は、本件ツイートは、Twitter サービス利用規約（当時）の規定（本件規定)[2]に違反すると主張した。

これに対して、裁判所は、①「ツイッター社とツイッターのユーザーとの間の利用規約にすぎないことからすれば、本件規定に反する行為であるからといって、直ちに当該行為が引用に係る公正な慣行に合致しないものであると評価されるものではないというべき」であり、また、②「本件規定は、ツイートの複製等について、原則としてツイッター社が提供するインターフェース及び手順を使用しなければならない旨を定めているにすぎず、他の規定を併せて考慮しても、本件規定が他のツイートのスクリーンショットを添付したツイートを禁止するものであるか否かは必ずしも明らかではないというべきであるから、本件ツイートが本件規定に反するということはできない」と判断した。

(2)　原告は、スクリーンショット添付の方法による場合、引用元に引用の事実が通知されず、また、ブロックした人物からツイートを引用されてしまう（ので公正な慣行に合致しない）と主張した。

これに対して、裁判所は、通知機能は「ユーザー利便性を高める付加的な機能」にすぎず、ブロックの点については、特定のアカウントがブロックさ

2　「ユーザーは、本サービスまたは本サービス上のコンテンツの複製、修正、これに基づいた二次的著作物の作成、配信、販売、移転、公の展示、公の実演、送信、または他の形での使用を望む場合には、Twitter サービス、本規約または https://（以下省略）に定める条件により認められる場合を除いて、当社が提供するインターフェースおよび手順を使用しなければなりません。」

れても公開ツイートであれば別のアカウントから閲覧する等の方法があることを指摘し、さらに、「ツイッターにおいては、投稿されたツイートがインターネット上で広く共有されて批評の対象となることも当然に予定されており、ツイートを投稿した者も、自らのツイートが批評されることや、その過程においてツイートが引用されることを当然に想定しているものといえる」とした。以上を考慮して、裁判所は、通知とブロック機能に関する原告の指摘に対して、「本件ツイートにおいて原告ツイートが引用されたことにつき、公正な慣行に合致しないものであるということはできない」と判断した。

6　結論

裁判所は、引用を認めた。

□ 本判例のポイント（実務上の指針となる点等）　

本判決は、最判昭和55・3・28民集34巻3号244頁〔27000177〕（モンタージュ写真事件）以降、従来の裁判例が用いてきた①明瞭区分性、②主従関係といった2要件を柱とせずに著作権法32条1項の文言に沿って総合考慮により引用の成否を判断するものである[3]。サービス利用規約への違反の有無についても総合考慮の1要素となり得る点（本件では引用を否定する要素とはならなかった）が1つの特徴である。スクリーンショット添付の形式自体がツイッターの「基本的機能」として備えられているとの認定は、単に利用規約で禁止されていないという消極的な意味にとどまらず、知財高判令和5・4・13（事例2-5-1）と比較してもより積極的に引用成立方向に判断した形といえる。また、本件も事例2-5-1と同様に発信者情報開示請求の事案であり、権利侵害についてはその明白性が判断対象となり、一般論としては必ずしも引用成立を認めるのではなく、引用成立の可能性を認めて権利侵害の明白性を否定する判断もあり得たが、本判決は事例2-5-1の判決と異なり、正面から引用の成立を認めた。

□ その他（原審情報等）　……………………………………………

・原審：東京地判令和4・9・15令和4年（ワ）14375号裁判所HP〔28311084〕

3　原告（控訴人）の主従関係に関する主張に対して、裁判所は、主従関係の有無は、引用成否の考慮要素の1つにすぎないことを強調している。

2-5-3 Instagram に投稿された肖像の利用

発信者情報開示請求事件

東京地判令和2・9・24令和元年（ワ）31972号裁判所 HP〔28282942〕

□ **事案の概要** ···

　原告A（夫）は、原告B（妻）を被写体とする動画（ABが飲食店で食事した際に撮影した動画に文字を挿入して加工したもの。本件動画）を、Instagram 上にストーリー機能[1]を使って投稿した。氏名不詳者が本件動画から静止画像を切り出してインターネット上の掲示板に無断で投稿（本件投稿）したことを受けて、Aが著作権侵害、Bが肖像権侵害等を理由に発信者情報開示請求を行った。

　当該掲示板への投稿には、BがAに対してブランド品購入を求めたことを表現していると考えられる記載[2]があった。本稿では肖像権侵害に関する判断を取り上げる。

□ **争　点** ···

・肖像権侵害（の明白性）

□ **裁判所の判断**

　裁判所は、肖像権について、「人の肖像は、個人の人格の象徴であるから、当該個人は、人格権に由来するものとして、これをみだりに利用されない権利を有する」[3]とし、社会生活上受忍限度を超えるかが侵害成否の基準[4]である旨述べたうえで以下のとおり判断した。

1　ストーリーズ。投稿から24時間限定で投稿内容が保存されその後は削除される仕様の投稿機能。

2　「ねーねーまたブランド買ってよーー。By みみくそ。」との記載があり、「みみくそ」とはBの名をもじったものと考えられる。

3　明示的に引用はなされていないものの、ピンク・レディー事件判決（最判平成24・2・2民集66巻2号89頁〔28180258〕）を参照したものと思われる。

4　具体的には、「当該個人の社会的地位・活動内容、利用に係る肖像が撮影等されるに至った経緯、肖像の利用の目的、態様、必要性等を総合考慮して、当該個人の人格的利益の侵害が社会生活上受忍の限度を超える場合には、当該個人の肖像の利用は肖像権を侵害するものとして不法行為法上違法となると解される。」

「本件画像は、原告Bを被撮影者とするものである。本件画像が含まれる本件動画の撮影及びそれをインターネット上の投稿サイトに投稿したのは原告Aであり、原告Bは夫である原告Aにこれらの行為を許諾していたと推認され、本件画像の撮影等に不相当な点はなく、氏名不詳者は上記投稿サイトから本件動画を入手したものではある。しかしながら、」以下の「事情を総合考慮すると、本件画像の利用行為は、社会生活上受忍すべき限度を超えるものであり、原告Bの権利を侵害するものであると認められる。」

① 本件動画はストーリー機能を使って投稿されており、24時間に限定して保存されるがその後も継続して公開されることは想定されていなかったこと
② 原告Bは氏名不詳者に対して自身の肖像の利用を許諾していないこと
③ 原告Bは私人であり、本件画像は私生活の一部を撮影した本件動画の一部であること
④ 本件画像は、原告Aの著作権を侵害して投稿されており、投稿態様は相当ではないこと
⑤ 掲示板への記載内容に照らすと、本件画像の利用について正当な目的や必要性も認め難いこと

□ 本判例のポイント（実務上の指針となる点等）

　肖像権侵害の成否において考慮される要素のほとんどが、侵害を肯定する方向に評価される事実であった事案だが、元のInstagramの投稿はB（本人）の許諾を得て投稿されておりこの範囲では本人も一般に公開されることは許容していたといえる。しかし、24時間しか保存・公開されない機能を利用して投稿されたことから、裁判所は本人の許諾の範囲を限定的にとらえた。

　本人の同意がなくても、受忍限度を超えない場合は肖像の利用は不法行為とはならないが、実際には受忍限度を超えるかどうか判断が容易ではないケースもある。一次的に肖像利用の同意がある素材を、本人の直接的な同意を得ずに二次的に使用する場合も同様である。

　本件と同様に撮影時は本人の許諾を得ていたがその後の撮影内容の転用については本人の許諾がなかった事案としては、知財高判令和5・4・19令和4年（ネ）10077号裁判所HP〔28311209〕（雑誌社が、元プロテニス選手である原告が社会的に強い非難の対象とされる行為を犯した旨の雑誌記事を補足するため

に同人の写真を掲載した事案）、東京地判平成31・1・25平成29年（ワ）40121号裁判所HP〔28271227〕（遠隔医療に積極的に取り組む医師を紹介する同医師の写真を含む新聞記事を、遠隔医療に関するアプリを提供する会社が、新聞社の承諾を得て遠隔診療の利用を推奨する内容の広告用ポスターに掲載した事案）がある。この2事案においては、いずれも肖像権侵害は否定された。裁判所は、前者においては本人のブログにおいて当該写真が公開されていた事実から、写真が広く公開されることを本人が許容していたものといえると判断し、後者においては被写体医師が新聞記事掲載を承諾していたこと及び記事内容自体が医師の意に反するものではないことを肖像権侵害否定方向の事情としてとらえた。

　上記2事案は、肖像利用の目的の正当性や必要性の点でも本件とは事案を異にするが、肖像画撮影された状況から本人の意思としてどこまでの肖像公開を想定していたかという点が考慮されており、これは本件の考慮要素としても重要である。特に本件のようにSNSを介して公開される肖像については、当該SNSの機能や仕様自体から本人が許容していた肖像公開の時間的・空間的範囲を推し量る必要がある。上記2事案と本件の違いは、原告の投稿がストーリーズ（24時間限定公開機能）を用いた投稿であった点が大きい。肖像の二次的利用を明確にかつ広く許容するようなSNS・サービスは別として、通常は当該サービスの機能や仕様に従った利用以外の利用は利用規約等によって許容されていない（より積極的には禁止事項として定められている）ことが多く、この点の判断は慎重にならざるを得ないだろう。

2-6-1 ウェブサイトのタグと商標権侵害①

商標権侵害差止等請求事件

大阪地判令和 4 ・ 9 ・ 12判時2563号46頁〔28302251〕

□ **事案の概要** ……………………………………………………………

　原告は、大阪市において「セレモニートーリン」との名称の葬儀場（本件葬儀場）を運営する株式会社であり、以下の商標にかかる商標権（商標登録第6362312号。本件商標権）の商標権者である。

登録商標（標準文字）　セレモニートーリン

指定役務第45類　葬儀の執行、葬儀のための施設の提供、法事又は法要のための施設の提供、祭壇の貸与、婚礼（結婚披露を含む。）のための施設の提供、墓地又は納骨堂の提供

　被告は、「安心葬儀」という名称のウェブサイト（本件サービスサイト）を運営しており、本件サービスサイトにおいて葬儀希望者の条件に見合った葬儀社ないし葬儀場（葬儀社等）を一覧表示して情報提供し、マッチング支援を行うサービス（被告役務）を提供している株式会社である。なお、被告自身は、葬儀会館の運営等の葬儀業自体は行っていない。

　被告は、本件サービスサイトにおいて、本件葬儀場に関する情報を掲載するウェブページ（本件ウェブページ）を作成した。被告は、本件ウェブページを表示するための html ファイルのタイトルタグ及びディスクリプションメタタグ（記述メタタグ）に、「セレモニートーリン」を含む以下の記載をした。

　1　タイトルタグ
<title>セレモニートーリン（大阪府）の斎場詳細｜安心葬儀</title>
　2　記述メタタグ
<meta name="description" content="セレモニートーリン（大阪府大阪市〈以下略〉）の口コミ、写真、施設情報、アクセス・地図など詳しい情

報をご紹介します。【安心葬儀】はお客様のご予算やご要望に合わせて、最適な葬儀社・斎場探しを無料でサポートいたします。￥安心葬儀は最安9.8万円から葬儀社をご提案可能／家族葬、一日葬、直葬や火葬式などの葬儀も対応可能です。">

その結果、検索サイト（Yahoo!）で「セレモニートーリン」とキーワード検索すると、本件ウェブページが検索結果として以下の内容とともに表示された。

〈見出し〉「セレモニートーリン（大阪府）の斎場詳細／安心葬儀」
〈説明文〉「セレモニートーリン（大阪府大阪市〈以下略〉）の口コミ、写真、施設情報、アクセス・地図など詳しい情報をご紹介します。【安心葬儀】はお客様のご予算やご要望に合わせて、…」

【[参考] Yahoo! 検索結果画面（「セレモニートーリン」で検索。2024年8月18日アクセス[1]）】※本判決時点の内容と一部異なる。

https://www.tohrin.co.jp

公式／セレモニートーリン - 大阪市平野区、東大阪のお葬式   原告ウェブサイト

安心の24時間365日対応！無料相談、事前お見積、様々な宗派・斎場に対応可能。 生前予約計画可能・葬儀費用をより一層明確。 他社合見積歓迎！

トーリン貸し会館のご案内
安心の24時間365日対応！無料相談、事前お見積、様々な宗派・斎場 ...

供花・供物のご注文
安心の24時間365日対応！無料相談、事前お見積、様々な宗派・斎場 ...

動画はコチラ
トーリン名物「社長のこもればなし」. ホーム・セレモニートーリンとは ...

当館へのアクセス
安心の24時間365日対応！無料相談、事前お見積、様々な宗派・斎場 ...

会社概要
安心の24時間365日対応！無料相談、事前お見積、様々な宗派・斎場 ...

https://ansinsougi.jp > ...   本件サービスサイト

「セレモニートーリン」の斎場詳細/口コミ/施設情報等

2022/7/29 · **セレモニートーリン**の特徴 · 大阪府大阪市平野区の民営斎場（葬儀式場）です。安置施設があるため、葬儀や火葬までの間ご遺体の安置が可能です。

【［参考］本件ウェブページの見出し（2024年 8 月16日に Google Chrome でアクセス[2]）】

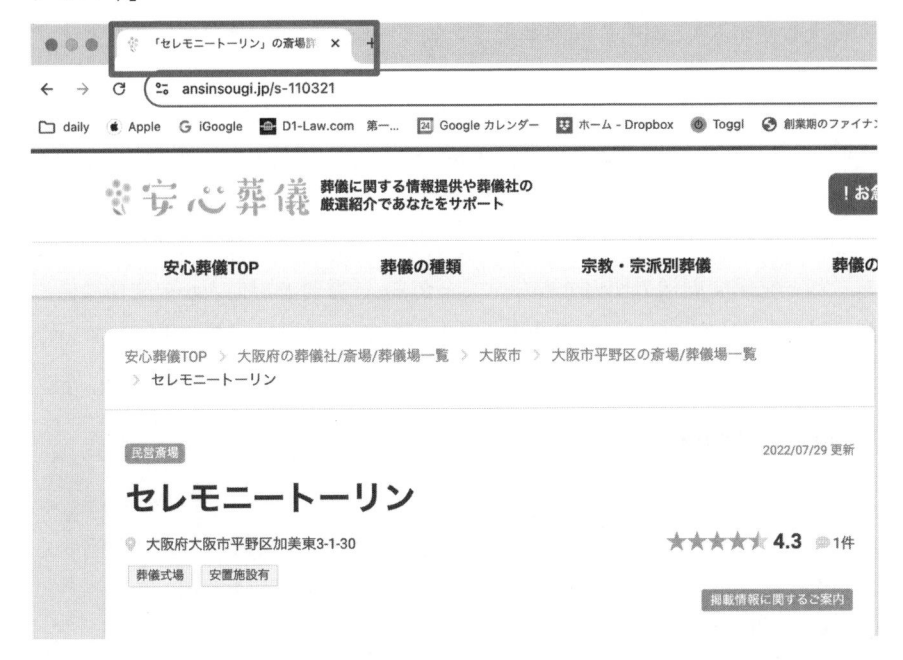

　原告は、上記被告による「セレモニートーリン」の使用が、本件商標権の侵害に当たるとして、商標法36条 2 項に基づき、本件ウェブページに係る html ファイル内のタイトルタグ及び記述メタタグにおける「セレモニートーリン」の削除及び民法709条に基づき損害賠償を求めた。

□ 争　点

・上記被告による「セレモニートーリン」の使用が商標法26条 1 項 6 号に該当するか

　被告が原告の商標と同一の文字列を使用していることについては争いがなく、当該使用が商標的使用[3]といえるかが問題となったケースである。

1　https://search.yahoo.co.jp/search?p=%E3%82%BB%E3%83%AC%E3%83%A2%E3%83%8B
　%E3%83%BC%E3%83%88%E3%83%BC%E3%83%AA%E3%83%B3&aq=-1&ai=6a2059d2-0a3d-
　4c4f-9b62-8cda2c72de9c&ts=3266&sfp=1&ei=UTF-8&fr=sfp_as

2　https://ansinsougi.jp/s-110321

原告は、被告が「セレモニートーリン」（原告の運営する葬儀場の名称）の文字列を使用することにより、被告の運営する本件ウェブページの出所が原告であると表示し[4]、出所に混同を生じさせているので商標権を侵害したと主張した。

一方で、被告は、葬儀場のマッチング支援サイトである本件サービスサイト[5]の中に原告の運営する葬儀場の紹介ページとして本件ウェブページが存在しているのであって、その名称使用は、本件ウェブページの主体が原告であることを示す態様の使用ではなく、また、原告の葬儀場サービスの主体が被告であることを示す態様の使用でもないことから、「需要者が何人かの業務に係る商品又は役務であることを認識することができる態様により使用されていない」と主張した。

□ 裁判所の判断

1　結論

被告による「セレモニートーリン」の使用は商標法26条1項6号に該当する。裁判所は、その他の争点を判断するまでもなく、請求棄却と判断した。

2　理由

本件サービスサイトは、その構成から、「葬儀希望者と葬儀社等とのマッチング支援を行うサービス（被告役務）を提供するものであることが、容易に看取できる。」本件ウェブページ単独でみても、「そのドメインやタイトル部分や末尾に『安心葬儀』等の表示、競合し得る近隣の斎場等の情報も表示されることに加え、本件葬儀場の情報については、ホールの外観、特徴や所在地、アクセス方法、設備情報等の客観的な情報が記載されているにとどまり、これらを

3　「自他商品・役務識別機能ないし出所表示機能を発揮する態様での使用」茶園成樹編『商標法〈第2版〉』有斐閣（2018年）223頁。

4　原告は、被告による「セレモニートーリン」の本件ウェブページの見出しや説明文への使用は、需要者を本件ウェブページにアクセスするよう誘引しており、本件ウェブページが原告ないし本件葬儀場のウェブページであると需要者を誤認させていると主張した。

5　被告は、原告ウェブサイトの見出しには「公式」の文字が含まれること等から、原告ウェブサイトが公式サイトであると判断するのは容易であり、本件ウェブページについて、その内容から本件葬儀場の紹介ページであることが十分理解できるものであり、また本件サービスサイト名「安心葬儀」と電話番号が常に表示されており、原告以外の多数の葬儀業者も紹介していることから、本件ウェブページは原告のサービスを紹介するサイトとして認識されるものであると主張した。

超えて本件葬儀場の利用を誘引するような記載はみられないこと等の事情から」、「本件ウェブページに接した需要者は、『セレモニートーリン』を、葬儀場を紹介するという本件サービスサイトにおいて紹介される一葬儀社（場）として認識するものであり、原告が本件葬儀場において提供する商品ないし役務に関し、被告がその主体であると認識することはないものというべきである（本件ウェブページを含め、本件サービスサイトの運営者が原告であると認識することがないことも同様である。）。」

　上記に加えて、原告が問題とするタイトルタグ及び記述メタタグに記載された内容は、「いずれも本件サービスサイトの名称が明記された見出し及び説明文と相まって、原告の運営するウェブサイトとは異なることが容易にわかると評価できる上、」「一般に、検索サイトの利用者、とりわけ現に葬儀の依頼を検討するような需要者は、検索結果だけを参照するのではなく、検索結果の見出しに貼られたリンクを辿って目的の情報に到達するのが通常」であり、本件ウェブページに遷移した需要者は、被告が運営する本件サービスサイトの一部として本件ウェブページを理解するので、やはり、本件ウェブページの各タグ内で「セレモニートーリン」を使用することによって、原告と被告の提供する商品又は役務に関し出所の混同が生じることはない。

□ 本判例のポイント（実務上の指針となる点等）  Point

　本件サービスサイトは、複数の葬儀場のマッチングサイトであって、提携業者の葬儀場については見積対応等のサービスを行うが、原告のように提携していない葬儀場については単に業務概要と連絡先の紹介にとどまる内容のウェブサイトであり、「セレモニートーリン」が自他識別機能あるいは出所表示機能を発揮する態様で使用されていなかったことは比較的容易に認識できた事例であり、被告の商標法26条1項6号の主張を裁判所が認めた。もっとも、「セレモニートーリン」は本件ウェブサイトで紹介されている原告の葬儀場を指すものではあるので、商標法26条1項6号を適用するのではなく（解釈上の）商標的使用論を用いて検討すべきかという点は議論となり得る点であり[6]、被告の立場からすると後者の方が主張しやすかった可能性はある。同種の事案で、商標のタイトルタグと記述メタタグでの使用が商標的使用であると認められたケースとしては、IKEA事件（東京地判平成27・1・29判時2249号86頁〔282307

80］、IKEA 著作権侵害等請求事件）がある[7]。

6 「需要者が何人かの業務に係る（中略）役務であることを認識することができる態様により使用されていない」との商標法26条1項6号の文言に沿って考えると、本件ウェブページは、原告の葬儀場「セレモニートーリン」の紹介ページであるから、文字列「セレモニートーリン」が、需要者からみて原告の業務に係る葬儀場であることを認識できる態様では使用されていたとみることも可能であり、商標法26条1項6号の適用を否定する立場もあるだろう。その場合には、（解釈上の）商標的使用論により検討することになるが、結論としては変わらない（商標権侵害不成立）だろう。すなわち、本件は、「セレモニートーリン」の出所は原告であると需要者が認識する態様で使用されており被告と混同することはないため、文字列「セレモニートーリン」は被告にとっての自他識別・出所表示機能を果たすものではなく、原告の登録商標としての機能は害されておらず、商標権侵害は否定されるだろう。

7 被告が、IKEA 製品の買付・通信販売サービスを運営しており、当該サービスのウェブサイトのタイトルタグ及び記述メタタグに、原告商標（「IKEA」「イケア」）を含む「IKEA 通販です。」等の記載をしていた事例である。

2-6-2 ウェブサイトのタグと商標権侵害②

商標権侵害等請求事件

大阪地判令和3・9・27判時2523号117頁〔28292951〕

□ 事案の概要 ···

　アパレル会社である原告は、指定商品を「かばん類、袋物」とする商標「シャルマントサック」（標準文字）に関する商標権（商標登録第6232133号。本件商標権）を保有している。

　被告は、自ら製造した商品をメルカリ上の自己のサイト（被告サイト）で販売する個人である。被告は、被告サイト中の巾着型バッグを販売する商品紹介ページに「＃シャルマントサック」との記載を表示した。当該商品紹介ページは、同ページ内の「購入画面に進む」ボタンをクリックすると購入ページに遷移することができる。

　原告は、被告の上記記載表示行為（「＃シャルマントサック」）を、本件商標権侵害行為であるとして、被告に対して「＃シャルマントサック」又は「シャルマントサック」の使用差止請求を行った。裁判所は、このうち「＃シャルマントサック」に関して判断した。

□ 争　点 ··

・商標的使用該当性

□ 裁判所の判断

1　ハッシュタグ（＃）を付した表示行為の目的

　「メルカリにおける具体的な取引状況をも考慮すると、記号部分＃は、商品等に係る情報の検索の便に供する目的で、当該記号に続く文字列等に関する情報の所在場所であることを示す記号として理解される。このため、被告サイトにおける」「＃シャルマントサック」の表示行為は、被告サイトへメルカリ利用者を誘導し、「当該サイトに掲載された商品等の販売を促進する目的で行われるものといえる。」

2　被告サイトにおける「＃シャルマントサック」表示の意味合い

被告サイトにおける「#シャルマントサック」の表示は、「メルカリ利用者が検索等を通じて被告サイトの閲覧に至った段階で、当該利用者に認識される」。「そうすると、当該利用者にとって」、「#シャルマントサック」の表示は、「それが表示される被告サイト中に『シャルマントサック』なる商品名ないしブランド名の商品等に関する情報が所在することを認識することとなる。これには、『被告サイトに掲載されている商品が「シャルマントサック」なる商品名又はブランド名のものである』との認識も当然に含まれ得る。」

3　他の記載内容との関係

①　「被告サイトにおいては、掲載商品がハンドメイド品であることが示されている。」

②　「#シャルマントサック」が、同じく「#」によりタグ付けされた「ドットバッグ」等の文字列と「並列的に上下に並べられ、かつ、一連のハッシュタグ付き表示の末尾に『好きの方にも…』などと付されて表示されて」おり、「これらの表示は、掲載商品が被告自ら製造するものであること、『シャルマントサック』、『ドットバッグ』等のタグ付けされた文字列により示される商品そのものではなくとも、これに関心を持つ利用者に推奨される商品であることを示すものとも理解し得る。」

　しかし、①②の表示は、「それ自体として「#シャルマントサック」の表示により生じ得る『被告サイトに掲載されている商品が「シャルマントサック」なる商品名又はブランド名である』との認識を失わせるに足りるものではなく、これと両立しうる。」

4　結論

　以上の事情を踏まえると、「被告サイトにおける」「#シャルマントサック」「の表示は、需要者にとって、出所識別標識及び自他商品識別標識としての機能を果たしているものと見る。すなわち、」「#シャルマントサック」「は、需要者が何人かの業務に係る商品又は役務であることを認識することができる態様による使用すなわち商標的使用がされているものと認められる。」

【被告により表示された記載内容（判決別紙「出品情報画面」より抜粋)】

```
#ドット
#ドットバッグ
#ツイード 巾着
#シャルマントサック風
#ポシェット
#斜めがけ
#シャルマントサック
#ミュゲ
#muge
#巾着
#巾着バッグ
好きの方にも…
```

□ **本判例のポイント**（実務上の指針となる点等）　

　個別具体的なサービスにおけるハッシュタグ使用の意義を検討したうえで、ハッシュタグを付した標章の使用が、それが使用されたウェブページに掲載された商品の商品名として使用されているわけではないものの、出所識別標識・自他商品識別標識としての機能を果たす使用であると認定した。商品名又はサービス名として使用されないケースとして、他には、これまでにメタタグのケースがあり、検索結果画面に表示されるディスクリプションメタタグやタイトルタグでは商標的使用が肯定され、逆に検索結果に表示されないキーワードメタタグについては商標的使用が否定されたケースがある。本件は、ユーザが視認可能な形ではあるので前者のケースに近い。

　本判決は、被告サイトの「＃シャルマントサック」の記載の付近に、「好きの方にも…」のような、真正商品とは異なるものであることを積極的に示す記載があっても、商標的使用が否定されないとした点にも特徴がある。なお、被告サイトには「＃シャルマントサック<u>風</u>」との記載もあったが、この記載そのものについては判断されておらず（原告は差止請求の対象としていない）、「●

●風」との記載が単体でなされていた場合にどのような判断がなされるかは明らかではない。「●●風」との記載は、真正商品ではない類似品であることを意図して表示したものである。「＃シャルマントサック」と一体となって「＃シャルマントサック風」と表示されることにより、被告サイトに掲載されている商品がシャルマントサックのブランドではないことを示しているように思える。「＃シャルマントサック風」との記載がシャルマントサックのブランド力にただ乗りしている感じは否めないものの、この記載単体でみた場合には、商標的使用が否定される可能性が高いのではないか。

3 ネットサービス

■1 はじめに

(1) 構成

　第3章では、ネットサービスにおける事例を取り上げる。他の事例・判例集などでは取り上げられることが少ない、行政機関等からの指導や注意喚起があった事例を積極的に取り上げた。

　各事例においては、問題になった事業者やサービスの名称をなるべくそのまま用いることとした。これは、読者が事例を具体的にイメージし、「自分が事例の当事者だったらどのように対応するか」を想像しながら読んでほしいという意図に基づく。事例になった事業者等を非難する意図や、支持する意図は全くない。

　第3章は、

(1) 企画

(2) 設計（UI/UX）

(3) 設計（利用規約）

(4) 実装

(5) 運用（インシデント対応）

(6) 運用（官公庁対応）

(7) 運用（ユーザ対応）

(8) サービス終了

の、8つのサブカテゴリーから構成される。各サブカテゴリーには、それぞれの段階において読者が実務に携わる際に念頭に置いてほしい事例を収録した。

(2) 記載方針

　各事例の発生日時は様々だが、今日時点で各事例が発生したと仮定した場合にどのような学びを得られるか、という視点から記載している。また、事例には行政機関等で発生した事例も含まれるが、事業者としての立場からどのような学びを得られるかについて解説を行った。

　なお、本章において個人情報の保護に関する法律を参照する際、原則として法律名を省略し条名のみの表示とした。また、同法施行規則を「規則」、個人

情報の保護に関する法律についてのガイドラインを単に「ガイドライン」、個人情報保護委員会のウェブサイトに掲載されている同ガイドラインに関するQ&Aを単に「Q&A」と表記した。

■2 本章で取り上げるケース

(1) 企画

　ネットサービスの企画段階においては、法務部門は、個人情報の定義を正しく理解したうえで、企画内容をデータベースの構造をイメージしながら理解していくことが重要である。ネットサービスにおいてどのような個人情報の項目を取得し（カラム）、それらがどのように個人データを構成し（テーブル）、それらがどのような流れによって事業者間でやりとりされるのか（データベース）をイメージしていただきたい。これらの行為は「データマッピング」と表現することもできる。

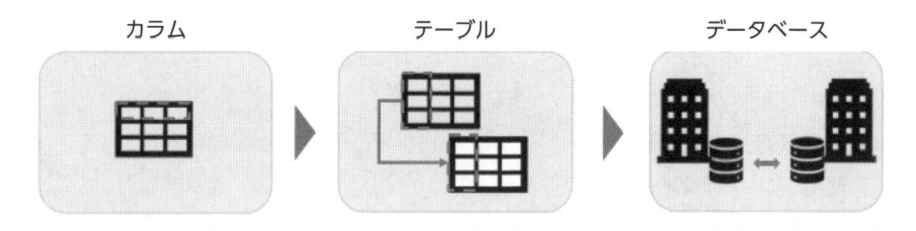

　そして、このデータマッピングの結果も踏まえてリスクの分析を行い、リスク対応を検討する。ここで検討したリスク対応は、後続の実装や運用の段階において実施していくことになる。

　本節では、事例3-1-1（破産者マップ事件）や事例3-1-4（リクナビ事件（提供企業視点））など知名度の高い事件を取り上げながら、基本的な理解の確認を行う。事例3-1-8（社労夢事件）や事例3-1-9（CCC 共同利用事件）などのように複数のステークホルダーが関与する事例では、データマッピングにより全体像を把握することの重要性を改めて指摘したい。

(2) 設計（UI/UX）

　ネットサービスでは、企画段階に続いて PdM やデザイナーと呼ばれる人た

ちが UI/UX の検討を行う。「デザイン」という言葉から想像される芸術的な要素もないわけではないが、よりよいユーザコミュニケーションのための画面設計、体験設計を行うことがこの段階の主眼である。他方、法務部門はこの段階において、主として景品表示法の観点から検討を行うことになる。

　UI/UX の設計と景品表示法は、よりよいユーザーコミュニケーションという同一のゴールを目指すもののようにも思われるが、実際には両者は対立することも多い。UI/UX の設計において検討された内容はあくまで妥当・不当のレベルの話であり、適法・違法のレベルの話である景品表示法には必然的に劣後する関係にある。そのため、PdM やデザイナーが検討を深めて作成した UI/UX 設計も、法務部門が NO を出した場合は基本的には法務部門の意見が通りやすい構造にあり、このことについて PdM やデザイナーに不満が溜まる構図に陥りやすい。

　法務部門としてはサービスに対する理解を深めたうえで、PdM やデザイナーにも納得感のあるコミュニケーションを図りたい。そのことが最終的には景品表示法の理解の浸透につながるものと考えている。

　本節では事例3-2-3（chocoZAP ステマ事件）などを取り上げた。

⑶ 設計（利用規約）

　企画が固まった段階で、法務部門は当該ネットサービスの利用規約を作成することになる。利用規約は、類似するネットサービスの利用規約を参考に作成する場合も多い。利用規約に求められる内容の大枠は共通であるため、このような対応は一定程度合理的である。

　他方で、利用規約を作成する趣旨は、統一的な契約条件を定めて当該ネット

サービスのリスクを最小化することにある。そうだとすれば、利用規約の内容は、本来は当該ネットサービスのリスク分析を踏まえなければならないはずであり、リスク分析を踏まえずに作成された利用規約は本来の機能を果たさないともいえる。類似サービスの利用規約を参考にする場合でも、当該ネットサービスにおけるリスクは何かの分析を経たうえで作成したい。

本節では事例3-3-2（モバゲー規約事件控訴審）などを取り上げた。

⑷ 実装

実装段階では、企画段階でのリスク分析を踏まえ、当該リスクを軽減できるような対応を行う。しかし、短期間で企画、設計、実装等のサイクル（一連のサイクルをイテレーションと呼ぶ）を繰り返すアジャイル型の開発や、類似する考え方が一定程度浸透した現代の開発においては、企画段階で法務部門が伝えた内容が、複数のイテレーションを経て次第に変容し、当初の意図どおりに実装されなくなってしまうこともある。

実装段階においては、企画段階で立案したリスク対応が実際に行われているかをチェックすることが重要である。

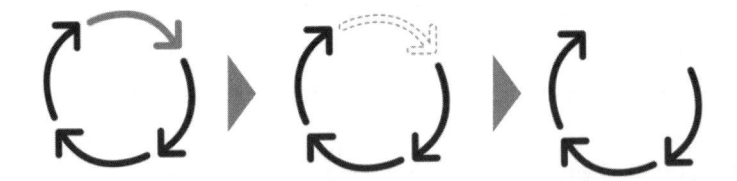

本節では、事例3-4-2（セールスフォース事件）を取り上げる。継続的なアップデートがなされる外部サービスを利用する際には、当該アップデートを踏まえた安全管理措置が求められる。

⑤ 運用（インシデント対応）

　運用段階に入ると、いずれは必ず大なり小なりインシデントが発生する。インシデントは発生しないに越したことはないが、「発生してはいけないもの」と捉えてしまうと、事実をありのままに受け入れることが難しい状況が生まれかねない。

　法務部門はこのような動きには抗わなければならないし、このような動きが起きにくい環境を整備しておくことも重要である。そのためには、普段からインシデント対応訓練を行うことや、軽微な事案でもルールに従って処理することが効果的である。

　本節では、事例3-5-1（スタージャパン手術動画提供事件）や事例3-5-3（トヨタ自動車事件）など、個人情報の定義の誤解によって漏えいが発生した事例を取り上げる。法務部門としては、教育を通じて継続的に非法務部門への啓発を行っていきたい。

⑥ 運用（官公庁対応）

　サービスを運用していると、平時・有事の両面で官公庁に対応する必要がある場面に出くわすことがある。官公庁への対応に慣れていない場合、個人情報保護法に完璧には対応できていないことを負い目に感じて、虚偽の報告や、不適切な対応をしてしまうケースがあり得る。しかし、もし仮に不適切な対応を行いこれが発覚した場合には当初から正直に対応していた場合よりも数段困難な対応が求められる。当然このような対応をすべきではない。

　同様に、官公庁を過度に恐れて主体性を失ってしまうことも法務担当者としては避けなければならない。自らのサービスに責任と自信を持ち、主張すべきは主張して事業を成功に導かなくてはならない。官公庁は当該領域の行政の専門家ではあるが、対象のサービスの専門家ではない。前提事実を認識してもらえていなかったために、不適切な判断をされてしまう場合もある。

　本節では、事例3-6-1（オプトアウト届出事業者に対する実態調査事件）や事例3-6-2（ヤフー検索位置情報提供事件）、事例3-6-3（LINE 越境移転事件）のように、官公庁とのコミュニケーション難易度が高い事例を取り上げた。

　漏えい等が発生した場合にはユーザは不法行為等により損害を被ることになる。過去の判例を踏まえると認められる賠償額は一般に高額であるとはいえず、経済合理性からは訴訟を提起するに至らない場合も多い。他方で、過去の事例やサイバーセキュリティ保険で補償される条件の影響もあり、事業者によっては裁判を待たず、自主的に数百円〜数千円程度の金券を配布する運用もみられるところである。

　本節では、事例3-7-1（Yahoo!BB事件）と事例3-7-2（TBC事件）を題材に、ユーザへの損害賠償やお詫びについて取り上げる。

⑻ サービス終了

　どのようなネットサービスも、いずれ終わりを迎える。サービス終了は、事業性が損なわれたと判断されたときに決定されるものであるが、その検討にサービスの適法性・妥当性が影響を与える場合がある。

　本節では、事例3-8-2（7 pay（セブンペイ）サービス廃止事件）や事例3-8-4（Yahoo!スコア事件）など、サービスの終了の仕方から学びを得られる事例を取り上げる。

3-1-1 破産者マップ事件

個人情報の保護に関する法律に基づく行政上の対応について

個人情報保護委員会／令和 2 年 7 月 29 日

□ 事案の概要

　破産手続に際し、国は破産手続開始の公告を行っており、破産者の氏名を含む一連の情報を官報に公開している。事業者Ａらは、破産者の氏名を含む一連の情報を官報から取得してデータベース化したうえで、自らのウェブサイトに当該情報を掲載することで、誰でも破産者の情報を得ることが可能な状態にした。

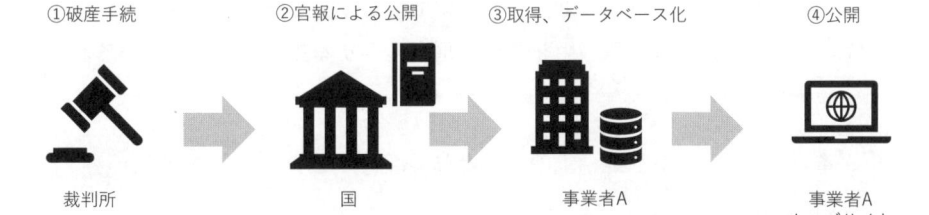

①破産手続　　　②官報による公開　　③取得、データベース化　　④公開

裁判所　　　　　　　国　　　　　　　　事業者A　　　　　　事業者A
　　　　　　　　　　　　　　　　　　　　　　　　　　　　ウェブサイト

　個人情報保護委員会は、事業者Ａらに対し、必要な措置を講じるまではウェブサイトを再開してはならない旨の勧告を行ったが、対応期限の日までに措置は講じられなかった。そこで、個人情報保護委員会は、事業者Ａらに対しウェブサイトを直ちに停止等するよう命令を行った。

　なお、個人情報保護委員会は、事業者Ａらの所在を知ることができなかったため、公示送達の手法により命令を行った。

□ 論　点

1　公開情報の個人情報該当性
2　個人情報の定義への理解

□ 個人情報保護委員会の判断

　1　命令の原因となる事実

当該 2 事業者は、破産手続開始決定の公告として官報に掲載された破産者等の個人情報を取得するにあたり、利用目的の通知・公表を行わず（同法〔筆者注：個人情報保護法。以下同じ〕第18条）、当該個人情報をデータベース化した上、第三者に提供することの同意を得ないまま、これをウェブサイトに掲載していたものである（同法第23条第 1 項）。

2　命令事項等

当委員会は、当該 2 事業者に対し、ウェブサイトを直ちに停止した上、前記利用目的の通知・公表を行うとともに、その個人データを第三者に提供することの同意を得るまでは、同ウェブサイトを再開してはならない旨の勧告を行ったが、対応期限の日までに措置が講じられなかったため、その勧告に係る措置をとるべきことを命令した。

本命令の対応期限（本年 8 月27日）までに具体的な対応がなされない場合は、同法第84条の罰則適用を求めて刑事告発することを予定している。

□ 本件のポイント（実務上の指針となる点等）  Point

1　公開情報の個人情報該当性

本件では、事業者Ａらは公開情報である官報に掲載された情報を取得している。この点、非法務部門において「公開情報は個人情報に該当しない」との誤解がしばしば見受けられる。また、法務部門においても「公開情報は個人情報に該当するとしても、非公開情報と同様に扱うことには若干のためらいを覚える」という方が一定数おられる。

このような誤解やためらいは、各所で個人情報保護法の理解を妨げる。公開情報か非公開情報かの違いによって個人情報該当性の判断に違いは生じないことを理解しておきたい[1]。

2　個人情報の定義への理解

同様に、個人情報保護法における個人情報の定義についても、非法務部門においては誤解が生じやすい。

1　公開情報については、ガイドラインや Q&A において、確認・記録義務が適用されない場合（ガイドライン確認・記録義務編2-2-1-3）や、第三者提供における本人の同意があると事実上推認できる場合（Q&A7-13）などが、通常の情報と異なるものとして言及されている。

法務部門：「その取組において個人情報を取得しますか？」

非法務部門（事業部門等）：「取得しません」

といった会話は日常的によくみられるが、非法務部門の「取得しません」は単に「氏名（や住所、年齢など）は取得しません」の意味で用いられていることがある。法務部門としては、非法務部門が個人情報の定義を誤解している可能性があることを前提に事実の確認を行うべきである。

そのための一案として、「個人情報を取得しますか？」ではなく、まずは「（生存する）個人に関する情報を取得しますか？」との趣旨の質問から始めることを提案したい[2]。前提の把握において事実と評価を分けることは重要であるが、「個人情報を取得しますか？」では評価が入り込む余地が大きく、正しい回答を得られるか否かは回答者の知識・経験に依存することになる。「（生存する）個人に関する情報を取得しますか？」であれば、評価が入り込む余地がないとはいえないものの、前者の場合よりも回答者の知識・経験による違いが生じにくいだろう。

このようにして、ある程度正確な事実を確認したうえで、当該情報は

・（氏名到達性以外の方法も考慮のうえで[3]）特定個人識別性を有しないか

・容易照合性を考慮しても特定個人識別性を有しないか

といった判断を、非法務部門とともに行うことが効果的であると考える。

□ その他（原審情報等） ···

・個人情報の保護に関する法律に基づく行政上の対応について（令和2年7月29日、個人情報保護委員会）[4]

2　「（生存する）個人に関する情報」という語については、非法務部門を相手に説明を行うことを踏まえ、より柔らかい表現を使用することも検討したい。「特定の誰であるかは識別できないとしても、生きている"誰か"の情報」と言い換えるなど。

3　例えば、匿名で利用するサービスではあるものの、長期にわたって位置情報を取得する結果、特定の個人を識別できる場合などが想定される。

4　https://www.ppc.go.jp/news/press/2020/200729kouhou/

3-1-2 JR 東 Suica 事件

Suica に関するデータの社外への提供についてとりまとめ

Suica に関するデータの社外への提供についての有識者会議／平成27年10月

□ 事案の概要

　東日本旅客鉄道株式会社（以下、「JR 東」という）は、東日本を中心とした旅客鉄道事業等を運営する日本の鉄道事業者である。JR 東は、平成20年3月、中期経営構想の取組の一環として、JR 東が発行する IC カードである「Suica」の利用データを活用した情報分析サービスの検討を開始した。

　JR 東は、株式会社日立製作所（以下、「日立製作所」という）に対し、Suica の利用履歴情報を提供した。当該利用履歴情報は、Suica の利用データから利用者氏名、利用者電話番号、物販情報等を除外し、生年月日を生年月に変換したうえで、SuicaID 番号を元の番号に戻すことができない方法で、別の番号に変換したデータである。

【JR東から日立製作所へのSuicaに関するデータの提供の態様】

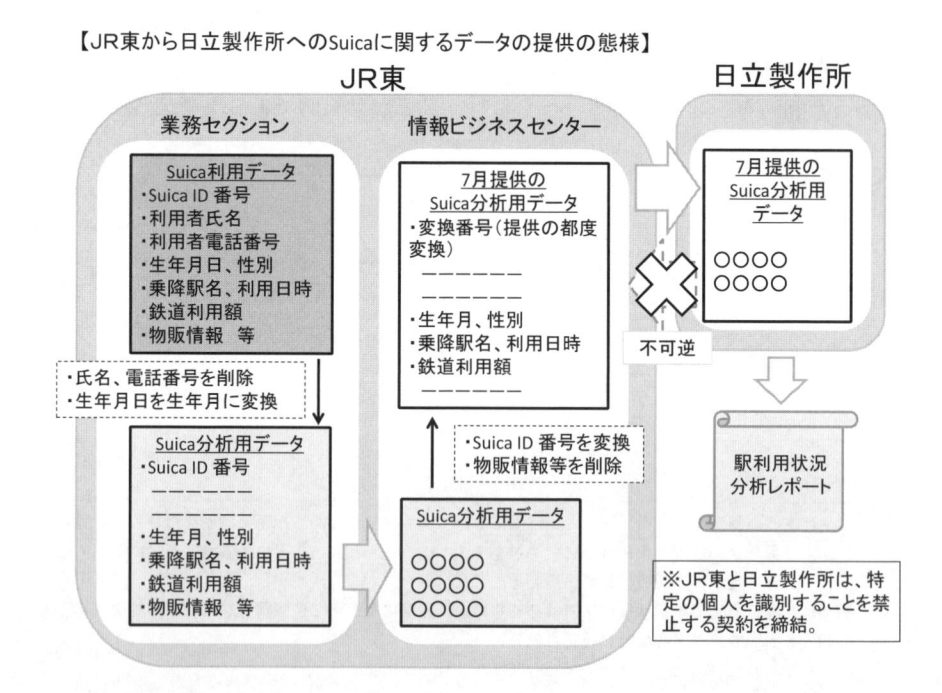

日立製作所が本件に関するニュースリリースを発表したところ、利用者やマスコミから批判が寄せられた。JR東は、この批判を受けて「Suicaに関するデータの社外への提供についての有識者会議」（以下、「有識者会議」という）を設置し、「Suicaに関するデータの社外への提供について　とりまとめ」を発表した。

□　論　点

1　提供元基準
2　非個人情報化
3　個人データの第三者提供と委託

□　有識者会議の判断

> 　本取組は、鉄道の利用に不慣れな利用者のスムーズな移動を支援する公益的な取組であり、かつ、これまで現場の勘や経験で把握していたような課題を、Suicaデータを分析することで可視化して解決しており、ビッグデータを活用することで生み出される価値が社会から理解される取組の一つと思料する。
>
> 　なお、このSuicaデータの活用に当たっては、<u>特定の個人を識別できるデータではなく</u>、統計処理した分析結果に基づいており、利用者のプライバシーには配慮したものである。このような取組を積み重ね、利用者の安心・納得のもと、ビッグデータを活用することで生み出される価値が社会からより一層理解されることは重要である。そして、このような取組については、社内利用にとどまらず、自治体などへ公共性の高い統計情報を提供すること等も積極的に検討することが望まれる。

□　本件のポイント（実務上の指針となる点等）　

1　提供元基準

　事業者が保有する個人データのうち、その一部を取り出して第三者に提供する場合、当該一部には特定の個人を識別することができる情報が含まれていな

いことがあり得る。本件の当時は、このような状況が個人データを第三者に提供する（27条1項）ことに当たるのかどうかが論点となっていた。この点について、個人情報保護委員会は、「個人情報保護法いわゆる3年ごと見直し制度改正大綱」において、以下のとおり「提供元基準」が適用されることを明言している。

「個人情報保護法は、それぞれの個人情報取扱事業者が個人情報を適切に取り扱うことを求めている。このため、外部に提供する際、提供する部分単独では個人情報を成していなくても、当該情報の提供元である事業者において『他の情報と容易に照合することができ、それにより特定の個人を識別することができることとなる』場合には、提供元に対して、個人情報としての管理の下で適切に提供することを求めている。

これは、提供先で個人情報として認識できないとしても、個人情報を取得した事業者に、一義的に、本人の権利利益を保護する義務を課すという基本的発想から、提供元において、上記のような情報についても個人情報として扱うことを求めるものである（一般に「提供元基準」と呼ばれている。）。」

2　非個人情報化

有識者会議のとりまとめでは「特定の個人を識別できるデータではなく」との評価がなされている。この文言が「Suica データ」（前掲図でいう7月提供の Suica 分析用データ）にかかると理解する場合、以下の点を明らかにする必要がある。

- 単独での特定個人識別性がないこと
  - ・履歴情報が積み重なっても特定の個人を識別できないこと
- 容易照合性の下での特定個人識別性がないこと
  - ・JR 東の環境において、SuicaID 番号と変換番号の対応表等がないこと
  - ・いわゆるデータセット照合[1]も不可能であること

しかし、この点についてとりまとめにて公開された情報からは読み取れなかった[2]。

1　「3データセットによる容易照合」（高木浩光「個人情報保護から個人データ保護へ—民間部門と公的部門の規定統合に向けた検討 (1)」情報法制研究1号（2017年）88頁）

2　他方で「統計処理した分析結果」にかかると理解する場合、統計処理されているということを別の観点から表現したものと読むことになる。

3　個人データの第三者提供と委託

　本件では、日立製作所において独自に個人データを利用することは想定されていなかったようである。そうだとすれば、JR 東から日立製作所への個人データの取扱いの委託（27条 5 項 1 号）という整理をすることでも目的を達成できたように思われる。

□　その他（原審情報等）

- ・交通系 IC カードのビッグデータ利活用による駅エリアマーケティング情報提供サービスを開始（株式会社日立製作所、2013年 6 月27日プレスリリース）[3]
- ・Suica に関するデータの社外への提供について（2013年 7 月15日、東日本旅客鉄道株式会社）[4]
- ・Suica に関するデータの社外への提供について中間とりまとめ（Suica に関するデータの社外への提供についての有識者会議、2014年 2 月）[5]
- ・Suica に関するデータの社外への提供についてとりまとめ（Suica に関するデータの社外への提供についての有識者会議、2015年10月）[6]
- ・個人情報保護法いわゆる 3 年ごと見直し制度改正大綱（令和元年12月13日、個人情報保護委員会）[7]

3　https://www.hitachi.co.jp/New/cnews/month/2013/06/0627a.html
4　https://www.jreast.co.jp/press/2013/20130716.pdf
5　https://www.jreast.co.jp/chukantorimatome/20140320.pdf
6　https://www.jreast.co.jp/information/aas/20151126_torimatome.pdf
7　https://www.ppc.go.jp/files/pdf/200110_seidokaiseitaiko.pdf

3-1-3 JR 東顔認識カメラ事件

【独自】駅の防犯対策、顔認識カメラで登録者を検知…出所者の一部も対象に

読売新聞オンライン／令和 3 年 9 月 21日

□ **事案の概要** ···

　東日本旅客鉄道株式会社（以下、「JR 東」という）は、令和 3 年、主要駅構内等に設置した顔認識カメラを使って一定の類型に該当する人（以下、「対象者」という）を検知する防犯対策を実施した（以下、「本取組」という）。本取組の対象者は以下のとおりである。

・過去に JR 東の駅構内などで重大犯罪を犯し、服役した人（出所者や仮出所者）

・指名手配中の容疑者（指名手配者）

・うろつくなどの不審な行動をとった人（不審者）

　JR 東は、対象者の顔情報の一部を事前にデータベースに登録し、顔認識カメラの映像と自動照合することを予定していた。その後、本取組が報道されるに至り、SNS などを中心に賛否の意見が寄せられた。

□ 事業者の判断

　JR 東は当初、本取組については「個人情報保護委員会と相談して判断した」としていたが、「社会的コンセンサスが得られていない」として出所者や仮出所者を検知対象から除外した。なお、指名手配者や不審者を対象とした運用は継続する（朝日新聞デジタル、令和 3 年 9 月 21 日）。

□ 本件のポイント（実務上の指針となる点等）[1]  Point

1　要配慮個人情報の定義

　要配慮個人情報とは、「本人の人種、信条、社会的身分、病歴、犯罪の経歴、犯罪により害を被った事実その他本人に対する不当な差別、偏見その他の不利益が生じないようにその取扱いに特に配慮を要するものとして政令で定める記述等が含まれる個人情報」をいう（2 条 3 項）。

　本件において、JR 東は対象者の顔情報の一部を事前にデータベースに登録することを予定していた。対象者の情報のうち、出所者や仮出所者であるという情報は「犯罪の経歴」に該当するため、要配慮個人情報である。

2　要配慮個人情報の取得

　要配慮個人情報は、「次に掲げる場合を除くほか、あらかじめ本人の同意を得ないで、要配慮個人情報を取得してはならない」（20条 2 項柱書）とされている。本件において JR 東は、要配慮個人情報の取得について本人の同意を取得していないと思われ、本件が「人の生命、身体又は財産の保護のために必要がある場合であって、本人の同意を得ることが困難であるとき」（同項 2 号）に該当し、同意を得なくとも要配慮個人情報を適法に取得したといえると判断したものと考えられる。

1　なお、令和 6 年11月現在においては国内外において AI 関連法やガイドラインの制定が進んでおり、個人情報保護法のみならず、AI 関連法・ガイドラインからの検討も重要である。

あくまで筆者の推測にすぎないが、JR東が「個人情報保護委員会と相談して判断した」としているのは、本取組の全体的な適法性・妥当性というよりは、この2号該当性のことを指しているように思われる。

3 対外的な情報発信

本件では、JR東は、「過去にJR東の駅構内などで重大犯罪を犯し、服役した人（出所者や仮出所者）」の類型については、「JR東や乗客が被害者となるなどした重大犯罪に限って氏名や罪名、逮捕時に報道されるなどした顔写真をデータベースに登録する。痴漢や窃盗などは対象外で、9月初旬時点で登録者はいない」としていた（読売新聞、令和3年9月21日）。

本件については、JR東からの公式な情報発信はあまりみられず、新聞報道以外による情報は少ない。JR東は、個人情報保護委員会との事前検討を行っていたようであるが、その過程や結果についても公開されていない。

JR東は、「社会的コンセンサスが得られていない」と述べて本取組を修正したが、「社会的コンセンサス」という言葉は非常に曖昧・抽象的なものである。社会的コンセンサスが得られた状態を明確に定義するのは困難であり、「炎上したか否か」とも言い換えられかねない。JR東が当初想定していた内容を適切に情報発信できていれば、世間の理解も得られ、異なる結論になった可能性はあったようにも思われる。

□ その他（原審情報等）

・【独自】駅の防犯対策、顔認識カメラで登録者を検知…出所者の一部も対象に（2021年9月21日、読売新聞オンライン）[2]
・「駅で出所者を顔認識」とりやめ　JR東「社会的合意まだ得られず」（2021年9月21日、朝日新聞デジタル）[3]
・犯罪予防や安全確保のためのカメラ画像利用に関する有識者検討会報告書（令和5年3月、個人情報保護委員会）[4]

---

2 https://www.yomiuri.co.jp/national/20210920-OYT1T50265/
3 https://www.asahi.com/articles/ASP9P64GLP9PUTIL02D.html
4 https://www.ppc.go.jp/files/pdf/cameragazou_yushikisyakentoukai_houkokusyo.pdf

3-1-4 リクナビ事件（提供企業視点）

①個人情報の保護に関する法律42条1項の規定に基づく勧告等について

個人情報保護委員会／令和元年8月26日

②個人情報の保護に関する法律に基づく行政上の対応について

個人情報保護委員会／令和元年12月4日

□ 事案の概要 ……………………………………………………………………………

　株式会社リクルートキャリア（現株式会社リクルート。以下、「リクルートキャリア」という）は、人材採用事業等を行う企業であり、新卒学生向けの就職情報サイトである「リクナビ」を運営している。本件については、背景情報として以下の2点を把握しておくと理解が一層深まる。

・就職情報サイト（マッチングビジネス）という性質上、リクルートキャリアは就職したい応募学生（to C）と学生を採用したい契約企業（to B）の両者に対してサービスを提供していた

・リクルートキャリアによれば、当時の新卒採用マーケットにおいては年々企業の採用難易度が上がっており、学生の約65％が内定辞退をしている実態があったとされている[1]

　平成30年3月、リクルートキャリアは、対象となる学生の選考離脱や内定辞退の可能性を示すスコア（以下、「内定辞退率」という）を算出し、契約企業に提供する取組を開始した。内定辞退率提供の概要は以下のとおりである[2]。

① 　データの取得（契約企業→リクルートキャリア）

●リクルートキャリアは、契約企業から以下の情報を取得する

　・応募者管理ID（契約企業が付与していた応募学生の管理ID）

　・氏名、メールアドレス

　・大学、学部、学科

　・選考プロセスにおける辞退・承諾情報　など

1　https://www.recruit.co.jp/r-dmpf/03/

2　なお、内定辞退率スコアの提供は、その法的な整理の違いにより2019年2月以前のものは「アンケートスキーム」、2019年3月以降のものは「プライバシーポリシースキーム」として区別して呼ばれる。本稿では主としてプライバシーポリシースキームについて記載する。

（以下、総称して「提供学生データ」という）

② アルゴリズムの作成

- リクルートキャリアは、以下の前年度の学生の情報を基に、今年度の学生の内定辞退率を予測するためのアルゴリズムを作成する
  - ・前年度の提供学生データ
  - ・前年度の学生の、リクナビ及び提携する就職情報サイトにおける閲覧履歴など

③ 内定辞退率の算出

- リクルートキャリアは、上記アルゴリズムを用いて、今年度の提供学生データから今年度の学生の内定辞退率を算出する

④ 内定辞退率の提供（リクルートキャリア→契約企業）

- リクルートキャリアは、契約企業に対して今年度の学生の内定辞退率を提供する

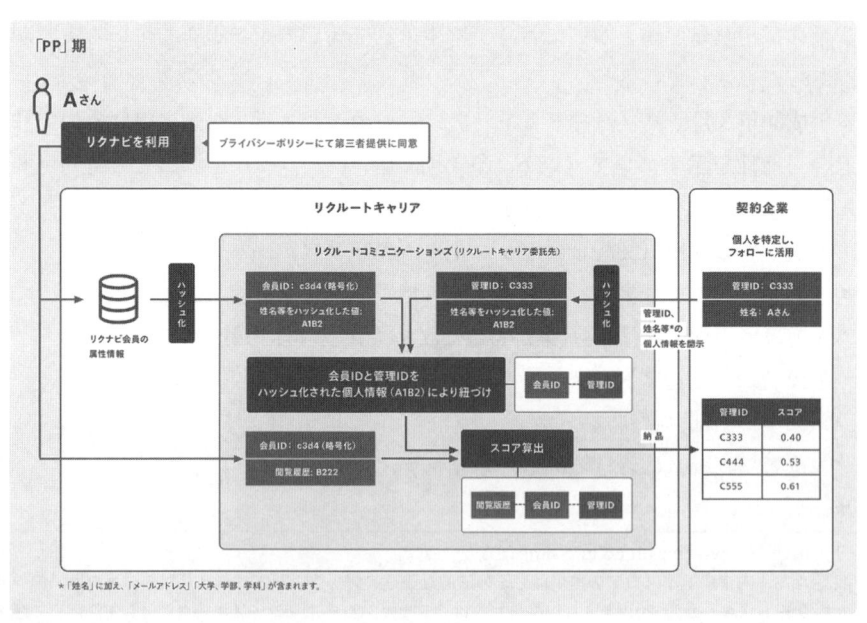

（出所：https://www.recruit.co.jp/r-dmpf/03/）

管理ID	スコア	内定辞退可能性
C333	0.40	★★
C444	0.53	★★★
C555	0.61	★★★
C666	0.23	★★
C777	0.10	★

（出所：https://www.recruit.co.jp/r-dmpf/03/）

　その後、令和元年 8 月 1 日に日本経済新聞などが本件について報道を行い、同年 8 月26日及び12月 4 日に個人情報保護委員会がリクルートキャリア等に対して勧告及び指導を行った。また、同年12月11日には東京労働局が職業安定法に基づきリクルートキャリア等に対して指導を行った[3]。

□　論　点　……………………………………………………………………………

1　ハッシュ化[4]データの個人情報該当性
2　利用目的の記載と第三者提供同意
3　第三者提供同意の有効性

□　個人情報保護委員会の判断

　個人情報保護委員会は、多岐にわたる論点について判断を行っているが、本稿では上記に記載の各論点に関連する部分を取り上げる。

1　ハッシュ化データの個人情報該当性

> ハッシュ化すれば個人情報に該当しないとの誤った認識の下、サービス利用企業から提供を受けた氏名で突合し内定辞退率を算出していた。ハッシュ化されていても、リクルートキャリア社において特定の個人を識別することができ、本人の同意を得ずに内定辞退率を利用企業に提供していた。

3　東京労働局は、利用企業側にも個人情報の適正な収集を行うための措置を講ずるよう指導を行っている（参考：2019年12月12日、りそな銀行「東京労働局からの指導について」（https://www.resonabank.co.jp/about/newsrelease/detail/20191212_1142.html））。
4　入力値をランダムな別の値に変換する処理をいう（左記は簡潔さを優先した定義であり、詳細は技術系の書籍を参照いただきたい）。

2　利用目的の記載と第三者提供同意

> 「リクナビ2020」プレサイト開設時（2018年6月）に、本サービスの利用目的が同サイト内に記載されたことをもって、サービス利用企業から提供を受けた氏名で突合し内定辞退率を、算出していた。
> しかしながら、プレサイト開設時のプライバシーポリシーには第三者提供の同意を求める記載はなく、2019年3月のプライバシーポリシー改定までの間、本人の同意を得ないまま内定辞退率をサービス利用企業に提供していた。

3　第三者提供同意の有効性

　平成31年3月、リクルートキャリアはプライバシーポリシーに第三者提供の同意を求める記載を追加しているが、個人情報保護委員会からは以下のとおり評価されている。

> 個人情報の保護に関する法律についてのガイドライン（通則編）においては、「本人が同意に係る判断を行うために必要と考えられる合理的かつ適切な範囲の内容を明確に示さなければならない」とされている。しかしながら、リクルートキャリアのプライバシーポリシーの記載内容は、現DMPフォローにおける個人データの第三者提供に係る説明が明確であるとは認め難い。

　なお、リクルートキャリア（リクナビ2020）のプライバシーポリシーの記載内容は以下のとおりである。

「・行動履歴等の利用について

当社は、本サービスにおいて取得した行動履歴等を用いて、ユーザーに適切な広告を配信するために行動ターゲティング広告サービスを利用しています。また、当社は、ユーザーがログインして本サービスを利用した場合には、個人を特定したうえで、ユーザーが本サービスに登録した個人情報、およびcookieを使用して本サービスまたは当社と提携するサイトから取得した行動履歴等（当該ログイン以前からの行動履歴等を含みます）を分析・集計し、以下の目

的で利用することがあります。

・広告コンテンツ等の配信表示等のユーザーへの最適な情報提供

・採用活動補助のための利用企業等への情報提供（選考に利用されることはありません）。

なお、行動履歴等は、あらかじめユーザー本人の同意を得ることなく個人を特定できる状態で第三者に提供されることはございません。」

□ 本件のポイント（実務上の指針となる点等）  Point

1 ハッシュ化データの個人情報該当性

　本件において、契約企業からリクルートキャリアには「ハッシュ化後の氏名」が提供されている。もっとも、契約企業は「ハッシュ化前の氏名」「ハッシュ化後の氏名」を保有しており、「ハッシュ化後の氏名」は「ハッシュ化前の氏名」との間で容易照合性がある。よって、契約企業にとって「ハッシュ化後の氏名」はハッシュ化後であっても依然として個人情報であると考えられる。

　ハッシュ化データの個人情報該当性が問題になる類似の事例として、カスタマーマッチ[5]におけるハッシュ化メールアドレスの提供がある。これも同様の理由で、事業者が広告事業者にハッシュ化メールアドレスを提供する行為は、原則として[6]個人データの第三者提供に当たる。法律的にも技術的にも難解な論点であるが、ID等を変換する処理に関しては匿名加工情報の作成に関するQ&A15-14に解説があるため、法務部門はこれを参考にしつつ非法務部門への説明を試みていただきたい。

2 利用目的の記載と第三者提供同意

　筆者は、利用目的に関連する記載があること（例：取得した個人データを広告配信に利用します）、及びプライバシーポリシーに対する同意を取得していることをもって、第三者提供についての同意（例：広告配信目的での第三者提供同意）を取得していると評価できないか、との相談を受けることがある。

5　自社が保有するデータを広告プラットフォーマーに送信し、そのデータに基づいて広告配信を行う手法。自社がメールアドレスを保有している人たちに対して広告を配信したり、そのような人たちを除外して（＝自社がメールアドレスを保有していない人たちに限定して）広告を配信したりすることができる。

6　「外部事業者に対する委託と整理した上で、委託先である当該外部事業者において本人の同意を取得する」（Q&A7-41）方法でも実現は可能である。

これは具体的なプライバシーポリシーの記載内容にもよるが、利用目的の記載のみでは後述する第三者提供同意の有効性を担保できないため、そのような評価はできないと理解すべきである。

3　第三者提供同意の有効性

　同意が有効であるためには「本人が同意に係る判断を行うために必要と考えられる合理的かつ適切な範囲の内容を明確に示さなければならない」（ガイドライン通則編3-6-1）とされている。

　本件において、「採用活動補助のための利用企業等への情報提供」との記載のみから、ここまで述べてきた内定辞退率の提供がなされ得ることを応募学生が理解するのはおよそ無理であろう。また、「選考に利用されることはありません」「個人を特定できる状態で第三者に提供されることはございません」との記載は、端的にいって虚偽とも評価され得る記載であるように思われる[7]。

　加えて、契約企業への内定辞退率の第三者提供は、応募学生にとっては明確なデメリットである一方メリットが存在しない行為である。このような第三者提供について応募学生が真の意味で「同意」することがあり得るのかも議論されてきた。個人情報保護委員会の勧告・指導ではこの点について明確にされていない。他方、職業安定法に基づき行われた東京労働局の指導では（個人情報保護法についての内容ではないものの）、以下のとおり述べられている。

> 本人同意なく、あるいは仮に同意があったとしても同意を余儀なくされた状態で、学生等の他社を含めた就職活動や情報収集、関心の持ち方などに関する状況を、本人があずかり知らない形で合否決定前に募集企業に提供することは、募集企業に対する学生等の立場を弱め、学生等の不安を惹起し、就職活動を萎縮させるなど学生等の就職活動に不利に働くおそれが高い。このことは本人同意があったとしても直ちに解消する問題ではなく、職業安定法第51条第2項に違反するおそれもあるため、今後、募集情報等提供事業や職業紹介事業等の本旨に立ち返り、このような事業を行わない

7　後者については、元々「広告コンテンツ等の配信表示等のユーザーへの最適な情報提供」の記載のみが存在し、そちらを修飾する文章として存在したところ、「採用活動補助のための利用企業等への情報提供」が追加されたため、虚偽のような説明になってしまったのではないかとの推測は成り立つ。

ようにすること。

□ その他（原審情報等）

・個人情報の保護に関する法律に基づく行政上の対応について（令和元年8月26日、個人情報保護委員会）[8]

・個人情報の保護に関する法律に基づく行政上の対応について（令和元年12月4日、個人情報保護委員会）[9]

・『リクナビDMPフォロー』の問題点と再発防止策について[10]

・就活生の「辞退予測」情報、説明なく提供　リクナビ【イブニングスクープ】（2019年8月1日、日本経済新聞）[11]

・募集情報等提供事業等の適正な運営について（令和元年9月6日、厚生労働省職業安定局長）[12]

・同意取得の在り方に関する参照文書（総務省）[13]

・規則2016/679に基づく同意に関するガイドライン　05/2020[14]

・Guideline 03/2022 on Deceptive design patterns in social media platform interfaces how to recognise and avoid them version 2.0[15]

8　https://www.ppc.go.jp/news/press/2019/20190826/
9　https://www.ppc.go.jp/news/press/2019/20191204/
10　https://www.recruit.co.jp/r-dmpf/
11　https://www.nikkei.com/article/DGXMZO48076190R00C19A8MM8000/
12　https://www.mhlw.go.jp/content/000576588.pdf
13　https://www.soumu.go.jp/main_content/000735985.pdf
14　https://www.ppc.go.jp/files/pdf/doui_guideline_v1.1_koushin.pdf
15　https://www.edpb.europa.eu/system/files/2023-02/edpb_03-2022_guidelines_on_deceptive_design_patterns_in_social_media_platform_interfaces_v2_en_0.pdf

3-1-5 リクナビ事件（利用企業側）

個人情報の保護に関する法律に基づく行政上の対応について

個人情報保護委員会／令和元年12月 4 日

□ 事案の概要 ⋯⋯⋯⋯⋯⋯⋯⋯⋯⋯⋯⋯⋯⋯⋯⋯⋯⋯

　株式会社リクルートキャリア（現株式会社リクルート。以下、「リクルートキャリア」という）は、人材採用事業等を行う企業であり、新卒学生向けの就職情報サイトである「リクナビ」を運営している。リクルートキャリアは、新卒学生の選考離脱や内定辞退の可能性を示すスコア（以下、「内定辞退率」という）を算出し、顧客企業に提供する取組を開始していた。内定辞退率提供の詳細については事例3-1-4を参照されたい。

　令和元年12月 4 日、個人情報保護委員会は、内定辞退率を受領していたサービス利用企業について指導を行い、指導の対象となった企業名を公表した。

□ 論　点 ⋯⋯⋯⋯⋯⋯⋯⋯⋯⋯⋯⋯⋯⋯⋯⋯⋯⋯⋯⋯⋯⋯⋯

1　利用目的の通知、公表
2　個人データの第三者提供
3　委託先の監督

□ 個人情報保護委員会の判断

　本サービス利用企業に対する調査の結果、本サービスに関する利用目的の通知又は公表等が不適切であったことや個人データを外部に提供する際の法的検討ないし当該法的整理に従った対応等が不適切であった。

　このため別紙に掲載する企業に対し、以下の事項について適切に対応するよう指導を行った。

⑴　利用目的の通知、公表等を適切に行うこと

⑵　個人データを第三者に提供する場合、組織的な法的検討を行い、必要な対応を行うこと

⑶　個人データの取扱いを委託する場合、委託先に対する必要かつ適切な

監督を行うこと

（以上）

【別紙】

【指導内容⑴のみ該当するサービス利用企業】（五十音順）

（略）

【指導内容⑴、⑵及び⑶が該当するサービス利用企業】（五十音順）

（略）

□ 本件のポイント（実務上の指針となる点等）

1　利用目的の通知、公表

　本件では「⑴　利用目的の通知、公表等を適切に行うこと」との指導がなされている。サービス利用企業各社がどのように利用目的の通知、公表を行っていたか（形式面）については明らかではないため、ここではどのような利用目的の通知、公表を行うべきか（実質面）について記載する。

　ガイドライン通則編3-1-1では「利用目的の特定に当たっては、利用目的を単に抽象的、一般的に特定するのではなく、個人情報が個人情報取扱事業者において、最終的にどのような事業の用に供され、どのような目的で個人情報を利用されるのかが、本人にとって一般的かつ合理的に想定できる程度に具体的に特定することが望ましい」と記載されている。

　とりわけ「本人に関する行動・関心等の情報を分析する場合」については、具体的に利用目的を特定している事例として以下のような内容が例示されている。

事例1）「取得した閲覧履歴や購買履歴等の情報を分析して、趣味・嗜好に応じた新商品・サービスに関する広告のために利用いたします。」

事例2）「取得した行動履歴等の情報を分析し、信用スコアを算出した上で、当該スコアを第三者へ提供いたします。」

2　個人データの第三者提供

　個人情報保護委員会は「ハッシュ化すれば個人情報に該当しないとの誤った

認識の下、サービス利用企業から提供を受けた氏名で突合し内定辞退率を算出していた」と述べており、個人データの第三者提供規制についてのリクルートキャリア側の誤解を指摘している。また、サービス利用企業に対しては「個人データを第三者に提供する場合、組織的な法的検討を行い、必要な対応を行うこと」と述べている。

サービス利用企業は、サービス提供企業側の説明を鵜呑みにするのではなく、開示された情報を基に、自社として「組織的な法的検討を行い、必要な対応を行うこと」ができる体制を構築することが求められる。

比較的よく見かける類似の事例としては、外部のクラウドサービスを利用する際に、それが個人データの委託に該当するのかクラウド例外（事例3-1-8参照）に該当するのかの判断が挙げられる。実際に、クラウドサービス事業者側は自社のサービスをクラウド例外に該当すると説明するものの、当該サービスの利用規約にはクラウドサービス事業者が受領したデータを取り扱うかのような記載がなされている例が一定数存在する。「クラウドサービス事業者が『クラウド例外』である、と言ったから」といった他責的な思考ではなく、自社として当該クラウドサービスについて「組織的な法的検討を行い、必要な対応を行」い、クラウド例外に該当するかの判断を行うことが必要である。

3　委託先の監督

ガイドライン通則編3-4-4は、委託先の監督として「(1)適切な委託先の選定」「(2)委託契約の締結」「(3)委託先における個人データ取扱状況の把握」を求めている。これを踏まえ実務上、ガイドライン通則編における「（別添）講ずべき安全管理措置の内容」（以下、「別添」という）記載の内容をチェックシート形式でチェックするという運用がしばしばみられる。

しかし、本件のような内定辞退率の提供の適法性・妥当性を、別添記載の内容に関する形式的なチェックで判断するのは難しい。仮に本件のようなサービスを、個人データの取扱いの委託の形で利用する場合、委託元としては、別添記載の内容のチェックを基礎としつつも、当該個人データの委託について適法性・妥当性の実質的なチェックを行うことが必要であった。

□ その他 （原審情報等） ………………………………………………

・個人情報の保護に関する法律に基づく行政上の対応について（令和元年12月

4日、個人情報保護委員会）[1]

1　https://www.ppc.go.jp/news/press/2019/20191204/

3-1-6 生成 AI サービス事件（開発・提供事業者視点）

生成 AI サービスの利用に関する注意喚起等について

個人情報保護委員会／令和 5 年 6 月 2 日

□ 事案の概要

　OpenAI, L.L.C. 及び OpenAI OpCo, LLC は、人工知能の開発を行っている米国の企業であり、生成 AI サービスである ChatGPT を開発・提供している。令和 4 年のサービス公開以来、ChatGPT は日本国内の事業者にも広く利用されるようになった。事業者は、取得した情報（個人情報を含む）を ChatGPT に入力することで、生成 AI サービスの処理結果の出力を受け取ることができる。

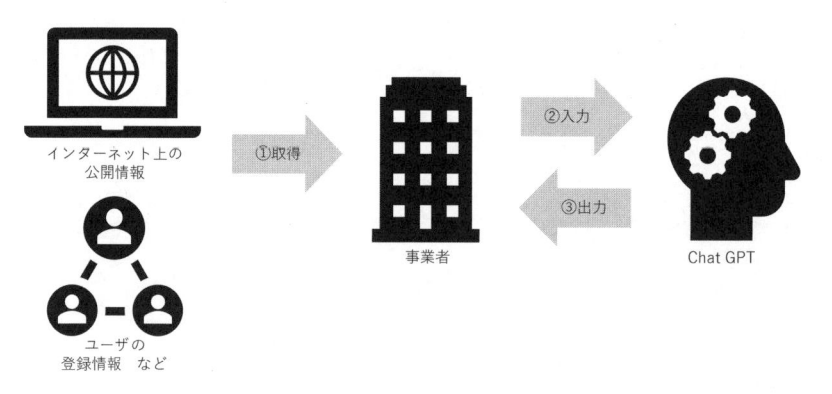

　しかし、ChatGPT 利用時における個人情報保護法上の整理は不明確な状態が続いていた。令和 5 年 6 月、個人情報保護委員会は、OpenAI, L.L.C. 及び OpenAI OpCo, LLC に対し、147条に基づく注意喚起を行った。

□ 論 点

1　要配慮個人情報
2　（要配慮個人情報を含む）個人情報の取得
3　利用目的の通知又は公表

□ 個人情報保護委員会の判断

1 要配慮個人情報の取得

あらかじめ本人の同意を得ないで、ChatGPT の利用者（以下「利用者」という。）及び利用者以外の者を本人とする要配慮個人情報を取得しないこと（法第20条第2項各号に該当する場合を除く。）。

特に、以下の事項を遵守すること。

(1) 機械学習のために情報を収集することに関して、以下の4点を実施すること。

　①収集する情報に要配慮個人情報が含まれないよう必要な取組を行うこと。

　②情報の収集後できる限り即時に、収集した情報に含まれ得る要配慮個人情報をできる限り減少させるための措置を講ずること。

　③上記①及び②の措置を講じてもなお収集した情報に要配慮個人情報が含まれていることが発覚した場合には、できる限り即時に、かつ、学習用データセットに加工する前に、当該要配慮個人情報を削除する又は特定の個人を識別できないようにするための措置を講ずること。

　④本人又は個人情報保護委員会等が、特定のサイト又は第三者から要配慮個人情報を収集しないよう要請又は指示した場合には、拒否する正当な理由がない限り、当該要請又は指示に従うこと。

(2) 利用者が機械学習に利用されないことを選択してプロンプトに入力した要配慮個人情報について、正当な理由がない限り、取り扱わないこと。

2 利用目的の通知等

利用者及び利用者以外の者を本人とする個人情報の利用目的について、日本語を用いて、利用者及び利用者以外の個人の双方に対して通知し又は公表すること。

1　要配慮個人情報

　個人情報保護法は、「個人情報取扱事業者は、<u>次に掲げる場合を除くほか、あらかじめ本人の同意を得ないで、要配慮個人情報を取得してはならない。</u>」（20条2項柱書）として、一定の例外的な場合を除き、要配慮個人情報の取得について、本人から同意を得ることを求めている。

　なお、要配慮個人情報ではない個人情報の取得に際しては、同意の取得は不要である。実務上、個人情報を取得する際には要配慮個人情報を含まない場合でも、プライバシーポリシーを示して同意を取得する運用がみられるためか、非法務部門において同意の取得が必要であるとの誤解が生じやすい部分である。

2　（要配慮個人情報を含む）個人情報の取得

　個人情報保護法上、個人情報の「取得」について明示的な定義規定は置かれていない。個人情報保護委員会は「取得」に該当しないケースとして、インターネット上の公開情報の閲覧（ガイドライン通則編3-3-1）や、郵便物の誤配（Q&A4-8）を挙げている。郵便物の誤配については「直ちに返送したり、廃棄したりするなど、提供を『受ける』行為がないといえる」か否かを判断基準としている。また、「取得」該当性について、「事実上支配に至る」ことが必要であるとの考え方も示されている[1]。筆者もこの考え方が適切と考えるため、以下ではこの考え方に沿って判断する。

　本件では、利用者がChatGPTに個人情報を入力すると、ChatGPTの開発・提供事業者は当該個人情報について「事実上支配に至る」と考えられ、当該個人情報を取得することになる[2]。入力される個人情報が要配慮個人情報であった場合、ChatGPTの提供事業者は本人から同意を取得することが難しい。そのため、本件ではChatGPTの開発・提供事業者がそもそも要配慮個人情報を「取得」しないための取組を実施するよう求めているように解釈できる。

3　利用目的の通知又は公表

　個人情報保護法上、個人情報取扱事業者は、個人情報を取得するに際して利用目的の通知又は公表を求められる（21条1項）。

1　岡村久道『個人情報保護法〈第4版〉』商事法務（2022年）124頁
2　取得に該当しない場合として、いわゆる「クラウド例外」を事例3-1-8で解説する。

本注意喚起では「利用者及び利用者以外の者を本人とする個人情報」の利用目的を通知又は公表することを求めている。ChatGPT の開発・提供事業者は、ChatGPT の利用者が利用者登録等をするに際して個人情報を取得し得る（＝利用者を本人とする個人情報）ことに加えて、利用者が入力するデータの中に個人情報が含まれていた場合には、当該個人情報に係る本人の個人情報を取得し得る（＝利用者以外の者を本人とする個人情報）。そのため、ChatGPT の開発・提供事業者はこの両者について利用目的の通知又は公表が必要になる。

□ その他（原審情報等）

・生成 AI サービスの利用に関する注意喚起等について（令和 5 年 6 月 2 日、個人情報保護委員会）[3]

3　https://www.ppc.go.jp/news/careful_information/230602_AI_utilize_alert/

3-1-7 生成 AI サービス事件（利用事業者視点）

生成 AI サービスの利用に関する注意喚起等について

個人情報保護委員会／令和 5 年 6 月 2 日

□ 事案の概要

事案の概要については事例3-1-6を参照されたい。

個人情報保護委員会は、OpenAI, L.L.C. 及び OpenAI OpCo, LLC に対する注意喚起と合わせて、広く個人情報取扱事業者及び行政機関等に対しても注意喚起を行った。

□ 論　点

1　利用目的による制限
2　生成 AI 利用と「第三者」「提供」該当性

□ 個人情報保護委員会の判断

(1)　個人情報取扱事業者における注意点

①個人情報取扱事業者が生成 AI サービスに個人情報を含むプロンプトを入力する場合には、特定された当該個人情報の利用目的を達成するために必要な範囲内であることを十分に確認すること。

②個人情報取扱事業者が、あらかじめ本人の同意を得ることなく生成 AI サービスに個人データを含むプロンプトを入力し、当該個人データが当該プロンプトに対する応答結果の出力以外の目的で取り扱われる場合、当該個人情報取扱事業者は個人情報保護法の規定に違反することとなる可能性がある。そのため、このようなプロンプトの入力を行う場合には、当該生成 AI サービスを提供する事業者が、当該個人データを機械学習に利用しないこと等を十分に確認すること。

1　利用目的による制限

　個人情報保護法上、個人情報の取扱いに当たって利用目的は「できる限り特定」（17条1項）することが求められており、「本人の同意を得ないで（中略）利用目的の達成に必要な範囲を超えて」（18条1項）取り扱うことが禁止されている。本件において「生成AIサービスに個人情報を含むプロンプトを入力」することは、個人情報を取り扱うことに該当するため、特定した利用目的の範囲内で行わなければならない。

　利用目的の特定の程度については「利用目的の特定に当たっては、利用目的を単に抽象的、一般的に特定するのではなく、個人情報が個人情報取扱事業者において、最終的にどのような事業の用に供され、どのような目的で個人情報を利用されるのかが、本人にとって一般的かつ合理的に想定できる程度に具体的に特定することが望ましい」（ガイドライン通則編3-1-1）とされている。

　実務上は、事業者のプライバシーポリシーにおいて、利用目的について抽象的な記載やバスケット条項的な記載が多くみられる。個人情報保護委員会がガイドライン上「望ましい」との記載にとどめていることを踏まえると、利用目的の記載が抽象的であることをもって、指導・命令等がなされる可能性は、現時点では高いとはいえないと思われる。もっとも筆者としては、抽象的な記載やバスケット条項的な記載に加え、可能な範囲で利用目的の具体例を併記し、利用目的を特定することを推奨したい[1]。

2　生成AI利用と「第三者」「提供」該当性

　利用者が生成AIサービスに個人データを入力すると、当該個人データが「利用者」から「生成AIサービス開発・提供事業者」に移転する。この移転の法的評価については、個人情報保護法上、①第三者提供、②委託、③クラウド例外（事例3-1-8）のいずれかとして整理することが考えられる。

　①第三者提供として整理する場合（＝「第三者」への「提供」に該当する）、生成AIサービス開発・提供事業者への提供について「あらかじめ本人の同意

1　あくまで具体例の記載として位置付け、その具体例は「変更前の利用目的と関連性を有すると合理的に認められる範囲」（17条2項）であると解釈することで、記載変更の手続的な負担は低減できる。

を得」ておく必要がある（27条1項柱書）。しかし、本人から同意を取得することの困難さから、第三者提供として整理されることは少ない。

　②委託として整理する場合（＝「提供」には該当するが、提供相手は「第三者」には該当しない（27条5項））、生成 AI サービス開発・提供事業者は「委託された業務以外に当該個人データを取り扱うことはできない」（ガイドライン通則編3-6-3）。生成 AI サービス開発・提供事業者が、入力された個人データを委託された業務とは無関係に機械学習に利用することは委託の範囲を超えると考えられることから、個人情報保護委員会は「機械学習に利用しないこと等を十分に確認」することを求めたものと考えられる[2]。また、委託として整理する場合、利用者は委託先の監督（25条）や外国にある第三者への提供の制限（28条）への対応が必要になる。

　③クラウド例外として整理することができれば（＝「提供」に該当しない（Q&A7-53））、生成 AI サービス開発・提供事業者への提供について「あらかじめ本人の同意を得」ておく必要がなく、委託先の監督（25条）や外国にある第三者への提供の制限（28条）への対応も不要である。ただし、利用者は「自ら果たすべき安全管理措置の一環として、適切な安全管理措置を講じる必要」がある（Q&A7-54）。

　①～③のいずれに整理できるかは、利用する生成 AI サービスや、その利用形態による。この点に関して、個人情報保護委員会は「生成 AI サービスの利用に関する注意喚起」のパンフレットを公開している。ここでは、「生成 AI サービスの利用者が入力した情報について、生成 AI サービスの提供者が自らの AI の精度向上等のために学習データとして利用することとしている場合に、利用者が個人データもしくは保有個人情報を入力すると、利用者から提供者に対し、個人データもしくは保有個人情報を提供したことになります。」との記載がある。これを反対解釈し「学習データとして利用しないこととしている場合、提供したことにならない」といえれば、クラウド例外として整理できると考えられるが[3]、執筆時点（令和6年11月時点）で個人情報保護委員会からはこの点に関する見解は示されていない。

2　なお、委託元の利用目的の達成に必要な範囲内である限りにおいて、委託元から提供された個人データを、自社の分析技術の改善のために利用することができることについては、Q&A7-39で言及されている。

□ **その他（原審情報等）** ⋯⋯⋯⋯⋯⋯⋯⋯⋯⋯⋯⋯⋯⋯⋯⋯⋯⋯⋯⋯⋯⋯

・生成 AI サービスの利用に関する注意喚起等について（令和 5 年 6 月 2 日、個人情報保護委員会）[4]

・生成 AI サービスの利用に関する注意喚起（個人情報保護委員会）[5]

---

3 論理学でいう「裏」は必ずしも元の命題の真偽と一致しないので、「生成 AI サービスの利用に関する注意喚起」の情報のみでは、「学習データとして利用しないこととしている場合、提供したことにならない」か否かは不明である。

4 https://www.ppc.go.jp/news/press/2023/230602kouhou/

5 https://www.ppc.go.jp/files/pdf/generativeAI_notice_leaflet2023.pdf

3-1-8 社労夢事件

株式会社エムケイシステムに対する個人情報の保護に関する法律に基づく行政上の対応について

個人情報保護委員会／令和 6 年 3 月 25 日

□ 事案の概要

　株式会社エムケイシステム（以下、「エムケイ社」という）は、社会保険労務士向けの業務システム「社労夢（Shalom）」等（以下、「本件システム」という）を SaaS 形式で提供している。本件システムには、社会保険労務士（以下、「ユーザ」という）の顧客である企業や事業所等（以下、「クライアント」という）の従業員の氏名、生年月日、性別、住所、基礎年金番号、雇用保険被保険者番号及びマイナンバー等が入力されている。

　エムケイ社はランサムウェアの被害を受け、本件システムにおいて個人データの漏えい等のおそれが発生した。個人情報保護委員会はエムケイ社に対して指導等を行ったが、その際、ユーザがエムケイ社に対して個人データの取扱いの委託を行っているかについて判断した。

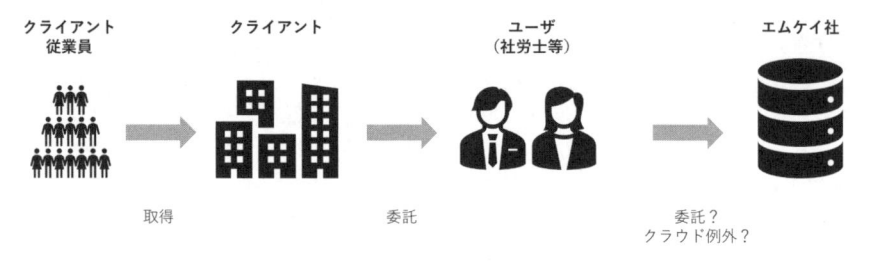

クライアント従業員	クライアント	ユーザ（社労士等）	エムケイ社
	取得	委託	委託？クラウド例外？

□ 論　点

1　個人データの取扱いの委託

2　クラウド例外

□ 個人情報保護委員会の判断

　個人情報保護委員会は、Q&A7-53 のいわゆる「クラウド例外」の要件（詳細は「□ 本件のポイント（実務上の指針となる点等）」参照）について説明のうえ、以下のとおり判断した。

ア　利用規約

　本件利用規約においては、エムケイ社がサービスに関して保守運用上又は技術上必要であると判断した場合、ユーザがサービスにおいて提供、伝送するデータ等について、監視、分析、調査等、必要な行為を行うことができる旨が規定されていた。また、本件利用規約において、エムケイ社は、ユーザの顧問先に係るデータを、一定の場合を除き、ユーザの許可なく使用し、又は第三者に開示してはならないという旨が規定されており、エムケイ社は、当該利用規約に規定された特定の場合には、社労士等のユーザの顧問先に係る個人データを使用等できることとなっていた。

イ　アクセス制御

　エムケイ社は、保守用 ID を有しており、それを利用して本件システム内の個人データにアクセス可能な状態であり、エムケイ社の取扱いを防止するための技術的なアクセス制御等の措置は講じられていなかった。

ウ　エムケイ社がユーザに提供するサービスの性質

　ソフトウェアをインターネット経由で利用できるタイプのクラウドサービスにおいては、様々なアプリケーションやソフトウェアの提供があり得るところ、本件システムは、ユーザである社労士事務所や企業等が社会保険及び雇用保険の申請手続や給与計算等をオールインワンで行うことができるというものである。すなわち、本件においてエムケイ社がクラウドサービス上で提供するアプリケーションは、ユーザである社労士事務所や企業等が、個人の氏名、生年月日、性別、住所及び電話番号などの個人データを記録して管理することが予定されているものであり、実際に大量の個人データが管理されていた。

エ　エムケイ社による個人データの取扱いの状況

　本件では、エムケイ社が、ユーザと授受確認書を取り交わした上で、実際にユーザの個人データを取り扱っていた実績がある。

オ　小括

　以上の事実関係を考慮すると、本件において、クラウドサービス提供事業者であるエムケイ社がガイドライン Q&A7-53 の「個人データを取り扱わないこととなっている場合」とはいえず、また、個人データの取扱いを

防止するための適切なアクセス制御は行われていなかったことが認められる。したがって、本件において、エムケイ社は、個人情報取扱事業者としてユーザから個人データの取扱いの委託を受けて個人データを取り扱っていたといえる。

□ 本件のポイント（実務上の指針となる点等）

1　個人データの取扱いの委託

　個人データの取扱いの委託は、ガイドライン通則編3-4-4において「契約の形態・種類を問わず、個人情報取扱事業者が他の者に個人データの取扱いを行わせることをいう。具体的には、個人データの入力（本人からの取得を含む。）、編集、分析、出力等の処理を行うことを委託すること等が想定される。」と記載されている。典型的には業務委託契約において個人データの取扱いの委託が発生し得るが、仮に当該契約がSaaS利用契約だったとしても、上記の定義に該当すれば、個人情報保護法上は個人データの取扱いの委託に該当する。

2　クラウド例外

　他方でQ&A7-53は、クラウドサービスの利用が委託に該当しないケースがあり得ることに言及している。具体的には、「当該クラウドサービス提供事業者が、当該個人データを取り扱わないこととなっている場合には、当該個人情報取扱事業者は個人データを提供したことにはならないため、（中略）『個人データの取扱いの全部又は一部を委託することに伴って・・・提供される場合』（法第27条第5項第1号）にも該当せず、法第25条に基づきクラウドサービス事業者を監督する義務はありません。」としており、当該定めのことを一般に「クラウド例外」という。

　なお、「取り扱わないこととなっている場合」とは「①契約条項によって当該外部事業者がサーバに保存された個人データを取り扱わない旨が定められており、②適切にアクセス制御を行っている場合等が考えられます。」とされている[1]。

　本件では「□　個人情報保護委員会の判断」記載のとおり、クラウド例外へ

1　Q&A7-53。①②は筆者。①と②はAND条件であると考えられるが、「等」として他にどのような場合が認められるのかについては明確でない。

の該当性は否定されている。

□ その他（原審情報等）

・株式会社エムケイシステムに対する個人情報の保護に関する法律に基づく行政上の対応について（令和6年3月25日、個人情報保護委員会）[2]
・クラウドサービス提供事業者が個人情報保護法上の個人情報取扱事業者に該当する場合の留意点に関する注意喚起について（個人情報保護委員会）[3]
・当社に対する個人情報保護委員会からの指導等について（2024年3月26日、エムケイ社）[4]
・当社に対する個人情報保護委員会からの指導等について（第2報）（2024年3月28日、エムケイ社）[5]

2　https://www.ppc.go.jp/news/press/2023/240325_houdou/
3　https://www.ppc.go.jp/news/careful_information/240325_alert_cloud_service_provider/
4　https://www.mks.jp/company/topics/20240326b
5　https://www.mks.jp/company/topics/20240328b

3-1-9 CCC 共同利用事件

Ｔ会員規約改訂と個人情報取扱いに関する規定の変更

カルチュア・コンビニエンス・クラブ株式会社顧客情報管理委員会／平成26年8月14日

□ 事案の概要 ……………………………………………………

　カルチュア・コンビニエンス・クラブ株式会社（以下、「CCC」という）は、「TSUTAYA」や「蔦屋書店」などを運営する企業であり、「Ｔポイント」（現Ｖポイント）と呼ばれるポイントプログラムを展開していた。Ｔカードはポイントを利用するためのポイントカードであり、利用に当たってはＴ会員規約が適用される。

　CCC は、Ｔ会員規約において以下の定めを置き、ポイントプログラム参加企業との間で個人情報（個人データ）の共同利用を行っていた。

　４．個人情報の共同利用、共同利用者の範囲および管理責任者
　当社は、以下に掲げる共同利用者と、本条第3項記載の各利用目的により本条第2項記載の個人情報を共同して利用いたします。
　・当社の連結対象会社および持分法適用会社
　・ポイントプログラム参加企業
　但し、ポイントプログラム参加企業は、本条第3項の利用目的(1)または(5)においてのみ、個人情報を共同して利用いたします。
　（中略）
　６．当社の連結対象会社、持分法適用会社およびポイントプログラム参加企業は、当社による他企業の合併・買収、新規のポイントプログラム参加企業の加入その他の事由により変動する場合があります。最新の情報は随時 CCC ホームページ、またはＴサイトにてご覧いただけます。

　「本条第3項の利用目的(1)または(5)」は以下のとおりである。
「(1)指定 ID の入力またはＴカードの提示により提供する、第1条第2項記載事項に代表される会員サービス（ポイントプログラムを含みます）の円滑な運営のため

(5)会員の皆様からのご意見、ご要望、お問い合わせ等に対し適切に対応するため」

その後、「共同利用者の範囲」を「ポイントプログラム参加企業」と広範に定めている点に対して報道・各種 SNS 等で批判がなされた。また、平成26年6月に経済産業省から公表された「個人情報の保護に関する法律についての経済産業分野を対象とするガイドライン」（以下、「経済産業分野ガイドライン」という）の改正案において、「『共同利用の趣旨』は、本人から見て、当該個人データを提供する事業者と一体のものとして取り扱われることに合理性がある範囲で当該個人データを共同して利用することである。したがって、共同利用者の範囲については、本人がどの事業者まで将来利用されるか判断できる程度に明確にする必要がある。」と記載されるに至った[1]。

□ 論 点 ···

1　共同利用の活用
2　共同利用者の範囲

□ 事業者の判断

> 2．ポイントプログラム参加企業を含む提携先との個人情報の利用方式を「共同利用」から「第三者提供」に変更
>
> これまで T 会員の個人情報は、当社と当社のグループ会社及びポイントプログラム参加企業との間で「共同利用」（「共同利用」とは、個人データを、「保有者と一体と見なされる者」の間で共通で利用する考え方を言います）する方式を採用しておりました。
> 2014年6月、「個人情報の保護に関する法律についての経済産業分野を対象とするガイドライン」の改正案が公表され、「ポイントプログラム参加企業」を「CCC と一体と見なされる者」と定義することが困難になるであろう方向性に鑑み、「第三者提供」（「第三者提供」とは、個人情報を提

1　なお、現在では経済産業分野ガイドラインは廃止されており、ガイドライン通則編に統合されている。

供元および本人以外の者へ提供する考え方をいいます）の方式に変更する方針といたしました。

□ 本件のポイント（実務上の指針となる点等）

1 共同利用の活用

　個人データの第三者提供には原則として本人の同意が必要であるが（27条1項柱書）、例外的に同意が不要となる類型の1つとして、個人データの共同利用が定められている（27条5項3号）。具体的には、個人データを特定の者との間で共同して利用する場合には、一定の事項を「通知」又は「本人が容易に知り得る状態に置く」ことで、同意なく個人データを提供することが可能になる。

　比較的よくみられるのは、共同利用者の範囲をグループ企業（子会社、関連会社など事業者によって異なる）としたうえで、プライバシーポリシーの記載をもって「本人が容易に知り得る状態に置」く場合である。もっとも、「共同利用か委託かは、個人データの取扱いの形態によって判断されるものであって、共同利用者の範囲に委託先事業者が含まれる場合であっても、委託先との関係は、共同利用となるわけではなく、委託元は委託先の監督義務を免れるわけではない。」（ガイドライン通則編3-6-3）とされていることもあり、実際に共同利用を積極的に活用しているというよりは、将来的な活用可能性を見据えた、いわば保険としての対応にとどめている場合も存在する。

2 共同利用者の範囲

　平成26年に公表された経済産業分野ガイドラインの統合を受けたガイドライン通則編3-6-3では、「『共同利用の趣旨』は、本人から見て、当該個人データを提供する事業者と一体のものとして取り扱われることに合理性がある範囲で、当該個人データを共同して利用することである。」と記載されている。

　本件はCCCが自主的に共同利用者の範囲の妥当性を判断したもので、個人情報保護委員会の見解や追加的な規範が示されたわけではない。しかしながら、本件が他の事業者に与えたインパクトは大きく、実務では現在においても共同利用を検討すること自体に対する一種のアレルギー的な反応もみられる。筆者は共同利用の適用範囲を積極的に拡大させるべきという立場をとるわけではな

いが、適用の限界が不明確なまま、解釈が深まっていかない状況には不安を感じている。

□ その他（原審情報等）

・T会員規約改訂と個人情報取り扱いに関する規定の変更（2014年08月14日、カルチュア・コンビニエンス・クラブ株式会社顧客情報管理委員会）[2]
・T会員規約（2014年11月1日改訂版）[3]
・T会員規約改訂前後比較表[4]

2　https://www.ccc.co.jp/customer_management/report/report_004575.html
3　https://www.ccc.co.jp/customer_management/pdf/20140814_Tmember.pdf
4　https://www.ccc.co.jp/customer_management/pdf/20140814_agreement.pdf

3-1-10 JapanTaxi 位置情報提供事件

『JapanTaxi』アプリ　位置情報データ取扱いについて

JapanTaxi 株式会社／平成30年10月30日

□ 事案の概要

　JapanTaxi 株式会社（現 GO 株式会社。以下、「JapanTaxi」という）は、タクシー関連事業を行う会社である。また、株式会社フリークアウト（以下、「フリークアウト」という）は、アドテクノロジー事業を展開する会社である。

　JapanTaxi は、自社の提供するタクシー配車アプリ「JapanTaxi」（以下、「JapanTaxi アプリ」という）に、フリークアウトが提供する SDK（Software Development Kit）を組み込んでいた。フリークアウトは、この SDK を通じて JapanTaxi アプリユーザの位置情報を取得し、広告配信及び広告効果測定に利用していた。

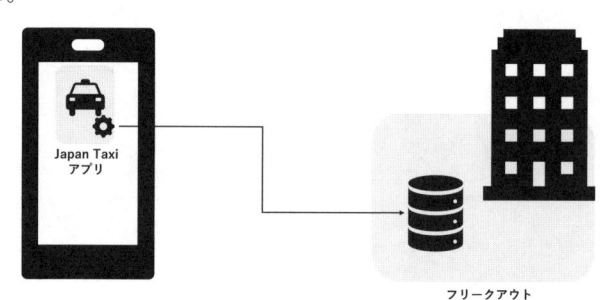

　JapanTaxi は、「ユーザーがアプリの設定で位置データの取得を「常に許可する」としていた場合、タクシー乗車の有無を問わず、個人を特定できない匿名化された ID 単位で位置情報を取得し、フリークアウトへ提供していた。」（出所：ITmedia NEWS）とされているが、容易照合性・提供元基準（事例 3-1-2参照）の下でなお匿名化された情報（＝非個人情報）の提供と評価できるかは不明である。

　また、JapanTaxi アプリの位置情報提供についてユーザが同意する画面では、「お客様の現在地からスムーズにタクシーを配車するために必要です」との記載がなされるにとどまっていた。

　これらの点について SNS 等で指摘がなされ、フリークアウトと JapanTaxi

【JapanTaxiアプリの画面イメージ】

は協議を行い「JapanTaxi アプリからのデータ取得にあたり、ユーザーへのご説明・同意取得プロセスが不十分であり、その結果必ずしもユーザーの明確な同意がある、とは言えない状態で位置情報データを含む広告利用目的でのデータ取得が行われていた」（出所：フリークアウト）と判断するに至った。

□ 論 点 ……………………………………………………

1 データの流れ
2 利用目的の解釈

□ 事業者の判断

> 平素より JapanTaxi 株式会社のサービスをご利用頂き、誠にありがとうございます。
> 弊社は本日、株式会社フリークアウト（以下、フリークアウト）による位置情報データの取得について、同社による広告利用の即時停止およびデータ取得のための SDK の削除を行いましたので、お知らせいたします。
> 弊社では2016年 1 月より、JapanTaxi プライバシーポリシー（https://japantaxi.jp/policy/）において、位置情報等の情報を第三者の広告配信・

表示に利用することがある旨を記載の上、フリークアウトへの情報提供を行っておりました。このたび、本情報提供についてのお客様へのご説明・同意取得プロセスが不十分であると判断し、フリークアウトでの広告利用を即時停止するとともに、当該SDKを削除することにしました。合わせまして、プライバシーポリシーからも該当の記載を削除しております。

当該SDKを削除した『JapanTaxi』アプリVer. 4. 1. 2をリリースいたします。大変お手数をお掛けいたしますが、アプリのアップデートをお願い申し上げます。※10/31 11:00 iOS, Androidともに修正版を公開済

お客様に対し、ご迷惑・ご心配をおかけいたしましたことを、心よりお詫び申し上げます。今後も、『JapanTaxi』アプリをより安心・安全にお使いいただけますよう、品質およびサービス向上に努めてまいります。

□ 本件のポイント（実務上の指針となる点等）

1　データの流れ

　JapanTaxiは、JapanTaxiアプリで取得した位置情報をユーザへの配車に利用しており、ユーザIDに紐付けて登録情報や位置情報を管理していると考えられる。よって、JapanTaxiからみると、容易照合性（2条1項1号）の下で、ユーザID、登録情報、位置情報はすべて個人データに該当する。

　他方、フリークアウトは、位置情報のみを取得しているところ、その位置情報の取得に関する法律上の性質には複数の整理が考えられる。具体的には、①ユーザから（JapanTaxiを介さずに）直接取得している個人情報又は非個人情報であるという整理、②JapanTaxiから個人データの第三者提供（②-1）又は委託（②-2）を受けているという整理、③JapanTaxiから非個人情報の提供を受けているという整理である。本件は技術的な詳細が明らかではないので断定は難しいが、筆者としては、フリークアウトが自社独自の利用目的を持つのであれば②-1、利用目的がJapanTaxiからの委託の範囲内にとどまると評価できるのであれば②-2として整理するのが妥当と考える。

2　利用目的の解釈

　本件では「お客様の現在地からスムーズにタクシーを配車するために必要です」との記載について、これが利用目的の限定なのか利用目的の例示なのかが

曖昧であるが、JapanTaxi としては利用目的の例示であるとの立場を採用したものと考えられる。

　利用目的の例示であることをより明確に示すためには、ユーザが情報の提供に同意する画面では「利用目的の詳細はプライバシーポリシーをご覧ください」等としたうえで、当該画面にプライバシーポリシーへのリンクを貼るのも一案である。

□ その他（原審情報等）

・『JapanTaxi』アプリ　位置情報データ取り扱いについて（2018年10月30日、JapanTaxi）※ウェブアーカイブ[1]
・『JapanTaxi』アプリからの広告利用目的でのデータの取得・利用の停止及び位置情報データ全削除のお知らせ（2018年10月30日、フリークアウト）[2]
・JapanTaxi、広告目的での位置情報利用を停止　「説明が不十分だった」（2018年11月１日、ITmedia NEWS）[3]

1　https://web.archive.org/web/20231210100458/https:/japantaxi.co.jp/news/info/2018/10/30/0081/
2　https://www.fout.co.jp/news/information/info20181030/
3　https://www.itmedia.co.jp/news/articles/1811/01/news090.html

3-1-11 JapanTaxi 顔画像広告配信事件

個人情報の保護に関する法律に基づく指導について

個人情報保護委員会／令和元年 9 月17日

□ **事案の概要** ………………………………………………………………

　JapanTaxi 株式会社（現 GO 株式会社。以下、「JapanTaxi」という）は、タクシー関連事業を行う会社である。同社は、タクシー車内に設置したタブレット端末付属のカメラを用いてタクシー利用者の顔画像を撮影し、広告配信に利用していた（以下、「本取組」という）。同社は当初、当該タブレット端末の画面上で本取組の告知をしていなかった。

　個人情報保護委員会は、平成30年11月30日付けで同社に対し、タクシー利用者に対するわかりやすい説明の徹底等について指導を行った。しかし、平成31年4月に至るまで同社による改善策が実施されていなかったとして、再度の指導を行った。

□ **論　点** …………………………………………………………………………

1　個人情報の取得
2　不正の利用
3　個人情報保護委員会とのコミュニケーション

□ 個人情報保護委員会の判断

> 1．本件会社は、タクシー車内に設置したタブレット端末付属のカメラを用いてタクシー利用者の顔画像を撮影して広告配信に利用しているが、その旨をタクシー利用者に対して十分に告知していなかった。当委員会は、本件会社に対し、タクシー利用者に対する分かりやすい説明の徹底等について、平成30年11月30日付けで指導を行ったが、今般、平成31年4月に至るまで改善策が実施されていなかったことが判明した。
>
> 2．当委員会は、タクシー利用者の権利利益に対する影響の程度や、事業者における顧客目線の重要性という観点に加え、当委員会の指導への対応に時間を要した組織体制上の問題点も考慮し、今回、再度の指導を実施することとした。
>
> 3．顔画像を撮影していることのタクシー利用者に対する説明については、本件会社において、平成31年4月以降、乗車時にタブレット端末の画面上で告知を表示する対応がなされているところ、その他の改善策についても方針に関する報告は受けており、引き続きフォローしてゆく。

□ 本件のポイント（実務上の指針となる点等）　 Point

1　個人情報の取得

　個人情報の「取得」の考え方については事例3-1-4を参照されたい。

　本件において JapanTaxi は、「本判定に利用した画像は性別の判定後、サーバーに送信されることなく端末内で即時削除されており、端末・サーバーを問わず一切保存されておらず、他の目的に利用されたこともありません。このため、本機能の開始から昨年12月に至るまで、当社としては個人情報保護法の適用を受ける個人情報の取得等を行っているとの認識はありませんでした」と述べている（2019年9月17日付け JapanTaxi プレスリリース）。

　このように、「『すぐに消すこと』をもって取得していないとの結論を出せないか」との相談は比較的よく耳にする。心情的には理解できるが、一時的とはいえ事実上の支配下に置くのであれば、個人情報の取得と評価されることにな

る[1]。

2　不正の利用

　本指導では、JapanTaxi の行為が個人情報保護法のいずれの規定に違反した
のかが明示されていない。しかし、本件を意識したものと考えられる Q&A1-
13において、「個人情報取扱事業者は、偽りその他不正の手段により個人情報
を取得してはならないため、カメラの設置状況等から、カメラにより自らの個
人情報が取得されていることを本人において容易に認識可能といえない場合に
は、容易に認識可能とするための措置を講じなければなりません（法第20条第
１項）」と述べていることを踏まえると、適正な取得（20条１項）に違反した
との判断がなされたものと考えられる。

　この点、JapanTaxi は「お客様の安心とご理解を得るべく、ホームページ・
プレスリリース等において、カメラの存在及び利用目的は公表しておりまし
た。」と述べている（2019年９月17日付け JapanTaxi プレスリリース）。しかし、
タクシー利用者が事前に当該タクシー運営会社のホームページ・プレスリリー
ス等を確認したうえで乗車することは通常考えられない。事後的に JapanTaxi
が対応したとおり、車内のタブレット端末の画面上で本取組の告知を行うのが
適切である。

3　　個人情報保護委員会とのコミュニケーション

　本件は、「平成31年４月に至るまで改善策が実施されていなかったこと」を
踏まえ、個人情報保護委員会が「再度の指導を実施する」に至っている。
JapanTaxi は、以下のことをもって、初回の指導に対する改善策を実施したと
判断したようである。

①　サービスの開始時点からプレスリリース等でカメラの存在や利用目的を公
　　表していたことから、直ちに不適切との認識でなかったこと

②　（①を前提に）表示機能の開発及び関係者との調整に要する時間を検討し
　　た結果、2019年４月を合理的なスケジュールと判断したこと

③　再発防止に向けた社内体制の整備を並行して実施したこと

　しかし、個人情報保護委員会が最終的には２回目の指導を行っている以上、

1　事例3-1-13の調査報告書38頁では、「このように瞬間的かつ過渡的に生成されるこうした中間デー
　　タについて、法的観点から『個人情報』と評価すべきか否かについては、議論のあり得るところで
　　ある。」と問題提起はなされている。

これらは理由として不十分だったと評価されることになる。JapanTaxi が「調整に要する時間を検討した結果、2019年4月を合理的なスケジュールと判断した」のであれば、その旨を事前に個人情報保護委員会に伝達し、スケジュールについて合意しておけば、異なる結果になっていた可能性があったであろう。

□ その他（原審情報等）

- 個人情報の保護に関する法律に基づく指導について（令和元年9月17日、個人情報保護委員会)[2]
- 個人情報保護委員会からの指導について（2019年9月17日、JapanTaxi）※ウェブアーカイブ[3]
- 当社に関する一部報道について（2019年3月24日、JapanTaxi）※ウェブアーカイブ[4]

---

2 https://www.ppc.go.jp/news/press/2019/20190917/
3 https://web.archive.org/web/20231210113415/https:/japantaxi.co.jp/news/info/2019/09/17/0110/
4 https://web.archive.org/web/20231210111943/https:/japantaxi.co.jp/news/info/2019/03/24/0094/

3-1-12 サーマルカメラ事件（製造・販売事業者視点）

サーマルカメラの使用等に関する注意喚起について[1]

個人情報保護委員会／令和 5 年 9 月 13 日

□ 事案の概要

　新型コロナウイルス感染症（以下、「COVID-19」という）の世界的な流行に伴い、日本国内の各種イベント会場では、赤外線を検知して来場者の体温を計測するサーマルカメラを設置する例が増加した。サーマルカメラには、体温を計測する際に来場者の顔画像を撮影し、その画像を保存し続けるものが一定数存在した。

　その後、COVID-19 の流行が収束するにつれ、各種イベント会場ではサーマルカメラを撤去した。これらのうちいくつかのサーマルカメラは中古品として売買されるに至ったが、撮影された顔画像が削除されないまま中古品として流通するケースが散見された。

　そのため、個人情報保護委員会は、サーマルカメラを使用する事業者等に向けて注意喚起を行うとともに、サーマルカメラを製造・販売する事業者に向けて注意喚起を行うに至った。

□ 論　点

1　サービス提供時に想定される不適正な利用方法への対応
2　カメラシステムにおける不適正な利用方法

□ 個人情報保護委員会の判断

　サーマルカメラにより取り扱っている顔画像が個人情報に該当する場合、当該サーマルカメラを使用する事業者等には法の規律が適用される。しかしながら、サーマルカメラを使用する事業者等において、サーマルカメラにより個人情報を取り扱っていても、このことが十分に認識されず、

1　本稿では、とりわけ製造・販売事業者に対しての注意喚起である「【別添 2】サーマルカメラを製造・販売する場合の個人情報保護法上の留意点について（注意喚起）」について取り上げる。

適用を受ける法の規律が遵守されずに顔画像の取得、サーマルカメラの廃棄等が行われている可能性があることから、サーマルカメラを製造・販売する事業者においては、末尾に掲げるサーマルカメラを使用する事業者等向けの注意喚起等も参照の上、サーマルカメラの<u>ユーザーに対し、特に以</u>下の点について、適切に周知を図っていただきたい。

【サーマルカメラのユーザーに周知を図っていただきたい事項】

1　製造・販売するサーマルカメラが顔画像を取得している場合は、当該サーマルカメラのユーザーがそのことを認識できるよう、取扱説明書に顔画像を取得していることを記載する等の適宜の方法により明示すること。

2　製造・販売するサーマルカメラが顔画像を取得し保存する機能を有する場合は、当該サーマルカメラのユーザーが顔画像のデータが保存されていることを認識した上で、保存された顔画像のデータの確認、消去等を適切に行うことができるよう、顔画像のデータを保存していること、データの確認方法、及びデータの消去方法等について、取扱説明書に記載する等の適宜の方法により明示すること。

3　その他、製造・販売するサーマルカメラのユーザーにおいて、法の規律を遵守する前提として認識することが有用と考えられる事項を、必要に応じて周知すること。

□ 本件のポイント（実務上の指針となる点等）

1　サービス提供時に想定される不適正な利用方法への対応

　本件は、サーマルカメラを利用する事業者（以下、「利用事業者」という）が、撮影された顔画像を削除しないまま中古品として流通させたことが問題になった結果、サーマルカメラを製造・販売する事業者（以下、「製造・販売事業者」という）に対して注意喚起がなされた事案である。

　製造・販売事業者は、事業を行ううえで違法・不当な対応をしたとは認められず、違法・不当な行為を行ったのは利用事業者ではあるものの、本注意喚起は製造・販売事業者に対してもなされている。

　本件を踏まえると、製造・販売事業者は企画段階において、利用事業者の不

適正な利用についても一定の配慮をする必要があるだろう。企画段階において、製造・販売事業者が利用事業者のあらゆる利用方法を考慮することは不可能であるが、利用事業者の不適正な利用方法が一定程度予期できる場合には、製造・販売事業者において先んじて案内を行うなどの対応をするのが望ましい。

2　カメラシステムにおける不適正な利用方法

　カメラシステムを用いる企画を行う際に生じ得るリスクについては、以下の文書が詳しい。

・犯罪予防や安全確保目的の場合

　「犯罪予防や安全確保のための顔識別機能付きカメラシステムの利用について」（個人情報保護委員会、2023年3月）

・商用目的の場合

　「カメラ画像利活用ガイドブック ver3.0」（IoT 推進コンソーシアム、総務省、経済産業省、令和4年3月）

　なお、筆者はカメラシステムを用いる企画を検討する際には、

・取得段階

　情報入力フォーム等への入力に比べ、本人にとって事業者が情報を取得したことを認識しにくい点

・利用段階

　文字情報に比べて情報量が多く、分析等の処理を経ることで、本人が想定し得ないような利用が可能である点

にとりわけ注意している。これらの点を含め、カメラシステムの特殊性を踏まえたうえで具体的な企画内容を検討することで、不適正な利用方法を一定程度予期・回避することができると考える。

□　その他（原審情報等）　...

・サーマルカメラの使用等に関する注意喚起について（令和5年9月13日、個人情報保護委員会）[2]

・犯罪予防や安全確保のための顔識別機能付きカメラシステムの利用について 資料一覧（個人情報保護委員会）[3]

2　https://www.ppc.go.jp/news/press/2023/20230913/

3　https://www.ppc.go.jp/news/camera_related/

・犯罪予防や安全確保のための顔識別機能付きカメラシステムの利用について（2023年3月、個人情報保護委員会）[4]

・「カメラ画像利活用ガイドブック ver3.0」を策定しました（2022年3月30日、経済産業省）[5]

・カメラ画像利活用ガイドブック ver3.0（令和4年3月、IoT 推進コンソーシアム、総務省、経済産業省）[6]

4　https://www.ppc.go.jp/files/pdf/kaoshikibetsu_camera_system.pdf
5　https://www.meti.go.jp/press/2021/03/20220330001/20220330001.html
6　https://www.meti.go.jp/press/2021/03/20220330001/20220330001-1.pdf

3-1-13 NICT 人流統計情報事件

調査報告書

映像センサー使用大規模実証実験検討委員会／平成26年10月20日

□ 事案の概要

　独立行政法人情報通信研究機構（以下、「NICT」という）は、平成25年11月、大阪ステーションシティ内に92台のデジタルビデオカメラを設置して、同所を通行する一般の人（以下、「利用者」という）を撮影したうえ、災害発生時等の安全対策への実用に資する人流統計情報の作成が可能か否かを検証する実験（以下、「本実験」という）の計画を公表した。大阪ステーションシティは JR 大阪駅の駅ビルであり、JR 大阪駅を中核とした巨大複合商業施設である。

　NICT が本実験についてのプレスリリースを行い、自身の Web サイト上でも公表したところ、各紙から否定的な報道がなされた。また、大阪市議会は本実験に反対する立場から「個人情報やプライバシー保護との関係など慎重に検討するよう指導する」こと等を政府に求める意見書を可決した。これらの事態を受け、NICT は「映像センサー使用大規模実証実験検討委員会」（以下、「委員会」という）を設置し、委員会は平成26年10月20日、本実験についての調査報告書を発表した。

□ 論　点

1　対外的な情報発信
2　回避手段の提供

□ 委員会の判断

　本実証実験は原則として、民法及び独立行政法人等個人情報保護法には違反しないとの結論を得たところであるが、他方、本実証実験が、マスコミや市民団体に批判されたうえ、「個人情報やプライバシー保護との関係など慎重に検討する」ことを求める地元市議会の決議にまで至ったことも、また事実である。この事実に照らせば、NICT は、本実証実験のプライバ

シー影響評価を結果として誤ったとの批判や、機構法に基づき設立された公的団体としての説明責任を果たしていない、との批判を免れないであろう。

したがって、NICT は、本実証実験を実施するに際しては、説明責任を尽くすとともに、実験の意義に対する理解を得たり、一般市民に与える不安感を軽減したりするため必要な措置を講じる必要がある。

委員会は以上のとおり述べ、以下の措置をとることを提案した。

・実験手順や実施状況等を定期的に確認し公表すること
・個人識別のリスクを市民に対して事前に説明すること
・撮影を回避する手段を設けること
・映像センサーの存在と稼働の有無を利用者に一目瞭然にすること
・人流統計情報の提供に際しては委託契約又は共同研究契約を締結すること
・安全管理措置を徹底すること
・本実証実験に関して適切な広報を行うこと

□ 本件のポイント（実務上の指針となる点等）  Point

1 対外的な情報発信

本件では、「実証実験は原則として、民法及び独立行政法人等個人情報保護法には違反しないとの結論を得た」として、その<u>違法性が否定されている</u>一方、以下の通り対外発信の不十分さが指摘されている。

・説明責任を尽くすとともに、実験の意義に対する理解を得たり、一般市民に与える不安感を軽減したりするため必要な措置を講じる必要がある。
・目的や趣旨、プライバシーに関する影響が十分に説明されないまま計画が進められたため、結果として市民に不安感を与えることとなった。
・特徴量情報、移動経路情報等は、それぞれ定められた時点で消去するとの実験手順が計画されている。しかし、消去が確実に行われたかを確認する手順が明らかでないため、自分の特徴量情報や移動経路情報等が漏えいするのではないかと懸念する人々の不安を払拭するには十分でない。
・「人流統計情報」は、「個人情報」に該当しない統計化された形に加工されて生成されるが、一般利用者からはどのように加工されたものなのかを確認す

ることができない。

　本実験により生じ得るリスクを事前に分析し、そのリスクにどのような対応を行っているかを対外発信できれば、社会の反応は異なるものになっていた可能性はある。また、自己評価の結果を発信するのではなく、今回の「映像センサー使用大規模実証実験検討委員会」のように客観的な他者からの評価を受け、その結果を事前に公表することも有効な手段であると考えられる。

2　回避手段の提供

　同委員会は「撮影を回避する手段を設けること」との章の中で、

・大阪ステーションシティは、JR 大阪駅を利用する者が通行せざるを得ない場所である。

・そこで、撮影を拒否する何らかの手段が提供されれば、本実証実験に対する理解が得られると考える。

・一例として、実験の実施場所をいくつかのエリアに分割して、一部でのみ実験を実施するものとすることにより、撮影を拒否したい利用者が実験の実施されていないエリアを選んで通行できるようにする方法が考えられる。

と述べている。

　このような取組は、筆者の感覚としても有効であるように思う。いわゆる「炎上」は、ユーザや社会にとっての期待値と、事業者が実際にとる行動との差異から生じるものと考えるところ、このような回避手段の提供は、一定程度ユーザや社会の期待に応えるものとして評価され得る。なお、実際には完全な回避手段を用意することが難しい場合も多いとは思われるが、可能な範囲で権利侵害の程度を最小限にしようとする試みは、上記の期待に応えるものとして評価することが可能である。

　なお、本件を受けて、経済産業省・総務省は、商用目的でカメラ画像を利活用するに当たって必要な配慮事項を整理し、配慮事項のポイントを写真やイラストを盛り込んだ具体例を通して解説した「カメラ画像利活用ガイドブック」を策定した。これから商用目的でカメラ画像を利活用する場合には、こちらを参照して検討を進めることが有用である。

□　**その他（原審情報等）**　……………………………………………………………

・調査報告書（映像センサー使用大規模実証実験検討委員会、2014年（平成26

年）10月20日）[1]

・「カメラ画像利活用ガイドブック ver3.0」を策定しました（2022年 3 月30日、経済産業省）[2]

1　https://www.nict.go.jp/nrh/iinkai/report.pdf
2　https://www.meti.go.jp/press/2021/03/20220330001/20220330001.html

3-2-1 星のドラゴンクエスト（ガチャ表示）

損害賠償等請求控訴事件

東京高判平成31・2・21平成30年（ネ）4535号公刊物未登載〔28271422〕

□ **事案の概要** ···

　被告（スクウェア・エニックス。被控訴人）が提供するスマホゲーム（星の
ドラゴンクエスト。本件ゲーム）で使用されるアイテムを入手するためのガ
チャ（本件ふくびき）の表示が不当であるとして、ユーザである原告6名（一
審では8名）が、被告に対し、購入したジェム（ゲーム内通貨）相当額の損害
賠償等を請求した。

　本件ゲームには「★5そうび」と称する貴重なアイテムがあり、期間限定の
ガチャには、下記のように全11種類の「★5そうび」が排出される旨の表示が
あった（列挙されているアイテムを「ピックアップそうび」と呼んでいた）。
原告らは、実際にはピックアップそうびは極めて低い確率でしか排出されな
かったとして、債務不履行、錯誤による無効、詐欺による取消し、消費者契約
法4条1項に基づく取消し、景品表示法違反（優良誤認又は有利誤認）であっ
て不法行為に当たる等の主張をした。なお、ガチャに関する表示には、下図の
ような注釈「★5そうびは、上記のそうびの他にも排出される場合があります
」（本件表示）がついていた。

【問題となった表示部分[1]】

```
【 期間限定のそうび一覧 】
・天空のつるぎ（★5 剣）
・天空のかぶと（★5 あたま）
・天空のよろい上（★5 からだ上）
・天空のよろい下（★5 からだ下）
・天空の盾（★5 たて）
・賢者の杖（★5 杖）
・グリンガムのムチ（★5 ムチ）
・おうごんのツメ（★5 ツメ）
・ちりょくの盾（★5 たて）
・ちりょくのかぶと（★5 あたま）
・ドラゴンローブ（★5 からだ上）

※★5そうびは、上記のそうびの他にも排出される場合があります。
※「ちりょくの盾」「ちりょくのかぶと」「ドラゴンローブ」は、天空のそうびふくびき第2弾でも排出されます。
```

一審は、原告らの主張をいずれも退けたため、原告らが控訴した。

□ 争　点 ···

法律構成は多々あるが、本件表示から認識される意味内容の解釈が争われた。

□ 裁判所の判断

裁判所は次のように述べて、表示を解釈するに当たっては、表示の文言のほか、画面の変遷や前後の文脈等を総合的に考慮して解釈すべきであると述べた。

> 本件の各争点は、いずれも本件表示が本件ふくびきに係る契約やジェムの購入契約の締結に係る誘引として、また、これらの契約の内容として、いかなる意味と認識されるかということが重要な前提問題となっているところ、そのような記載から認識される意味内容を検討するに当たっては、当事者間に当該記載の意味内容について、特別な意味内容を持つような特段の事情がある場合を除き、単に本件表示の記載のみならず、本件表示が記載されている場所や本件表示の前後の文脈、当該表示がパソコンやスマートフォンの画面において表示される場合には、その画面の変遷等を総合的に考慮して、一般通常人の認識を基準として、その意味内容を解釈すべきものと解される。

そして、相当程度の時間にわたってプレイするプレイヤーであることを前提に、画面を順にタップしていけば、「ふくびき」によって排出されるそうびの詳細を順に追って理解できる比較的単純な画面構成になっていることから、一般通常人からすると、本件表示は、ピックアップそうび以外の★5そうびが低い確率で排出され、ピックアップそうびが高い確率で排出されるという意味内容を認識するとは認められず、むしろ、単にピックアップそうび以外の★5そうびも排出される場合があるということを認識するにすぎないとして、景品表示法違反、不法行為等の成立を否定した。

1　本件提訴時におけるネットニュース「スクエニ『星のドラゴンクエスト』ガチャ不当表示で集団訴訟に　1人で90万円以上課金したユーザーも」（https://nlab.itmedia.co.jp/nl/articles/1801/26/news113.html）。

　ガチャをめぐっては、ユーザへの説明が適切ではないことなどを理由に景品表示法が定める不当表示に当たるとして消費者庁から措置命令（パズル＆ドラゴンズや、ディズニーマジックキングダムズに関する平成29年7月19日など）が出されたりするほか、行政処分や行政指導に至らないまでも、SNS等で炎上しやすい。本件では、優良誤認（同法5条1号）及び有利誤認（同条2号）に当たるか否かはあくまで争点の1つにすぎなかったが、ガチャで排出されるアイテムの内容に関する「〔ピックアップそうびの〕他にも排出される場合がある」との表示の解釈が問題となった。

　ユーザは、提供されているサービスの「裏側」で何が行われているかを知ることができず、特にガチャのような確率的な給付を受けるサービスでは、表示どおりのサービスが提供されているか疑念が生じやすい。加えて、同法5条における「表示」は広告、説明文などの画面表示のほか、動画における口頭の説明も対象になり得ることから、法務担当者による事前チェックが及びにくい。

　そのため、こうした事例を題材に法務担当者と事業担当者が情報交換するなど、普段から連携を強化することが求められる。

□ **その他**（原審情報等）　┈┈┈┈┈┈┈┈┈┈┈┈┈┈┈┈┈┈┈┈

・原審：東京地判平成30・9・18平成29年（ワ）40855号公刊物未登載〔28271421〕
・ゲームとガチャの表示については、前野孝太朗弁護士のブログ「ゲームの『優良誤認』『有利誤認』（景品表示法違反）の事例解説」[2]が参考になる。

　2　https://note.com/k_maeno/n/n33ddfd7a14aa

3-2-2 **メガスタ（No.1表示）事件**

不当景品類及び不当表示防止法第7条第1項の規定に基づく措置命令

消費者庁／令和5年1月12日（消表対第1号）

□ 事案の概要 ·······

　株式会社バンザンは、「メガスタ高校生」等と称する5種のオンライン個別学習指導サービス（本件5役務）を提供していたところ、当該役務に係るウェブサイトにおいて、利用者による満足度を調査した結果として「オンライン家庭教師で利用者満足度No.1に選ばれました！」、「第1位オンライン家庭教師利用者満足度」等と表示していた。

□ 論　点 ·······

・いわゆる「No.1表示」の優良誤認該当性（景品表示法5条1号）

　なお、本措置命令では、優良誤認のほか、有利誤認（同条2号）にも該当することが認められたが、ここでは割愛する。

□ 官公庁の判断

実際には、貴社が委託した事業者による調査は、回答者に貴社が提供する本件5役務及び他の事業者が提供する同種役務の利用の有無を確認することなく実施したものであり、貴社が提供する本件5役務及び他の事業者が提供する同種役務を利用した者の満足度を客観的な調査方法で調査したものではなかったこと。

　以上の認定等を踏まえて、優良誤認、有利誤認に当たると認定され、消費者庁は、バンザンに対し、景品表示法7条1項に基づいて、景品表示法に違反するものであった旨を一般消費者に周知徹底すること等を命じた。

□ 本件のポイント（実務上の指針となる点等）　

本件に限らず、多くの商品・役務では、様々なカテゴリでの調査に基づいて

「No.1」「第1位」などの表示（一般に「No.1表示」といわれる）を行い、競合する商品・役務との差別化を図っている。2024年（令和6年）に消費者庁は、「No.1表示に関する実態調査報告書」（以下、単に「報告書」という）[1]を公表しており、その中ではNo.1表示に関する景品表示法の考え方が整理されているが、No.1表示が合理的な根拠に基づかず、事実と異なる場合には、不当表示になり得ることが示されている（報告書第3.1）。特に、消費者庁は、2023年（令和5年）6月ころから、実態のないNo.1表示に対し、次々と不当表示であることを認めて措置命令等を出しており[2]、これらの措置命令を受けて報告書が出されたという経緯に鑑みると、この種の表示を行う事業者は十分注意しておきたい。

しかし、逆にいえば、合理的な根拠に基づいて、真にNo.1といえる場合には、一般消費者にとっても有益な情報であり、不当表示になるものではない。報告書では、合理的な根拠と認められるために、①比較する商品等が適切に選定されていること、②調査対象者が適切に選定されていること、③調査が公平な方法で実施されていること、④表示内容と調査結果が適切に対応していることを求めている。例えば、回答者に会社の関係者が多く含まれている場合には②を満たさず、調査対象のサービスが有利になるような質問が設定されているような場合は③を満たさないことになるだろう。

さらには、本件のような「満足度」といった主観的な指標によるランキング結果を表示する場合には特に注意しておきたい。この種の調査は、「イメージ調査」と呼ばれ、問題がある事例も少なくない。一般に「満足度No.1」と表示されれば、同種のサービスを利用したことがある消費者が回答した結果であると受け止めるのが通常であり、競合サービスとの比較が行われていることが背景にあることが求められるだろう。本件に関して行われた調査では、回答者が実際に同種のサービスを利用したことがあるかどうかを確認せずに回答を求めているが、これでは客観性が確保されているとはいい難いだろう。

---

1 https://www.caa.go.jp/policies/policy/representation/fair_labeling/survey/assets/representation_cms216_240926_02.pdf　NBL1279号（2024年）15頁にて、消費者庁表示対策課担当者による解説もある。

2 他に「No.1表示」について、客観的裏付けがないとして、消費者庁が再発防止等を命じる措置命令を出した例として、ダイエットサプリに関するハハハラボ（同庁令和5年12月7日）、「イモトのWiFi」に関するエクスコムグローバル（同庁令和6年2月28日）等がある。

No. 1 表示と類似するものとして、例えば「医師の○%が推奨しています。」などと記載する表示も顧客に対するアピール手段として用いられることがある。報告書では、こうした類型の表示を「高評価%表示」と名づけ、No. 1 表示と同様に、合理的な根拠に基づかず、事実と異なる場合には不当表示になり得ることを指摘している。

□ その他（原審情報等）

・株式会社バンザンに対する景品表示法に基づく措置命令について（2023年11月12日、消費者庁）[3]

3　https://www.caa.go.jp/notice/assets/representation_cms207_230112_01.pdf

3-2-3 chocoZAP ステマ事件

不当景品類及び不当表示防止法第7条第1項の規定に基づく措置命令

消費者庁／令和6年8月8日（消表対749号）

□ 事案の概要 ……………………………………………………

　RIZAP 株式会社（RIZAP）は、「chocoZAP」と称するスポーツジム店舗を運営している。RIZAP は、chocoZAP でスポーツジム、セルフ脱毛、ゴルフなどを提供しており、chocoZAP のウェブサイトにおいて、第三者が choc-oZAP を使用した感想等を Instagram で投稿した内容を掲載していた。当該投稿は RIZAP が当該第三者に Instagram への投稿を依頼したことによって投稿されたものであったにもかかわらず、RIZAP は、当該投稿が RIZAP の依頼によるものであることを明らかにしていなかった[1]。

【Instagram への投稿の表示例（消費者庁のX投稿[2]より引用)】

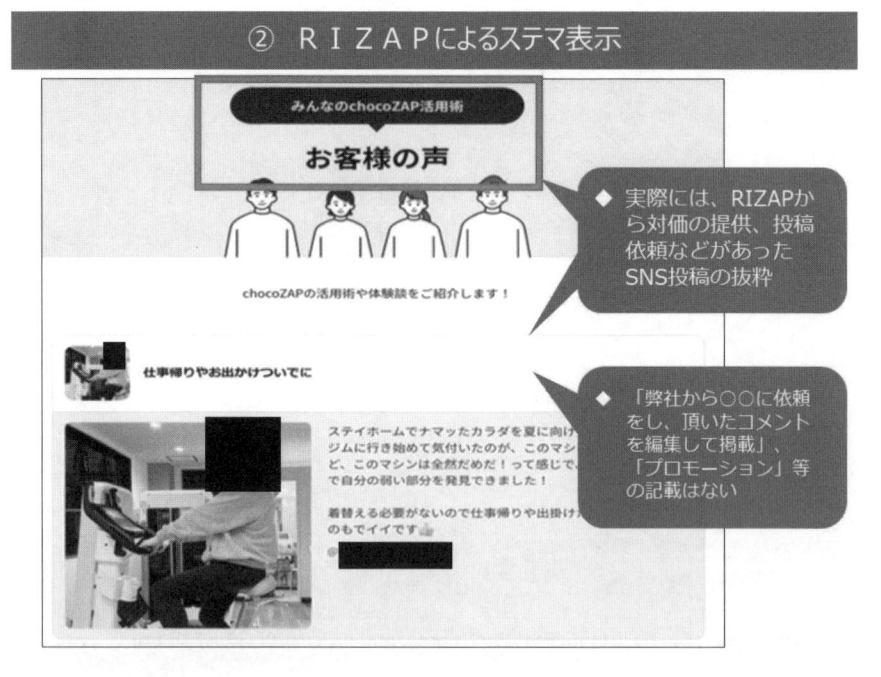

【ウェブサイト上の表示例（消表対第749号別紙2-5より引用)】

□ 論　点

・ステルスマーケティング該当性

　不当景品及び不当表示防止法（景品表示法）5条3号、「一般消費者が事業者の表示であることを判別することが困難である表示」（令和5年内閣府告示19号）に該当するか。

1　これとは別に、RIZAP は、chocoZAP で提供する一部の役務について、chocoZAP のウェブサイトで、1日24時間のうちいつでも又は好きな時に利用できるかのように表示していたが、実際には利用できる時間数は24時間に満たない時間数であった（最も長いサービスで16時間、最も短いサービスで5時間）。本稿では詳細は割愛するが、これについては、景品表示法5条1号の優良誤認表示に該当するとして、消費者庁は措置命令を発令した（消表対第748号）。

2　https://x.com/caa_shohishacho/status/1821788859476406781

□ 官公庁の判断

2 事実

（中略）

⑶ア　RIZAP は、本件役務を一般消費者に提供するに当たり、第三者に対し、対価を提供することを条件に、本件役務について Instagram に投稿を依頼したことによって当該第三者が投稿した表示を RIZAP が依頼した投稿であることを明らかにせずに抜粋するなどして、例えば、（中略）「セルフでも簡単！毎日をもっとキレイに！　完璧つるすべ肌へ　業務用脱毛マシン採用」と称する自社ウェブサイトの「SNS でも話題！絶賛の口コミ続々」との表示箇所において、サングラスをかけた女性がセルフ脱毛の機器を使用する画像と共に、「気になっていた『choc-oZAP』ついに入会しちゃった」、「なんと完全個室のセルフ脱毛が使い放題！！←これにかなり惹かれた感ある」、「しかも服装自由・シューズの履き替え不要で来たままの服装でメチャクチャ気軽に通える！」、「@●●●●●●●●●」、「※個人の感想です。」等と表示するなど、（中略）表示をしていたことから、RIZAP は、本件役務に係る（中略）表示内容の決定に関与しているものであり、当該表示は事業者の表示と認められる。

イ　前記アの表示は、表示内容全体から一般消費者にとって事業者の表示であることが明瞭になっているとは認められないことから、当該表示は、一般消費者が事業者の表示であることを判別することが困難であると認められる表示に該当するものであった。

以上の認定等を踏まえて、ステルスマーケティングに当たると認定され、消費者庁は、RIZAP に対し、景品表示法 7 条 1 項に基づいて、景品表示法に違反するものであった旨を一般消費者に周知徹底すること等を命じた。

□ 本件のポイント（実務上の指針となる点等）　 Point

2023年（令和 5 年）10月 1 日から、いわゆるステルスマーケティングの手法

による広告・宣伝が、「一般消費者が事業者の表示であることを判別することが困難である表示」として景品表示法の表示規制の対象となった[3]。消費者は、商品又はサービスの選択に際して、事業者による広告・宣伝にはある程度の誇張・誇大が含まれていることを認識しているが、事業者による広告・宣伝であることがわからない内容の表示がなされ、それについて消費者が第三者の感想であると誤って認識してしまうと、消費者による自主的かつ合理的な商品又はサービスの選択が阻害されてしまう。このような表示を禁止するのが上記規制であり、ステルスマーケティングに該当する場合は、優良誤認表示（同法5条1号）、有利誤認表示（同条2号）と同様に、措置命令の対象となる。

　ステルスマーケティングに該当するかは、外形上第三者の表示のようにみえるものが実際には事業者の表示であることが前提となる。当該表示が事業者自身によって行われるのではなく第三者によって行われる場合は、その表示内容の決定に事業者が関与していることが、事業者の表示であるかの基準となる。

　消費者庁の運用基準[4]によれば、事業者が第三者の表示自体に関与したとしても、客観的な状況に基づき、第三者の自主的な意思による表示内容と認められるものであれば、表示内容への関与はなく、事業者の表示には当たらない。「客観的な状況に基づき、第三者の自主的な意思による表示内容と認められる場合」を判断するに当たっては、①第三者と事業者との間で表示内容について情報のやりとりが直接又は間接的に一切行われていないか、②事業者から第三者に対し、表示内容に関する依頼や指示があるか、③第三者の表示の前後において、事業者が第三者の表示内容に対して対価を既に提供しているか、過去に対価を提供した関係性がどの程度続いていたのか、あるいは今後提供することが決まっているか、今後対価を提供する関係性がどの程度続くのかなど、事業者と第三者との間に事業者が第三者の表示内容を決定できる程度の関係性があるか否か[5]によって判断する。

　本件について、上記消費者庁の公開した判断内容からは、少なくとも対価を

3　景品表示法5条3号に基づく指定（令和5年内閣府告示19号）

4　「一般消費者が事業者の表示であることを判別することが困難である表示」の運用基準（令和5年3月28日 消費者庁長官決定）https://www.caa.go.jp/policies/policy/representation/fair_labeling/guideline/assets/representation_cms216_230328_03.pdf

5　「表示の対象となった商品又は役務の特性等（例えば、特定の季節のみに販売数量が増える商品であるか。）の事情を考慮する」（同運用基準）。

支払って投稿を依頼した点（上記②③に相当）が考慮されていることがわかる。表示内容について直接的に RIZAP が第三者に指示等をしたかは消費者庁の認定内容に明示的な記載がないのでわからないが、投稿内容が個人による感想の投稿の体裁であるにもかかわらず「月額2,980円（税込みで3,278円）」といった妙に正確な値段の記載があったり、「セルフエステ」「完全個室」「24時間通い放題」といった事業者側のセールスポイントをなぞったような記載があった点は、RIZAP が何らかの形で表示内容の決定に関与していたという認定に積極方向に作用する事情といえる。

　なお、以下は、表示内容への決定の関与がない例として示されているが（運用基準6頁）、以下の下線（※下線は筆者）の記載があることからすると、たとえ、第三者の個別の投稿内容自体の決定に事業者が関与していなかったとしても、第三者の投稿の選別に事業者の恣意性が入り込む場合には、表示内容への決定の関与が肯定される可能性があることは留意したい。

> 事業者が自社のウェブサイトの一部において、第三者が行う表示を利用する場合であっても、<u>当該第三者の表示を恣意的に抽出すること（例えば、第三者の SNS の投稿から事業者の評判を向上させる意見のみを抽出しているにもかかわらず、そのことが一般消費者に判別困難な方法で表示すること。）</u>なく、また、<u>当該第三者の表示内容に変更を加えること（例えば、第三者の SNS の投稿には事業者の商品等の良い点、悪い点の両方が記載してあるにもかかわらず、その一方のみの意見を取り上げ、もう一方の意見がないかのように表示すること。）</u>なく、そのまま引用する場合。

□ その他（原審情報等）

・RIZAP 株式会社に対する景品表示法に基づく措置命令について（2024年8月9日、消費者庁）[6]

6　https://www.caa.go.jp/notice/entry/038980

3-2-4 ビゼント（特商法定期購買）事件

特定商品取引法に基づく業務停止命令

経済産業省東北経済産業局／令和 3 年11月25日

□ **事案の概要** ……………………………………………………………

　株式会社 BIZENTO（ビゼント）は、自社のウェブサイトにおいて、健康食品（本件商品）の販売を行っていたが、本件商品 1 袋を30日ごとに、最低 4 回の継続を利用条件とする定期購入等を提示していたところ、その購入の最終確認画面において、下記のような表示になっていた。

【購入の最終確認画面（東北経済産業局のプレスリリースより引用)】

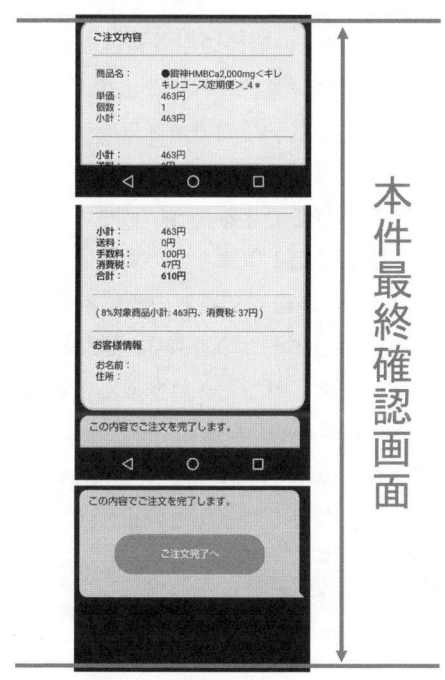

□ **論　点** ………………………………………………………………………

・オンラインでの注文の申込みを受ける場合において、申込みとなることを顧客が容易に認識できるよう表示しているか否か（特定商取引に関する法律

（以下、「特商法」という）14条1項2号、令和4年改正前特商法施行規則16条1項1号）

・申込みの内容を、容易に確認し、訂正できるようにしているか否か（同施行規則同項2号）。

□ 官公庁の判断

> （最終確認画面上において）本件定期購入契約①②が購入者から解約通知がない限り契約が継続する無期限の契約である旨、2回目以降の本件商品の代金及び支払総額、各回ごとの本件商品の代金の支払時期、本件定期購入契約①②の申込みには本件商品を本件定期購入契約①の場合は少なくとも4回（中略）購入することが条件となる旨の特別の販売条件（以下「本件販売条件」という。）及び本件商品の引渡時期を含む本件定期購入契約①②の解約条件（中略）について、一切表示せず、もって、本件ウェブサイトにおいて本件商品に係る電子契約の申込みを受ける場合において、申込みの内容を、顧客が（中略）容易に認識できるように表示していないとともに、容易に確認し及び訂正できるようにしていなかった。
> これは、特定商取引法第14条第1項第2号の規定に基づく施行規則第16条第1項第1号及び第2号[1]に該当する顧客の意に反して売買契約の申込みをさせようとする行為に該当するものであり、通信販売に係る取引の公正及び購入者の利益が著しく害されるおそれがあると認定した。

　以上の認定等を踏まえて、ビゼントに対し、特商法15条1項に基づき、3か月間通信販売業務の申込みを受けること等を停止すること等を命じた。

□ 本件のポイント（実務上の指針となる点等）　

　ECサイト等を通じて、消費者に商品・サービスを販売する事業者には、特商法の通信販売（特商法2条2項）に関する規制がかかることは広く知られているが、「特商法に基づく表示というページを設けておけばよい」という程度の認識にとどまる事業者も少なくない。しかし、最終確認画面において、注文

1　令和4年改正後は、同条1項（号が削られている）。

内容を容易に確認及び訂正できるような仕様となっていない場合、本事案のように業務停止命令が出されることもあるなど、その違反による影響は小さくない。

特に、本件のような定期購入契約に関しては、「初回無料」「お試し」などの宣伝文句で顧客を誘引し、自動的に定期購入となったうえ、解約に細かい条件が設定されているなど、消費者を誤認させるトラブルが相次いでいたことから、2021年（令和3年）に特商法が改正され、定期購入ではないかのように誤認させる表示等に対し、事業者に対する罰則が設けられるとともに（特商法12条の6第1項、70条2号）、消費者は申込みの取消しができるようになった（特商法15条の4第1項。施行は令和4年6月。なお、本事案は、同改正前の事案である）。

最終確認画面において具体的にどのような表示をすべきについては、「通信販売の申込み段階における表示についてのガイドライン」[2]において、特商法12条の6、同法14条1項2号、同法施行規則16条1項の考え方及び具体例が示されている。

□ その他（原審情報等）

・東北経済産業局のプレスリリース[3]

2　https://www.no-trouble.caa.go.jp/pdf/20220601la02_07.pdf
3　https://www.tohoku.meti.go.jp/s_syohisha/topics/pdf/211125.pdf

3-3-1 レンタルサーバデータ消失事件

損害賠償請求等事件

東京地判平成21・5・20判タ1308号260頁〔28153905〕

□ 事案の概要 ……………………………………………………………

　原告ら（複数の企業）は、株式会社Nとの間でホスティングサービス契約を締結し、ウェブサイトを運営していた。Nは、自前のサーバではなく、被告が提供する共用サーバホスティングサービスを利用していた。被告のサーバの故障による障害が発生し、原告らのプログラム及びデータが消失した。Nと原告らとの間の利用規約には、サーバのデータ滅失によって生じる損害について責任を負わない旨の規定があり、さらに被告のホスティングサービス利用約款にも、故意又は重過失がある場合を除いて、損害賠償の額は月額料金を限度とする条項（40条）や、40条に定める責任以外は、保証責任を負わない条項（41条）があった。

　原告らと被告との間には直接の契約関係はなかったが、原告らは、被告が事故を防止し、記録の消失防止義務や損害の拡大防止等の義務があるにもかかわらず、これを怠ったとして、不法行為に基づく損害賠償として、合計で約2億円の損害賠償を求めた。

□ 争　点 ……………………………………………………………

・記録の消失防止義務及びその違反の有無

　原告らは、被告はレンタルサーバ業者として、善良なる管理者の注意義務をもってレンタルサーバに記録されたプログラム等を取り扱う義務を負い、その具体的内容として、サーバ内の原告らの記録を消失させないようにする注意義務を負うと主張していた。

□ 裁判所の判断

　裁判所は、被告が免責規定を定めており、サーバホスティングサービスの最終利用者に当たる原告らにもそれが及ぶとしたうえで、次のように述べた。

> 被告は本件利用規約の免責規定を前提として契約者及び契約者の提供先である第三者に対して共用サーバホスティングサービスを提供しており、他方、第三者である原告も上記免責規定を前提として被告の上記サービスを利用していたのであるから、被告は、原告との間で契約を締結していないものの、同原告との関係においても免責規定を超える責任を負う理由はなく、したがって、本件プログラムや本件データの消失を防止する義務を負うとはいえない。

さらに実質的な理由として次のように補足した。

> サーバは完全無欠ではなく障害が生じて保存されているプログラム等が消失することがあり得るが、プログラム等はデジタル情報であって、容易に複製することができ、利用者はプログラム等が消失したとしても、これを記録・保存していれば、プログラム等を再稼働させることができるのであり、そのことは広く知られている（弁論の全趣旨）から、原告らは本件プログラムや本件データの消失防止策を容易に講ずることができたのである。このような原告ら及び被告双方の利益状況に照らせば、本件サーバを設置及び管理する被告に対し、原告らの上記記録を保護するためにその消失防止義務まで負わせる理由も必要もないというべきである。

被告には重過失があったとの主張に対しても、被告がサーバを設置してから1年7か月後の耐用年数内で生じた故障で、管理施設において適切に管理していたことから格別の落ち度があるとはいえないとし、重過失も否定した。

□ 本判例のポイント（実務上の指針となる点等）

本件は、契約当事者間での争いではないものの、契約当事者間で適用される約款中の免責規定を援用し、サーバ提供者の責任を否定した。サーバ提供者の免責規定が第三者にも及ぶとした理由として、①約款中に、約款に遵守することを条件に第三者にサービスを利用させることができると定めていたことや、②当該約款の内容が被告のホームページで公開されていたことや、③当該約款

の内容は、他のレンタルサーバ業者の内容とほぼ同じであることなどの事情が挙げられている。

　また、サーバのハードディスクの故障によりデータが消失したことについてレンタルサーバ業者の責任が否定されたが、その理由として本文中でも援用したように、形式的に免責規定があることのみならず、デジタル情報はユーザの責任で消失防止策を講ずることができるという実質的な理由が挙げられている。さらに、本件ではオプションでバックアップサービスが用意されていたが、それが選択されていなかったという事情から、データの保全に関する責任はないとされた。逆にいえば、SaaSなどのアプリケーションを提供するサービスであって、ユーザがバックアップなどの自衛策がとれるサービスではない場合には、形式的にデータ消失に関する免責規定があったとしても、公平妥当なものとはいえず、効力が生じない可能性もあると思われる。

□　その他（原審情報等）

　レンタルサーバにおけるデータ消失事故に関して、免責条項が適用されないとした裁判例として、東京地判平成13・9・28平成12年（ワ）18468号等裁判所HP〔28071563〕があるが、これは、業者の不手際によってデータが滅失したという事例である。

3-3-2 モバゲー規約事件控訴審

免責条項等使用差止請求控訴事件

東京高判令和2・11・5消費者法ニュース127号190頁〔28290342〕

□ 事案の概要 ⋯⋯⋯⋯⋯⋯⋯⋯⋯⋯⋯⋯⋯⋯⋯⋯⋯⋯⋯⋯⋯⋯⋯⋯

　消費者契約法13条1項所定の適格消費者団体である原告が、ポータルサイト「モバゲー」のサービス提供規約中の「不当に迷惑をかけたと当社が判断した場合」等には会員資格を取り消すといった文言が、同法8条1項に規定する不当条項に当たるとして、同サイトの運営者（被告）に対し、同法12条3項に基づいて、差止請求（下記の条項を含む契約の申込み、又は承諾の意思表示の停止）等を求めた。

7条（会員規約の違反等について）（抄）

1　モバゲー会員が以下の各号に該当した場合、当社は、当社の定める期間、本サービスの利用を認めないこと、又は、モバゲー会員の会員資格を取り消すことができるものとします。ただし、この場合も当社が受領した料金を返還しません。

　c　他のモバゲー会員に不当に迷惑をかけたと当社が判断した場合

　e　その他、モバゲー会員として不適切であると当社が判断した場合

3　当社の措置によりモバゲー会員に損害が生じても、当社は一切損害を賠償しません。

　原審は、上記7条1項c号は著しく明確性を欠き、e号もその不明確性が承継されているなどとして差止請求の一部を認容した。

　これに対し、被告は、控訴するとともに、同項c号、e号に下記のとおり「合理的に」の文言を追加した（下線部）。

---

　c　他のモバゲー会員に不当に迷惑をかけたと当社が<u>合理的に</u>判断した場合

　e　その他、モバゲー会員として不適切であると当社が<u>合理的に</u>判断した

場合

□ 争　点 ···

・「合理的に」を追加した後の消費者契約法 8 条 1 項 1 号及び 3 号該当性

□ 裁判所の判断

　裁判所は文言修正後も不当条項に当たるとして、控訴を棄却した（その後、被告（控訴人）は、問題となった c 号、e 号を削除したようである）。

> 控訴人は、上記の「合理的な判断」を行うに当たって極めて広い裁量を有し、客観的には合理性がなく会員に対する不法行為又は債務不履行を構成するような会員資格取消措置等を「合理的な判断」であるとして行う可能性が十分にあり得るが、会員である消費者において、訴訟等において事後的に客観的な判断がされた場合は格別、当該措置が「合理的な判断」に基づかないものであるか否かを明確に判断することは著しく困難である。
> （中略）
> 本件規約 7 条 1 項 c 号及び e 号にいう「合理的に判断した」の意味内容は極めて不明確であり、控訴人が「合理的な」判断をした結果会員資格取消措置等を行ったつもりでいても、客観的には当該措置等が控訴人の債務不履行又は不法行為を構成することは十分にあり得るところであり、控訴人は、そのような場合であっても、本件規約 7 条 3 項により損害賠償義務が全部免除されると主張し得る。
> （中略）
> 事業者は、消費者契約の条項を定めるに当たっては、消費者の権利義務その他の消費者契約の内容が、その解釈について疑義が生じない明確なもので、かつ、消費者にとって平易なものになるよう配慮すべき努力義務を負っているのであって（法〔筆者注：消費者契約法〕3 条 1 項 1 号）、事業者を救済する（不当条項性を否定する）との方向で、消費者契約の条項に文言を補い限定解釈をするということは、同項の趣旨に照らし、極力控えるのが相当である。

　本件で問題となったのは、不当に迷惑をかけたか、会員として不適切であるかを、事業者が「合理的に」判断することができる条項である。事業者の立場からは、不正を行うユーザを迅速に排除する必要がある場面など、サービスの円滑な提供、コンプライアンスの確保の観点から、事業者側で決定・判断する必要性が求められるところであるが、事業者と消費者との間には、情報量、交渉力等に格差があり、事業者の判断が「合理的」か否かは、消費者にとって判断がつきにくい。そのため、事実上は、事業者の解釈権限、裁量が広範になる条項は、無効となる可能性があることに留意しなければならないだろう。

　なお、一審判決では、ゲームの利用を停止され、その理由の説明もなく、利用料の返金を拒まれているといった相談が複数あるなどの事情が不当条項該当性の事情として考慮されている。利用規約の不当条項該当性の判断において、事後的な運用の実態を考慮することの当否については議論があり得るところだが、一方的な解釈・適用を行うと、結果的に当該条項が無効になってしまうというリスクに留意しなければならない。

□ **その他**（原審情報等） ……………………………………………………

・原審：さいたま地判令和2・2・5判時2458号84頁〔28280666〕
・大澤彩「判批」NBL1193号（2021年）4頁

3-4-1 Facebook ソーシャルプラグイン事件

フェイスブックインクに対する指導について

個人情報保護委員会／平成30年10月22日

□ 事案の概要 ···

　Facebook, Inc.（現 Meta Platforms, Inc.。以下、「Facebook 社」という）は、ソーシャル・ネットワーキング・サービス「Facebook」（以下、「Facebook」という）を提供している。Facebook では、ユーザは他人の投稿に対して「いいね！」（Like）などの簡易的な反応を付与することができる。

Commented on **Alan McConnell**'s public **post**

 Jack Ostler Makes me miss living down south. Especially this time of year.
Like · 121 Replies · 🕐 2067

 Todd Hamilton North baja has a lot of pretty nice resorts now and surf everywhere.
Like · 🕐 3187 · edited

（出所：https://developers.facebook.com/products/social-plugins?locale=ja_JP）

　また、Facebook ユーザ（個人、法人含む）は、ソーシャルプラグインと呼ばれる機能を利用することで、自身が管理する Facebook 外のサイトに「いいね！」ボタンを設置することができる。サイトの訪問者はこの「いいね！」ボタンを押すことで、Facebook 内で当該サイトを共有したり、サイトの情報に「いいね！」を付与することができる。

いいね！ボタン設定ツール

「いいね！」するURL
https://developers.facebook.com/docs/plugins/

Width
The pixel width of the plugin

レイアウト
standard ▾

アクションタイプ
like ▾

ボタンサイズ
small ▾

☑ シェアボタンを追加

コードを取得

（出所：https://developers.facebook.com/docs/plugins/like-button?locale=ja_JP）

　Facebook ユーザが「いいね！」ボタンが設置されたサイトを閲覧した場合、当該ボタンを押さなくとも当該ユーザのユーザ ID、アクセスしているサイト等の情報が Facebook 社に自動で送信されていることが明らかになり、問題視されるに至った。

□ 論　点 ……………………………………………………………………

1　「ユーザー ID、アクセスしているサイト等の情報」の個人情報該当性
2　プライバシーポリシーによる説明

□ 個人情報保護委員会の判断

> 　個人情報保護委員会は、平成30年10月22日付けで、フェイスブックインクに対し、個人情報の保護に関する法律（平成15年法律第57号）第41条及び第75条の規定に基づき、次のとおり指導を行いましたので、お知らせします。
> 1．フェイスブック社が提供する「いいね！」ボタンが設置されているウェブサイトを閲覧した場合、ボタンを押さなくてもユーザー ID やアクセス履歴等の情報がフェイスブック社に送信されてしまう事案や、性格診断アプリにより取得した個人情報の一部がコンサルティング会社に不正に提供されていた事案が生じたことに対し、ユーザーへの分かりやすい説明や本人からの同意の取得の徹底及び同社がプラットフォーマー

としての責任を認識し、プラットフォーム上のアプリケーションの活動状況の監視を徹底すること等を求めた。

2．上記指導と併せ、本年 9 月末に公表された不正アクセス事案に関して、本人への通知、原因究明と再発防止策の策定、引き続き当委員会へ報告すること等を求めた。

□ 本件のポイント（実務上の指針となる点等）

1 「ユーザー ID、アクセスしているサイト等の情報」の個人情報該当性

　一般に、ユーザ ID は "uid123456" のような英数字の羅列であることが多い。また、アクセスしているサイト等の情報は、URL、サイトの属性情報（例：スポーツ、レジャー）、サイトのアクセス日時等で構成されるものと考えられる。「ユーザー ID、アクセスしているサイト等の情報」（以下、「送信情報」という）は特定の個人を識別することはできないと考えられるため、単独では個人情報には該当しない（2 条 1 項）。

　しかし、Facebook ではアカウント作成時に「名前、メールアドレスまたは携帯電話番号、パスワード、生年月日、性別」（以下、「登録情報」という）の入力が必要であり、Facebook 社はこれらの登録情報に対してユーザ ID を付与して管理しているものと考えられる。そうだとすれば、送信情報と登録情報は共通のユーザ ID を介して容易に照合が可能である。よって、Facebook 社にとっては、送信情報は特定の個人を識別することが可能であり、個人情報（個人データ）に該当する。

2 プライバシーポリシーによる説明

　多くの事業者は、プライバシーポリシーの冒頭で取得する個人情報について記載している。取得する個人情報は大まかに分類すると、

① 利用者が、事業者に対して直接送信する情報（例：氏名、住所）

② 事業者が、利用者に対して付与する情報（例：ユーザ ID、アクセス履歴）

③ 事業者が、第三者を通じて入手する情報（例：第三者提供による取得、公開情報からの取得、ソーシャルプラグインを通じた第三者ウェブサイトからの取得）

に分類できる[1]。

本件は③のパターンである。しかし、事業者によってはプライバシーポリシーに①についてのみ記載がなされ、②や③についての記載がなく、利用目的等でも考慮されていないなど、②や③が個人情報に該当することについての認識が薄い場合もみられる。事業者は、個人情報の定義を正しく理解したうえで、自社が取得する個人情報を把握することが重要である。

□ その他 （原審情報等）

・個人情報の保護に関する法律に基づく指導について （平成30年10月22日、個人情報保護委員会）[2]
・投稿に「いいね！」したりリアクションしたりする （Facebook ヘルプセンター）[3]
・エンゲージメントを増やすソーシャルプラグイン （Meta Platforms, Inc.）[4]
・プライバシーポリシー （Meta Platforms, Inc.）[5]

1　なお、「取得」と「生成」の区別に関する議論については事例3-8-4（Yahoo!スコア事件）を参照。
2　https://www.ppc.go.jp/news/press/2018/20181022/
3　https://www.facebook.com/help/1624177224568554
4　https://developers.facebook.com/products/social-plugins?locale=ja_JP
5　https://www.facebook.com/privacy/policy

3-4-2 セールスフォース事件

株式会社セールスフォース・ドットコムのクラウド製品での権限設定に関する注意喚起

個人情報保護委員会事務局／令和3年5月31日

□ 事案の概要

　株式会社セールスフォース・ドットコム（当時。以下、「セールスフォース社」という）は、クラウド型の営業支援システム（SFA：Sales Force Automation）や顧客関係管理システム（CRM：Customer Relationship Management）を提供する会社である。セールスフォース社のシステムを利用する事業者は、インターネットを通じ、これらのシステムに営業情報や顧客情報を入力してシステムを利用することになるが、入力されるこれらの情報の中には個人情報、個人データが含まれ得る。

①取得　利用企業の取引先等　②入力　利用事業者　セールスフォース社　③利用　ユーザ

　これらのシステムにアクセスするには、ユーザは原則として認証を行う必要があるが、例外的に認証を必要としない「ゲストユーザ」と呼ばれる方法でシステムにアクセスできる場合がある。認証を必要としないゲストユーザに与えられるアクセス権限は、原則として社会一般に公開されて問題がない範囲に限定されている必要がある。

　しかし、このアクセス権限が適切に設定されておらず、ゲストユーザに対して本来公開すべきでない個人データをゲストユーザが閲覧できてしまう事例等が令和2年末ころから複数報告された。

□ 論　点

1　「提供」と「漏えい」
2　実施すべき安全管理措置

□ 個人情報保護委員会の判断

全ての IT サービスを利用する場合、保存するデータの機密性に応じてアクセス権限設定の適切性を継続的に確認する必要がありますが、該当するセールスフォース社クラウド製品を利用している場合は、以下のポイントを参考に保存データのアクセス権限設定を見直し、個人データの漏えいがないよう注意してください。

・セールスフォース社クラウド製品である Salesforce サイト及び Communities を利用してウェブサイトを公開しており、同ウェブサイトに関するデータのアクセス権限が適切に設定されていない場合、公開すべきではない個人データが第三者に閲覧される可能性があります。[*1]
・新規会員登録や予約受付などを行うウェブサイトにて、ゲストユーザ[*2]権限で個人データを入力する場合、保存された個人データの所有者権限がゲストユーザに設定されていたことにより、個人データの漏えいが発生した事例等が複数報告されております。
・見直すべき権限の設定の１つに、レコードの所有者の設定があります。最新バージョンの Salesforce サイト及び Communities では、ゲストユーザセキュリティポリシーが強化されており、2020年７月以降にゲストユーザにより新たに作成されたレコードの所有者権限は、ゲストユーザ以外に自動設定されていますが、それ以前に作成されたレコードの所有者権限が自動で更新されることはありません。したがって、利用者において、2020年７月より前に作成されたレコードの所有者権限を確認し、所有者がゲストユーザになっている場合は、所有者を適切な内部ユーザに変更する必要があります。
＊１　クチコミサイトや FAQ など申込内容を第三者間で共有しても問題ないウェブサイトでない限り、第三者に閲覧されると情報漏えいのリスクがあるため注意が必要です。
＊２　「ゲストユーザ」（登録・ログインが不要で使用サービスにアクセスできるユーザ）とは、セールスフォース社製品の Communities,

Salesforce Sites（旧称 Force.com Sites）、及び Site.com Sites の製品上に存在するユーザ権限の種別を指します。

□ 本件のポイント（実務上の指針となる点等）

1 「提供」と「漏えい」

ゲストユーザーに対して本来公開すべきでない個人データが、ゲストユーザーから閲覧できてしまう状況に関して、当該ゲストユーザーからのアクセスは、「提供」（27条1項）と整理するべきか、「漏えい」（26条）と整理するべきかについては条文上明確ではない。

この点について、ガイドライン通則編3-5-1-2は「個人情報取扱事業者が自らの意図に基づき個人データを第三者に提供する場合は、漏えいに該当しない。」と述べている。そのため、ゲストユーザーからのアクセスが、個人情報取扱事業者の意図に基づくものであれば「提供」として同意の取得有無などが問題になる。他方で、個人情報取扱事業者の意図に基づくものでなければ、「漏えい」への該当性が問題になる[1]。

本件では、ゲストユーザーへのアクセス権限の付与は個人情報取扱事業者の意図に基づくものではないと考えられるため、「漏えい」への該当性を検討することになる。

2 実施すべき安全管理措置

ガイドライン通則編では、「10（別添）講ずべき安全管理措置の内容」のうち「10-6　技術的安全管理措置」において、「(2)アクセス者の識別と認証　個人データを取り扱う情報システムを使用する従業者が正当なアクセス権を有する者であることを、識別した結果に基づき認証しなければならない。」と定めている。

本件では、セールスフォース社が提供するシステムの利用事業者が、ゲストユーザーに対して本来付与すべきでないアクセス権限を付与しており、技術的安全管理措置の不備により漏えいが発生したと評価することが可能である。

1　「個人データを第三者に閲覧されないうちに全てを回収した場合は、漏えいに該当しない」（ガイドライン通則編3-5-1-2）とされていることから、個人データへのアクセス状況などを検討することになる。

他方で、システム提供事業者の安全管理措置義務違反によって漏えいが発生することもあり得る。例えば、システム提供事業者が行った機能アップデートに際して、当初は認証が必要なユーザーのみに設定されていたアクセス権限が、ゲストユーザーにも設定されてしまうというような場合である。

　本件がこのようなケースに該当するかどうかは確認できなかったが、漏えいの発生原因によっては、システム提供事業者・システム利用事業者どちらの安全管理措置義務違反と評価すべきかの判断がより困難な場合も発生し得る。

□ その他（原審情報等）

・株式会社セールスフォース・ドットコムのクラウド製品での権限設定に関する注意喚起（令和3年5月31日、個人情報保護委員会事務局）[2]
・椎名紗彩著、曾我部真裕監修「実務問答個人情報保護法（第6回）『漏えい』の考え方」NBL1262号（2024年）42頁

2　https://www.ppc.go.jp/news/careful_information/salesforce_guestuser/

3-4-3 アカウント管理の責任

仮想通貨権利移転手続等請求控訴事件

東京高判令和2・12・10金融商事1615号40頁〔28291480〕

□ 事案の概要 ··

　仮想通貨[1]取引サービスのユーザ（原告（控訴人））のアカウントが、何者かからの不正アクセスを受けて、ビットコイン（約7.9BTC）を不正に外部へ送付（窃取）された。

　不正な外部への送付の際は、正しいログインパスワード、ワンタイムパスワード、PINコードが入力されていた。ただし、原告は、ログインパスワードは、初回に割り当てられたものをそのまま使用しており、サービスの提供者（被告（被控訴人））からの通知が届くメールアドレスのアカウントで用いていたパスワードの一部をPINコードに使いまわしていた。

　また、原告が被告のサービスを利用する際に同意した規約（本件規約）の5条2項には、「パスワードまたはユーザーIDの管理不十分、使用上の過誤、漏洩、第三者の使用、盗用等による損害の責任は登録ユーザーが負うものとし、当社は一切の責任を負いません。」という免責規定があった。

　原告は、ビットコインの返還債務が履行不能になったとして、被告に対し、損害賠償請求を行ったほか、予備的にビットコインの引渡請求等を行っていた。

　原審では、原告の請求をすべて棄却したため、原告が控訴した。

　控訴審判決の多くは、原審判決を引用しているため、以下の判示部分は、控訴審判決で引用された原審判決の判示部分を繋ぎ合わせている。

□ 争　点 ··

・被告が、本件規約5条2項によって免責されるか否か

　原告は、本件規約5条2項は、第三者がパスワード等を盗用して行った取引の効力をユーザに及ぼす根拠とはならない、あるいは、民法478条との平仄からすれば、被告が善意無過失の場合に限って免責されるべきところ、被告には

1　令和元年資金決済法改正により、法令上の用語は「仮想通貨」から「暗号資産」に改められたが、本件訴訟では改正前の「仮想通貨」が用いられている。

セキュリティ対策における過失があるから免責されない等の主張をしていた。

□ 裁判所の判断

裁判所は、本件規約5条2項の文理上、「登録ユーザーのパスワード管理が不十分であったこと等を原因として第三者がパスワードを盗用して行った取引について、被告のセキュリティ管理に問題があり、盗用されたことの主たる責任が被告に存在するような特段の事情が認められる場合を除き、その効力が当該登録ユーザーに及ぶことも定めるものと解するべき」であるとした（下線部は控訴審判決で追加された部分。原告、被告を控訴人、被控訴人に置き換えている。以下同じ）。そして、事案の概要に記載したとおり、原告のパスワード管理が不十分だったことを理由に、不正な送付が行われたことを認定したうえで、本件規約5条2項により、その効果がアカウント作成者である原告本人に及び、被告は免責されるとした。

原告が、被告には過失があるから免責されないと主張した点について、明示的に民法478条と同様に、善意無過失であることを要すると述べたわけではないが、以下のように「過失があるとはいえない」と述べて原告の主張を退けた（下線部は控訴審判決で修正された部分）。

> 被告は、本件サービスについて、初回ログインパスワードを変更しないまま利用することが可能な仕組みを採用してはいたものの、原告を含む登録ユーザーに対し、初回ログインパスワードを変更するよう注意を喚起するメールを送信するとともに（中略）、二段階認証の設定を強く推奨し、ワンタイムパスワードについてメール発行を選択する場合、登録メールアドレスのアカウントがハッキングされると二段階認証が突破される可能性があることを説明し、SMS 発行又は認証アプリ発行を選択することを推奨する旨のメールを送信していたことが認められる。（中略）
> これらの事情に鑑みれば、被告は、登録ユーザーの利便性の見地からワンタイムパスワードのメール発行の方法を選択することも可能にしつつ、メール発行を選択した場合に登録メールアドレスのアカウントがハッキングされると二段階認証が突破される可能性があることに対する適切な対策を講じていたものというべきであって、その余の原告の主張を併せ勘案し

> ても、被告のセキュリティ管理に問題があり、盗用されたことの主たる責任が被告に存在するような特段の事情は認められず、本件規約5条2項は、本件各取引に適用される。

□ 本判例のポイント（実務上の指針となる点等）

　多くのウェブサービスでは、本件規約5条2項と同様に、アカウントの不正利用があった場合でも、パスワード等が登録されたものと一致するなど、外観上正しい手続が行われた場合には、その効果が本人に帰属するという規定を置いている。この規定上は、サービス提供者（被告）の善意無過失を要件としていないものの、原審では、被告の過失の有無を検討したことから、裁判所は善意無過失を（書かれざる）要件であると解釈したようにも思われた。

　しかし、控訴審では、この点について、善意無過失を要求する文言がないことを強調したうえで、「被告のセキュリティ管理に問題があり、盗用されたことの主たる責任が被告に存在するような特段の事情が認められる場合」には適用されないとし、特段の事情を否定した。この種のアカウント管理に関する規定の適用に当たっては、書かれざる「善意無過失」を要件とするのではなく、一定のセキュリティ対策をとることを前提とすることを明確にしたことに意義がある。

□ その他（原審情報等）

・原審：東京地判令和2・3・2判時2509号50頁〔28282764〕
・浅井弘章「判批」銀行法務21第65巻12号（2021年）66頁

3-5-1 スタージャパン手術動画提供事件

手術動画提供事案に対する個人情報の保護に関する法律に基づく行政上の対応について

個人情報保護委員会／令和4年11月2日

□ 事案の概要 ⋯⋯⋯⋯⋯⋯⋯⋯⋯⋯⋯⋯⋯⋯⋯⋯⋯⋯⋯⋯⋯

　スタージャパン合同会社（以下、「スタージャパン社」という）は、眼内レンズ及びその他の医療機器の製造、輸入、販売を事業内容とする会社である。

　医療機関では、手術の際に手術動画を記録している場合がある。複数の医療機関において、従業員である医師の判断で、患者本人の同意や医療機関の承諾を得ることなく、スタージャパン社に眼科手術の手術動画を提供していた。

　個人情報保護委員会は、医療機関に対して手術動画の管理・取扱い状況について報告を求めた。また、当該報告の結果を踏まえ、個人情報を適切に取り扱っていなかった複数の医療機関に対し、144条に基づく指導を行うとともに、医療機関における個人情報の適切な取扱いに関して注意喚起を行った。

□ 論 点 ⋯⋯⋯⋯⋯⋯⋯⋯⋯⋯⋯⋯⋯⋯⋯⋯⋯⋯⋯⋯⋯⋯⋯⋯⋯⋯

1　個人情報該当性
2　個人データ該当性

□ 個人情報保護委員会の判断

　1　手術動画の「個人情報」「個人データ」該当性について

⑴　「個人情報」該当性について

ア　法第2条の規定する「個人情報」とは、生存する個人に関する情報であって、当該情報に含まれる記述等により特定の個人を識別できるもの（他の情報と容易に照合することができ、それにより特定の個人を識別できることとなるものを含む。）、又は個人識別符号が含まれるものをいう。映像、音声による情報も個人情報に含まれる。

イ　本件事案において、医療機関が医療機器メーカーに提供した手術動画は、診療録や手術記録等（以下「診療記録等」という。）と容易に照合

することができ、それにより特定の個人（患者）を識別できるもので
あった。このため、医療機関において、手術動画は、「個人情報」に該
当する。

(2) 「個人データ」該当性について

ア　法第16条第3項の規定する「個人データ」とは、「個人情報データ
ベース等」を構成する個人情報をいう。

イ　本件事案において、一部の医療機関は、手術動画について、診療記録
等と同様に、特定の個人情報を検索できるように体系的に管理していた
ところであり、かかる場合、手術動画は、「個人データ」に該当する。

ウ　他方、一部の医療機関は、手術動画をその撮影順に記録し続けるのみ
で、特定の個人情報を検索することができない状況であった。かかる場
合、手術動画は「個人データ」に該当しないものであるが、手術動画の
機微性等を踏まえれば、医療機関においては、これを適切に管理するこ
とが重要であるといえる。

2　手術動画を取り扱う場合に遵守する必要がある規律

（中略）

(2)　個人データの第三者提供にかかる同意（法第27条）

ア　個人情報取扱事業者は、原則として、あらかじめ本人の同意を得ない
で、個人データを第三者に提供してはならない。本人の同意を得るに当
たっては、事業の規模及び性質、個人データの取扱状況（取り扱う個人
データの性質及び量を含む。）等に応じ、本人が同意に係る判断を行う
ために必要と考えられる合理的かつ適切な方法によらなければならな
い。

イ　本件事案において、一部の医療機関は、個人データに該当する手術動
画を第三者に提供する際に、本人の同意を取得していなかった。中には、
学術研究に利用する旨を患者に説明したこと等をもって、第三者提供の
同意を取得したものと見做していた例もあった。

　　なお、一般的に医療機器メーカーは、学術研究を主たる目的とするも
のではないことから、「学術研究機関等」には該当せず、本件事案につ
いて、法第27条第1項第7号の例外には該当しないため、留意が必要で

ある。

1　個人情報該当性

　本件では、個人情報保護委員会により「医療機関が医療機器メーカーに提供した手術動画は、診療録や手術記録等（以下、「診療記録等」という）と容易に照合することができ、それにより特定の個人（患者）を識別できるものであった。このため、医療機関において、手術動画は、『個人情報』に該当する。」との認定がされている。医療機関では容易照合性の考慮がなされておらず、手術動画は個人情報であるとの認識を欠いたままスタージャパン社への第三者提供を行っていたケースが存在したものと考えられる。

　「容易照合性」「提供元基準」（事例3-1-2参照）といった、個人情報保護法の基本かつ重要な考え方が理解されていないと、情報単体から特定の個人を識別できるか否かで個人情報の該当性を判断してしまうことが起こり得る。個人情報の該当性の段階から判断を誤ると、個人情報保護法の多くの規制に網羅的に違反してしまう可能性が高い。

　個人に関する情報を取り扱う企業においては、従業員が採用・転職等により入れ替わることを踏まえ、従業員に対し、少なくとも年1回程度の研修を実施し、個人情報の該当性について根気よく説明し続けることが必要である。

2　個人データ該当性

　特定の個人を識別することができる映像情報であれば個人情報に該当するが、特定の個人情報を検索することができるように「体系的に構成」（16条1項1号）されたものでない限り、個人情報データベース等には該当しない。よって、記録した日時について検索することはできても、特定の個人に係る映像情報について検索することができない場合には、個人情報データベース等には該当しない。

　本件では、医療機関において、個人をキーにして検索が可能なようにデータベースが「体系的に構成」されていたか否かによって、医療機関側が法令違反と評価されるか否かの判断が分かれた。もっとも、本件から学ぶべき教訓は「法令違反にならないように、個人をキーに検索可能な状態におくことは避け

よう」という話ではない。「体系的に構成」されていない場合、状況によっては雑然と映像情報がフォルダ管理されていたり、PC のローカル環境（デスクトップなど）に放置されているような場合も想定される。そのような場合には別途情報漏えいなどセキュリティ上のリスクが存在する。個人情報保護委員会も、おそらくこの点を踏まえて「他方、一部の医療機関は、手術動画をその撮影順に記録し続けるのみで、特定の個人情報を検索することができない状況であった。かかる場合、手術動画は『個人データ』に該当しないものであるが、手術動画の機微性等を踏まえれば、医療機関においては、これを適切に管理することが重要であるといえる。」と述べている。

□ その他（原審情報等）

・手術動画提供事案に対する個人情報の保護に関する法律に基づく行政上の対応について（令和 4 年11月 2 日、個人情報保護委員会）[1]

---

1 https://www.ppc.go.jp/news/press/20221102-2/

3-5-2 総務省メール誤送信事件

メールアドレスの誤送信

総務省／令和2年10月30日

□ 事案の概要 ………………………………………………………………………

　総務省情報流通行政局情報通信作品振興課放送コンテンツ海外流通推進室は、令和2年10月30日、同室が実施する調査の対象事業者に対して事務連絡を送信する際、176名のメールアドレスが他の受信者に見える形で[1]電子メールを送信した。

□ 論　点 ………………………………………………………………………

1　個人情報該当性

2　個人データ該当性

3　漏えいについての提供元基準

4　再発防止策

□ 総務省の判断

1　概要

　令和2年10月30日（金）午後3時58分、当室が実施する調査の対象事業者の方々に対し、電子メールにて事務連絡を送信する際、着信先で137社、176名のメールアドレスが他の受信者に見える形で電子メールを送信してしまいました。

2　対応状況

　上記電子メールの送信後に担当職員がこれに気づき、本件に該当する関係者の方々に対し、連絡を差し上げた上で、お詫びを申し上げるとともに、当該電子メールの削除をお願いしました。

1　本来であればBCCに入れて送信するべきメールアドレスを、TO又はCCに入れて送信してしまった結果、送信対象となったメールアドレスがすべての送信先に漏えいした事案であると考えられる。

3 今後の対応

　今後、このような事態が生じないよう、<u>送信前に文書送信者以外の者が宛先及び送信内容を再度確認</u>するなど、厳重かつ適正な管理を徹底していきます。

□ 本件のポイント（実務上の指針となる点等）

1 個人情報該当性

　個人情報保護法上、「当該情報に含まれる氏名、生年月日その他の記述等（中略）により特定の個人を識別することができるもの」（2条1項1号）は個人情報に該当する。

　メールアドレスは、当該記述等から特定の個人を識別できるものとできないものがあることから、個人情報に該当する場合と、個人情報に該当しない場合があるとされている[2]。もっとも、個人情報取扱事業者が個別の各メールアドレスについて「個人情報に該当するメールアドレス」と「個人情報に該当しないメールアドレス」を分けて管理することは現実的でない。そのため、実務上は一律に個人情報に該当すると整理して管理しているのが通常である。

2 個人データ該当性

　多くの個人情報取扱事業者では、メール及びメールアドレスをメール管理ソフトで管理していると思われる。メール管理ソフトでは、

・担当者氏名

・メールアドレス

等をデータベース形式で管理している場合がほとんどであることから、メールアドレスは個人データにも該当すると考えられる。

3 漏えいについての提供元基準

　データベースで管理されている個人データの一部を提供する際に、当該データが個人データに該当するかは、実務上「提供元基準」を採用することが確立している（事例3-1-2参照）。また、漏えい等の場面でも同様に、漏えい元とな

---

2 「【個人情報に該当する事例】事例5）特定の個人を識別できるメールアドレス（kojin_ichiro@example.com 等のようにメールアドレスだけの情報の場合であっても、example 社に所属するコジンイチロウのメールアドレスであることが分かるような場合等）」（ガイドライン通則編2-1）

る事業者を基準とする、いわば「漏えい元基準」が採用されている[3]。

　よって、仮に漏えいしたメールアドレス単体に個人情報該当性が認められない場合（メールアドレス単体では特定の個人を識別できない場合）でも、漏えい元において個人データに該当する場合には、当該メールアドレスの漏えいは個人データの漏えいに該当することになる。

4　再発防止策

　総務省では「今後の対応」、つまり再発防止策として「送信前に文書送信者以外の者が宛先及び送信内容を再度確認するなど」を挙げている。この表現は、総務省におけるメールの誤送信における事例でたびたび繰り返されている。しかし、日常的に発生するメール送信に際して、都度メール送信者以外の者が目視で確認を行うことはかなりの工数を要するものであり、非現実的な再発防止策であるようにも感じられる[4]。

　再発防止策を考えるうえでは

・機械的に漏えい等が発生し得ないようにコントロールする

・漏えい等が発生してもそのリスクが最小限になるようにする

といった視点が有用である。例えば、「TO や CC に社外ドメインのメールアドレスが複数含まれる場合、注意喚起のポップアップを出す」「送信ボタンの押下から実際の送信までにタイムラグを設ける」「漏えい等の対象をメールアドレス等に限定できるように、メールへの機微なデータの添付は控える」などの対策がみられる。

□　その他（原審情報等）

・メールアドレスの誤送信（令和２年10月30日、総務省情報流通行政局情報通信作品振興課放送コンテンツ海外流通推進室）[5]

・メールアドレスの誤送信（令和３年４月27日、総務省総合通信基盤局電気通信事業部料金サービス課）[6]

3　「対象となった情報が個人データに該当するかどうかは、当該個人データを漏えい等した個人情報取扱事業者を基準に考えることになります。」（「個人情報の保護に関する法律についてのガイドライン（通則編）の一部を改正する告示案」に関する意見募集結果86）

4　実際、総務省では継続的にメールの誤送信が発生し続けている（「□その他（原審情報等）」参照）。

5　https://www.soumu.go.jp/menu_news/s-news/01ryutsu04_02000151.html

6　https://www.soumu.go.jp/menu_news/s-news/01kiban03_02000708.html

・メールアドレスの誤送信（令和2年9月18日、総務省情報流通行政局地域通信振興課）[7]
・電子メールによる添付書類の誤送信（令和2年10月2日、総務省総合通信基盤局電波部電波環境課認証推進室）[8]
・電子メールの誤送信（平成27年4月22日、総務省統計局統計調査部消費統計課企画指導第一係）[9]
・電子メールによる添付文書の誤送信（令和3年5月11日、総務省沖縄総合通信事務所）[10]
・電子メールでの添付書類の誤送信（令和2年11月27日、総務省関東総合通信局）[11]
・電子メールの誤送信について（平成28年12月15日、総務省信越総合通信局）[12]
・電子メールの誤送信について（令和2年9月11日、総務省東海総合通信局）[13]
・メールの誤送信について（令和6年7月4日、個人情報保護委員会事務局）[14]

7　https://www.soumu.go.jp/menu_news/s-news/01ryutsu06_02000277.html

8　https://www.soumu.go.jp/menu_news/s-news/01kiban16_02000241.html

9　https://www.soumu.go.jp/menu_news/s-news/01toukei07_01000084.html

10　https://www.soumu.go.jp/soutsu/okinawa/hodo/2021/21_05_12-001.html

11　https://www.soumu.go.jp/soutsu/kanto/press/2020/1127yu.html

12　https://www.soumu.go.jp/soutsu/shinetsu/sbt/hodo/161215.html

13　https://www.soumu.go.jp/soutsu/tokai/kohosiryo/2020/0911.html

14　https://www.ppc.go.jp/files/pdf/240704_gososhingaiyou.pdf

3-5-3 トヨタ自動車事件

トヨタ自動車株式会社による個人データの漏えい等事案に対する個人情報の
保護に関する法律に基づく行政上の対応について

個人情報保護委員会／令和5年7月12日

□ 事案の概要 …………………………………………………………

　トヨタ自動車株式会社（以下、「トヨタ社」という）は日本の自動車会社で
あり、車両の販売に加えて、「T-Connect」や「G-Link」（以下、総称して「本
件サービス」という）と呼ばれる、スマートフォンアプリ連動型のサービスを
提供している。

【アプリで提供している主なサービス】

● クルマを守る
  ・うっかり通知：クルマの鍵や窓の閉め忘れ、ハザードランプの消し忘れを
    スマホに通知
  ・リモート操作：スマホからクルマのドアロックやハザードランプ消灯等を
    操作
  ・リモート確認：スマホからクルマの鍵や窓の開閉状態等を確認
  ・カーファインダー：スマホでクルマの駐車位置を確認
  ・マイカーサーチ：ドアのこじ開けやクルマの始動などの危険を察知してス
    マホに通知

● クルマのメンテナンス
  ・eケア　ヘルスチェックレポート：クルマの健康状態（電子キーの電池残
    量やエンジンオイルの量等）をスマホで確認
  ・リモートメンテナンスツール：車検の情報など、販売店からのお知らせの
    受け取りが可能

● スマホで確認
  ・マイカーログ：おでかけ毎に走行距離や燃費、移動経路を自動記録
  ・ドライブ診断：安全とエコの2つのポイントで運転技術を診断
  ・充電・給電情報：クルマの充電量や給電状況等を確認可能

● スマホで操作

- マイセッティング：お好みのナビ設定やシート位置等をドライバー毎に記憶し、乗車時に自動反映
- リモートスタート（リモートエアコン）：クルマのエアコンの遠隔起動が可能
- デジタルキー：スマホをクルマのキーの代わりにできる

トヨタコネクティッド株式会社（以下、「TC社」という）はトヨタ社の関連会社であり、トヨタ社から本件サービスに関して、以下を含む個人データの取扱いの委託を受けていた。

- 車載端末ID（車載機（ナビ端末）ごとの識別番号）
- 車台番号（車両一台ずつに割り当てられた識別番号）
- 車両の位置情報
- 時刻

TC社は、クラウド環境の設定を誤り、トヨタ社から委託を受けていた個人データを公開状態に設定していた。その結果、約10年間にわたり、230万人分の個人データが外部から閲覧できる状態にあった。

トヨタ社は、当該個人データが漏えいした可能性のある顧客に対して、登録メールアドレス宛に、お詫びとお知らせを送信するとともに、「今回、外部より閲覧された可能性のあるお客様情報は、外部からアクセスした場合であっても、これらのデータのみでは、お客様が特定されるものではありません。」とのお知らせをウェブサイト上に掲載した[1]。

個人情報保護委員会は、本件についてトヨタ社に対する指導を行った。

□ 論　点 ……………………………………………………………

- 個人情報の定義

□ 個人情報保護委員会の判断

> トヨタ社では、個人データを保存するサーバのクラウド環境設定を行う従業員に対する個人情報に関する研修内容が不十分であったため、本件サーバ内に保存された車載機ID、車台番号及び位置情報等が個人情報として

1　https://global.toyota/jp/newsroom/corporate/39174380.html

認識されておらず、適切な取扱いが行われていなかった。

また、本件サーバのクラウド環境における設定には不備があり、アクセス制御が適切に実施されていなかった点に問題があったところであるが、トヨタ社は、委託先である TC 社における個人データの取扱いについて、サーバのクラウド環境におけるアクセス制御の観点からの監査・点検を実施しておらず、TC 社における個人データの取扱状況を適切に把握していなかった。

そのため、トヨタ社では、①従業者に対し、クラウド環境設定における個人データ取扱いのルールに関する社内教育を徹底する、②クラウド設定を監視するシステムを導入し、設定状況を継続的に監視するとともに、技術的に公開設定ができないようにする、③TC 社に対して、クラウド環境設定に関する個人データの取扱い状況を定期的に監査する等の再発防止策を策定している。

□ 本件のポイント（実務上の指針となる点等）

　個人情報は「生存する個人に関する情報であって、次の各号のいずれかに該当するものをいう。」と定義されており（2条1項柱書）、同項1号に「当該情報に含まれる氏名、生年月日その他の記述等（中略）により特定の個人を識別することができるもの（他の情報と容易に照合することができ、それにより特定の個人を識別することができることとなるものを含む。）」と掲げられている。

　事業者は、利用者に対して識別子（以下、「利用者 ID」という）を付与し、取得する当該利用者の情報を利用者 ID に紐づけて一元的に管理することが多い。この場合、当該利用者の情報は、複数のデータベースに分散して保存される場合もあり得るが、利用者 ID を通して、別途保有する氏名等と「容易に照合することができ」るようになる場合には、利用者 ID に紐づく情報全体が個人情報に該当する。

　本件では、トヨタ社が「個人データが漏洩した可能性のある顧客に対して、登録メールアドレス宛に、お詫びとお知らせを送信」できている。そうだとすれば、トヨタ社内においては車載端末 ID か車台番号の少なくとも一方から氏名やメールアドレスに到達するなどして、特定の個人を識別できていたものと

【本件におけるデータベースのイメージ図】

漏えいしたデータ

車載端末ID	車台番号	車両の位置情報	時刻
00001	abcde	xn76fgrd	202304011100
00001	abcde	xn76fgrf	202304011105
00002	fghij	xn774cnd	202304011110

保有していたと思われるデータ

利用者ID	車載端末ID	氏名	メールアドレス
00001	00001	伊藤 雅浩	aaaaa@bbbbb
00001	00002	倉﨑 伸一朗	ccccc@ddddd
00002	00003	世古 修平	eeeee@fffff

(出所：公開情報から筆者が作成)

考えられる。よってこれらの情報は個人情報を構成するが、トヨタ社内では「車載機 ID、車台番号及び位置情報等が個人情報と認識されて」いなかった。

　個人情報保護委員会は「社内教育を徹底」することを求めているが、事業者が従業員に対して教育をするうえでは、法律の定義の説明だけで理解を浸透させることは難しい。筆者としては、自社で取り扱うデータの構造について、具体例を見せながら教育を行うのが効果的であると考える。

□ その他（原審情報等）

・トヨタ自動車株式会社による個人データの漏えい等事案に対する個人情報の保護に関する法律に基づく行政上の対応について（令和5年7月12日、個人情報保護委員会）[2]
・クラウド環境の誤設定によるお客様情報の漏洩可能性に関するお詫びとお知

2　https://www.ppc.go.jp/news/press/2023/230712_01/

らせについて（トヨタ自動車株式会社、2023年05月12日）[3]

・215万人の車両情報が公開状態に　繰り返されるクラウドの設定ミス（日経 XTECH、2023年 6 月20日）[4]

3　https://global.toyota/jp/newsroom/corporate/39174380.html

4　https://xtech.nikkei.com/atcl/nxt/mag/nc/18/020600011/061300134/

3-5-4 ヤフオク！社内識別子漏えい事件

LINE ヤフー株式会社に対する個人情報の保護に関する法律に基づく行政上の対応について

個人情報保護委員会／令和 6 年 3 月 28 日

□ **事案の概要** ……………………………………………………………………

　LINE ヤフー株式会社（以下、「LY 社」という）は、日本のインターネットサービス企業であり、インターネットオークションサービス「ヤフオク！」（現Yahoo! オークション。以下、「ヤフオク」という）を運営している。

（出所：Yahoo! オークション（https://auctions.yahoo.co.jp/））

　ヤフオクの特定の商品ページ等において、一定のコマンドの入力等を行った場合に、オークション出品者のユーザー識別子（以下、「GUID」という）が表示される仕様となっていた。これにより、LY 社から不特定多数の第三者に対し、GUID の漏えいのおそれが生じた。詳細は以下のとおりである。

・ヤフオクにて LY 社が定める参加基準を満たしたオークション出品者は、自らが管理するページ上に出品した商品の画像を掲載することが可能であるが、当該画像の URL に、当該出品者の GUID が表示される仕様となっていた。

・オークション出品者が出品している商品を落札する画面において、商品のクーポンが表示される場合がある。この場合において、ブラウザ付随の開発者用検証ツールを実行すると、表示される検証用文字列中に、当該出品者の

GUID が表示される仕様となっていた。

なお、GUID が第三者に閲覧されたかについては確認できていないため、実際に漏えいが発生したか否かは特定できておらず、漏えいのおそれが生じたにとどまる。

□ 論　点 ⋯⋯⋯⋯⋯⋯⋯⋯⋯⋯⋯⋯⋯⋯⋯⋯⋯⋯⋯⋯⋯⋯⋯⋯⋯⋯⋯

1　個人情報該当性
2　URL や HTML ソースコードにおける、ユーザ識別子の利用

□ 個人情報保護委員会の判断

個人情報保護委員会は、「LY 社においては、Yahoo!JAPAN のサービスを利用するために Yahoo!JAPAN のアカウントを取得し利用している者の属性情報（携帯電話番号、氏名、生年月日、メールアドレス、パスワード、お気に入り情報等）やサービス利用履歴情報（各サービスのアプリケーションログ等）を GUID に紐付けて管理しており、GUID は個人データに該当する。」と述べたうえで、以下のとおり判断した。

> LY 社においては、GUID が HTML ソースコード、画像表示ページの URL 及び開発者用検証ツールにおいて公開される状態となっており、適切なアクセス制御が行われていなかった。したがって、個人データの取扱いに係る技術的安全管理措置（アクセス制御）に不備が認められる。

□ 本件のポイント（実務上の指針となる点等）

1　個人情報該当性
本件において属性情報のテーブルには、氏名、生年月日が含まれており、これらにより特定の個人を識別することができる。よって、属性情報のテーブル全体が「当該情報に含まれる氏名、生年月日その他の記述等（中略）により特定の個人を識別することができるもの」（2 条 1 項 1 号）であり、個人情報に該当する。属性情報のテーブルに含まれる GUID は、当該情報の一部を構成するため、個人情報に該当する。

今回漏えいの対象になったと考えられるのは、属性情報のテーブル全体ではなくサービス利用履歴情報のテーブルに含まれる GUID である。しかしこちらも、個人情報である属性情報のテーブルと容易照合性があるため（同号）、個人情報である。

【本件における属性情報のテーブルのイメージ図】

属性情報

GUID	携帯電話番号	氏名	生年月日	メールアドレス	パスワード	お気に入り情報
00001						
00002						
00003						

サービス利用履歴情報

GUID	ヤフオク! 利用履歴情報
00001	
00002	
00003	

GUID	ヤフーショッピング 利用履歴情報
00001	
00002	
00003	

GUID	ヤフートラベル 利用履歴情報
00001	
00002	
00003	

（出所：公開情報より筆者が作成）

2　URL や HTML ソースコードにおける、ユーザ識別子の利用

　個人情報の定義の理解が十分ではないと、単独で特定の個人を識別できないユーザ識別子やサービス利用履歴情報は、非個人情報であると特に誤解されやすい。このような誤解に基づき、ユーザ識別子をウェブサイトの URL や、HTML ソースコードに入れ込んでしまうと漏えいにつながり得る。そのため、実装を担当する非法務部門に対しても個人情報の定義を浸透させておきたい。

□ その他（原審情報等）

・LINE ヤフー株式会社に対する個人情報の保護に関する法律に基づく行政上の対応について（令和 6 年 3 月28日、個人情報保護委員会）[1]

1　https://www.ppc.go.jp/news/press/2024/240328/

3-5-5 Amazon 個人情報誤表示事件

Amazon の通販サイトで発生した利用者の個人情報の誤表示について

個人情報保護委員会／令和元年10月11日

□ 事案の概要

アマゾンジャパン合同会社は、大手通販サイトである Amazon.co.jp を運営している。Amazon.co.jp において、システム変更時の設定の不具合により、同通販サイトにログインした際、一部の利用者において、ログインした利用者とは別の利用者の個人情報が表示されるという事象が発生した。

本事象は、令和元年 9 月26日に発覚し、同日中に解消されたが、これにより約11万アカウントの利用者の個人情報（利用者により異なるものの、氏名、配送先住所、注文履歴、閲覧履歴等を含む）が他の利用者に表示されるおそれが生じた。

□ 論 点

1　「漏えい等」への該当性
2　漏えい等の「おそれ」
3　報告がためらわれる場合の対応

□ 個人情報保護委員会の判断

> 本件については、Amazon から既に報告を受けており、当委員会として、再発防止策及び利用者からの本件に対する問い合わせへの対応を確実に履行するよう求めました。
>
> なお、今回の事象が、システム変更時に発生したことを踏まえ、ウェブサイトのプログラム修正、バージョンアップなどの変更・修正を行った場合は、十分な動作試験を行うとともに、脆弱性の有無についても確認することが重要であることについて、再度注意喚起を行います。

1 「漏えい等」への該当性

「漏えい」とはガイドライン通則編3-5-1-2において「個人データが外部に流出することをいう。」と定義されている。

Amazon.co.jp のトップページにログインした状態でアクセスすると、「お届け先□□□□さん」「XXX-XXXX（郵便番号）」などが表示されるが、これらの情報が本来の利用者以外の者に表示された場合、「個人データが外部に流出すること」に該当するため、漏えいと評価される[1]。

（出所：amazon.co.jp）

さらに、Amazon.co.jp のトップページからアカウントサービスのページに進むと、配送先住所、注文履歴、閲覧履歴などを表示することができる。これらのページが誤って本来の利用者以外の者に表示された場合、漏えいの対象が配送先住所、注文履歴、閲覧履歴などに及ぶことになる。

2 漏えい等の「おそれ」

本件では「本事象は9月26日に発覚し同日中に解消された」とされており、漏えいの対象になったアカウント数は「約11万アカウント」とされている。

一般に、漏えい等への対応においては、被害の大きさ、影響などの事実の確定ができない場合が非常に多い。このことは、とりわけ個人情報保護委員会への報告の要否の基準となる「個人データに係る本人の数が千人を超える漏えい等が発生し、又は発生したおそれがある事態」（規則7条4号）への該当性判定において問題になる。

---

1 ガイドライン通則編において【個人データの漏えいに該当する事例】として例示されている、「事例3）システムの設定ミス等によりインターネット上で個人データの閲覧が可能な状態となっていた場合」に該当する。

ガイドライン通則編3-5-3-1では、「本人の数が確定できない漏えい等におい
て、漏えい等が発生したおそれがある個人データに係る本人の数が最大1,000
人を超える場合には、規則第7条第4号に該当する。」とされている。ガイド
ライン上の「おそれ」についての記載は抽象的なものにとどまるが、実務上は、

・個人情報保護委員会に対して説明可能な程度の合理的な前提条件に基づいて、
　対象人数を推定できる場合には当該推定に基づく人数
・そのような推定が難しい場合には、漏えい等が発生したおそれがある最大数
で対応することがある[2]。

3　報告がためらわれる場合の対応

　本件では「システム変更時の設定の不具合により」という事業者の過失に
よって漏えい等が生じている。このように、業務を行ううえでの過失によって
漏えい等が生じた場合、その負い目などから個人情報保護委員会への報告に対
して消極的になる者が社内に現れる場合がある。

　しかし、個人情報保護委員会への報告は「不正の目的をもって行われたおそ
れがある個人データの漏えい等が発生し、又は発生したおそれがある事態」に
も求められているとおり、事故の情報を共有して、同種の事故の再発防止に役
立てるという公益的な側面もある。

　報告すること自体が漏えい等をしてしまった罰であるととらえると、報告す
ることに対して社内的な反発も予想される。法務部門などの担当部門は、上記
のような公益的側面についても説明し、関係者の理解を求めるなどの工夫が必
要であろう。

□　その他（原審情報等）

・個人情報の保護に関する法律に基づく行政上の対応について（令和元年10月
　11日、個人情報保護委員会）[3]
・WARNING～ウェブサイトを運営している事業者の皆様への注意喚起～（事
　例4参照）（平成30年6月28日、最終改訂：令和元年7月12日、個人情報保

2　「報告対象事態における『おそれ』については、その時点で判明している事実関係に基づいて個別
　の事案ごとに蓋然性を考慮して判断することになる。漏えい等が発生したおそれについては、その
　時点で判明している事実関係からして、漏えい等が疑われるものの漏えい等が生じた確証がない場
　合がこれに該当する。」（ガイドライン通則編3-5-3-1）

3　https://www.ppc.go.jp/news/press/2019/20191011_2/

護委員会)⁴

3-5-6 四谷大塚事件

株式会社四谷大塚に対する個人情報の保護に関する法律に基づく行政上の対応について

個人情報保護委員会／令和 6 年 2 月29日

□ 事案の概要

　株式会社四谷大塚（以下、「四谷大塚」という）は、小学生（以下、「児童」という）を対象とした中学受験学習指導を行っている。四谷大塚は、社員に対して児童の名簿を管理する社内システム（以下、「本件システム」という）の ID とパスワードを付与し、学習指導を担当する児童の個人情報を閲覧できるようにしていた。

　社員Ａは業務中に児童を盗撮し、画像や動画を知人らと共有していた。また、社員Ａは、本件システムを利用して、小学 2 ～ 5 年の女子児童数人の住所や氏名、生年月日などを閲覧し、自身が管理する SNS のグループチャットに投稿した。四谷大塚は、この事象が発覚した後、社員Ａを懲戒解雇した。

　警視庁は、元社員Ａを個人情報保護法違反（個人情報データベース等の盗用。179条）の容疑で東京地検に書類送検し、法人としての四谷大塚も同容疑（184条）で書類送検した。この処分を受けて、四谷大塚は、以下の 2 点を再発防止策として発表した。

・再発防止策 1 　「家庭からの教室内ライブモニタリングシステム」の開発と設置

・再発防止策 2 　従業員の採用における、より慎重かつ厳格な選抜の実施

□ 論　点

・再発防止策の検討

□ 個人情報保護委員会の判断

(2)　取扱状況の把握及び安全管理措置の見直しが不十分であったこと

　ガイドラインにおいて、個人情報取扱事業者は、個人データの取扱状況を把握し、安全管理措置の評価、見直し及び改善に取り組まなければなら

ないとされている（10-3⑸取扱状況の把握及び安全管理措置の見直し）。

　四谷大塚によれば、責任者である塾長（会社全体を統括する者）が定期的に内部監査を実施していたとのことであるが、監査の項目は、研修の実施状況を確認するにとどまるものであり、個人データの取扱状況については確認していなかった。

　したがって、四谷大塚においては、個人データの取扱状況の把握及び安全管理措置の見直しに不備があったものと認められる。

□　事業者の判断

再発防止対策

１．「家庭からの教室内ライブモニタリングシステム」の開発と設置

　講師やスタッフはスマートフォンなどの写真・動画が撮影可能な機器類の教室内への持ち込みを厳禁とし、個人情報へのアクセスは校舎責任者及びそれに準ずる者に制限することは当然のこととして、即時、実行してまいります。

　更に新たに、ご家庭から校舎にお通いのお子さまの教室での授業の様子が、スマートフォンなどの電子機器からリアルタイムに確認できる、ライブモニタリングシステムを早急に開発し、四谷大塚の全校舎、全教室に設置致します。

　「家庭からの教室内ライブモニタリングシステム」は、塾業界内でも導入しておらず、弊社が先駆けとなる画期的なシステムです。

　お子様が授業を受けている教室の様子をいつでもご家庭からご確認いただくことで、安心して私どもの校舎にお子様を送り出していただけると考えます。

　当システムの開発には多少のお時間を頂戴いたしますが、開発・設置までの期間（３か月間程度）は、授業中にもう１人のサブチューターを教室内に常駐させ、２人体制で授業を行うことで、教室で生徒と講師１人だけの密室状態にならないように致します。

　尚、上記２人体制を実施するにあたり、人員の手配を鋭意進めておりま

すが、全校舎での実施は、9月当初からの見込みです。ご理解いただければ幸いです。

2．従業員の採用における、より慎重かつ厳格な選抜の実施

正社員・非常勤講師及びアルバイトスタッフなどの従業員の採用過程において、これまで以上に、より慎重かつ厳格な面接での選抜を行うとともに、不適切な人物を完全に検知できるものではないと承知しておりますが、心理学専門家の指導の下、心理分析テスト・性格分析テストの活用をして、適切な人物を採用するように努めます。

□ 本件のポイント（実務上の指針となる点等）

再発防止策の検討においては、一連の業務プロセスを明確化したうえで、
・発生した不適切な行いが、どのプロセスで発生したのか
・発生した不適切な行いを、本来検知すべきだったプロセスはどこだったのか
を検討することが有用である。また、具体的に採用する再発防止策は、それにより生じる権利侵害がより少ない方法を採用すべきである。

本件で四谷大塚は、再発防止策①では社員による授業中の盗撮行為の検知を、再発防止策②では社員の採用段階から不適切な行動をすることが予見される人物を検知し、排除することを目的としているものと思われる。

もっとも、再発防止策①は、
・カメラの設置等の盗撮における「不適切な行い」は授業開始前に行われると思われ、授業中に「不適切な行い」が行われることは相対的に少ないと思われること
・社員以外に、児童たちも監視の対象に含まれてしまうこと
を踏まえると、本件への直接の再発防止策としては最善の選択肢とはいい難く、保護者の安心感を確保するための施策という側面が強いように思われる。

□ その他（原審情報等）

・株式会社四谷大塚に対する個人情報の保護に関する法律に基づく行政上の対応について（令和6年2月29日、個人情報保護委員会）[1]
・社員不祥事に関するお知らせ（2023年8月13日、四谷大塚）[2]

・元社員不祥事に関する再発防止対策について（2023年8月17日、四谷大塚）[3]

・弊社元社員の逮捕について（2023年8月19日、四谷大塚）[4]

・弊社元社員の逮捕及び弊社書類送検について（2023年10月3日、四谷大塚）[5]

・「四谷大塚」盗撮、元講師と法人を書類送検…被害女児の個人情報がSNSに（2023年10月2日、読売新聞オンライン）[6]

・「家庭からの教室内ライブモニタリングシステム」について（2023年11月15日、四谷大塚）[7]

1　https://www.ppc.go.jp/news/press/2023/240229_houdou/

2　https://www.yotsuyaotsuka.com/resources/pdf/20230813.pdf

3　https://www.yotsuyaotsuka.com/resources/pdf/20230817.pdf

4　https://www.yotsuyaotsuka.com/resources/pdf/20230819.pdf

5　https://www.yotsuyaotsuka.com/resources/pdf/20231003.pdf

6　https://www.yomiuri.co.jp/national/20231002-OYT1T50112/

7　https://www.yotsuyaotsuka.com/resources/pdf/20231115.pdf

3-5-7 尼崎 USB メモリ紛失事件（委託部分）

BIPROGY 株式会社に対する個人情報の保護に関する法律に基づく行政上の対応について

個人情報保護委員会／令和 4 年 9 月21日

□ 事案の概要 ··

　尼崎市は、住民税非課税世帯等に対する臨時特別給付金支給事務（以下、「本件業務」という）における保有個人情報（60条 1 項）の取扱いを、BIPRO-GY 株式会社（以下、「ビプロジー社」という）に委託していた。令和 4 年 6 月21日、ビプロジー社の委託先である有限会社リンクドゥ（以下、「リンクドゥ社」という）の従業者が、尼崎市の全住民約46万人の住民基本台帳の情報等の個人情報を含む USB メモリ（以下、「本件 USB メモリ」という）を紛失する事案が発生した。なお本件 USB メモリは、「ユーザデータを自動暗号化する機能が搭載されており、USB メモリ内部のデータ保存領域に書き込まれる全データがパスワードで保護され」ていた（尼崎市 USB メモリー紛失事案に関する調査報告書）。なお、同月24日には、本件 USB メモリは発見されており、個人データが第三者に漏えいした事実は確認されていない。

　個人情報保護委員会は、146条 1 項の規定に基づく立入検査等の調査を実施した結果を踏まえ、令和 4 年 9 月21日に、147条の規定に基づく指導を行った。

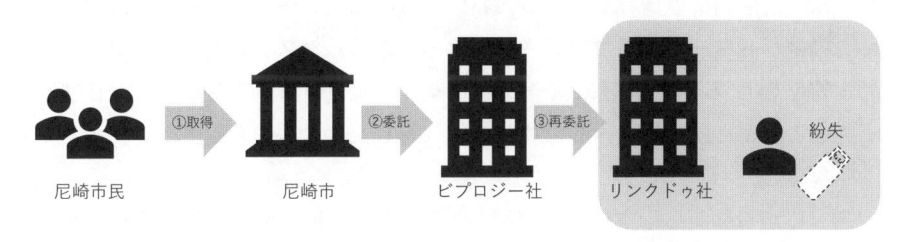

□ 論　点 ··

1　安全管理措置

2　社内規程に沿った運用の確保

3　委託先の監督

4　暗号化データの漏えい等

□ 個人情報保護委員会の判断

(1)　BIPROGY 株式会社は、多くの行政機関・地方公共団体・民間企業からシステム開発・保守業務の委託を受ける IT サービス事業者であり、尼崎市から臨時特別給付金支給事務を受託していた（以下、「本件業務」という。）。当該事務は、生活・暮らしの困難に直面している住民に対して速やかに金銭的支援を行う重要な事務であり、かかる事務が適切に遂行されることに対する住民の期待は大きい。他方、本件業務において同社が取り扱う個人データは、尼崎市全住民の住民基本台帳上の情報が含まれる多量の個人データであり、給付該当審査のための障害有無等の要配慮個人情報や、給付金支給のための口座番号等が含まれているため、当該個人データの量及び性質からすると、漏えい等が発生した場合のリスクは特に高く、本人が被る権利利益の侵害の程度が大きいものである。このように、重要な事務に関連して多量かつ機微性の高い個人データを恒常的に取り扱うという BIPROGY 株式会社の事業の性質を踏まえると、同社においては、個人データの取扱いに関して個人情報保護法を厳に遵守すること、とりわけ、高い水準の安全管理措置等を講じることが求められる。

また、尼崎市の情報システムにおいては、個人データが分離された複数のネットワーク環境で管理されているところ、システム間のデータ持ち運びを USB メモリ等の電子媒体に頼らざるを得ない業務が多く存在することからすれば、当該媒体等を紛失等した場合の影響は大きいものとなる。

(2)　しかしながら、本件業務に関し、BIPROGY 株式会社の個人データの取扱い実態及び再委託先等（BIPROGY 株式会社の委託先及び再委託先をいう。以下同じ。）における個人データの取扱状況の把握実態について調査したところ、「個人情報の保護に関する法律についてのガイドライン（通則編）」記載の個人情報保護法第23条に定める安全管理措置及び個人情報保護法第25条に定める委託先の監督について、以下の問題点が認められた。

①BIPROGY 株式会社では、個人データの取扱いに係る規律自体は存在していたものの、同規律に従った運用を確保するための組織的安全管理措置が適切に講じられておらず、本件業務に携わった同社の従業者等が、同規律に反して、セキュリティ部門等に許可を得ずに USB メモリに個人データを保存し、当該 USB メモリを施錠機能のないかばんに入れて管理区域外に搬送し、利用目的を果たした後も当該 USB メモリ内の個人データを消去しないまま、当該 USB メモリを所定の保管場所に戻さず持参した状態にて飲食を行い、その結果、個人データが保存された当該 USB メモリを紛失するに至ったものである。

（中略）

④本件業務では、BIPROGY 株式会社の従業者であるプロジェクト責任者の指示の下で、再委託先等の従業者が実業務を担っていたところ、USB メモリを用いた拠点間の個人データ運搬作業を含む個人データの取扱いについて、前記プロジェクト責任者は、具体的な手順や講ずべき安全管理措置に関して何ら指示することなく、再委託先等の従業者らに一任し、その検討結果の確認も行わず、また、再委託先等に対し実際の個人データの取扱いについて報告を求め又は指示を行うことをしないなど、個人データの取扱状況を把握しておらず、再委託先等の監督を適切に行っていなかった。

個人情報保護委員会は以上のとおり述べたうえで、以下のとおり判断した。

(1)　組織的安全管理措置

BIPROGY 株式会社では、網羅的にリスクに応じて必要かつ適切な措置を検討し承認するといった適切な安全管理措置を講ずるための組織体制が整備されておらず（上記1⑵②）、また、本件業務において個人データの取扱いに係る規律に従った運用が確保されていなかったこと（上記1⑵①）を踏まえ、同社が個人データの取扱いの委託を受けている全ての事業において、網羅的にリスクに応じて必要かつ適切な措置を検討し承認するといった適切な安全管理措置を講じるための組織体制を整備し、同社の管理規程及び委託元と取り決めた管理規程等個人データの取扱いに係る規律の

遵守状況を確認し、必要に応じてそれらの規律又は管理体制を見直すこと。
（中略）

(3)　委託先の監督

BIPROGY 株式会社では、再委託先等に対し実際の個人データの取扱状況について報告を求め又は指示を行うといった個人データの取扱状況の把握のために必要な措置を行っていなかった点（上記1(2)④）を踏まえ、今後、同社が再委託先等に個人データの取扱いを委託する場合には、安全管理措置及び個人データの取扱いに係る規律の意識及び知見を持った責任者が再委託先等における個人データの取扱状況を適切に把握できるよう、モニタリング機能の強化を図ること。

□　本件のポイント（実務上の指針となる点等）　 Point

1　安全管理措置

　個人情報取扱事業者は安全管理措置（23条）を講じる義務を負うが、その内容は「起因するリスクに応じて、必要かつ適切な内容としなければならない。」（ガイドライン通則編3-4-2）とされている。本件では、個人情報保護委員会が「指導の原因となる事実」を認定するうえで、①業務内容と②取り扱うデータの両面から分析を行っている。

　まず、①業務内容に関し「BIPROGY 株式会社は、多くの行政機関・地方公共団体・民間企業からシステム開発・保守業務の委託を受ける IT サービス事業者であり、尼崎市から臨時特別給付金支給事務を受託していた」「生活・暮らしの困難に直面している住民に対して速やかに金銭的支援を行う重要な事務であり、かかる事務が適切に遂行されることに対する住民の期待は大きい」と認定し、業務内容の重要性が高いものであると評価している。世の中に存在する各業務はそれぞれ固有の重要性を持つが、本件では「個人データが漏えい等をした場合に本人が被る権利利益の侵害の大きさ」（ガイドライン通則編3-4-2）から重要性が高いと判断したのであろう。同種のことは、医療、金融、重要インフラといわれる領域における業務にも当てはまる。

　続いて、②取り扱うデータに関し「給付該当審査のための障害有無等の要配慮個人情報や、給付金支給のための口座番号等が含まれているため、当該個人

データの量及び性質からすると、漏えい等が発生した場合のリスクは特に高く、本人が被る権利利益の侵害の程度が大きいものである」と評価している。これらは26条1項が漏えい時の報告対象として定めている「要配慮個人情報」（規則7条1号）や「財産的被害が生じるおそれがある個人データ」（規則7条2号）に該当する可能性があり、1件の漏えい等で直ちに漏えい等の報告が必要になる情報である。

　以上を踏まえると、本件は一般にリスクが高いと評価され得るものであり、高いリスクに応じた安全管理措置を講じるべきであった。

2　社内規程に沿った運用の確保

　「安全管理のために必要かつ適切な措置」（23条）の内容は、ガイドライン通則編の「10　（別添）講ずべき安全管理措置の内容」において詳細化されている。そして、「10-2　個人データの取扱いに係る規律の整備」では、「個人情報取扱事業者は、その取り扱う個人データの漏えい等の防止その他の個人データの安全管理のために、個人データの具体的な取扱いに係る規律を整備しなければならない」と定めており、各事業者はこれを受けて、社内規程で必要な規律を定めている。

　他方で、社内規程を制定するまでで取組が終わってしまい、規程どおりの運用を確保することを怠るケースを見かけることがある。また、社内規程の内容としては個人情報保護法の条文を単に写しただけの場合もあり、このような規程では実業務における対応との間に乖離があり、形骸化を防ぐことは難しい。社内規程の下位規程として、具体的な運用方法についても定め（ガイドライン、プロシージャ、手順書などと呼ばれることがある）、実業務に即したルールとして使われる形にすることが重要である。

3　委託先の監督

　本件では、安全管理措置の実施に関して、プロジェクト責任者が実施を再委託先の従業者らに一任し、その結果の確認を行わず個人データの取扱状況を把握していないなど、再委託先等の監督を適切に行っていなかったと認定されている。

　一般に、テクノロジー領域の業務を外部に委託する目的は、人員・工数の確保というよりは、専門性の確保という側面が大きい。委託元は、自社にない技術的な専門性を求めて委託先に業務を委託することから、どうしても委託先に

すべてを任せるような形になってしまいがちである。

　しかし、委託先が取り扱うデータについても最終的な管理責任を負っているのは委託元である。委託先の協力も得ながら、必要な委託先の監督が果たせる体制を構築することが求められる。

4　暗号化データの漏えい等

　規則7条1号では、漏えい報告の対象になる個人データから、「高度な暗号化その他の個人の権利利益を保護するために必要な措置を講じたものを除く」とされている。

　本件では、「ユーザデータを自動暗号化する機能が搭載されており、USB メモリ内部のデータ保存領域に書き込まれる全データがパスワードで保護され」ており、「USB メモリに格納された尼崎市民の個人データが何者かによって正しいパスワードが入力されてログインされた形跡はなく、この間に上記個人データのこれら2本の USB メモリからの漏えいがあったとは認められない」とされている（尼崎市 USB メモリー紛失事案に関する調査報告書）。よって、本件は事後的にみれば、報告の対象に含まれない可能性もある。

□　**その他（原審情報等）**　………………………………………………………

・BIPROGY 株式会社に対する個人情報の保護に関する法律に基づく行政上の対応について（令和4年9月21日、個人情報保護委員会）[1]
・個人情報を含む USB メモリーの紛失事案について（2023年6月29日、尼崎市）[2]
・尼崎市 USB メモリー紛失事案に関する調査報告書（令和4年11月28日、尼崎市 USB メモリー紛失事案調査委員会）[3]
・USB メモリー紛失事案について（BIPROGY）[4]

---

[1]　https://www.ppc.go.jp/news/press/2021/220921kouhou/
[2]　https://www.city.amagasaki.hyogo.jp/kurashi/seikatusien/1027475/1030947.html
[3]　https://www.city.amagasaki.hyogo.jp/_res/projects/default_project/_page_/001/030/947/houkokusyo.pdf
[4]　https://www.biprogy.com/com/info_security/info202206.html

3-5-8 尼崎 USB メモリ紛失事件（再委託先部分）

尼崎市 USB メモリ紛失事案に対する個人情報の保護に関する法律に基づく行政上の対応について

個人情報保護委員会／令和 5 年 2 月22日

□ **事案の概要** ⋯⋯⋯⋯⋯⋯⋯⋯⋯⋯⋯⋯⋯⋯⋯⋯⋯⋯⋯⋯⋯⋯⋯⋯⋯⋯⋯⋯

事案の概要は事例3-5-7参照。

令和 5 年 2 月22日、個人情報保護委員会は、ビプロジー社に加えてリンクドゥ社に対しても144 条の規定に基づく指導を行った。

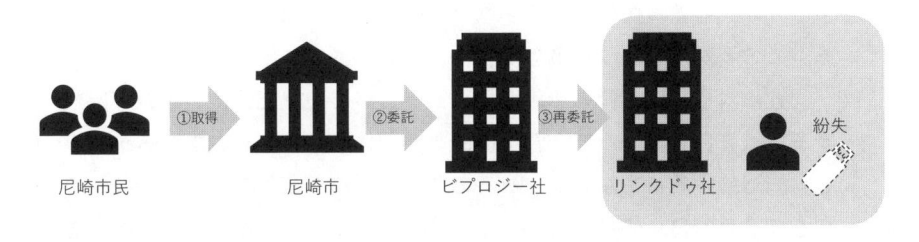

□ **論 点** ⋯⋯⋯⋯⋯⋯⋯⋯⋯⋯⋯⋯⋯⋯⋯⋯⋯⋯⋯⋯⋯⋯⋯⋯⋯⋯⋯⋯⋯⋯⋯⋯

1　人的安全管理措置

2　再委託先の監督

□ **個人情報保護委員会の判断**

⑴　リンクドゥ社は、ソフトウェア開発業を営む従業者10名未満の個人情報取扱事業者であるが、本件業務において、同社従業者の取り扱っていた個人データは、尼崎市全住民約46万人の住民基本台帳を含む大量かつ機微性の高い内容であったことに鑑みると、その取り扱う個人データの量及び質に応じた安全管理措置（「個人情報の保護に関する法律についてのガイドライン（通則編）」参照。）を、同社として講ずることが必要である。

⑵　調査の結果、リンクドゥ社において、同社の従業者に個人データを取り扱わせるに当たり、同社の従業者において、<u>委託元の規律を遵守させ</u>

るために必要な人的安全管理措置が十分に講じられていなかったことを確認した。このことが、本件事案発生を招いた原因と即断できるものではないが、少なくとも、本件事案発生に至る背景として同社に生じていた問題であることから、速やかに改善されるべきである。

(3) リンクドゥ社は、本件事案発覚後、委員会からの調査や問題点の提示を通じて、同社が本件業務において取り扱っていた個人データの重要性と、それを取り扱う個人情報取扱事業者としての責任を再認識し、今後、同社従業者が取引先等から委託されるなどして大量に個人データを取り扱うことになった場合にも、適切な安全管理措置を講ずることができるよう、従業者教育体制を見直すなどの改善策を自律的に講じたものである。この姿勢及び同改善策の内容は、一定の評価に値する。

(4) 同社に対しては、個人情報取扱事業者として、継続的に法の遵守に対する意識を持ち続け、安全管理措置の十分性を常に確認しながら改善策を実施し続けることが肝要であるので、これを促すべく、委員会は、令和5年2月22日、同社に対し、個人情報保護法第144条に基づく指導を行った。

□ 本件のポイント（実務上の指針となる点等）　👆 Point

1　人的安全管理措置

ガイドライン通則編では、個人情報取扱事業者が実施すべき人的安全管理措置として従業員の教育を挙げており、その手法として「個人データの取扱いに関する留意事項について、従業者に定期的な研修等を行う。」「個人データについての秘密保持に関する事項を就業規則等に盛り込む。」（ガイドライン通則編10-4）を例示している。

上述の「定期的な研修等」は事業者が従業員に対して必要な知識を伝達する良い方法であるが、説明が一方的になりやすく、理解度の確認を択一式のテスト（正解に辿り着くまで何度でも回答が可能なことが通常である）等に頼らざるを得ない。また、従業員は日常業務を行ううえで「就業規則等」を確認する機会が多くはない。

この点、筆者は「漏えい等が発生し、又は発生したおそれがある事態」（規

則7条各号）が生じた場合における、「事業者内部における報告」「再発防止策の検討及び実施」（ガイドライン通則編3-5-2）を、「従業員の教育」として位置付けて丁寧に実施することを提案したい。「定期的な研修等」では、学習内容を他人事として受け止めがちであるが、この方法であれば、自社で現実に起きた出来事であり、漏えい等を自分事として受け止めることができる。また、漏えい等の発生時に再発防止策の検討及び実施まで行うことで、事業者の内部で学びを言語化し共有することができる。

2　再委託先の監督

　個人データの取扱いの再委託を行う場合、最初の委託者は、委託先に対して必要かつ適切な監督を行わなければならない。また最初の委託者は、再委託先に対しても間接的に監督義務を負う。最初の委託者は、委託先又は再委託先から個人データが漏えい等した場合、委託先に対する監督責任を問われる[1]。

　しかし、再委託を行う場合、関係する当事者が増加することから、監督義務の実施が困難になる場合がある。実務上みられる問題点について以下で説明する。

　例えば、①最初の委託者が委託先に対し、個人データの取扱いの再委託を一律に禁止することで委託先を監督しようとするケースがみられる。しかし、委託先が意図せずに個人データの取扱いの再委託をしてしまう例がある。これは、委託先が個人情報の定義を正しく理解していない場合や、業務委託契約のみが個人データの取扱いの委託に該当すると誤解して、SaaS等の利用に伴って個人データを移転させてしまう場合などに起こる。また、②最初の委託者が委託先に対し、「個人データの取扱いを再委託する際は、委託者から書面による承諾を得ること」を要求するケースもみられる。しかし、個人データの取扱いの委託が頻繁に発生する場合には、このルールが徹底されずに形骸化している場合がある。

　委託者は、一般的な対応に終始するのではなく、具体的な委託内容や委託先を前提として、実現可能な方法で監督を実施する必要がある。

1　特定個人情報に関する内容ではあるが、特定個人情報の適正な取扱いに関するガイドライン（事業者編）Q&A3-8、3-8-2などを参照されたい。

□ **その他（原審情報等）** ··

・尼崎市 USB メモリ紛失事案に対する個人情報の保護に関する法律に基づく
　行政上の対応について（令和 5 年 2 月22日、個人情報保護委員会）[2]

3-5-9 メタップスペイメント事件

株式会社メタップスペイメントに対する個人情報の保護に関する法律に基づく行政上の対応について

個人情報保護委員会／令和 4 年 7 月13日

□ 事案の概要

　株式会社メタップスペイメント（以下、「MP 社」という）は決済代行業者であり、決済手段を導入したい EC 事業者などの加盟店に対して、各種決済手段（クレジットカード、QR コード、コンビニ、銀行振込など）を提供している。

　また、MP 社は、加盟店を通じて一般消費者の決済情報を取り扱っているのみならず、加盟店から多数の個人データ（顧客の個人情報）についても任意で提供を受け、恒常的に取り扱っていた。

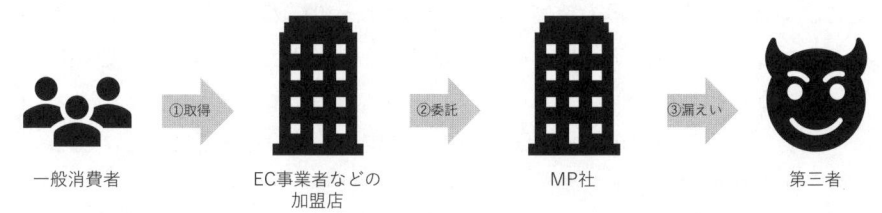

| 一般消費者 | ①取得 | EC事業者などの加盟店 | ②委託 | MP社 | ③漏えい | 第三者 |

　令和 3 年 8 月 2 日から令和 4 年 1 月25日にわたり、MP 社は自社のアプリケーションの脆弱性を利用され、第三者からの不正アクセスを受けた。その結果、MP 社から暗号化されたクレジットカード番号（マスキングされたクレジットカード番号を含む）、有効期限、セキュリティコード、これらを復号化するための復号鍵、クレジットカード番号等が漏えいした。

□ 論　点

1　個人情報保護委員会への報告

2　公表

3　技術知識の重要性

□ 個人情報保護委員会の判断

1．指導の原因となる事実

　MP 社は、決済代行業者として、加盟店を通じて一般消費者である顧客の決済情報を取り扱っているのみならず、加盟店から任意で提供を受け、多数の個人データ（顧客の個人情報）についても恒常的に取り扱っているものである。

　このように、MP 社が、多数の個人データを恒常的に取り扱うという性質を踏まえると、同社においては、個人データの適正な取扱いの確保について、組織としてより重点的に取り組む必要がある。

　しかし、MP 社では、情報セキュリティ基本規程上、個人データを含む自社が保有する情報資産について棚卸しを実施することになっていたものの、情報資産管理台帳の整備がされていなかったため、棚卸しが適切に実施されず、どのシステムにおいて情報資産を取り扱っているかすら把握していなかった。

　また、個人データの取扱状況についての監査・点検も一部実施しておらず、その重要性に見合った取扱いを行っていなかった。

　さらに、MP 社では、内部監査規程等において規程の外形のみ整備していたものの、それを実行するための適切な人員配置等の実質を伴わず、技術的安全管理措置を含む情報セキュリティに対する内部監査が機能していなかった。

□ 本件のポイント（実務上の指針となる点等）

1　個人情報保護委員会への報告

　個人データの漏えい等が発生し、規則 7 条各号に定めるいずれかの要件に該当した場合に個人情報保護委員会への報告が必要になる。本件ではクレジットカード情報を含む個人データが（2 号）、不正の目的をもって行われたおそれがある行為によって（3 号）、千人を超える規模で発生している（4 号）ため、報告が必要である。

2　公表

　個人データの漏えい等が生じたとき、個人情報保護法上、一定の場合に本人への通知（26条2項）は求められているが、公表までは求められておらず、あくまで本人への通知が困難である場合の代替措置として例示されているにとどまる（ガイドライン通則編3-5-4-5）。

　本件のようにクレジットカードの不正利用を伴う漏えいの場合、イシュアー、アクワイアラー、金融庁等ステークホルダーが多岐にわたり、それらのステークホルダーから事実上特定の対応を実施することを要請されることがある。事業者としてはこれらのステークホルダーからの要望を踏まえたうえで、自社としての対応を決定する必要がある。MP社は「不正アクセスによる情報流出に関するご報告とお詫び」の中で、「情報流出が懸念されるお客様への対応について」としてアナウンスを行っている。クレジットカードの不正利用を伴う漏えいの対外コミュニケーションの一例として参考にしていただきたい。

3　技術知識の重要性

　「不正アクセスによる情報流出に関するご報告とお詫び」によれば、MP社は第三者専門調査機関による報告書を受領し、社内調査を実施のうえで、以下が複合的に行われて個人データの漏えいが発生したと判断している。

① 　社内管理システムへの不正ログイン

② 　一部アプリケーションへのSQLインジェクション

③ 　不正ファイル（バックドア）の設置

　事業者は、技術的安全管理措置に起因する漏えい等が発生した場合、調査機関に対して調査を依頼することがある。法務部門は、この調査結果を踏まえて漏えい等への対応を進めていくことになる。具体的には、個人情報保護委員会への報告事項（規則8条1項）を記載するうえで、これらの調査結果を参照しながら「原因」「二次被害又はそのおそれの有無及びその内容」「再発防止のための措置」などを検討する。

　このとき、法務部門に最低限の技術知識がないと、調査機関や社内の技術部門からの説明が大きく抽象化されてしまい、結果として法務部門は表層的な関与しかできなくなってしまう。「最低限の知識」を明確に定義することは困難だが、筆者としては、「社内の技術部門から説明を受けて、不明点を会話の中で解消できる程度」を目標にすることをおすすめしたい。

□ **その他（原審情報等）** ……………………………………………………………………………

・株式会社メタップスペイメントに対する個人情報の保護に関する法律に基づく行政上の対応について（令和4年7月13日、個人情報保護委員会）[1]

・クレジットカード番号等取扱業者に対する行政処分を行いました（2022年6月30日、経済産業省）[2]

・不正アクセスによる情報流出に関するご報告とお詫び（2022年2月28日、株式会社メタップスペイメント）[3]

1　https://www.ppc.go.jp/news/press/2022/20220713/
2　https://www.meti.go.jp/press/2022/06/20220630007/20220630007.html
3　https://www.metaps-payment.com/company/20220228.html

3-5-10 青森県野辺地町事件

青森県上北郡野辺地町における保有個人情報の取扱いについての個人情報の保護に関する法律に基づく行政上の対応について

個人情報保護委員会／令和 5 年11月29日

□ 事案の概要 ···

　青森県の野辺地町健康づくり課では、業務でUSBメモリを使用しており、当該USBメモリに町民の氏名、生年月日、性別・住所、健康診断結果、新型コロナワクチン接種履歴等を保存していた。

　職員Aは、当該USBメモリを使用し、令和 5 年 8 月30日17時30分頃に保管場所に戻したうえで帰宅した。翌日、職員Bが当該USBメモリを使用するため保管場所を確認したところ、当該USBメモリがないことに気付いた。同課ではその後、執務室内、健康増進センター全館、公用車、職員Aの自宅、職員Aの自家用車を捜索したが、当該USBメモリの発見には至らなかった。

　野辺地町は、本件の発覚後28日目に個人情報保護委員会に漏えい等報告（速報）を提出した。「個人データに係る本人の数」（規則 7 条 4 号）は12,856名である（本件が発覚した時点で死亡していた者547名を除く。また、健康診断結果が漏えいした本人数は51名である）。

□ 論 点 ··

1　漏えい等の報告と体制整備

2　速報への対応

□ 個人情報保護委員会の判断

　3．個人情報保護法上の問題点

　個人情報保護法第66条第 1 項は、「行政機関の長等は、保有個人情報の漏えい、滅失又は毀損の防止その他の保有個人情報の安全管理のために必要かつ適切な措置を講じなければならない。」と規定している。しかしながら、野辺地町では、個人情報等の取扱いについて、以下の問題点が認めら

れた。

⑴　電子媒体等を持ち運ぶ場合の漏えい等の防止の不徹底（物理的安全管理措置の不備）

野辺地町では、本件 USB を定められた場所に保管していたものの、当該保管場所の施錠が行われていなかった上、本件 USB には、パスワード等によるアクセス制御も行われていなかった。

⑵　個人情報の取扱状況を確認する手段の整備の不徹底（組織的安全管理措置の不備）

野辺地町では、保管場所からの USB メモリの持ち出し、返却に関する管理台帳を作成しておらず、USB メモリの取扱状況について確認できる適切な手段が整備されていなかった。

⑶　漏えい等安全管理上の問題への不十分な対応（組織的安全管理措置の不備）

野辺地町から当委員会に漏えい等報告（速報）が提出されたのは当該事案の発覚後28日目であり、当委員会への速やかな漏えい等報告が行われなかったことから、個人情報保護法第68条第１項の規定に則った適正な取扱いがなされておらず、保有個人情報の漏えい等の安全管理上の問題への対応が不十分であった。

４．個人情報保護法第157条に基づく指導及び第156条に基づく資料提出等の求めの内容

⑴　個人情報保護法第66条第１項、個人情報の保護に関する法律についてのガイドライン（行政機関等編）及び個人情報の保護に関する法律についての事務対応ガイド（行政機関等向け）に基づき、必要かつ適切な措置を講ずること。

⑵　既に策定した再発防止策を確実に実施するとともに、爾後、適切に運用し、継続的に保有個人情報の漏えい等の防止その他の保有個人情報の安全管理のために必要かつ適切な措置を講ずること。

⑶　再発防止策の実施状況について、関係資料を提出の上、令和５年12月28日（木）までに説明するよう求める。

1　漏えい等の報告と体制整備

　取り扱う個人データの漏えい等が発生した場合において、その漏えい等が規則7条に定める要件に該当する場合、個人情報保護委員会への報告が必要になる。報告は、「事態を知った後、速やかに」（規則8条1項柱書）行う速報と、「事態を知った日から30日以内（当該事態が前条第3号に定めるものである場合にあっては、60日以内）に」（同条2項）行う確報によって構成される。この速報における「速やかに」については「個別の事案によるものの、個人情報取扱事業者が当該事態を知った時点から概ね3〜5日以内である。」（ガイドライン通則編3-5-3-3）とされている。

　なお、ここでの「3〜5日」は営業日（Business days）ではなく暦日（Calendar days）なので、事業者は土日祝日を挟むことを想定して、原則3営業日以内で対応できるように体制を整備しておくことが望ましい。

2　速報への対応

　本件において、野辺地町は、本件の発覚後28日目に個人情報保護委員会に漏えい等報告（速報）を提出している。これは執務室内、健康増進センター全館、公用車、職員Aの自宅、職員Aの自家用車を捜索し、それでもUSBメモリが見つからないことを確認したのちに漏えい等報告（速報）を実施したため、対応が遅れたのではないかと推測できる。

　もっとも法律上は、漏えい等の事実を知った後「速やか」に報告することが求められており、本件でも「当委員会への速やかな漏えい等報告が行われなかったことから、個人情報保護法第68条第1項の規定に則った適正な取扱いがなされておらず、保有個人情報の漏えい等の安全管理上の問題への対応が不十分であった。」との指摘を受けている。

　個人データの漏えい等は、「発生したおそれがある事態」（規則7条各号）においても報告が求められる。漏えい等は当然避けるべきものだが、報告を同様に避けるべきものととらえてしまうと、本件のような報告の遅延につながりやすい。「発生したおそれ」が認められるのであれば、まずは「速やか」に報告

1　本件は行政機関等についての事例であるが、個人情報取扱事業者についての条文に読み替えて解説する。

を行ったうえで詳細な調査を実施するべきである。調査の結果、「発生したおそれ」が認められなくなったのであれば、その時点でその旨を個人情報保護委員会に報告すればよい[2]。

□ その他（原審情報等）

・青森県上北郡野辺地町における保有個人情報の取扱いについての個人情報の保護に関する法律に基づく行政上の対応について（令和5年11月29日、個人情報保護委員会）[3]
・USB メモリー紛失についてのお詫びとご報告（野辺地町健康づくり課）[4]
・民間 PHR 事業者による健診等情報の取扱いに関する基本的指針（令和3年4月、総務省、厚生労働省、経済産業省）[5]

2　筆者の経験上、このような対応に個人情報保護委員会から否定的な態度をとられたことはない。
3　https://www.ppc.go.jp/news/press/2023/231129/
4　http://www.town.noheji.aomori.jp/application/files/7216/9647/7145/USB.pdf
5　https://www.meti.go.jp/press/2021/04/20210423003/20210423003-1.pdf

3-5-11 愛知県コロナウイルス感染症事例一覧表漏えい事件

新型コロナウイルス感染症 Web ページへの非公開情報の掲載に関する患者様への対応について

愛知県／令和 2 年 8 月13日

□ 事案の概要 ···

　令和 2 年は、新型コロナウイルス感染症が世界的に大流行し、愛知県もこの対応に追われていた。愛知県は、令和 2 年 5 月 5 日午前 9 時30分頃から午前10時15分頃まで、愛知県新型コロナウイルス感染症に関する Web ページに、非公開情報を含んだ「新型コロナウイルス感染症県内発生事例一覧表」を誤って掲載した（以下、「本件誤掲載」という）。掲載された内容は以下の「本来の公開内容」に加え、「誤って記載した内容」が含まれていた。

● 本来の公開内容
　・発表日、年代・性別、国籍、住居地、接触状況、備考（愛知県、名古屋市又は中核市別の発生事例番号）

● 誤って掲載した内容
　・患者の氏名、入院先医療機関、入院日、転院先医療機関、転院日、退院日、発生届提出保健所、クラスターの名称及び分類

　なお誤って掲載した内容には、職業や関係性について家族や同僚のほか、「愛人？」などの記載も含まれていた（出所：朝日新聞[1]）。

　愛知県は、以下のとおり賠償を行ったが、その額の算定根拠は、「過去の裁判例を参考に判断しました。」と説明した。

● 氏名が掲載された方（396人）
　・一人当たり 4 万円

● 氏名が掲載されていない方（94人）
　・一人当たり 2 万円

　また愛知県は、本件誤掲載に関与した職員に対して減給処分等を行った。

1　https://www.asahi.com/articles/ASN586TRPN58OIPE01F.html

□ 愛知県の判断

　　本件誤掲載に関与した職員の処分については以下のとおりである。また監督責任として、令和3年3月26日付けで、当時の上司5名を「文書訓戒」「口頭訓戒」とした[2]。

１．職員A

所属：県民文化局県民生活部県民総務課

職級：主査級

年齢・性別：42歳・女性

処分内容：減給10分の1　1月

処分理由：Webページに非公開情報を誤掲載したため

処分年月日：2021年3月26日

２．職員B

所属：人事局人事課

職級：課長補佐級（職員Aの上司）

年齢・性別：48歳・男性

処分内容：減給10分の1　1月

処分理由：Webページの作成にあたり情報セキュリティ対策を怠ったため

処分年月日：2021年3月26日

３．職員C

所属：保健医療局健康医務部健康対策課

職級：課長級（職員Bの上司）

年齢・性別：56歳・男性

処分内容：減給10分の1　1月

2　出所：ScanNetSecurity（https://scan.netsecurity.ne.jp/article/2021/03/30/45425.html）

処分理由：Webページの作成にあたり情報セキュリティ対策を怠ったため

処分年月日：2021年3月26日

□ 本件のポイント（実務上の指針となる点等）

1　地方公共団体における第三者提供

　地方公共団体は、「行政機関等」（2条11項）に含まれるが、「行政機関の長等は、法令に基づく場合を除き、利用目的以外の目的のために保有個人情報を自ら利用し、又は提供してはならない」（69条1項）と定められていることの反対解釈として、保有個人情報の利用目的の範囲内であれば、本人の同意がない場合でも原則として第三者提供が禁止されるものではない。

　本件では、「本来の公開内容」のみであれば利用目的の範囲内であって適法とする余地もあったが、「誤って掲載した内容」は自らの意図に基づくものではなく（事例3-4-2参照）、また利用目的の範囲外と評価されると考えられる。

2　懲戒処分の要否[3]

　本件における漏えいの発生原因は、故意ではなく過失である。過失による漏えいの場合、漏えいが発生した業務プロセス自体に、過失を発生させる主たる原因が存在することがある。重過失が認められるような本人の帰責性が大きいケースでない限り、懲戒処分を課したところで漏えいの再発防止に貢献する度合いが大きいかは疑わしく、外部の溜飲を下げる効果しか期待できない場合もある。

　一般予防の観点でも、漏えいの発生原因の分析や業務プロセスの改善がなされないままであれば、懲戒処分が課されることによって周辺の者の過失が減る効果は期待できないと考えられる。

3　本件は公務員に対する懲戒の事案であるが、ここでは個人情報取扱事業者における従業員の懲戒を想定して述べる。国家公務員の懲戒の場合、「具体的に命令され、又は注意喚起された情報セキュリティ対策を怠ったことにより、職務上の秘密が漏えいし、公務の運営に重大な支障を生じさせた職員は、停職、減給又は戒告とする」（懲戒処分の指針について（https://www.jinji.go.jp/seisaku/kisoku/tsuuchi/12_choukai/1202000_H12shokushoku68.html））との記載がある。

□ **その他（原審情報等）** ⋯⋯⋯⋯⋯⋯⋯⋯⋯⋯⋯⋯⋯⋯⋯⋯⋯⋯⋯⋯⋯⋯⋯⋯⋯⋯⋯⋯⋯

・新型コロナウイルス感染症 Web ページへの非公開情報の掲載に関する患者様への対応について（2020年 5 月28日、愛知県）[4]

・愛知県の新型コロナ患者情報の誤掲載、減給10分の 1 の懲戒処分に（2021年 3 月30日、ScanNetSecurity）[5]

・感染者の個人情報誤掲載、弁護士ら第三者が検証へ　愛知（2020年 5 月 8 日、朝日新聞デジタル）[6]

4　https://www.pref.aichi.jp/site/covid19-aichi/pressrelease-ncov200528.html

5　https://scan.netsecurity.ne.jp/article/2021/03/30/45425.html

6　https://www.asahi.com/articles/ASN586TRPN58OIPE01F.html

3-5-12 NTT ドコモ顧客情報不正持出し事件

株式会社 NTT ドコモ及び株式会社 NTT ネクシアに対する個人情報の保護に関する法律に基づく行政上の対応について

個人情報保護委員会／令和 6 年 2 月 15 日

□ 事案の概要

　株式会社 NTT ドコモ（以下、「ドコモ社」という）は、携帯電話などの無線通信サービス等を提供する会社である。ドコモ社は、株式会社 NTT ネクシア（以下、「ネクシア社」という）に対し、電話営業用の顧客情報管理（以下、「本件業務」という）を含む業務を委託していた。

　本件業務は、ドコモ社が、株式会社 NTT ぷらら（以下、「ぷらら社」という）を吸収合併したことにより承継した事業の一部として実施しているものである。そして、ドコモ社とぷらら社では顧客情報管理のために実施していた安全管理措置の内容が異なっていたため、ぷらら社で合併前に実施していた安全管理措置には、ドコモ社が本件業務において求める基準に適合しない以下の事項（以下、「基準不適合事項」という）が存在した。

① 顧客情報を取り扱う場合は専用の PC を利用し、顧客情報を取り扱う PC においてはインターネット及びメールの利用が制限される必要があるが、これらが制限されていなかった。

② 顧客情報（ファイルシステム及びデータベース）の暗号化が必要であるところ、これが行われていなかった。

　ドコモ社は、この基準不適合事項について速やかに技術的な対応を行うことが困難であると判断し、以下のような運用ルール（以下、「追加的運用ルール」という）に従うことを条件とし、令和 5 年 5 月までの時限的例外措置として、基準不適合事項を許容することとしていた。

・PC で実施した作業データは、当日中にすべて削除すること

・業務上不要な私的インターネット接続の禁止

・社外へのデータ送信時の手動暗号化徹底

・追加的運用ルールの遵守状況について、定期的に自主点検を行うこと

　しかし、ドコモ社及びネクシア社は、追加的運用ルールの遵守を徹底できて

いなかった。令和5年3月、ネクシア社の派遣社員であった者（以下、「X」という）が、業務上使用するPC（以下、「本件PC」という）から、個人で契約するクラウドサービスに無断でアクセスし、合計約596万人分の個人データ（以下、「本件個人データ」という）を同クラウドサービスへアップロードすることにより、本件個人データを外部に流出させ、漏えいのおそれが発生した[1]。

個人情報保護委員会は、ドコモ社及びネクシア社に対し、147条に基づく指導等を行った。

□ 論 点

1 安全管理措置（不適合な状況への対処）
2 安全管理措置の内容

□ 個人情報保護委員会の判断

> ア　物理的安全管理措置（個人データを取り扱う区域の管理）
> 　（中略）本件PCは、個人データを取り扱うにもかかわらずインターネット及びメール利用の制限がなされておらず、当時の物理的安全管理措置（個人データを取り扱う区域の管理）は十分な状態とはいえなかった。
> イ　技術的安全管理措置（情報システムの使用に伴う漏えい等の防止）
> 　（中略）ファイル共有サービス等のクラウドサービスも含めて、業務上不必要なサイトには接続できない設定とはしていなかったものであり、大量の顧客個人データを取り扱っているシステムであるにもかかわらず、漏えい等の防止の措置が十分ではなかった。
> ウ　組織的安全管理措置（個人データの取扱いに係る規律に従った運用）の不備
> 　（中略）上記取組では、自主点検において虚偽の申告が含まれないこと

---

[1] 個人データの漏えいとは「個人データが外部に流出すること」をいうが、「個人データを第三者に閲覧されないうちに全てを回収した場合は、漏えいに該当しない」（ガイドライン通則編3-5-1-2）とされる。本件では個人で契約するクラウドサービスに個人データをアップロードした時点で「個人データが外部に流出」しているが、第三者に閲覧されたか否かが不明確であるために「漏えいのおそれ」との認定にとどまっていると考えられる。なお、クラウドサービス自体も「外部」でありアップロード時点で漏えいが発生しているようにも思えるが、本件ではクラウド例外（事例3-1-8参照）として「取り扱わないこととなっている場合」に該当すると判断されたのであろうか。

を前提としているため、意図的に追加的運用ルールに反したＸの取扱いは是正できず、また、自主点検結果の月次の確認では、いつ行われるか予測できない私的なインターネット接続を即時で検知できないものである。したがって、ドコモ社においては、個人データの取扱いに係る規律に従った運用に問題があり、組織的安全管理措置の不備があったものと言わざるをえない。

エ　委託先の監督の不備（委託先における個人データの取扱状況の把握）

（中略）ネクシア社に対し、大量の個人データの取扱いを委託しているにもかかわらず、自ら又は外部の主体による監査を実施することはなく、ネクシア社の自主点検に任せ、月次で結果報告を受け取るだけであった。

□　本件のポイント（実務上の指針となる点等）

1　安全管理措置（不適合な状況への対処）

本件でドコモ社は、吸収合併の結果、自社の定める安全管理措置に対して即時に適合させることが難しい事業を承継している。そして、ドコモ社は時限的措置として「追加的運用ルール」を設定しており、このこと自体については個人情報保護委員会の指導の対象にはなっていない。

安全管理措置は、理想的な対応をすべて実施しなければならないというものではないが、「リスクに応じて、必要かつ適切な内容」（ガイドライン通則編3-4-2）でなければならず、またそれで足りる。本件のように「短期施策と中長期施策に分ける」「短期施策は即時に対応する」「中長期施策については、リスク軽減策を実施した上で時間をかけて対応する」といった方針は有用である。

2　安全管理措置の内容

本件ではドコモ社としても一定の対応を行っていたものの、「自主点検において虚偽の申告が含まれないことを前提としている」等、かなり厳しい認定がされている。

上述のとおり、安全管理措置は「リスクに応じて、必要かつ適切な内容」であることが求められるところ、本件では、インターネット接続サービス関連で約165万人分、映像配信サービス関連で約431万人分のデータについて漏えいのおそれが発生しており、判断に当たっては被害規模が大きいことが考慮されて

いると考えられる。

□ その他（原審情報等）

・株式会社 NTT ドコモ及び株式会社 NTT ネクシアに対する個人情報の保護に関する法律に基づく行政上の対応について（令和 6 年 2 月15日、個人情報保護委員会）[2]
・【お詫び】「ぷらら」および「ひかり TV」をご利用のお客さま情報流出のお知らせとお詫び（2023年 7 月21日、株式会社 NTT ドコモ）[3]

2　https://www.ppc.go.jp/news/press/2023/240215_houdou/
3　https://www.docomo.ne.jp/info/notice/page/230721_00_m.html

3-5-13 NTT ProCX 顧客情報不正持出し事件

株式会社 NTT マーケティングアクト ProCX 及び NTT ビジネスソリューションズ株式会社に対する個人情報の保護に関する法律に基づく行政上の対応について

個人情報保護委員会／令和6年1月24日

□ 事案の概要

　西日本電信電話株式会社（以下、「NTT 西日本」という）は、日本の大手通信事業者である。株式会社 NTT マーケティングアクト ProCX（以下、「ProCX 社」という）は NTT 西日本が100％出資するマーケティング子会社であり、NTT ビジネスソリューションズ株式会社（以下、「BS 社」という）は NTT 西日本が100％出資するシステム子会社である。ProCX 社は、BS 社との間で、自社のコールセンター業務で用いるシステムの利用に関するサービス利用契約を締結している。

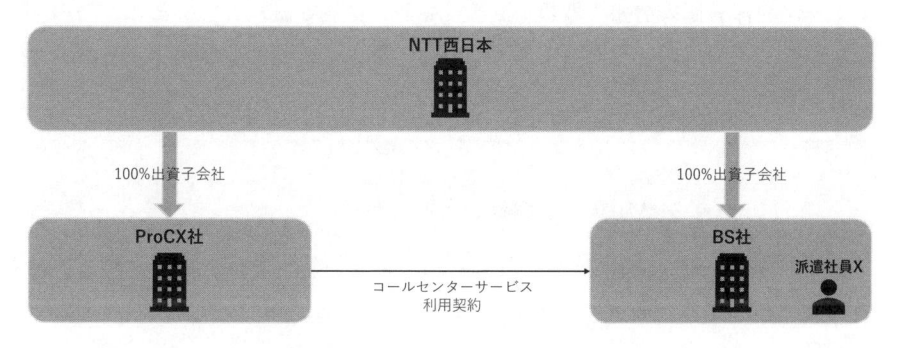

　BS 社に派遣されていた派遣社員（以下、「派遣社員X」という）が、自身に付与されていたシステム管理者アカウントを悪用し、業務端末等からサーバにアクセスして ProCX 社の顧客情報を持ち出し、ProCX 社の個人データが漏えいした。この派遣社員Xの行為は約10年にわたって継続されており、漏えいの対象になったデータは合計約928万人分にのぼる。

□ 論　点

・安全管理措置（隠ぺいを防ぐ体制づくり）

□ 個人情報保護委員会の判断

> 2　ProCX 社に対する対応
>
> (1)　個人情報の保護に関する法律（平成15年法律第57号。以下「法」という。）第148条第1項に基づく勧告
>
> 　本件では、個人データの不正な持ち出しが2013年から2023年までの間という長期間にわたって反復的に行われており、影響を受けた個人データは、民間事業者30社、独立行政法人1機関及び地方公共団体38団体から委託されたもので、判明しているものだけで約928万人分と多数にのぼっている。ProCX 社は、過去調査において十分な調査が行われなかった経緯及び原因を未だに明らかにできておらず、当委員会への報告もできていない状態であり、自社における個人データの取扱状況を把握するための組織体制が、現状においても十分でない。ProCX 社が、現在においても、多数の個人データや保有個人情報の取扱いを委託され、業務を継続していることからすると、この状態を放置しておくことは、個人の権利利益を侵害するおそれが高い。

□ 本件のポイント（実務上の指針となる点等）

　ガイドライン通則編10-3では、「漏えい等事案の発生又は兆候を把握した場合に適切かつ迅速に対応するための体制を整備しなければならない。」と定められている。

　本件では ProCX 社の顧客からの問い合わせが端緒となって調査が開始されたところ、個人情報保護委員会は「過去調査において十分な調査が行われなかった経緯及び原因を未だに明らかにできておらず、当委員会への報告もできていない状態」と評価している。

　NTT 西日本の設置した社内調査委員会が令和6年2月19日に公表した調査報告書（以下、「調査報告書」という）では、さらに一歩踏み込んだ表現がされている。具体的には、「本件過去調査では、『調査』と表現することもはばかられるほどの極めてずさんな『作業』しか実施されておらず、事なかれ主義的

な対応が繰り返されていたばかりか、故意に虚偽の回答を行うなどの極めて悪質な行為が行われていた」と厳しい指摘がなされている。

　一方で「〔筆者注：調査担当者と〕元派遣社員との共犯関係は認められず」との評価もなされてはいるが、組織的安全管理措置の不備が、結果として派遣社員Xの行動を容易にしていたことは事実であろう。

社内調査で確認された不適切な事実	今回の検証により判明した問題点	元派遣社員との共犯関係は認められず
✓ **エクスポートログを改変し、問題ないと回答** ✓ **虚偽の回答**	・限定メンバによる調査を依頼されたと誤認し、調査者を限定 ・司令塔的役割の不在 ・エクスポートログの誤読 ・BS社内幹部、NTT西日本へのエスカレーションは未実施 ・情報漏えいが内部で発生しているとの認識なし ・クライアントさまからの追加質問を回避したいとの考え、契約継続のために不都合な事実を取り繕う意図が存在	

（出所：お客さま情報の不正持ち出しを踏まえたNTT西日本グループの情報セキュリティ強化に向けた取組みについて[1]）

　本件では、「故意に虚偽の回答を行うなどの極めて悪質な行為が行われていた」との事実が認定されている。事業者内部の者による意図的な隠ぺいは、検知して事後的に対応することが（内部調査委員会の立ち上げ等に至らない限り）難しい。そのため、事前に適切かつ迅速に対応するための体制を整備する重要性は高い。

　他方で、具体的な漏えい等の発生を検知しているわけではなく、社内調査委員会などの後押しがあるわけでもない中で、網羅的な体制整備を行うこともまた現実問題として非常に難しい。これは、体制整備には一定のコストがかかるが、社内の問題意識や危機感が低い状態ではコストについての合意が得にくいことによる。

　かかる状況下において隠ぺいを防ぐための対策としては、以下が考えられる。
・漏えいは起こり得るものだという意識を浸透させるために、同業他社の漏えい事案や、自社のヒヤリハット事案を適時に共有すること
・漏えいに気づいた場合に報告するハードルを下げるために、漏えい報告自体を歓迎し、報告した個人を責めないこと
　これらを通じて、漏えいを隠ぺいする動機を減らし、会社として適切かつ迅

1　https://www.nttbizsol.jp/uploads/nttbizsol_20240229_1.pdf

速に対応するための「文化」を醸成する意識で活動することを提案したい。

□ その他（原審情報等）　⋯⋯⋯⋯⋯⋯⋯⋯⋯⋯⋯⋯⋯⋯⋯⋯⋯⋯⋯⋯⋯⋯

・株式会社 NTT マーケティングアクト ProCX 及び NTT ビジネスソリューションズ株式会社に対する個人情報の保護に関する法律に基づく行政上の対応について（令和6年1月24日、個人情報保護委員会）[2]
・お客さま情報の不正持ち出しを踏まえた NTT 西日本グループの情報セキュリティ強化に向けた取組みについて（2024年2月29日、西日本電信電話株式会社、株式会社 NTT マーケティングアクト ProCX、NTT ビジネスソリューションズ株式会社）[3]

2　https://www.ppc.go.jp/news/press/2023/240124_houdou/
3　https://www.nttbizsol.jp/newsrelease/202402291500001013.html

3-5-14 LINE ヤフー株式会社不正アクセス事件①（総務省）

LINE ヤフー株式会社に対する通信の秘密の保護及びサイバーセキュリティの確保に係る措置（指導）

総務省／令和 6 年 3 月 5 日

□ 事案の概要

　LINE ヤフー株式会社（以下、「LY 社」という）は、コミュニケーションアプリ「LINE」等を運営する LINE 株式会社（以下、「LINE 社」という）と、ポータルサイト「Yahoo!JAPAN」等を運営するヤフー株式会社等との合併によりできたインターネットサービス企業である。LY 社に出資する中間持株会社の A ホールディングス株式会社には、ソフトバンク株式会社と NAVER Corp（以下、「NAVER 社」という）等が出資している。また、NAVER 社の子会社には、NAVER Cloud Corp（以下、「NC 社」という）が存在する。

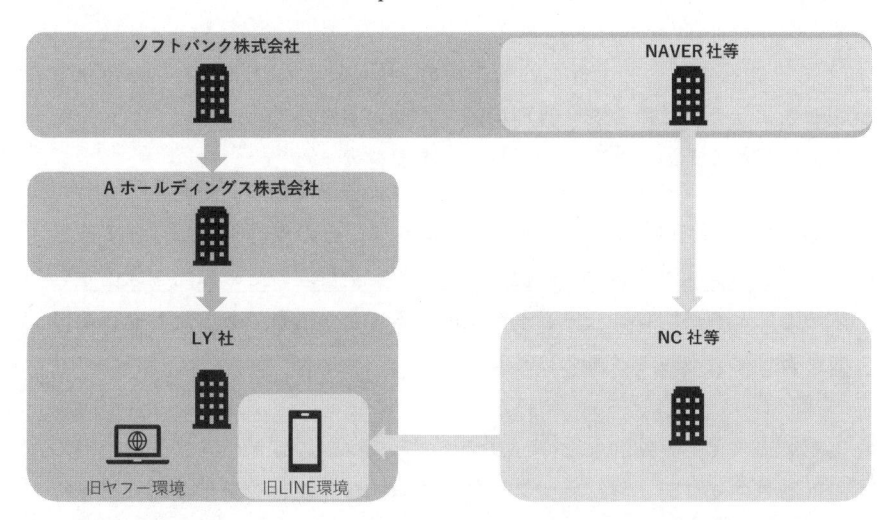

　LINE 社の前身企業（NHN Japan 社）には NAVER 社の子会社であった経緯があり、社内環境の構築には NC 社のプラットフォームが利用されていた。LINE 社、LY 社の社内環境にもその状況は一部引き継がれ、その範囲において NC 社に対して広範なネットワークアクセスが許容されてきた。

　NC 社のサーバがマルウェアに感染し、同社の管理者権限が奪取され、NC 社とネットワーク接続のあった LY 社環境内の各種サーバやシステムに対して、

不正アクセスが行われた。その結果、旧 LINE 社環境内に保存されていた「LINE」サービスに係る利用者の通信情報が外部に流出等した。

　NC 社は、LY 社から指摘を受けるまで流出等に気づかず、外部のサーバから通信される状況が相当期間にわたって継続していた。

□ 論 点

1　委託先の監督の内容
2　行政指導の内容

□ 総務省の判断

　総務省は

・LY 社は NAVER 社側に対して、旧 LINE 社環境に係るシステムやネットワーク構成、旧 LINE 社従業員のアカウント情報の取扱いについて、相当に強い依存関係が存在していた

・LY 社と密接な技術的・資本的関係がある NC 社、及び業務委託先会社の情報セキュリティに係る安全管理措置に不備があった

等を指摘したうえで、以下のとおり行政指導を行った[1]。

> NAVER 社側と貴社の間で組織的・資本的な相当の<u>支配関係が存在することもあり、貴社から NAVER 社側に対して安全管理のための的確な措置を求めることや適切な委託先管理を実施することが困難</u>であったという事情も影響しているものと考えられる。
>
> （中略）
>
> 上記を踏まえ、実効的なセキュリティガバナンスの確保に向け、貴社内におけるセキュリティガバナンス体制の抜本的な見直しや是正策の検討を行うことに加え、貴社の親会社等も含めたグループ内において、<u>委託先への適切な管理・監督を機能させるための貴社の経営体制の見直し（委託先から資本的な支配を相当程度受ける関係の見直しを含む。）</u>や、適正な意思決定プロセスの構築等に向けた、適切な検討がなされるよう、親会社等に

1　LY 社は電気通信事業者であるところ、総務省は電気通信事業について、個人情報保護委員会から権限の委任を受けている（150条）。

対しても必要な働き掛けを行うこと。

□ 本件のポイント（実務上の指針となる点等）　

1　委託先の監督の内容

　個人情報取扱事業者は、個人データの取扱いの全部又は一部を委託する場合、その取扱いを委託された個人データの安全管理が図られるよう、委託を受けた者に対する必要かつ適切な監督を行わなければならない（25条）。そしてこの監督は、「リスクに応じて」（ガイドライン通則編3-4-2）必要かつ適切な措置を講じなければならないとされている。

　本件では、「（LY社の）ネットワーク及び社内システム等への広範なアクセスを許容していた」と認定されており、本件委託のリスクが高く、委託先の監督の程度もそれに合わせて高度であるべきとの評価がなされている。

2　行政指導の内容

　本件では、「（LY社の）親会社等も含めたグループ内において、委託先への適切な管理・監督を機能させるための貴社の経営体制の見直し（委託先から資本的な支配を相当程度受ける関係の見直しを含む。）や、適正な意思決定プロセスの構築等に向けた、適切な検討がなされるよう、親会社等に対しても必要な働き掛けを行うこと」と、資本関係の見直しについても言及されており、他の事例に比して相当踏み込んだ内容になっている。

　「□　総務省の判断」の下線部分の記載を踏まえると、総務省としては、現状の資本関係の下では、子会社であるLY社が親会社であるNAVER社側に対して、リスクに応じて求められる程度の監督を行うことが難しく、資本関係の見直しについての言及が必要と判断したものと考えられる。

□ その他（原審情報等）

・LINEヤフー株式会社に対する通信の秘密の保護及びサイバーセキュリティの確保に係る措置（指導）（総務省、令和6年3月5日）[2]

2　https://www.soumu.go.jp/menu_news/s-news/01kiban18_01000224.html

3-5-15 LINE ヤフー株式会社不正アクセス事件② (個人情報保護委員会)

LINE ヤフー株式会社に対する個人情報の保護に関する法律に基づく行政上の対応について

個人情報保護委員会／令和 6 年 3 月 28 日

□ 事案の概要 ⋯⋯⋯⋯⋯⋯⋯⋯⋯⋯⋯⋯⋯⋯⋯⋯⋯⋯⋯⋯⋯⋯

事案の概要は事例3-5-14を参照されたい。

□ 論 点 ⋯⋯⋯⋯⋯⋯⋯⋯⋯⋯⋯⋯⋯⋯⋯⋯⋯⋯⋯⋯⋯⋯⋯⋯⋯

1 事案の重大性と安全管理措置
2 実施すべき技術的安全管理措置の内容

□ 個人情報保護委員会の判断

1 事案の重大性について

本件事案は、約9,600万人もの日本のユーザーを抱える LINE において、約52万人分の個人データが不正アクセスにより漏えいした事案である。

また、漏えいした個人データの中には、ユーザーの LINE 各種サービス (メッセージへのリアクションやスタンプ購入等) の利用履歴に関する個人データが含まれており、これらのサービス利用履歴は、マーケティング等の経済活動において有用性が高い一方、個人の行動範囲、経済状況、趣味・嗜好等のプライバシーに関するデータであるため、不適正に取り扱われた場合、本人の権利利益に対する重大な侵害につながるリスクがある。このような本件事案の重大性、影響を受けた個人データ等の性質及び量を考慮した上で、適切な権限行使を行う必要がある。

2 勧告 (個人情報保護法第148条第 1 項)

(1) 前記第 5 の 2 (1)のとおり、LY 社は、個人データの取扱いに関し、自らの判断でガイドラインに則した安全管理措置を講じなければならないところ、NC 社との共通認証基盤システムや NC 社との広範なネットワーク接続を許容するネットワーク構成の利用を継続し、令和 3 年行政

指導後も、本件個人データについて、その安全管理のために必要かつ適切な措置を講ずる責任の所在と手段の検討及び把握が曖昧なまま、ユーザー情報を含む大量の個人データを取り扱っていた。

LY社は、このようなリスクや課題を認識すべきであったにもかかわらず、共通認証基盤システムの共同利用や、NC社に対する重要なシステムの構築及び運営の業務委託を継続してきたものであり、個人データの取扱状況の把握及び安全管理措置の評価、見直し及び改善に問題があり、<u>組織的安全管理措置の不備が認められる。</u>

□ 本件のポイント（実務上の指針となる点等）　

1　事案の重大性と安全管理措置

個人情報取扱事業者は、「その取り扱う個人データの漏えい、滅失又は毀損の防止その他の個人データの安全管理のために必要かつ適切な措置を講じなければならない」（23条）。そして、「当該措置は、個人データが漏えい等をした場合に本人が被る権利利益の侵害の大きさを考慮し、事業の規模及び性質、個人データの取扱状況（取り扱う個人データの<u>性質及び量を含む。</u>）、個人データを記録した媒体の性質等に起因するリスクに応じて、<u>必要かつ適切な内容</u>としなければならない」（ガイドライン通則編3-4-2）。

本件では、個人情報保護委員会がどのような権限を行使すべきかを検討するに際し事案の重大性を考慮しているが、これを事業者の視点でとらえれば、安全管理措置の実施内容を検討するに際し事案の重大性を考慮することを要するという理解になるだろう。

事案の重大性は、以下のような要素を考慮する。

(1)　個人データの性質

法律やガイドラインは、どのような「性質」の個人データに高いリスクがあるのか、明確な定義や一般的な方針を置いていない。この点、事業者は社内規程などにおいて、

・単独で特定個人識別性がある情報
・要配慮個人情報（2条3項）、機微情報（金融分野ガイドライン5条）
・プロファイリング[1]情報

などをリスクの高い情報と定義し、その他の情報をリスクの低い情報として定義することがある。

　本件では、個人情報保護委員会が「ユーザーの LINE 各種サービス（メッセージへのリアクションやスタンプ購入等）の利用履歴に関する個人データが含まれており、これらのサービス利用履歴は、マーケティング等の経済活動において有用性が高い一方、個人の行動範囲、経済状況、趣味・嗜好等のプライバシーに関するデータであるため、不適正に取り扱われた場合、本人の権利利益に対する重大な侵害につながるリスクがある。」と述べている。

　いわゆる to C サービスを展開する事業者においては「利用履歴に関する個人データ」は保有個人データの大部分を占めるものであり、その性質が多種多様であることを踏まえると、それだけでは本人の権利利益に対する重大な侵害につながるリスクがあるとは評価し難いのではないだろうか。

　他方で、（本件で公開されている情報からはその詳細が明らかではないが）「個人の行動範囲、経済状況、趣味・嗜好等」が直接的に明らかになるような種類の利用履歴や、利用履歴を分析したうえで事業者が付与した「個人の行動範囲、経済状況、趣味・嗜好等」についての評価データなどは本人の権利利益に対する重大な侵害につながるリスクがあると評価できる可能性はある。

⑵　個人データの量

　本件ではデータ分析システム[2]が不正アクセスの対象に含まれている。一般にデータ分析システムには、事業者における複数サービスのデータが集約管理されており、「量」の観点からリスクが高いと評価できる（実際、分析システムは、被害対象のシステムの中で最多の302,469人分の情報が漏えいの対象になっている）。

2　実施すべき技術的安全管理措置の内容

　個人情報保護委員会は、LY 社が NC 社との間で、IT サービス利用等に関する業務委託契約を締結していることを認定している一方で、「LY 社は NC 社に

1　EU 一般データ保護規則においては、「自然人と関連する一定の個人的側面を評価するための、特に、当該自然人の業務遂行能力、経済状態、健康、個人的嗜好、興味関心、信頼性、行動、位置及び移動に関する側面を分析又は予測するための、個人データの利用によって構成される、あらゆる形式の、個人データの自動的な取扱い」と定義されている（EU 一般データ保護規則 4 条 1 項 4 号）。

2　LINE の各種サービス（メッセージへのリアクションやスタンプ購入等）についてユーザの利用履歴を分析するためのシステム。

対して本件個人データの取扱いに係る委託は行っていない。」と繰り返し述べている。これは、LY 社から NC 社へのデータの移転が、いわゆる「クラウド例外」（事例3-1-8参照）に該当するため、業務委託の範囲に個人データの取扱いが含まれていないと理解するのがよいであろうか。この場合、LY 社は、自ら果たすべき安全管理措置の一環として、適切な安全管理措置を講じる必要がある（Q&A7-54）。

□ その他（原審情報等）

・LINE ヤフー株式会社に対する個人情報の保護に関する法律に基づく行政上の対応について（令和 6 年 3 月28日、個人情報保護委員会）[3]

3-6-1 オプトアウト届出事業者に対する実態調査事件

オプトアウト届出事業者に対する個人情報の保護に関する法律に基づく行政上の対応について

個人情報保護委員会／令和 6 年 1 月17日

□ 事案の概要

　令和 6 年現在、「闇バイト強盗」と称される SNS を利用した強盗等事件が広域で発生している。政府は、こうした情勢を踏まえて「SNS で実行犯を募集する手口による強盗や特殊詐欺事案に関する緊急対策プラン」を策定した。このような強盗や特殊詐欺においては、犯罪者グループ等に「闇名簿」（名前、住所、家族構成、保有資産、クレジットカード情報などが記載されているといわれる）を提供する悪質な「名簿屋」の存在が指摘されている。

　個人情報保護委員会は、27条 2 項に基づくオプトアウトの届出を行った事業者を対象に、個人情報の適正な取扱いがなされているかについて把握するための調査を行った。当該調査は、調査票のメール添付による任意調査の形式で行われた。

　個人情報保護委員会は、同調査に未回答又は回答内容が不十分であった24事業者に対し、146条 1 項に基づく報告等の求めを行うとともに、ヒアリングを実施した。

□ 論　点

1　個人情報保護委員会からの調査依頼への対応
2　第三者提供時の確認・記録義務の履行

□ 個人情報保護委員会の判断

　3．報告等の求め等の結果
　報告等の求め等の結果、以下のとおり、本件 3 社において、個人情報保護法上の問題点が確認された。
　ア　ビジネスプランニング
　⑺　個人情報の不適正な利用の禁止（個人情報保護法第19条）

・ビジネスプランニングは、<u>販売先が、法に違反するような行為を行う者にも名簿を転売する転売屋（ブローカー）だと認識していたにもかかわらず、意図的に販売先での名簿の用途を詳しく確認せず、転売屋に名簿を販売した。</u>当該行為は、社会通念上適正とは認められない名簿の転売行為、すなわち「不当な行為」を助長又は誘発するおそれがある方法による個人情報の利用である。

(イ)　第三者提供に係る記録の作成義務違反（個人情報保護法第29条第1項）

・個人データを第三者に提供したときに、当該個人データを提供した年月日並びに当該第三者の氏名又は名称及び住所について、記録を作成していない場合があった。

（中略）

4．個人情報保護法第147条に基づく指導の内容及び第146条第1項に基づく報告等の求めの内容等

(1)　個人情報保護法第147条に基づく指導の内容

ア　ビジネスプランニング

・<u>違法又は不当な行為を助長し、又は誘発するおそれがある方法により個人情報を利用しないよう、定期的に監査を行う等して個人情報の取扱状況を適切に把握するとともに、定期的な研修及び教育の実施を通じて、代表取締役を含む役員及び従業者に、個人情報の適正な取扱いを周知徹底すること。</u>

□ 本件のポイント（実務上の指針となる点等）　

1　個人情報保護委員会からの調査依頼への対応

　個人情報保護委員会は、世間で起きている様々な事象を背景に、事業者に対して調査の協力依頼をすることがある（本件は、政府による「SNSで実行犯を募集する手口による強盗や特殊詐欺事案に関する緊急対策プラン」の策定を背景としている）。一般に、調査への回答自体は任意であるが、本件における指導等が「同調査に未回答であったこと又は回答内容が不十分であったこと等」を端緒になされたものであることからもわかるとおり、回答しないことや

正確に回答しないことが、事業者に不利な事情の1つとして判断されるリスクはある。回答期限が定められていることが通常であるため、調査に対しては一定の優先度を持って対応するべきである。

本件において、指導等を受けたうちの1社である有限会社ビジネスプランニングは、19条（不適正な利用の禁止）の違反が指摘されている。その結果、「定期的な研修及び教育の実施を通じて、代表取締役を含む役員及び従業者に、個人情報の適正な取扱いを周知徹底すること。」との指導がなされた。

調査への回答は任意であるとはいえ、個人情報保護委員会の調査に対して虚偽の回答は決してすべきではない。もっとも、事業者として個人情報保護法違反を認識しているのであれば、単純に違法行為を報告するのではなく、回答期限までに実施可能な対応には取り組んだうえで、今後の予定として改善策や再発防止策を添えて提出することが望ましい。

2　第三者提供時の確認・記録義務の履行

本件で問題になったのは、オプトアウトに関連する第三者提供に係る記録の作成義務（29条）の履行であるが、本稿では広く第三者提供一般の確認・記録義務に広げて記載する。

第三者提供の確認・記録義務は、法律上の義務であるにもかかわらず、対応の優先度が比較的低く位置付けられがちであるように思われる。同規定は「いわゆる名簿業者を介在し、違法に入手された個人データが社会に流通している実態」を踏まえ、トレーサビリティの確保を目的として、平成27年の個人情報保護法改正により設けられた。ガイドライン確認・記録義務編では「違法に入手された個人データの流通を抑止する趣旨を踏まえつつ、事業者に対する過度な負担を回避するため、確認・記録義務の適切な運用の整理を示すものである。」とされており、事業者に配慮して、義務が除外される場合も定められている。

本件の調査回答においても、記録義務について「システム上のログで取っているため、特に負担感はない」と肯定的な回答がある一方で、「記録シートと添付ファイルを個人情報提供するたびに作成していますが、多忙な時などは、特に添付資料の作成が負担になることがあります」との回答もあり、事業者ごとに運用に苦労している様子がみられる。高い優先度を向けられないとしても、対応状況を問われたときに説明が可能な程度には準備をしておきたい。

□ その他（原審情報等） ·····································

- ・オプトアウト届出事業者に対する個人情報の保護に関する法律に基づく行政上の対応について（令和6年1月17日、個人情報保護委員会）[1]
- ・オプトアウト届出事業者に対する実態調査の結果及び今後の対応について（令和5年4月26日、個人情報保護委員会）[2]
- ・オプトアウト届出事業者に対する実態調査報告書（個人情報保護委員会）[3]
- ・SNSで実行犯を募集する手口による強盗や特殊詐欺事案に関する緊急対策プラン（令和5年3月17日、犯罪対策閣僚会議）[4]
- ・「SNSで実行犯を募集する手口による強盗や特殊詐欺事案に関する緊急対策プラン」を踏まえた個人情報の適正な取扱いについて（注意喚起）（令和5年4月26日、個人情報保護委員会）[5]

1　https://www.ppc.go.jp/news/press/2023/240117_houdou/
2　https://www.ppc.go.jp/files/pdf/R5_optout_surveyresult.pdf
3　https://www.ppc.go.jp/files/pdf/R5_optout_report.pdf
4　https://www.kantei.go.jp/jp/singi/hanzai/kettei/230317/honbun-1.pdf
5　https://www.ppc.go.jp/files/pdf/230426_chuui_jigyousha.pdf

3-6-2 ヤフー検索位置情報提供事件

ヤフー株式会社に対する行政指導

総務省／令和5年8月30日

□ **事案の概要** ･･

　ヤフー株式会社（現 LINE ヤフー株式会社。以下、「ヤフー社」という）は、検索サービスをはじめ多数のサービスを展開するインターネットサービス企業であり、電気通信事業法に規定される電気通信事業者である。

　ヤフー社は、検索サービスの提供において、Google LLC の検索エンジン及び検索連動型広告配信システムを利用している。一般に検索連動型広告においては、検索サービス利用者の入力するキーワードに応じて広告が掲載される。また、広告主は、時間帯・曜日・地域などによって広告の配信条件を設定できる。

（出所：https://www.lycbiz.com/jp/service/yahoo-ads/searchads/）

　ヤフー社は、運営する Yahoo! JAPAN の検索エンジン技術の開発・検証の観点から、親会社の主要株主である NAVER Corporation（以下、「NAVER 社」という）に対して、令和5年5月18日から同年7月26日までの間、検索サービス利用者の検索関連データ（検索サービスに入力した情報、デバイス情報、IP アドレス、位置情報（市区町村大字レベル）など）の取扱いを委託していた。

1　位置情報の取得
2　委託先への安全管理措置

□　総務省の判断

　総務省は「慎重な取扱いが求められる情報である位置情報等（中略）を利用者に対して事前の十分な周知を行うことなく、NAVER社へ提供し利用させていたほか、NAVER社により物理的に提供情報のコピー等を行うことが可能な状態となっていたなど、安全管理措置に不十分な点があった」と述べたうえで、以下のとおり指導を行った。

NAVER社への検索関連データの提供に関し、以下の各事項のとおり実施されたい。

⑴　利用者周知に関する事項

㋐　提供する位置情報及びその利用目的について、利用者が事前に十分に理解できるよう適切な方法で周知を行うこと。

㋑　試験運用において、㋐の対応が未実施だったことを踏まえ、貴社組織における利用者の利益の保護に係るガバナンスの在り方について見直しを行うこと。

㋒　利用者に対し、位置情報の提供に同意しない手段を用意することが望ましいと考えられるため、当該手段について検討を行うこと。

⑵　安全管理措置に関する事項

㋐　NAVER社による位置情報のコピー等が物理的に不可能な状態となる措置（VDIの導入等）か、それと同等の措置を講ずること。

㋑　貴社において、NAVER社による安全管理措置の実施状況の監査を行う体制の構築等を図ること。

1　位置情報の取得

　個人情報保護法上は、位置情報の取得についての追加的な規制は存在しない。

　他方で、電気通信事業者に対しては電気通信事業ガイドライン（令和4年個人情報保護委員会、総務省告示4号）が適用されるところ、その41条1項では「電気通信事業者は、あらかじめ利用者の同意を得ている場合、電気通信役務の提供に係る正当業務行為その他の違法性阻却事由がある場合に限り、位置情報（移動体端末を所持する者の位置を示す情報であって、発信者情報でないものをいう。以下同じ。）を取得することができる」と定められている。

　また、電気通信事業ガイドラインの解説5-4-1では、「これら位置情報については、個人データ等に該当するものは、その適切な取扱いを確保する観点から、個人情報保護管理者を置くとともに、プライバシーポリシーを定め、公表することが適切である。」と述べられている。総務省はこれらの規定を基に指導を行ったと思われるが、その詳細は不明である。

　総務省の指導を受け、ヤフー社では「Yahoo! JAPANの検索サービス・検索連動型広告配信システムおよび検索関連データの取扱いについて」とのページを公表し、提供する位置情報やその利用目的について説明している。

2　委託先への安全管理措置

　事業者が個人データの委託を行う場合、委託先の監督（25条）が求められる。また、自社の安全管理措置の一環としても委託先からの個人データへのアクセスを真に必要な範囲に限定する必要がある（23条、技術的安全管理措置）。

　本件では「NAVER社により物理的に提供情報のコピー等を行うことが可能な状態」との認定がなされるにとどまっており、実際に委託の範囲を超えて提供情報のコピー等が行われたとまでは認定されていない。しかし、提供情報のコピー等が行われ、漏えいが発生するリスクを踏まえて総務省から指導がなされたものである。

　指導の内容も、「(ｱ)NAVER社による位置情報のコピー等が物理的に不可能な状態となる措置（VDIの導入等）か、それと同等の措置」「NAVER社による安全管理措置の実施状況の監査を行う体制の構築等」と、具体的にVDIの導入を例示するなど、踏み込んだものになっている。

・ヤフー株式会社に対する行政指導（総務省、令和 5 年 8 月30日）[1]
・当社に対する総務省からの指導について（ヤフー株式会社、2023年 8 月30日）[2]
・パーソナルデータの活用（LINE ヤフー株式会社）[3]
・電気通信事業における個人情報等の保護に関するガイドライン（総務省）[4]

1　https://www.soumu.go.jp/menu_news/s-news/01kiban18_01000203.html
2　https://www.lycorp.co.jp/news/archive/Y/ja/ja20230830_B.pdf
3　https://privacy.lycorp.co.jp/ja/utilization/
4　https://www.soumu.go.jp/main_sosiki/joho_tsusin/d_syohi/telecom_perinfo_guideline_intro.html

3-6-3 LINE 越境移転事件

①個人情報の保護に関する法律に基づく行政上の対応について

個人情報保護委員会／令和 3 年 4 月23日

②LINE 株式会社に対する指導

総務省／令和 3 年 4 月26日

□ 事案の概要

　LINE 株式会社（現 LINE ヤフー株式会社。以下、「LINE 社」という）は、コミュニケーションアプリ「LINE」などを提供する日本のインターネットサービス企業である。Z ホールディングス株式会社（現 LINE ヤフー株式会社。以下、「ZHD」という）は、ヤフー株式会社を前身とするソフトバンクグループの持株会社である。

- 令和 3 年 3 月 1 日
  - ・LINE 社は、経営統合により ZHD の完全子会社となった。
- 令和 3 年 3 月17日
  - ・朝日新聞において「運用見直し　第三者委設置へ」との見出しとともに、通報されたユーザのメッセージの内容に中国の委託先企業からアクセスができる状態であった旨の報道がなされた。
- 令和 3 年 3 月19日
  - ・ZHD は、グローバルなデータガバナンスに関する特別委員会（以下、「特別委員会」という）を設置する旨を発表した。
- 令和 3 年10月
  - ・特別委員会は、グローバルなデータガバナンスに関する特別委員会最終報告書（以下、「最終報告書」という）を発表した。

　最終報告書及び LINE 社の公表資料によれば、本件における事案の概要は以下のとおりである。

1　中国委託先からのアクセス

(1)　中国企業への業務委託

　LINE Digital Technology Shanghai Limited.（以下、「LINE China」という）は、LINE 社の中国子会社である。LINE 社は、LINE China に対して以

下のシステムのモニタリングを委託していた。

・利用者からの通報に対応する社内システム（LINE Monitoring Platform、以下、「LMP」という）

・捜査機関に対応する社内システム（LINE Police Inquiry、以下、「LPL」という）

⑵　LINE 社によるモニタリング

LINE 社は、このうち LMP を使ってアカウント削除等の措置を講じるモニタリングを実施していた。LINE 社がメッセージその他のコンテンツを確認する場合は以下の 3 つに分類される[1]。

①　ユーザが通報機能を使ってメッセージその他のコンテンツを通報した場合

②　不特定多数のユーザに公開されたコンテンツを確認する場合

③　多数のユーザへのコミュニケーションを目的とする機能を利用する際に、あらかじめモニタリングをする旨の同意を取得したうえで確認する場合

⑶　中国委託先からのアクセス

LINE China は、特別委員会における調査対象期間（2020年 3 月19日から2021年 3 月19日）において、通報されたメッセージに係る情報に139件のアクセスを行っていた。これらは、モニタリングプロセスにおける正規の作業であることが確認された。

しかし、LINE 社は、LINE China が個人情報にアクセス可能なページ（URL）へのアクセスの記録は保存していたものの、そのページにおいて具体的にどのような操作を行ったのかについて事後的に検証を可能とするための記録を十分に保存していなかった。また、LMP へのアクセス権限に関して、適切なプロセスを経て付与されたものか否かが確認できないケースが一部あった。

⑷　ユーザへの説明

1　なお、LINE アプリのトークで送信されたテキストメッセージ等については、上記の通報を契機とするモニタリングの場合を除き、モニタリングを実施しておらず、フィルタリング等によるメッセージ内容の機械的な閲覧も行われていない。また、LINE アプリのトークで送信されたテキストメッセージ等は、Letter Sealing を利用した End to End での暗号化措置（以下、「E2EE」という）等がとられており、LINE アプリのトークルームに参加しているすべてのユーザが、Letter Sealing を利用している場合、LINE 社（LINE 社の委託先を含む）は、LINE アプリのトークで送信されたテキストメッセージ等を閲覧することができない仕組みとなっている（最終報告書）。

加えて、LINE 社は、2017年12月 4 日から2021年 3 月30日までの期間、本来LINE におけるプロフィールの通報機能に掲載すべき説明文言を、誤ってメッセージの通報機能に掲載していた。そのため、本来想定していた本人の同意が取得できていなかった。

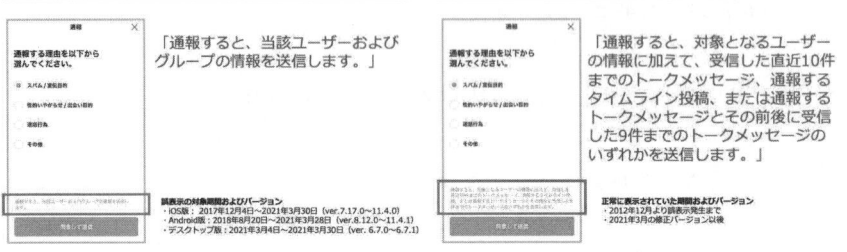

（左がプロフィールの通報機能に掲載すべき説明文言、右がメッセージの通報機能に掲載すべき説明文言　出所：https://www.lycorp.co.jp/news/archive/L/ja/ja20210427_A.pdf）

2　韓国データセンターでの保存

　LINE 社は、LINE ID・メールアドレス等の LINE の利用者情報の多くを日本のデータセンターで保管しており、データ量が相対的に大きい画像・動画・ファイル（PDF など）は韓国のデータセンターで保管していた[2]。しかし、LINE 社は平成25年から継続的に「LINE の個人情報を扱う主要なサーバーは日本国内にある」との趣旨の説明を行ってきた。

　また、LINE 社はプライバシーポリシーにおいて「当社のパーソナルデータの提供先には、お客様のお住まいの国以外の国または地域にある委託先、子会社、関連会社などの第三者を含みます。」との説明を行っており、外国にある第三者からのアクセスがあることについては説明していたものの、具体的な国名について説明をしていなかった。

　加えて、LINE 社の公共政策・政策渉外部門の役職員の少なくとも 2 名が「LINE　アプリの日本ユーザーに関する全てのデータが『日本に閉じている』」旨の客観的事実に反する発言を一部で行ってきた。LINE 社では、公共政策・

　2　画像、動画及びファイルは、日本に保存されていたトークテキストに比べてデータ量が相対的に大きいため、韓国に保存されていたデータが多くなるものの（ 8 割強）、送信数を基準にするとコミュニケーション全体の 8 割以上を占めるトークテキストは日本に保存され、関連するサーバの数という観点では、その 8 割以上が日本に存在することが確認されている（最終報告書）。

政策渉外部門における発信内容の正確性・適切性について、客観性や独立性を確保してレビューを行うプロセスが十分に整備されていなかった。

□ 論　点

1　技術的安全管理措置
2　内部向けシステムの取扱い
3　越境移転
4　対外的な情報発信

□ 個人情報保護委員会の判断

　個人情報保護委員会は「LINE 社が委託等した個人データは秘匿性が高く、数量も多いことから、不適切な取扱いが生じた場合の影響も大きい」ことを指摘したうえで、以下のとおり指導した。

　1．法第41条に基づく指導の内容

⑴　個人データの取扱いを委託する場合には、法第22条に基づき委託先に対する必要かつ適切な監督を行う義務があるところ、法第20条に基づき自らが講ずべき安全管理措置と同等の措置が講じられるよう、例えば次のような手法により必要かつ適切な監督を行うこと。

○　委託先（再委託先を含む。以下同じ。）のシステム開発者に個人データへのアクセス権限を付与する場合には、その必要性及び権限付与の範囲を組織的に検討した上、必要な技術的安全管理措置を講ずること。

○　委託先のシステム開発者に個人データへのアクセス権限を付与する場合には、不正閲覧等を防止するため、アクセスしたデータの適切な検証を可能とするログの保存・分析など組織的安全管理措置を検討した上、必要な措置を講ずること。

○　委託先における個人データの取扱状況を把握するため、定期的に監査を行うなど、委託契約の実施状況を調査した上で、委託内容等の見直しの検討を含め、適切に評価する措置を講ずること。

⑵　LINE サービスの提供に関してメッセージ等の個人情報を取得する場合には、取得する個人情報の範囲を分かりやすく通知するとともに、通

知内容が適切に表示されているか確認する体制を整備すること。

2．現在の確認の状況
⑴　法第22条の委託先の監督については、上記1．⑴のとおり一部改善を要する事項があり、改善を求めた。
⑵　法第24条の外国にある第三者への提供の制限
○「基準適合体制」については、一部改善を要する事項はあるものの、基準適合体制を整備するための措置が概ね講じられていた。
○「本人の同意」については、プライバシーポリシーにおいて、利用者の個人情報の利用目的（サービスの提供・改善、コンテンツの開発改善、不正利用防止等）及び業務委託先の外国の第三者へ提供することが明記されており、利用者にとって外国にある第三者に提供する場面を特定できなかったとは言い難い。

□　総務省の判断

　総務省は「通信の秘密の侵害又は個人情報の漏えい等があった旨は確認できなかった。」と述べたうえで、「利用者は約8,600万人に上っており、多くの利用者が多様な用途で利用していること」を指摘し、以下のとおり指導を行った。

1．社内システムに関する安全管理措置等に関する事項
⑴　社内システムへのアクセス管理の徹底
社内システムへのアクセスを通じた利用者の個人情報や通信の秘密に該当する情報の漏えいが生じることのないよう、その万全を図るため、次のとおり、社内システムへのアクセス管理の強化徹底を図ること。
1　今回の報告において、LMPへのアクセス権限に関して、一部に適切なプロセスを経て付与されたものか否かが確認できないケースがあったと認められることを踏まえ、社内システムへのアクセス（外部向けサービスのためのシステムへの内部からのアクセスを含む。以下同じ。）の権限が、真に適切な者に対して、適切な範囲で付与されるプロセスになっているかについて、全般的に点検を行うとともに、その結果を踏ま

えて、必要に応じ、適切なプロセスを通じたアクセス権限の付与を確保するための措置を講じること。

2　今回の報告において、LMP へのアクセスのための通信について、不正の検知やログインしようとする者の認証の仕組みが、不正行為の防止や本人性の確認のための対策として必ずしも十分に厳格であるとはいえない部分があると認められることから、これらの対策について点検を行うとともに、その結果を踏まえて、必要に応じ、例えば、社内システムに対する不正・不審なアクセスの監視や監査、社内システムにアクセスする者の認証の強化等、内部からの不正・不審なアクセスやなりすましの防止に万全を図るための方策を検討し、具体的な措置を講じること。

⑵　開発プロセス及び開発組織のガバナンスの強化

今回の報告において、内部向けシステムである LMP の開発プロセスにおいて、権限管理やセキュリティチェックが適切に実施されていないケースがあったと認められることを踏まえ、LMP に限らずシステム開発全般について、適切な開発プロセスの下で実施されるよう確保することにより、利用者の個人情報及び通信の秘密に該当する情報の漏えいが生じることのないよう、その万全を図る観点から、次のとおり、開発プロセス及び開発組織のガバナンスの在り方を見直し、その強化を図ること。

1　内部向けシステムの開発プロセスについて、原則として電気通信役務の提供等の外部向けサービスのためのシステムに係る開発プロセスと同様の開発プロセスによることとするとともに、開発プロセス全般について再点検を行うこと。

2　適切な開発プロセスによる開発の実施や開発者に対するアクセス権限の適切な付与、また、不適切なケースがあった場合の迅速な対応を図るため、開発組織のガバナンスの在り方の見直しを含めた検討を行い、その着実な確保を図ること。

（中略）

2．利用者への適切な説明に関する事項

トーク履歴等の通報機能使用に際して、利用者に示される文言が想定して

いたものと異なっていたケースがあったことを踏まえ、通信の秘密に関する情報の適切な取扱いを確保する観点から、トーク履歴の通報を行った際に、貴社に提供される情報の範囲、提供された情報の利用目的について利用者が分かりやすく理解できるようにするための措置を講じること。また、貴社に提供された情報が当該利用目的の範囲内で適切に取り扱われることを確保するための措置を講じること。

□ 特別委員会の判断

個人情報保護法制が著しく異なる中国の委託先企業から業務に基づくアクセスがあり、この委託の決定の過程において、LINE 社においてガバメントアクセスへのリスク等の経済安全保障への適切な配慮ができていなかったこと及び事後的にもこれを見直す体制が整備できていなかったことに、本質的な問題点があったと判断しました。

さらに、（中略）LINE 社が、LINE アプリが日本のサービスとして受け入れられることを重視し、韓国とのかかわりを正面に出さないコミュニケーションをしていたことに、本質的な問題点があったと判断しました。

□ 本件のポイント（実務上の指針となる点等）

1　技術的安全管理措置

　本件では、委託先に対する技術的安全管理措置の不備が複数取り上げられている。事業者が、委託先に対して、自社の保有個人データへのアクセス権限を付与することは一般的であるが、その際には「必要性及び権限付与の範囲」を検討する必要がある。委託の内容を踏まえず、過度に広い権限を付与することは技術的安全管理措置の不備と評価される。

　また、本件では個人情報保護委員会から「不正閲覧等を防止するため、アクセスしたデータの適切な検証を可能とするログの保存・分析」も求められている。具体的には「アクセスの記録」のみならず「具体的にどのような操作を行ったのかについて事後的に検証を可能とするための記録」の保存が求められ

ており、アクセスログの管理方法にも注意が必要である。

2　内部向けシステムの取扱い

　自社サービスを構成するシステムには、外部のユーザ向けシステムのほかに、自社従業員等が利用するための内部向けシステムが用意されていることがある。一般に、外部向けシステムの方が重要度が高いことから、開発リソースを内部向けシステムよりも、外部向けシステムに優先して振り分けたり、内部向けシステムの方が簡易な手続で運用されたりすることがあり得る。

　しかし、（通信の秘密を含む）個人情報を取り扱う場合、求められる安全管理措置の程度は、「リスクに応じて、必要かつ適切な内容」（ガイドライン通則編3-4-2）とすることが求められており、内部向けか外部向けかの区別から直ちに必要な安全管理措置の内容が定まるわけではない。実際に、本件では「外部向けサービスのためのシステムに係る開発プロセスと同様の開発プロセスによることとする」ことが求められているため、内部向けシステムの安全管理措置をおろそかにすることは許されない。

3　越境移転

　外国にある第三者に個人データを提供する場合には、外国にある第三者への提供の制限（28条）に沿った対応が求められる。また、保有個人データに関する事項の公表等（32条）における「外的環境の把握」として、一定の事項を本人の知り得る状態に置くか、本人の求めに応じて遅滞なく回答する必要がある。

　業務委託先として中国の事業者を選択する例も一定数存在すると思われるが、本件では特別委員会から「個人情報保護法制が著しく異なる中国」への委託における「ガバメントアクセスへのリスク等の経済安全保障への適切な配慮」の不足が指摘されている。

4　対外的な情報発信

　本件では、LINE 社がデータセンターの所在地について、不適切な説明（LINE の個人情報を扱う主要なサーバは日本国内にある）や事実と異なる説明（LINE アプリの日本ユーザに関するすべてのデータが「日本に閉じている」）を行っている。そして、特別委員会は、その背景事情を「LINE アプリが日本のサービスとして受け入れられることを重視し、韓国とのかかわりを正面に出さないコミュニケーションをしていた」と評価している。

　これは、「自社が世間に伝えたいイメージに合わせて、事実とは一致しない

内容で情報を発信する」ために生じるものといえる。越境移転に限らず、類似の事象は漏えい等への対応時などにとりわけ発生しやすいものであって、外資との関係性が弱い国内企業だとしても無関係ではない。

このような状況において「自社が世間に伝えたいイメージに合わせて、事実とは一致しない内容で情報を発信する」ことを回避するには、直接の利害関係がない社内・社外の人から情報発信の内容についてフィードバックを受けるなどして、客観性・正確性を確保することが有効である。

□ その他（原審情報等）

・「グローバルなデータガバナンスに関する特別委員会」最終報告（2021年10月28日、Zホールディングス株式会社)[3]
・個人情報の保護に関する法律に基づく行政上の対応について（LINE 株式会社・令和3年4月23日）（令和3年4月23日、個人情報保護委員会)[4]
・LINE 株式会社に対する指導（令和3年4月26日、総務省)[5]
・当社に対する個人情報保護委員会からの指導および当社の改善策について（2021年4月23日、LINE 株式会社)[6]
・「LINE」アプリの通報機能における説明文言の誤表示に関するお詫びおよび該当の説明文言の修正について（2021年4月27日、LINE 株式会社)[7]

3　https://www.lycorp.co.jp/ja/privacy-security/special-advisory-committee/Final-Report-by-the-Specioal-Advisory-Committee_full.pdf
4　https://www.ppc.go.jp/news/press/2021/210423kouhou/
5　https://www.soumu.go.jp/menu_news/s-news/01kiban18_01000119.html
6　https://www.lycorp.co.jp/news/archive/L/ja/ja20210423_A.pdf
7　https://www.lycorp.co.jp/news/archive/L/ja/ja20210427_A.pdf

3-6-4 CCC 捜査関係事項照会事件

透明性レポートについて

カルチュア・コンビニエンス・クラブ株式会社／平成31年1月20日

□ **事案の概要** ………………………………………………………………

　カルチュア・コンビニエンス・クラブ株式会社（以下、「CCC」という）は、「TSUTAYA」や「蔦屋書店」などを運営する企業であり、「Tポイント」（現Vポイント）と呼ばれるポイントプログラムを展開していた。TカードはTポイントを利用するためのポイントカードであり、利用に当たってはT会員規約が適用される。

　CCC は、氏名や電話番号といった会員情報のほか、商品購入によって得たポイント履歴などを、裁判所の令状なしに捜査当局へ提供していたが[1]、T会員規約に当局への情報提供が行われることを明記していなかった。警察や検察の内部資料によると、警察はTカードの①会員情報（氏名、生年月日、住所など）、②ポイント履歴（付与日時、ポイント数、企業名）、③レンタル日、店舗、レンタル商品名のほか、店舗の防犯カメラ画像などを入手できるとしている（出所：日本経済新聞[2]）。

　その後、CCC は「捜査令状によってのみ開示」（透明性レポートについて[3]）する方針を公表し、外部有識者による諮問委員会を設置した。

□ **論　点** ………………………………………………………………

1　提供の適法性

2　提供の基準

1　捜査関係事項照会に基づいて提供していた。捜査関係事項照会とは、捜査機関が刑事訴訟法197条2項の定めに基づき、事業者に対して行う照会のことをいう。強制処分（相手方の意思に反して、重要な権利・利益を実質的に侵害・制約するような処分のことをいう）については、令状によらなければならない（刑事訴訟法197条1項ただし書）とされているが、捜査関係事項照会は任意処分であると解されている。

2　https://www.nikkei.com/article/DGXMZO40243650Q9A120C1CC1000/

3　https://www.ccc.co.jp/customer_management/transparencyreport/

□ 事業者の判断

> 捜査機関からの情報提供の要請に対する基本方針
>
> 当社は、捜査機関からの要請については、捜査令状によってのみ開示する「令状主義」を原則としています。
> ただし、生命・身体・財産の保護等に対する急迫性・公益性、かつ緊急性が認められる場合に限り、捜査関係事項照会書で開示する例外的運用を実施し、その基準を定義しております。なお、捜査関係事項照会書に対する協力を行う場合でも、情報提供は必要最小限とし、Tカード提示による取引履歴（レンタル履歴、購買履歴、ポイント履歴等）はその機微性を考慮し提供いたしません。
>
> 例外的運用に際しての具体的な基準と組織体制は以下の通りです。なお今後も、捜査機関への情報提供の実績、および第2線の社外専門家である弁護士からの専門的助言の知見などを積み重ねるとともに、例外的運用が適切であるかどうかの見直しを随時行ってまいります。

□ 本件のポイント（実務上の指針となる点等）

1　提供の適法性

　27条1項は、原則として、あらかじめ本人の同意を得ないで、個人データを第三者に提供してはならないことを定めている。そして、同項1号では、この例外の一つとして「法令に基づく場合」が定められている。

　本件で問題となっている捜査機関による捜査関係事項照会（刑訴法197条2項）は、ガイドライン通則編3-1-5において、18条3項1号における「法令（中略）に基づく場合」の具体例として挙げられている。そして、27条1項1号の「法令に基づく場合」の具体例については「具体的な事例は、3-1-5（利用目的による制限の例外）を参照のこと。」と18条3項1号の内容が参照されていることから、第三者提供の場面においても捜査関係事項照会に基づいて提供する

ことは「法令に基づく場合」に該当し、同意なく提供することが可能であると解釈できる。

2　提供の基準

　他方で、第三者提供が「できる」ことと「しなければならない」ことは区別する必要がある。個人情報保護法上、捜査関係事項照会に対しては、あくまで第三者提供が「できる」にとどまり、「しなければならない」わけではない。事業者としては、合理的な範囲での警察への協力という社会的責任を果たすべきであると同時に、ユーザの（適法／違法というよりは、妥当／不当というレベルにおいて）プライバシーを保護することが期待されている。

　本件において、CCC は①方法と②対象の両面から限定をかけている。すなわち、①方法の限定として「生命・身体・財産の保護等に対する急迫性・公益性、かつ緊急性が認められる場合に限り、捜査関係事項照会書で開示する例外的運用を実施」することとしており、②対象の限定として「T カード提示による取引履歴（レンタル履歴、購買履歴、ポイント履歴等）はその機微性を考慮し提供いたしません。」としている。

　このように、あくまで「できる」にとどまり、「しなければならない」わけではない状況においては、自社でユーザに対して説明可能なルールを定め、その基準に基づいて運用することが有用である。ルールの具体例としては

・開示の基準を定めること
・ルールの運用を確認する組織体を置くこと（例：情報開示モニタリング委員会）
・ルールの適用結果を開示すること（例：透明性レポート）

などが考えられる。CCC では、現在これらの情報について、自社の子会社である CCCMK ホールディングスに開設されたプライバシーセンターにおいて開示を行っている。

　また、一般財団法人情報法制研究所（JILIS）は、「捜査関係事項照会対応ガイドライン」を定めており、自社のルールを策定するうえではこちらも参考にしていただきたい。

□　その他（原審情報等）

・T カード情報令状なく提供　規約明記せず、会員 6 千万人超（日本経済新聞、

2019年1月20日）[4]
・「Tカード」の情報、令状でのみ提供　CCC が正式決定（日本経済新聞、2019年8月23日）[5]
・透明性レポートについて（CCC）[6]
・捜査関係事項照会対応ガイドライン（令和2（2020）年4月11日第1版作成、一般財団法人情報法制研究所）[7]

4　https://www.nikkei.com/article/DGXMZO40243650Q9A120C1CC1000/
5　https://www.nikkei.com/article/DGXMZO48929530T20C19A8916M00/
6　https://www.ccc.co.jp/customer_management/transparencyreport/
7　https://www.jilis.org/proposal/data/sousa_guideline/sousa_guideline_v1.pdf

3-7-1 Yahoo!BB 事件

損害賠償請求控訴事件

大阪高判平成19・6・21平成18年（ネ）1704号公刊物未登載〔28142194〕

□ 事案の概要 ···

　BB テクノロジー株式会社（以下、「被告」という）は、インターネット接続等のサービスである「Yahoo!BB」（以下、「本件サービス」という）を提供している。被告は本件サービスに係る顧客との契約締結の際に、顧客から住所・氏名等の個人情報を取得している。原告らは本件サービスの顧客である。

　被告は、X社に対し顧客データベース（以下、「本件顧客データベース」という）のメンテナンス等業務（以下、「本件業務」という）を委託した。これに対しX社は、本件業務に従事させるため被告に対しAを派遣した。Aは、本件顧客データベースに含まれる個人情報を外部に転送し、持ち込んだハードディスクに保存して不正に取得した。その後Aは本件業務への従事を終えたが、被告はAが利用し、又は知り得たパスワード等の変更・削除を行わなかった。

　被告は、本件サービスの全会員に500円の金券を交付するなどして個人情報の漏えいについて謝罪を行ったが、原告らは被告に対し、共同不法行為に基づく損害賠償として慰謝料等を請求した。

□ 論　点 ··

1　金券の交付
2　損害賠償額の算定基準

□ 裁判所の判断

> 郵便振替支払通知書は、第１審被告Ｙ１社が第１審原告らの主張する本件請求に係る損害賠償として送付したもので、本件損害賠償請求権についての損害を填補する趣旨でされたものであると認められ、また、２か月の期間内であれば郵便局又は全国の主要銀行に持参することによって500円の現金に換金できるものであり（郵便振替法50条の２、３）、この点からみ

ても実質的には現金と同視できるものであるから、第1審原告らは、それ
を受領した以上、本件損害賠償請求権の一部弁済があったものというべき
であり、第1審原告らの上記主張はこれを採用することができない。した
がって、第1審原告らの損害賠償請求権について、平成16年3月8日ころ、
500円の一部弁済があったというべきである。

□ 本判例のポイント（実務上の指針となる点等）　

1　金券の交付

漏えい等のインシデントが発生すると、事業者は被害者に対し、その法的性
質を必ずしも明示しない形で、謝罪と共に金券を交付する場合がある。

本件のように訴訟になれば裁判所による判断が得られるものの、そうでない
場合は事業者自身が被害者にどのように対応するかを判断しなければならない。
被害者は漏えい等によってそれぞれ固有の影響を受けている[1]。事業者が特定
の被害者に対して損害を賠償したにもかかわらず、他の被害者には損害を賠償
しなかったとすれば、公平性を害し、より大きなクレームに発展し得る。被害
者の一部は SNS などで交渉の一部始終を公開することもあり得るが、秘密保
持の覚書等の締結を提案すると、「そのような不公正なことは到底受け入れら
れない」と、そのこと自体を SNS などに投稿されてしまうこともある。

そのため、実務上、謝罪の意思を示す方法として、一律に数百円〜数千円の
金券を交付するケースがみられる。有識者からは「その程度の金額の金券を配
るくらいであれば、意味のある再発防止策に投資を回すべき」といった声も聞
かれるが、漏えい等の対応と同時並行で個別の被害者対応を行っている事業者
の状況を考えると、金券の交付という判断に至ることも理解できる。また、
「□　裁判所の判断」のとおり、損害賠償請求権に対する一部弁済との評価を受
けることもあり得るため、この点においても事業者にとっては意味がある。

2　損害賠償額の算定基準

本判例では、いくつかの事情を挙げて損害賠償額を5,000円（加えて、弁護

1　カードの再発行手数料、金融機関等に向かうためのタクシー代、引き落としができなかったことに
　よる手数料、契約中だった有利なプランを退会せざるを得なくなったこととの差額の発生など、事
　業者としてどこまで補償すべきか判断に悩むケースも多い。

士費用１人当たり1,000円）と算定している。これは、あくまで本件において主張された事実に基づいて判断を行っており、損害賠償額の算定における網羅的な基準を述べているわけではない。

この点、被害者に対する損害賠償とは性質が異なるが、EU一般データ保護規則における制裁金算定の基準（同規則83条２項各号）が一定程度網羅的な観点を述べている。

- 関係する取扱いの性質、範囲及び目的を考慮に入れたうえで、違反行為の性質、重大性及び持続期間、並びに、その違反行為によって害を受けたデータ主体の人数及びデータ主体が被った損害の程度
- 違反行為の故意又は過失
- データ主体が被った損失を軽減するために管理者又は処理者によって講じられた措置
- 同規則25条及び32条により管理者又は処理者によって実装された技術上及び組織上の措置を考慮に入れたうえで、管理者又は処理者の責任の程度
- その管理者又は処理者による過去の関連する違反
- 違反を解消するための、及び、違反の潜在的な悪影響を低減させるための、監督機関との協力の程度
- 違反によって影響を受けた個人データの種類
- その違反が監督機関の知るところとなった態様、とりわけ、その管理者又は処理者がその違反を通知したのかどうか、及び、通知した場合、どの範囲で通知したのか
- 関係する管理者又は処理者に対し、同じ事項に関して、同規則58条２項に規定する措置が過去に命じられていた場合、それらの措置の遵守
- 同規則40条による承認された行動規範の遵守、又は、同規則42条による承認された認証方法の遵守
- その違反行為から直接又は間接に得た財産的な利益若しくは回避された損失のような、その案件の事情に適用可能な上記以外の悪化要素又は軽減要素

発生した事案に対する評価の観点として参考にしていただきたい。

□ その他（原審情報等） ···

- 原審：大阪地判平成18・5・19判時1948号122頁〔28111287〕

- 上告審：最決平成19・12・14平成19年（オ）1365号等公刊物未登載〔28142195〕
- 個人データの取扱いと関連する自然人の保護に関する、及び、そのデータの自由な移転に関する、並びに、指令95/46/EC を廃止する欧州議会及び理事会の2016年 4 月27日の規則（EU）2016/679（一般データ保護規則）【条文】仮日本語訳[2]

2　https://www.ppc.go.jp/files/pdf/gdpr-provisions-ja.pdf

3-7-2 TBC 事件

各損害賠償請求控訴、同附帯控訴事件

東京高判平成19・8・28判タ1264号299頁〔28140993〕

□ 事案の概要 ....

　TBC グループ株式会社（平成18年8月23日に商号変更、以下、「被告」という）は、エステティックサロンを経営する企業である。被告は、自身のウェブサイトにおいてアンケート、懸賞、無料エステ体験の募集等を行っていた。ユーザはこれに回答し、自らの氏名、年齢、住所、電話番号、メールアドレス等の情報（以下、総称して「本件情報」という）を入力した。

　株式会社ネオナジーは、被告との契約に基づいて被告のウェブサイトのサーバ移設作業を行っていたが、その際に一般の利用者が特定の URL を入力することで本件情報に自由にアクセスし、閲覧できる状態となっていた。

　その後、何者かがインターネット上の電子掲示板に、「大量流出！TBC のずさんな個人情報管理！」との表題のもと、本件情報を閲覧できる5種類の URL と「おなごの個人情報とかスリーサイズ丸見えじゃん」などといった書き込みを行った。その後、同掲示板には「スリーサイズ付き」「学歴、職歴、スリーサイズも」などといった多くの興味本位の書き込みがされた。その中には、本件情報を性的興味の対象とするものも少なくなかった。

　被告の実施するアンケートの回答者であった原告らは、被告に対して不法行為に基づき慰謝料等の損害賠償を請求した。

□ 論　点 ....

・損害賠償額の考慮要素

□ 裁判所の判断

> エステティックは、一般には全身美容術の意味で用いられている言葉であるが、これは広く現在の美を超える美を追求するサービスであって、きわめて個人的な美的感性に基づく価値基準から発する人間の精神的・身体的

な在り方への思いあるいは願いを受けとめるサービス業であると理解されており、エステティックサロン（全身美容の店）を経営する企業体に対して、顧客である各人が希望する美もしくはより良く得たいものは何かを率直かつ明瞭な形で情報として、これを伝え、上記企業体から、それに関連するサービスの在り方などの情報説明などを受けることから、会社と顧客の契約関係のすべてが始まるところ、顧客である被控訴人らが、<u>エステティックサービスを受けるために、自らの氏名、住所、電話番号、年齢、職業といった個人識別情報とともに、エステティック特有の身体的もしくは美的感性に基づく価値評価をくだすべき身体状況に係るものである個人情報を提供することは、まさに被控訴人各人が誰にも知られたくない種類の価値観に関係した個人情報を申告するもの</u>にほかならない。こうした個人情報の申告を受ける控訴人は、エステティック産業を営む企業体として、かかる情報管理の厳密さに関する信頼を前提にして、その申込みを勧誘するなどの業務を行い、その後、すでに提供された情報などを前提としてエステティックサービスを行うことに照らせば、仮に、<u>当該情報を管理すべき秘匿要請の強弱・厚薄の程度につき万人に共通する基準を一律に決しがたいとしても、逆にそうであるからこそ、一層慎重な配慮のもとに顧客の個人情報を厳密な管理下で扱わなければならない</u>と解すべきである。以上によれば、個人識別情報のほかにエステティック固有の事情に関する情報は、全体として、顧客が個人ごとに有する人格的な法的利益に密接なプライバシーに係るものといえ、<u>控訴人のサービス業務に関係しない何人に対しても秘匿すべき必要が高く、また、顧客の合理的な期待としても強い法的保護に値するもの</u>というべきである。

□ 本判例のポイント（実務上の指針となる点等）  Point

　本件は、大阪高判平成19・6・21（事例3-7-1）より高額の、3万5,000円の損害賠償額が認められた事案である。本件では、「氏名、年齢、住所、電話番号、メールアドレス等」に加えて、「原告らが関心を有していたコース名、回答の内容等やそれらの情報が蔵置された電子ファイル名、被告が原告らを識別するために付した番号など」が漏えいしている。

また、判決文からは明確には読み取れないが、インターネット上の電子掲示板に「スリーサイズ付き」「学歴、職歴、スリーサイズも」との書き込みがなされていることからすると、これらの情報も一緒に漏えいしたものと考えられる。

　この点、本判決の原審では

- 本件情報の性質
- 本件情報流出事故の態様
- 実際に2次流出あるいは2次被害があること
- 原告らの本件訴訟の提起の目的が被告の行為の違法性を確認するためにいわゆる名目的な損害賠償を求めるものではなく、精神的な苦痛を慰藉するために損害賠償を求めるものと認められること
- 事故後の対応
  - 本件情報流出事故の発生後、被告は、謝罪のメールを送信し、全国紙に謝罪の社告を掲載したこと
  - データ流出被害対策室及びTBC顧客情報事故対策室を設置して、2次被害あるいは2次流出の防止のための対策を検討し、発信者情報開示請求訴訟の提起や保全処分事件の申立てをするといった措置をとったこと

などを考慮要素として挙げ、原告ら1人当たり各3万円の慰謝料を認定しており、控訴審では「原判決の認定する本件情報流出事故の態様、程度、控訴人の採った措置その他本件に現れた一切の事情を総合考慮」している[1]。

□ その他（原審情報等）

- 原審：東京地判平成19・2・8判タ1261号270頁〔28131313〕

---

[1] これに加えて「弁護士費用のうち各原告1人当たり5000円が、本件情報流出事故と相当因果関係にある損害と認めるのが相当である」としている。

3-8-1 サーマルカメラ事件（利用事業者視点）

サーマルカメラの使用等に関する注意喚起について

個人情報保護委員会／令和 5 年 9 月 13 日

□ 事案の概要

　新型コロナウイルス感染症（以下、「COVID-19」という）の世界的な流行に伴い、日本国内の各種イベント会場では、赤外線を検知して来場者の体温を計測するサーマルカメラを設置する例が増加した。サーマルカメラには、体温を計測する際に来場者の顔画像を撮影し、その画像を保存し続けるものが一定数存在した。

　その後、COVID-19の流行が収束するにつれ、各種イベント会場ではサーマルカメラを撤去した。これらのうちいくつかのサーマルカメラは中古品として売買されるに至ったが、撮影された顔画像が削除されないまま中古品として流通するケースが散見された。

　そのため、個人情報保護委員会は、サーマルカメラを使用する事業者等に向けて注意喚起を行うとともに、サーマルカメラを製造・販売する事業者に向けて注意喚起を行うに至った。なお、提供（製造・販売）事業者視点での本件事案については、事例3-1-12を参照。

□ 論　点

1　個人情報該当性

2　個人データ該当性

3　個人データの消去

□ 個人情報保護委員会の判断

> 1　サーマルカメラにより「個人情報」（法第 2 条第 1 項）を取り扱う場合の留意点について
> 　サーマルカメラを使用している「個人情報取扱事業者」（法第16条第 2 項）は、サーマルカメラにより特定の個人を識別することができる顔画像

等の個人情報を取得する等、個人情報を取り扱っている場合、サーマルカメラにより取り扱う個人情報について、以下に特に掲げるものを含め、法の規律を遵守すること。

(1)　個人情報である顔画像等の利用目的をできる限り具体的に特定するとともに（法第17条第 1 項）、「取得の状況からみて利用目的が明らかであると認められる場合」（法第21条第 4 項第 4 号）に当たらない場合は、あらかじめその利用目的を公表している場合を除き、速やかに、その利用目的を本人に通知し、又は公表すること（法第21条第 1 項）。

　　　例えば、特定した利用目的を、ホームページ等において公表する、サーマルカメラの設置場所に分かりやすく掲示するといった方法が考えられる。

(2)　個人情報取扱事業者は、偽りその他不正の手段により個人情報を取得してはならないところ（法第20条第 1 項）、サーマルカメラの設置状況や外観等から、サーマルカメラにより検温が行われているのみならず、自らの個人情報が取得されていることが本人において容易に認識可能といえない場合には、容易に認識可能とするための措置を講じること。

　　　例えば、サーマルカメラが顔画像を取得している旨をサーマルカメラの設置場所に掲示するといった方法が考えられる。また、設置状況等からサーマルカメラにより自らの個人情報が取得されていることが本人において容易に認識可能であったとしても、このような掲示等の措置を講じることにより、より容易に認識可能とすることが望ましい。

2　サーマルカメラで取得した顔画像の情報が「個人情報データベース等」（法第16条第 1 項）を構成する場合の留意点について

　個人情報取扱事業者がサーマルカメラにより取得した、特定の個人を識別することができるために個人情報に該当する顔画像が、個人情報データベース等を構成する場合、法における「個人データ」（法第16条第 3 項）を対象とする規律が適用されるため、以下に特に掲げるものを含め、法の規律を遵守すること。

(1)　顔画像を含む個人データを利用する必要がなくなったときは、当該個人データを遅滞なく消去するよう努めること（法第22条）。

(2)　法第23条に基づき、個人情報の保護に関する法律についてのガイドラ

イン（通則編）等に従い、当該個人データの漏えい、滅失又は毀損の防止その他の個人データの安全管理のために必要かつ適切な措置を講じること。例えば、サーマルカメラにより取得した顔画像等を取り扱う従業者を限定する、管理者及び従業者の取扱いに関する規程等を整備する、従業者に対する研修等を実施する、顔画像が保存されたサーマルカメラ等の盗難又は紛失等を防止するために設置場所等に応じた適切な安全管理を行う、顔画像のデータをネットワーク上で取り扱う場合に適切なアクセス制御等の措置を講じることが考えられる。

⑶　特に、使用したサーマルカメラが不要になり、廃棄したり、中古品として売却したりする場合には、上記⑵の安全管理措置（法第23条）の一貫〔編注：原文ママ〕として、当該サーマルカメラに保存された個人データを復元不可能な手段で消去する等、個人データの漏えい等を防止するために必要な措置を行うこと。

　　例えば、専用のデータ削除ソフトウェアを利用する、顔画像のデータが保存された電磁的記録媒体等を物理的に破壊するといった方法が考えられる。

⑷　なお、サーマルカメラにより取得された特定の個人を識別できる顔画像が、個人情報データベース等を構成していない場合には、個人データとして法第23条の安全管理措置を講ずる義務が直接適用される対象ではないものの、当該顔画像が漏えい等することがないよう、各種安全管理措置を参考として適切に取り扱うことが望ましい。

□　本件のポイント（実務上の指針となる点等）　 Point

1　個人情報該当性

　ガイドライン通則編2-1では、個人情報に該当する例として「事例3）防犯カメラに記録された情報等本人が判別できる映像情報」が挙げられており、本件サーマルカメラの顔画像が個人情報に該当する可能性は高い。もっとも、本件ではサーマルカメラの利用事業者は、顔画像が個人情報に該当しないと判断したというよりも、顔画像がサーマルカメラに保存され続けることについて考えが及ばなかったのではないだろうか。企画の段階から取り扱う情報の性質や、

保存状況を正確に理解することが重要である。

2　個人データ該当性

　防犯カメラやビデオカメラなどで記録された映像情報が個人データに該当するか否かは、「特定の個人情報を検索することができるように『体系的に構成』され」（Q&A1-41）ているかによる。よって、「記録した日時について検索することは可能であっても、特定の個人に係る映像情報について検索することができない場合」（Q&A1-41）には個人情報に該当するものの、個人データには該当しない。

3　個人データの消去

　個人情報保護法上、個人データの消去は努力義務とされている（22条）。

　義務の客体は個人データであり、個人情報ではない。また、義務は努力義務にとどまっている。もっとも、実際に漏えいが発生した場合に「個人データではなく個人情報である」「努力義務にとどまる」という釈明は世間的に受け入れられない場合もある。そのため、自社としての消去ルールを定めて運用することが重要である。

□　その他（原審情報等） ……………………………………………………………

・サーマルカメラの使用等に関する注意喚起について（令和5年9月13日、個人情報保護委員会）[1]

1　https://www.ppc.go.jp/news/press/2023/20230913/

3-8-2 7Pay（セブンペイ）サービス廃止事件

「7pay（セブンペイ）」サービス廃止のお知らせとこれまでの経緯、今後の対応に関する説明について

株式会社セブン＆アイ・ホールディングス／令和元年8月1日

□ 事案の概要 ……………………………………………………………

　株式会社セブン・ペイ（以下、「セブンペイ社」という）は、セブン＆アイ・ホールディングスグループに属する決済サービスを提供する会社である。セブンペイ社は、令和元年7月1日にQRコード決済サービス「7pay」（以下、「7pay」という）をリリースしたところ、リリース直後から多くの不正利用被害が発生し、被害規模は合計808人／38,615,473円に上った[1]。

　セブンペイ社は、社外専門家も含めた「セキュリティ対策プロジェクト」を立ち上げて対応に当たったが、最終的には令和元年9月30日をもって7payのサービスを廃止した。7payに関わる一連の経緯は以下のとおりである。

7月1日	サービス開始（セブン - イレブンアプリ上に搭載）
7月2日	顧客から「身に覚えのない取引があった」旨の問合せを受ける
7月3日	各社ホームページへ「重要なお知らせ」を掲載、海外IPからのアクセスを遮断、クレジット／デビットカードからのチャージ利用を停止
7月4日	店舗レジ／セブン銀行ATMからの現金チャージ利用を停止、新規会員登録を停止
7月5日	「セキュリティ対策プロジェクト」の設置
7月6日	モニタリング体制の強化
7月11日	外部IDによるログイン停止
7月30日	7iDのパスワードリセットの実施
8月1日	サービス廃止を決定
9月30日	サービス廃止

1　令和元年7月31日現在。

494

□ 論 点

1　漏えい該当性
2　実施すべき安全管理措置

□ 事業者の判断

上記不正アクセス事案（以下、本事案）につき、当社では「セキュリティ対策プロジェクト」を立ち上げ、被害状況の把握と発生原因の調査を進めるとともに、今後の対応等を含めた検討を重ねてまいりました。当該プロジェクトにおける検討結果を踏まえ、⑴7pay について、チャージを含めて全てのサービスを再開するに足る抜本的な対応を完了するには相応の期間を必要とすると想定されること、⑵その間、サービスを継続するとすれば「利用（支払）のみ」、という不完全な形とせざるを得ないこと、⑶当該サービスに関し、お客様は依然としてご不安をお持ちであることから、現在の 7pay のサービススキームに基づきサービス提供を継続することは困難であるという結論に至りました。このため、9月30日（月）24：00をもって 7pay のサービスを廃止することとし、ここにご報告申し上げます。

□ 本件のポイント（実務上の指針となる点等）　

1　漏えい該当性

個人データの「漏えい」とは、個人データが外部に流出することをいう（ガイドライン通則編3-5-1-2）。

本件では、不正利用被害に関して「攻撃者がどこかで不正に入手した ID・パスワードのリストを用い、7pay の利用者になりすましつつ、不正アクセスを試みる、いわゆる「『リスト型アカウントハッキング』である可能性が高い」（「7pay（セブンペイ）」サービス廃止のお知らせとこれまでの経緯、今後の対応に関する説明について）との検討結果が示されている。

不正アクセスに用いられた ID・パスワードが、セブンペイ社以外から漏えいしたものである場合、当該 ID・パスワードの漏えいはセブンペイ社からの

「漏えい」には該当しない。他方で、攻撃者が7payへの不正アクセスに成功した場合、攻撃者は他人の登録情報を閲覧することができる。この部分については、セブンペイ社の「漏えい」に該当する。

2　実施すべき安全管理措置

　安全管理措置は、「起因するリスクに応じて、必要かつ適切な内容」（ガイドライン通則編3-4-2）としなければならない。事業者が実施すべき安全管理措置は、事業者の置かれた状況ごとに異なるものであり、リスク管理の一環として実施する必要がある。漏えい発生時には結果責任的な評価を受けることもあるが、本来的には漏えいが発生しても、安全管理措置義務違反がないという状況もあり得る。

　本件では前述のとおり、漏えいの主原因はリスト型アカウントハッキングの可能性が高いとされている。これは、何らかの手段により他者のID・パスワードを入手した第三者が、これらのID・パスワードをリストのように用いて様々なサイトにログインを試みる手法である。リスト型アカウントハッキングが原因である場合には、ID・パスワードの漏えいが自社以外から発生していることもあり、ある種のもらい事故的な感覚をおぼえることもあるかもしれない[2]。しかし、個人情報取扱事業者としては、リスト型アカウントハッキングという手法の存在を前提として、リスクに応じて、必要かつ適切な安全管理措置を検討する必要がある。

　この点、セブンペイ社は、「複数端末からのログインに対する対策」や「二要素認証等の追加認証の検討」が十分でなく、リスト型アカウントハッキングに対する防御力を弱めたと述べている。ガイドライン通則編では、技術的安全管理措置として「アクセス者の識別と認証」を挙げている（ガイドライン通則編10-6）。識別と認証は、安全管理措置の重要な一部であることを認識しておきたい。

□ その他（原審情報等）　……………………………………………………………

・7pay[3]

2　インターネット利用者の約7割の人が3種類以下のパスワードを複数のWebサイトで使い回しているとの調査結果もある（リスト型アカウントハッキングによる不正ログインへの対応方策について（平成25年12月、総務省）(https://www.soumu.go.jp/main_content/000265403.pdf)）。

- 「7pay（セブンペイ）」サービス廃止のお知らせとこれまでの経緯、今後の対応に関する説明について（2019年8月1日、株式会社セブン＆アイ・ホールディングス）[4]
- リスト型アカウントハッキングによる不正ログインへの対応方策について（平成25年12月、総務省）[5]

3　https://www. 7pay.co.jp/
4　https://www. 7andi.com/company/news/release/201908011500.html
5　https://www.soumu.go.jp/main_content/000265403.pdf

3-8-3 サイバーエージェント男の子牧場事件

「男の子牧場」のサービス停止について

株式会社サイバーエージェント／平成21年5月19日

□ **事案の概要** ⋯⋯⋯⋯⋯⋯⋯⋯⋯⋯⋯⋯⋯⋯⋯⋯⋯⋯⋯⋯⋯⋯⋯

　株式会社サイバーエージェント（以下、「CA社」という）は、「男の子牧場」とのタイトルで、男性の情報をユーザ同士で共有するSNSを開設した。男の子牧場には、男性を家畜に見立て、ユーザが交遊関係のある男性の顔写真やプロフィールを登録すると、牧場に見立てられた画面に馬や牛、羊などの家畜が増えていく機能がある。牧場には縦軸と横軸で区切られたマトリクスが表示されており、ユーザは自由に分類の軸を設定することができる。

　男の子牧場の利用規約では、男性の情報を登録するためには、ユーザに対して、男性本人の同意を取得するよう要求していたとされている。また、「男の

（出所：J-CASTニュース）

子牧場」という SNS の名称に関しては、CA 社内の男性にリサーチを行い「問題ない」と判断したとされている。

□ 論 点

1 本人以外からの個人情報の取得
2 登録情報の公開
3 炎上可能性への対応

□ 事業者の判断

株式会社サイバーエージェント（中略）は、2009年 5 月13日に開始した婚活支援モバイルサイト「男の子牧場」を、サービス見直しのため、2009年 5 月19日をもってサービス停止いたします。

サービス停止日：2009年 5 月19日
※新規会員登録は2009年 5 月18日中に停止させていただきます。

なお、ご提供頂きました登録情報、及び男性プロフィール情報につきましては、当社で責任をもって廃棄させて頂きます。

□ 本件のポイント（実務上の指針となる点等）

1 本人以外からの個人情報の取得

　個人情報保護法は、要配慮個人情報の取得に当たって「本人の同意」（20条 2 項柱書）を求めているが、その他の個人情報の取得については「偽りその他不正の手段」（20条 1 項）による取得を禁止しているにとどまる。

　本件ではユーザが知り合いの男性の個人情報を SNS に登録することになるが、これが直ちに「偽りその他不正の手段」であると評価することは難しいように思われる[1]。CA 社による男性の個人情報の取得については、妥当性の観点からは懸念がないとはいえないが、少なくとも適法性の観点からは問題がないと考えられる。

2　登録情報の公開

　男の子牧場では「ユーザーが交遊関係のある男性の顔写真やプロフィールを登録する」「男性の情報をユーザー同士で共有する」という機能を有していたことを踏まえると、CA 社は男性に対して ID 等を付与し、その男性の属性情報を保持するようにデータベースを構成していたものと考えられる。

　CA 社にとって、男の子牧場のユーザーについてのデータベースは、当該ユーザを本人とする保有個人データである。また、上記のような男性についてのデータベースが存在していた場合、これは当該ユーザではなく男性を本人とする保有個人データである。

　これを CA 社が SNS を通じて公開しようとする場合、不特定多数に対する個人データの第三者提供として、原則として本人の同意が必要であると考えられる（27条）。CA 社は「男性情報を登録するために本人の同意を要求していた」としている。この「本人の同意」が、CA 社が「男の子」の個人データを公開することについての同意を含むものであったかは不明であるが、仮にそのような同意を含むものであったとしても、「事業の性質及び個人情報の取扱状況に応じ、本人が同意に係る判断を行うために必要と考えられる合理的かつ適切な方法によらなければならない」（ガイドライン通則編2-16）との要件を踏まえると、適法な同意が取得できていたかは疑わしい。

3　炎上可能性への対応

　事業者は、いわゆる炎上可能性が存在するサービスだとしても、事業上のメリットが十分に見込める場合には実施したいと考える場合があり得る。このような場合、炎上可能性や炎上した場合の対応策について事前に十分な検討を行わないと、サービスのリリース直後に撤退を余儀なくされることもある。

　データ処理やそこから発生するプライバシーリスクについて検討する際に有用なのが、アンケートやフォーカスグループ[2]という手法である（参考資料として、NIST PRIVACY FRAMEWORK の CM.AW-P2 などが挙げられる）。見込みユーザに対して一定の調査を行うことで、調査結果から判明したリスクに

1　ガイドライン通則編3-3-1に記載された該当事例には、「子供や障害者から」「強要」「虚偽の情報」といった言葉が用いられている。

2　参加者が、決まった日時にインタビュールームに集合し、司会者の下でグループインタビューを行う方法。中立的な立場から議論を促すことで、本音を引き出しやすいとされる。

対応することができる。本件では同種の取組として「社内の男性にリサーチ」したとされているが、反対意見を自由に述べられる環境が確保されていたか等については検討の余地があるように思われる。

□ **その他（原審情報等）** ···

・「男の子牧場」のサービス停止について（2009年05月18日、CA 社）※ウェブアーカイブ[3]
・「男性を家畜扱い」「個人情報どうなる」 婚活サイト「男の子牧場」に批判殺到（2009年 5 月14日、J-CAST ニュース）[4]
・NIST PRIVACY FRAMEWORK CORE Version1.0（January 16, 2020）[5]

3　https://megalodon.jp/2009-0525-0842-30/www.cyberagent.co.jp/news/press/2009/0518_1.html
4　https://www.j-cast.com/2009/05/14041144.html?p=all
5　https://www.nist.gov/system/files/documents/2021/05/05/NIST-Privacy-Framework-V1.0-Core-PDF.pdf

3-8-4 Yahoo!スコア事件

「Yahoo!スコア」終了のお知らせ

ヤフー株式会社／令和2年6月29日

□ 事案の概要 ···

　ヤフー株式会社（現 LINE ヤフー株式会社。以下、「ヤフー社」という）は、検索サービスをはじめ多数のサービスを展開するインターネットサービス企業である。ヤフー社は、自社が保有するユーザデータから開発した独自のスコア「Yahoo!スコア」（以下、「Yahoo!スコア」という）を活用できる、ビジネスソリューションサービスの提供を開始することを決定した。

　Yahoo!スコアは、各ユーザ単位で算定される本人確認の度合い、信用行動度合い、消費行動度合い、Yahoo! JAPAN 利用度合いを測る4カテゴリーに属するスコアと、それらを集約した総合スコアで構成される。Yahoo!スコアの提供に先立つ実証実験では、シェアサイクルの利用マナーが良いと推定されるユーザの抽出と特別料金プランの提供、優良と推定されるフリーランスと仕事発注者のマッチング等を実現している。

　その後、ヤフー社は「現在の状況を総合的に勘案した結果、お客様・パートナー企業にご満足いただける『Yahoo!スコア』サービスの提供に至らない」と判断し、Yahoo!スコアの提供を終了した。

□ 論　点 ···

1　プロファイリング規制
2　オプトイン／オプトアウトの選択

□ 事業者の判断

2019年6月にビジネスソリューションサービスの提供開始を発表した「Yahoo!スコア」は、2020年8月31日をもって終了いたします。

2019年6月の発表以降、お客様の声や外部有識者のご意見などをもとに、

2019年10月から初期設定では"スコアが作成されない"仕様に変更するとともに、「Yahoo!スコア」のあり方について抜本的な見直しを検討してまいりました。また並行して、お客様ご自身のスコアや受けられる特典等をご確認いただける機能および各種特典等の検討・準備を進めてまいりました。

しかしながら、現在の状況を総合的に勘案した結果、お客様・パートナー企業にご満足いただける「Yahoo!スコア」サービスの提供に至らないと判断し、このたび「Yahoo!スコア」の終了を決定しました。個人のお客様向けの「Yahoo!スコア」機能開発、事業者向けの「Yahoo!スコア」ビジネスソリューションサービスともに終了し、これまでに「Yahoo!スコア」の作成に同意いただいたお客様のスコアは2020年8月31日までに削除いたします。

（中略）

また、「Yahoo!スコア」におきましては、発表当初、その仕様や、説明不足等の点から皆さまに多大なご心配をおかけした点についても、改めてお詫び申し上げます。皆さまからいただきましたご指摘やご意見を真摯に受け止め、当社ではその後のサービス開発や提供、お客様とのコミュニケーションを行っております。

Yahoo! JAPAN では今後も、お客様の声を大切にしながら、お得で便利なサービスの提供に尽力してまいります。

□ 本件のポイント（実務上の指針となる点等）

1　プロファイリング規制

　GDPR（EU 一般データ保護規則）において、プロファイリングは、「自然人と関連する一定の個人的側面を評価するための、特に、当該自然人の業務遂行能力、経済状態、健康、個人的嗜好、興味関心、信頼性、行動、位置及び移動に関する側面を分析又は予測するための、個人データの利用によって構成される、あらゆる形式の、個人データの自動的な取扱い」と定義されている（同規則4条4号）。

　日本の個人情報保護法にはプロファイリングについての定義はないが、事業

者が自然人に対して「個人的嗜好、興味関心」等の属性情報を付与することは、個人情報の「取得」（20条1項）であると理解することも可能であると考えられる[1]。また、利用目的の特定に関して、「本人から得た情報から、本人に関する行動・関心等の情報を分析する場合、個人情報取扱事業者は、どのような取扱いが行われているかを本人が予測・想定できる程度に利用目的を特定しなければならない。」（ガイドライン通則編3-1-1）として、他の利用目的に比してより詳細な記載が求められている[2]。

2　オプトイン／オプトアウトの選択

　Yahoo!スコアでは、スコアの算出がオプトイン方式（同意を on にした人についてのみ Yahoo!スコアを算出する）ではなく、オプトアウト方式（同意を off にした人についてのみ Yahoo!スコアを算出しない）であったことが問題点として指摘される[3]。スコアをパートナー企業に提供する段階で提供先ごとに同意を取得する予定であったと考えられるが[4]、スコアを算出する段階ではオプトアウト方式を選択した背景として、以下のような事情が推測できる。

　まず、本件は多数のパートナー企業と関連する取組であるから、ヤフー社としてはできるだけ多くのスコア利用者を確保し、スコアの信頼性を確保したかったのではないかということだ。また、本件のような大々的な取組ではないとしても、ユーザーが申請、登録していない属性情報を事業者が独自にユーザへ付与する事例は少なくない一方、実態として、その際にそもそもオプトアウ

1　なお、「本人の同意なしにプロファイリングによって要配慮個人情報を新たに生み出すことは、要配慮個人情報の『取得』に当たると解するべきか」という議論が存在する（宇賀克也『新・個人情報保護法の逐条解説』有斐閣（2021年）215頁）。個人情報保護委員会は「取得」と「生成」を分けて、事業者の外部から新たに手に入れる行為を「取得」と解釈しているようではある。

2　適切な対応例として以下が挙げられている。「事例1）「取得した閲覧履歴や購買履歴等の情報を分析して、趣味・嗜好に応じた新商品・サービスに関する広告のために利用いたします。」事例2）「取得した行動履歴等の情報を分析し、信用スコアを算出した上で、当該スコアを第三者へ提供いたします。」」（ガイドライン通則編3-1-1）。

3　本件でいうオプトアウトは、いわゆる第三者提供におけるオプトアウト（27条2項）とは異なり、事業者による自主的な取組としての（＝ユーザコミュニケーションの一環としての）オプトアウトである。

4　なお、本施策はユーザのプライバシーの保護に十分配慮のうえ実施しており、パートナー企業への「Yahoo!スコア」提供は、Yahoo! JAPAN ID を連携する際に掲出される同意画面において、同意を得たユーザのみ対象となる（ヤフーが保有するビッグデータから開発した「Yahoo!スコア」7月1日よりビジネスソリューションサービスの提供を開始（https://www.lycorp.co.jp/news/archive/Y/ja/ja20190603_A.pdf））。

トを用意していない事業者も多いように思われる。この状況も踏まえてヤフー社はオプトアウト方式でも理解を得られると考えたのではないだろうか[5]。

　実際に負の反応を引き起こしてサービスが終了している以上、この考えはユーザの期待からは外れていたことになるが、法務部門または外部弁護士として、本件のような取組を「オプトアウト方式で実施したい」と相談された場合、どのようにすれば建設的な議論を構築できるかはぜひ考えてみていただきたい。

□　その他（原審情報等）

- ヤフーが保有するビッグデータから開発した「Yahoo!スコア」7月1日よりビジネスソリューションサービスの提供を開始（2019年6月3日、ヤフー株式会社)[6]
- 「Yahoo!スコア」終了のお知らせ（2020年6月29日、ヤフー株式会社)[7]
- 個人データの取扱いと関連する自然人の保護に関する、及び、そのデータの自由な移転に関する、並びに、指令95/46/EC を廃止する欧州議会及び理事会の2016年4月27日の規則（EU）2016/679（一般データ保護規則）【条文】仮日本語訳[8]

5　なお、ヤフー社は2019年10月から初期設定ではスコアが作成されない仕様（オプトイン方式）に変更している（「Yahoo!スコア」終了のお知らせ）。
6　https://www.lycorp.co.jp/news/archive/Y/ja/ja20190603_A.pdf
7　https://www.lycorp.co.jp/news/archive/Y/ja/ja20200629_A.pdf
8　https://www.ppc.go.jp/files/pdf/gdpr-provisions-ja.pdf

【著者略歴】

伊藤　雅浩（いとう　まさひろ）

シティライツ法律事務所　弁護士

96年名古屋大学大学院工学研究科修了。アンダーセンコンサルティング（現アクセンチュア）等にて、ERP パッケージソフト、基幹系情報システムの導入企画・設計等の開発業務や IT コンサルティング業務に従事。07年一橋大学法科大学院卒業。08年弁護士登録。情報システムやインターネットビジネスに関わる法律問題やスタートアップ法務等を取り扱う。13年より経済産業省「電子商取引及び情報財取引等に関する準則」改訂 WG メンバー。19年経済産業省／独立行政法人情報処理推進機構（IPA）「情報システム・モデル取引・契約書」改訂メンバー。著書『新版　システム開発紛争ハンドブック　第 2 訂－発注から運用までの実務対応－』（共著）（第一法規、2023）、『IT ビジネスの契約実務［第 2 版］』（商事法務、2021）ほか。

倉﨑　伸一朗（くらさき　しんいちろう）

シティライツ法律事務所　弁護士

大手 IT 企業の事業計画部門にて勤務後、2013年弁護士登録。

デザイン、ゲーム、映像、クラウドサービス、建築、出版、アート、シビックテック、これらの交錯する領域に関する法務を取扱い、非営利任意団体 Arts and Law にて芸術家支援のプロボノ活動にも取り組む。

世古　修平（せこ　しゅうへい）

法律事務所 LEACT　弁護士、インターネット企業　社内弁護士

CISSP, CIPP/E, CIPM

司法修習終了後、14年よりデロイト トーマツ コンサルティング、PwC コンサルティングにてセキュリティ・プライバシーコンサルティング業務に従事。20年よりインターネット企業のプライバシー部門で正社員として勤務しながら、兼副業の形でインハウスハブ東京法律事務所、法律事務所 LEACT にて国内外のデータ関連法を取り扱う。19年より独立行政法人情報処理推進機構（IPA）試験委員。21年より経済産業省「電子商取引及び情報財取引等に関する準則」改訂 WG メンバー。

サービス・インフォメーション
―――――――――――●――通話無料―●―

①商品に関するご照会・お申込みのご依頼
　　　　　TEL 0120(203)694／FAX 0120(302)640
②ご住所・ご名義等各種変更のご連絡
　　　　　TEL 0120(203)696／FAX 0120(202)974
③請求・お支払いに関するご照会・ご要望
　　　　　TEL 0120(203)695／FAX 0120(202)973

●フリーダイヤル(TEL)の受付時間は、土・日・祝日を除く
　9:00〜17:30です。
●FAXは24時間受け付けておりますので、あわせてご利用ください。

分野別・争点別　ITビジネス判例・事例ガイド
―システム開発・知財活用・データ利用―

2025年2月10日　　初版発行

編　著　　伊藤雅浩　倉﨑伸一朗　世古修平
発行者　　田　中　英　弥
発行所　　第一法規株式会社
　　　　　〒107-8560　東京都港区南青山2-11-17
　　　　　ホームページ　https://www.daiichihoki.co.jp/
装　丁　　ゲンタチエ デザイン株式会社

ＩＴ判例ガイド ISBN978-4-474-09392-8 C2032 (2)